北京大学海上丝路与区域历史研究丛书

元代丝绸之路史

论稿

党宝海 / 著

社会科学文献出版社
SOCIAL SCIENCES ACADEMIC PRESS (CHINA)

北京大学海上丝路与区域历史研究丛书总序

中国是一个幅员辽阔的大国，也是一个拥有漫长海岸线的国家。溯至远古时期，我国先民就已开始了对海洋的探索。秦汉以降，经由海路与外部世界的交往，更成为一种国家行为，秦始皇派徐福东渡，汉武帝遣使西到黄支，孙吴时有朱应、康泰前往南洋，唐朝时则有杨良瑶远赴大食，直到明初郑和七下西洋，官方主导的外交与外贸持续不断。而民间的交往虽然被史家忽略，但仍然有唐之张保皋，明之郑芝龙家族等，民间的向海而生，时时跃然纸上。特别是唐宋以降，海上"丝绸之路"的迅猛发展，使得中国官民通过海路与沿线国家进行着频繁的政治、文化交往，海上贸易也呈现出一片繁荣的景象。

这条海上"丝绸之路"，联通东北亚、日本、南洋、波斯、阿拉伯世界，远到欧洲、东非，并以此为跳板，连接到世界更广阔的地域与国家，它不仅仅是东西方商业贸易的桥梁，也是沿线各国政治经济往来、文化交流的重要纽带。海上"丝绸之路"沿线的国家，也同样是面向海洋的国度，它们各自的发展与壮大，也见证了海上"丝绸之路"的发展；这些国家的民众，也曾积极参与海上贸易，特别是在大航海时代到来之后，逐步营建出"全球化"的新时代。

古为今用，我国"一带一路"合作倡议的提出，旨在借用古代"丝绸之路"的历史符号，积极发展与沿线国家的经济合作伙伴关系，彰显我国在国际社会中的担当精神。

2019 年初，北大历史学系受学校委托，承担大型专项课题"海上丝绸之路及其沿线国家和地区历史文化研究"，我们深感这一研究的时代意义以及史学工作者承载的历史使命。重任在肩，我们积极组织系内有生力量，打通中外，共同攻关；与此同时，我们也寻求合作伙伴，拓展渠道，与校内外同行共襄盛举。以此项目启动为契机，我们筹划了"北京大学海上丝路与区域历史研究丛书"，希望在课题研究深入的同时，有助于推动历史学系的学科建设，利用这个丛书，发表本系及其他参与人员的研究成果，共同推进海上丝绸之路与沿线区域的历史研究。

让我们共同翻开史学研究的新篇章！

丛书编委会（荣新江 执笔）

2020 年 6 月 6 日

· 目 录 ·

• 下　编 •

· 表格目录 ·

前　言

一

　　本书所讨论的"丝绸之路"包括陆路和海路。上编为陆路，涉及的地理范围主要是今天的中国新疆，特别是以高昌（遗址在吐鲁番市高昌区东南，元代常称为火州，实为高昌的音变）和北庭（遗址在吉木萨尔县北，在元代常称为别失八里，这个突厥语名称意为"五城"）为中心的高昌回鹘－畏兀儿王国。个别论题会西扩至中亚乃至西亚，东扩至河西地区。

　　高昌和北庭地区属于古代丝绸之路东段的交通枢纽，不仅物产丰富、商业发达，而且文化底蕴深厚。公元 840 年漠北回鹘汗国崩溃，一部分西迁的回鹘人在北庭、高昌地区站稳阵脚，不但建立国家，实现了长治久安，而且利用丝路交往的便利条件，创造了多元并存、异彩纷呈的独特文化。12 世纪，高昌回鹘 – 畏兀儿王国成为强大的西辽政权的藩属国。13 世纪，大蒙古国兴起。畏兀儿君主、亦都护巴尔朮阿尔忒的斥杀掉了西辽派来监管的官员，主动向成吉思汗输诚归附，被成吉思汗视为第五子，娶成吉思汗之女。自此，畏兀儿王国成为大蒙古国的一部分，虽然在最初有较强的独立性，但融入蒙古政权的程度日渐加深。

大蒙古国的对外征服，消除了诸国林立所造成的政治樊篱，国家疆域之内的其他地区对畏兀儿王国的记载显著增加。汉地、波斯，乃至欧洲的多位旅行者途经畏兀儿地区，留下了生动、翔实的见闻录。另外，蒙古人的文字借自回鹘文，又称畏兀字、畏吾字、畏吾儿字，大量畏兀儿人凭借他们的个人能力，尤其是文化修养，出仕蒙古，成为君主信任的近侍和汗国的高官。有些畏兀儿家族世代阀阅，官爵显赫，关于这些家族的汉文传记资料相当丰富。在大蒙古国时代之前，畏兀儿人并没有这样的重要地位。

对畏兀儿王国的王室亦都护（Iduq qut）家族的研究集中在本书的第一章。

学者们很早就注意到，在汉文、波斯文文献中有关于亦都护家族的祖先由树而生的传说，意大利旅行家马可·波罗更是具体指出，畏兀儿的祖先诞自树瘿。该传说起源很早，在历史演变中，受到摩尼教、佛教的显著影响。在俄罗斯圣彼得堡发现的一件回鹘文文书用畏兀儿人自己的语言文字记录了这一传说，而且在很多细节上可以和波斯文史籍《世界征服者史》进行勘同。树生人的神话是早期人类社会较为常见的神话类型，不能单纯按照时间的先后差异判断时代偏晚的神话是文化传播的结果。结合时代略晚的西蒙古人的祖先传说，或可推测：祖先诞自树瘿的神话应是一部分古代回鹘人在北亚森林地带生产生活时期的产物。

畏兀儿亦都护归降蒙古后，在相当长的一段时间内，畏兀儿王国保持了较强的独立性。随着大蒙古国的解体，元朝与中亚窝阔台汗国、察合台汗国的冲突不断加剧。西域成为冲突的主战场，而火州、北庭是元朝西域防线的两个重要支点。元世祖加强了对畏兀儿地区的管控，亦都护率领畏兀儿军民支持、配合元军作战。元朝后期关于亦都护王室的碑铭《亦都护高昌王世勋碑》记录了发生在至元年间火州城下的一场大战。这场城市攻防战的进攻方统帅是察合台后王都哇，防御方以亦都护火赤哈儿的斤为首。火州之战标志着察合台汗国与元朝在畏兀儿王国影响力的消长。此战之后不久，元朝势力被排挤出高昌畏兀儿地区，大量畏兀儿人迁往哈密，后又迁徙至凉州永昌。关于火州之战的时间，从民国初年以来就有两种不同的意见，一为《亦都护高昌王世勋碑》记载的"至元十二年"，一为屠寄所首倡的"至元二十二年"。本书第一章第二节在前人研究的基础上，从火州之战进攻方、防御方、战后形势、亦都护家族与蒙古汗室通婚状况等几个方面做了补充讨论，进而说明：至元十二年在火州发生的战乱是源于窝阔台汗国海都汗的进攻，二十二年的火州之战，由察合台汗国都哇汗发动。十年之间，北庭、火州一带的形势发生了很大变化，不能混淆。

　　至元二十二年火州之战后不久，都哇再次发动了对畏兀儿地区的进攻。亦都护火赤哈儿的斤战死。他的儿子纽林的斤是元武宗时才继任亦都护的，而零散的史料显示，这期间亦都护另有其人。笔者推测世祖统治中后期率军进攻缅国的畏兀儿贵族雪雪的斤和他的儿子朵儿只的斤曾任亦都护，后来让位于纽林的斤。雪雪的斤曾被封高昌王，他的家族很可能定居于湖北江陵。亦都护高昌王的传承到元朝末期再次出现波折。纽林的斤的三个儿子帖睦儿补化、篯吉、太平奴都曾任亦都护，但太平奴在至正初年被冤杀。依当时的政坛形势分析，稍后任亦都护、高昌王的月鲁帖木儿和桑哥应不是出自纽林的斤家族，而很可能属于雪雪的斤系统。厘清畏兀儿亦都护的传承，有助于理解畏兀儿王室在元朝的政治命运。

　　元朝末年的文献对于亦都护、高昌王帖睦儿补化的结局有两种不同的记载，其一是他为权臣伯颜所杀，时间在伯颜被罢黜的至元六年二月之前；其二是他为宰相脱脱所杀，时间在至正九年脱脱第二次拜相之后。通过辨析史料的性质、作者的信息来源、相关人物与事件等，可以确认，第一种说法是准确的，帖睦儿补化在顺帝至元二年六月被任命为江浙行省左丞相，他被伯颜杀害可能在至元五年末、至元六年初。

本书的第二章主要讨论东迁内地的西域人家族。

20 世纪初德国吐鲁番探险队获得了一组僧俗礼佛图残片，经过拼合，可以大体复原出一幅大型供养图。它是由畏兀儿贵族蒙速思家族刊印的，刻印地点应是在燕京，而时间则约为 13 世纪 50 年代末期。本章第一节除了重新释读供养图上蒙速思家族的人名外，还讨论了这个家族的发型、服饰反映出的蒙古化现象。

蒙速思去世后，下葬于燕京高良河畔。此后，他的葬地发展为家族墓地。墓地的位置在大都城和义门（明清时期的西直门）外，皇家佛寺大护国仁王寺（在北京白石桥中国国家图书馆一带）附近。在相邻的区域内，还有蒙速思的女婿、元朝畏兀儿高官廉希宪的墓地，元朝重要将领、湖广行省丞相、畏兀儿人阿里海涯家族墓地，哈剌鲁贵族曲枢家族墓地，等等。这些高官家族的大型墓地需要有守墓人负责日常看守、维护和祭祀。时间一长，形成了小型聚落。到明朝前期，这个小型聚落被称为畏吾村，又称苇孤村、魏吴村、卫伍村等。到清朝末期，地名改为魏公村。本章第二节讨论了畏吾村的形成原因和名称演变的过程。

高昌回鹘－畏兀儿王国奉行文化多元政策，基督教的东方教派聂斯脱利派在畏兀儿人中有较广泛的传播。这一教派在汉语世界被称为景教。早在唐代，景教就传入中原。唐武宗发起灭佛运动，也沉重打击了摩尼教、祆教和景教，从那以后，景教在中原汉地日渐销声匿迹。然而，来自中亚的景教信徒在华北北部和西北地区仍有活动，其中的两个家族留下了较多的资料，他们在东迁以后，分别有了新的姓氏和族群身份，变为耶律氏和马氏，在后世被视为契丹人和汪古人。本章第三节对这两个家族的讨论旨在强调：从唐武宗灭佛到大蒙古国建立，在这段时间内北方仍有新的景教信徒移入，景教的宗教活动依然存续。

在迁入中国的中亚、西亚移民中，有被称为"尤忽回回"的犹太人。本章第四节重点讨论了元末建康路方志《至正金陵新志》中一条可能与犹太人有关的记述,在至正元年(1341),江南行御史台有一位名为亦思哈的监察御史,族属为珠笏氏。如果此人为朮忽(Djuhūd/Jahūd)氏,名为 Ishaq,那么他将是我们现在所知的唯一有明确身份的元代犹太人。

本书第三章讨论西域、河西地区的元代文献、商品,共分为五节。第一,对吐鲁番地区出土的属于金代大藏经(简称"金藏")系统的汉文佛经残片进行了比定,指出汉地印本大藏经曾在西域被供养、持诵。根据德国藏回鹘文佛经题记,我们可以了解到一部分"金藏"佛经传入吐鲁番地区的途径。第二,重新释读了黄文弼先生在新疆收集到的元代汉文文书、书籍残片、钱币、饰物等,将其中的部分文书与内蒙古额济纳旗黑城遗址出土的元代文书做了比较。第三,重新释读了甘肃敦煌莫高窟北区石窟出土的元代汉文文书残片,除了通过解读文书上的八思巴字官印来分析这批文书的来源外,还与黑城遗址出土的元代文书做了关联,指出其中的部分文书来自元代亦集乃路。第四,利用文献记载和出土实物,从丝绸、金箔、印刷品等方面,论述了元代杭州的产品在丝绸之路沿线的传播情况。杭州产品的流传不但反映出中国古代经济中心南移后江南物产在丝绸之路上地位的提升,而且与同时期欧洲商人关于杭州(写为 Quinsai、Cassai、Cansai 等,词源为"行在")经济地位的记述一致。第五,利用马可·波罗关于元代前期河西地区物产的描述,从大黄、麝香、毛织物三个方面,论述了丝绸之路上河西地区商品的重要性。

二

本书下编讨论的"海上丝绸之路"取其广义,涉及的海域不仅包括西太平洋的南海,还包括中南半岛地区东部和印度洋北部。关于元代海上丝绸之路史的论述见本书第四章和第五章。

本书第四章的主题是元朝和安南的关系。元朝对臣服的国家通常有六项要求，即君长亲朝、子弟入质、编民数、出军役、输纳税赋、置达鲁花赤，简称"六事"。对于安南，元朝多次要求其履行"六事"，但安南一直没有全面执行。在灭亡南宋之前，元朝对此并未深究，而灭宋之后，则以战争相威胁，要求安南君主必须亲自入元朝觐。这一要求被安南以各种理由加以拒绝。两国在1284—1285年、1287—1288年两次大战，貌似强大的元朝均被击败。无论战前、两战之间，还是战后，两国在外交文书方面也展开了激烈的斗争。本章第一节论述了元世祖时期两国通过外交文书所进行的种种博弈。

在南宋灭亡前夕，有大量宋人逃到安南避难，在1284年（甲申），元朝从北、南两个方向夹击安南。面对强大的来袭之敌，流寓安南的宋人也出现了分化，一部分随安南贵族投降元朝，一部分则和安南军民一道，抵抗元军。在南线元军中，有将领张显率领所部汉军投降安南，导致以唆都为首的元朝南线部队大败。唆都军中一个名叫李元吉的俘虏把中国的戏剧艺术传入了安南。

1287—1288年，元军再次进攻安南，重遭败绩。越南现代史家把1288年3月发生的白藤江之战视为关键性的战略决战。本章第三节分析了战前的形势、双方的将领、军队构成、士气、民心以及白藤江之战发生前的战争进程，提出白藤江之战对于这场战争并不是决定性的，在此之前，元军已经失败。对安南而言，白藤江之战确实是巨大胜利，但对战果不宜夸大，元朝的海军将领张文虎并没有参加此次战役，更未在白藤江惨败。安南对白藤江之战的元朝高级战俘采取了区别对待的政策，为了缓和与元朝的关系，礼送蒙哥汗之子昔里吉大王回国；为了削弱元朝的军事力量，秘密杀害作战经验丰富的高级将领乌马儿和樊楫，对元朝则谎称两人死于船舶事故和疾病。

本书第五章的主题是元代中国与波斯湾地区、阿拉伯半岛南部的关系，也涉及欧洲商人、传教士通过印度洋航路往来于中国和欧洲的情况。

在蒙哥汗死后，大蒙古国陷入大分裂状态。元朝和伊利汗国的君主都属于拖雷的嫡系子孙，两国关系密切，在很多方面有共同利益。然而，它们之间的陆路联系经常受到中亚窝阔台汗国、察合台汗国的阻挠与破坏。于是，中国与波斯湾之间的海上交通便因时而起。本章第一节从两国官方使节、元朝沿海城市的伊朗居民、欧洲旅行者、元朝斡脱商人、早期青花瓷生产工艺、元代中国的地理学和航海知识等几个方面论述了元朝和伊利汗国海上联系的加强。

第二节讨论 13—14 世纪欧洲与中国之间的印度洋之路，把利用或计划利用这条航路的欧洲人的行程分为四种类型，分别是从海路到达中国、从海路返回欧洲、放弃印度洋航行计划而未能来华、放弃印度洋航行计划走陆路来华。通过印度洋之路，欧洲商人和传教士积累了丰富的地理知识，为欧洲大航海时代的来临做了一定的知识准备。

第三节讨论的是古代中国与阿拉伯半岛国家也门的关系，时代没有局限于元代，而是上起唐代，下至清代。从唐代起，汉文文献明确记录了也门的大港亚丁（三兰国）。在宋代，有大量中国商品，特别是瓷器，运抵也门的多个港口。也门人来到中国，在福建泉州建造了清真寺。元朝与也门的拉苏勒王朝有官方往来，拉苏勒王朝的君主曾经因元世祖颁布禁止穆斯林行割礼的法令而致信元世祖，呼吁取消禁令。明朝郑和下西洋的船队多次访问也门，但随着明宣宗时期海洋政策的调整，中国与也门的关系断绝。由于郑和船队的航海资料被毁，到明代后期，中国有关也门的地理认识已经颇多谬误。

本书各章节大多曾发表于学术刊物或会议论文集（参看书后"参考文献"），收入本书时，文章的基本结构未变，但对内容做了不同程度的修订。关于元代丝绸之路史地的研究，还有许多课题有待深入探讨。本书所做的工作仅仅是初步的尝试，错谬之处敬请方家教正。

本书曾拟以《元代西域南海史论稿》为题，后因故调整为今名。两种书名均为荣新江先生所赐，谨致谢忱。赵晨、窦知远两位编辑对本书做了精心的编校，特此申谢。

上　编

第一章　畏兀儿亦都护家族史研究

第一节　《马可·波罗行纪》畏兀儿君主树生传说补证

《马可·波罗行纪》在第 59 节 Camul 条下这样记述畏兀儿斯坦：[1]

> 畏兀儿斯坦是一个臣属于大汗的大区。它包括很多城镇和村庄，它的最大城市叫"哈剌火州"。它包括许多附属于它的其它城镇、村庄，它的居民崇拜偶像。不过，那里也有不少信奉聂斯托里派的基督教徒，还有一些萨拉孙人。基督

1　A. C. Moule & Paul Pelliot, *Marco Polo: the Description of the World*, vol.1, London: G. Routledge & Sons Limited, 1938; reprinted by New York: AMS Press Inc., 1976, p.156.

教徒常与偶像教徒通婚。他们宣称，他们最早的君王不是人类所生，而是从一种树瘤中生长出来的，[1]这种树瘤由树的汁液形成，实际上我们通常称之为"埃斯卡"（esca）。[2]从他繁衍出所有其他的后代。偶像教徒们遵循着他们的教规和习俗，非常博学，同时他们还研习各种艺文。在那里出产谷物和极好的葡萄酒。但是到了冬天，那里的严寒要超过世界所有已知的地区。

这段记载仅见于《马可·波罗行纪》的 Z 本。Z 本源于一种早已失传的古老的《马可·波罗行纪》拉丁文抄本，具有很高的文献价值。[3]上引记述有不少值得我们注意之处。如畏兀儿斯坦盛行佛教，同时有大量的聂斯脱利派（景教）教徒。这一记载已为古代文献和近代考古发现所证实。[4]又如畏兀儿斯坦出产优质葡萄酒，这也完全符合元代文献的记载。[5]

本节拟集中讨论畏兀儿君主的树生传说。《马可·波罗行纪》的

1　前引 A. C. Moule & Paul Pelliot, *Marco Polo: the Description of the World*, 对应"树瘤"的英译文为 fungus，该词含义多指真菌类植物，如蘑菇、蕈等，与 esca 不符。据伯希和（Paul Pelliot）注释，esca 意为引火物、干树枝，表明它是树木的一部分，而不是菌类寄生物。见 *Notes on Marco Polo*, vol.2, Paris: Imprimerie Nationale, 1963, p.647, ESCA 条。查 Z 本拉丁文原文为："dicunt non ex humana natura originem asumpsisse set ex quodam tubere quod ex humore arborum concreatur quod quidem apud nos dici esca."见 A. C. Moule & Paul Pelliot, ed. *Marco Polo: The Description of the World*, vol. 2, *A Transcription of Z, the Latin Codex in the Cathedral Library at Toledo by A. C. Moule*, London: G. Routledge & Sons Limited, 1935, p.20。拉丁文的 tuber 含义为"肿胀、峰、肿块、瘤"。见谢大任等编《拉丁语汉语小词典》，上海外语教育出版社，1988 年，第 300 页。至今在英文中还保留着这个词，意为"结节、圆形突起或肿胀部分、块茎"。本段的翻译采用原文的含义。前引 Paul Pelliot, *Notes on Marco Polo*, vol.2, ESCA 条的注释保持了 tuber 的原意。比较通行的 Ronald Latham 英译本径直用 tuber 进行翻译，见 *The Travels of Marco Polo*, London: Penguin Books, 1958, p.89。

2　该词释义见前引 P. Pelliot, *Notes on Marco Polo*, vol.2, p.647, ESCA。

3　关于 Z 本的价值见前引 A. C. Moule & Paul Pelliot, *Marco Polo: the Description of the World*, vol.1, pp.46-50。

4　参见陈怀宇《高昌回鹘景教研究》，《敦煌吐鲁番研究》第四卷，北京大学出版社，1999 年，第 165—214 页。

5　忽思慧《饮膳正要》卷三"米谷品·酒"、熊梦祥《析津志》"物产"等均有记载，参见杨印民《帝国尚饮：元代酒业与社会》，天津古籍出版社，2009 年，第 33—40 页。

记述虽然简短，但包括两个基本要素：第一，树瘿生人；第二，树汁成瘿。下文将围绕这两方面展开讨论。本书第一部分征引的史料已为学界所熟知，[1] 此处只是对其进行更多的故事类型和史源分析，故题为"补证"。

一　树瘿生人

关于畏兀儿君主的树生传说，在与马可·波罗大约同时期的 13—14 世纪波斯文、汉文史料中都有类似记载。

较早记录畏兀儿君主诞生神话的是波斯历史学家志费尼（'Ala-ad-Din 'Ata-Malik Juvaini）。他在《世界征服者史》中写道：

> 畏吾儿人认为他们世代繁衍，始于斡儿寒（Orqon）河畔，该河发源于他们称为哈剌和林（Qara-Qorum）的山中。……当时，哈剌和林有两条河，一名秃忽剌（Tughla），一名薛灵哥（Selenge）。汇流于合木阑术（Qamlanchu）之地。两河间长出两棵紧靠的树；其中一棵，他们称为忽速黑，形状似松，树叶在冬天似柏，果实的外形和滋味都与松仁相同；另一棵他们称为脱思。两树中间冒出个大丘，有条光线自天空降落其上；丘陵日益增大。眼见这个奇迹，畏吾儿各族满怀惊异；他们敬畏而又卑躬地接近丘陵；他们听见歌唱般美妙悦耳的声音。每天晚上都有道光线照射在那座丘陵三十步周围的地方，最后，宛若孕妇分娩，丘陵裂开一扇门，中有五间像营帐一样分开的隔间，里面各坐着一个男

1　详见周清澍《汪古的族源——汪古部事辑之二》，最初发表于《文史》第十辑，中华书局，1980 年，后收入同作者《元蒙史札》，内蒙古大学出版社，2001 年，第 109—111 页；那木吉拉《中国阿尔泰语系诸民族神话比较研究》，学习出版社，2010 年，相关论述集中在第六章第四节"阿尔泰语系诸民族树崇拜及树生人神话比较研究"，第 289—304 页，尤其是第 299—300 页。

孩，嘴上挂着一根供给所需哺乳的管子；帐篷上则铺着一张银网。部落的首领们来观看这桩怪事，畏惧地顶礼膜拜。当风吹拂到孩子身上，他们变得强壮起来，开始走动。终于，他们走出隔间，[1]被交给乳姆照管，同时，人们举行种种崇拜的典礼。他们断了奶，能够说话，马上就询问他们的父母，人们把这两棵树指给他们看。他们走近树，像孝子对待父母一样跪拜；对生长这两棵树的土地，也表示恭敬和尊敬。这时，两棵树突然出声："品德高贵的好孩子们，常来此走动，克尽为子之道。愿你们长命百岁，名垂千古！"当地各部落纷纷来观看这五个孩子，犹如对王子一样尊敬他们。大家离开的时候，给孩子各取一名，……五子叫卜古的斤（Buqu-Tegin）。考虑到这些奇迹，大家一致同意，必须从五子中推选一人当他们的首领和君王；因为，他们说，这五子是全能真主赏赐的。他们发现，卜古可汗品貌秀美，才智出众，胜过别的诸子，而且，他通晓各族的语言文字。因此，他们一致举他为汗。[2]

至少有三种时代稍晚的汉文文献记载了类似传说，按写作的时间先后排列如下。元人虞集作于至顺二年（1331）的《高昌王世勋碑》提到：

> 考诸高昌王世家，盖畏吾而之地有和林山，二水出焉：曰秃忽剌，曰薛灵哥。一夕有天光降于树，在两河之间，国人即而候之。树生瘿，若人妊身然。自是光恒见者，越九月又十日而瘿裂，得婴儿五，收养之。其最稚者曰亦都卜古可罕。既壮，遂能有其

---

[1] 查前引 J. A. Boyle 英译本 *The History of the World Conqueror* 第 56 页原文，此处为 the cells，汉译本译为"石室"，但该词并没有特指"石室"的含义，本段做了改动。

[2] 'Ala-ad-Din 'Ata-Malik Juvaini, *The History of the World Conqueror*, trans. by J. A. Boyle, Manchester: Manchester University Press, 1958, pp.55-56. 志费尼：《世界征服者史》上册，何高济译，内蒙古人民出版社，1980 年，第 62—64 页。引文译名有改动，如卜古的斤，何高济译文为"不可的斤"。

民人土田，而为之君长。[1]

至正八年（1348）黄溍撰《辽阳等处行中书省左丞相亦辇真公神道碑》（以下简称《亦辇真神道碑》）中提到：

> 公讳亦辇真，伟吾而人，上世为其国之君长。国中有两树，合而生瘿，剖其瘿，得五婴儿。四儿死，而第五儿独存，以为神异而敬事之，因妻以女而让其国。约为世婚而秉其国政。[2]

明初编纂的《元史》卷一二二《巴而尤阿而忒的斤传》也有相关记载：

> ［巴而尤阿而忒的斤］先世居畏兀儿之地，有和林山，二水出焉，曰秃忽剌，曰薛灵哥。一夕，有神光降于树，在两河之间，人即其所而候之。树乃生瘿，若怀妊状，自是光常见。越九月又十日而树瘿裂，得婴儿者五，土人收养之。其最稚者曰不古可罕。既壮，遂能有其民人土田，而为之君长。[3]

这段记述与《高昌王世勋碑》基本相同，只个别文字稍有出入，当是取材于虞集的《高昌王世勋碑》，我们在下文讨论中不把它视为独立

<hr />

1　黄文弼：《亦都护高昌王世勋碑复原并校记》，《文物》1964年第2期，第40页。黄文弼先生将乾隆年间张之浚编《武威县志》所抄《亦都护高昌王世勋碑》碑文与现存的《亦都护高昌王世勋碑》下部残碑、虞集《道园学古录》（《四部丛刊初编》本）卷二四《高昌王世勋碑》合校，整理出一份最为完备可靠的复原碑文。本书所引为黄文弼汇校复原本。《高昌王世勋碑》又见虞集《道园类稿》卷三九，《元人文集珍本丛刊》影印明初覆刊元至正五年抚州路学刊本；苏天爵编《元文类》卷二六《高昌王世勋碑》，张金铣校点，安徽大学出版社，2020年。

2　黄溍：《金华黄先生文集》（《四部丛刊初编》本）卷二四《辽阳等处行中书省左丞亦辇真公神道碑》，收入《黄溍全集》，王颋点校，天津古籍出版社，2008年，第649页。

3　《元史》卷一二二《巴而尤阿而忒的斤传》，中华书局，1976年，第2999页。

的史料。

因为是神话色彩很强的传说，各种文献的记载并不完全一致。但最关键的情节是相同的：都是树生人。《高昌王世勋碑》《亦辇真神道碑》为树瘿生人，《世界征服者史》记为两树中间的丘陵在光线照射下孕育婴儿，但从后文的记述可以看出，那两棵树才是孩子们的父母。所谓两树之间的丘陵，[1] 应是从最初的树瘿传说中发展而来的。

通过比较传说的三个版本，我们不难发现《高昌王世勋碑》和《世界征服者史》有更多的共同点，包括传说发生的地点（和林山附近的两河之间）、孕育的条件（光明照耀）、[2] 婴儿诞生方式（孕育体自然裂开）、婴儿数量（五个）、婴儿生存状况（均未提及其他四人死亡）、成为国王者的身份（最幼的婴儿）、国王的名字（卜古可汗）。关于卜古可汗的身份，学界有很大的争议，有学者认为系出神话传说，不必考究他与真实历史人物的对应关系；有学者认为他是漠北回鹘汗国的牟羽可汗，或保义可汗，或怀信可汗，或高昌回鹘的君主仆固俊。[3] 关于"卜古"一词的含义，学者们也曾讨论，如释为 bögü，意为"贤明的"；或bügü，意为"萨满、巫师"。德国学者 W. Bang 和 A. von Gabain 将该词释为 boquq，意为"花萼、肿块、瘤状突起"。按这一释义，该词与树

1　查波斯文校勘本原文，此处为波斯文 kuh，意为山丘，没有树瘿、树瘤的含义。见 *The Tarikh-i-Jahan-Gusha of 'Alau-'d-Din 'Ata-Malik-i-Juwayni*, Part 1, ed. by Mirza Muhammad ibn 'Abudu'l-Wahhab-i-Qazwini, Leyden: E. J. Brill, 1912, p.40。

2　很早就有学者指出，传说中的两个要素：孕育母体树木和神奇的光线，都来源于摩尼教。见前引 J. A. Boyle 英译本 *The History of the World Conqueror* 第 55 页注释 15 引 J. Marquart, "Ğuwayni's Bericht über die Bekehrung der Uighuren", *Sitzungsberichte der königlich preussischen Akademie der Wissenschaften, Philosophisch-Historische Klasse*, 1912. 其后有学者继续讨论，因与本书主题无关，兹从略。

3　关于这一问题的探讨可参看安部健夫《西回鹘国史的研究》，宋肃瀛等译（该书日文原版题为『西ウイグル国史の研究』，1955 年在日本京都出版），新疆人民出版社，1985 年，第 128—148 页；田卫疆《高昌回鹘史稿》，新疆人民出版社，2006 年，第 115—130 页。本节重点考订《马可·波罗行纪》传说与同时代东方文献的关系，具体人物的考证从略。有关学术史的回顾可参阅 Kasai Yukiyo（笠井幸代），"Ein Kolophon um die Legende von Bokug Kagan"，『内陸アジア言語の研究』19 (2004)；该文有陆烨译本，题为《卜古可汗（Bokug Kagan）传说题记》，发表于《元史及民族与边疆研究集刊》第十八辑（2006）。

瘿有一定的对应性。[1] 在 14 世纪的两种汉文文献中，卜古可汗的名字另写为"卜国""普鞠"，但未提到树生传说。[2]

《亦辇真神道碑》和《世界征服者史》的共同点只有孕育者的数量（两棵树）、婴儿数量（五个）、成为国王者的身份（最幼的婴儿）。《亦辇真神道碑》未提到卜古可汗的名字。

《高昌王世勋碑》与《亦辇真神道碑》的共同点包括孕育者（树）、孕育方式（树瘿）、婴儿数量（五个）、成为国王者的身份（最幼的婴儿）。

《亦辇真神道碑》关于婴儿出生方式（剖瘿得婴）、婴儿生存状况（四人死亡）的记述不同于《高昌王世勋碑》和《世界征服者史》，未记载最幼婴儿的名字，未提及故事发生的准确地点，只笼统地记为伟吾而国。

正如上文分析的那样，如果把《世界征服者史》所谓两树之间丘陵孕子的说法理解为树瘿传说的变体，那么《高昌王世勋碑》和《世界征服者史》的共同点就更多。它们应该有共同的来源。《高昌王世勋碑》是虞集奉元朝政府之命，根据畏兀儿高昌王的家族历史撰写而成的，信息源于畏兀儿王室。《世界征服者史》则是作者志费尼根据畏吾儿人"关于他们信仰和宗教"的书籍撰写的，[3] 志费尼本人曾到和林地区朝觐，对鄂尔浑河古突厥碑铭、畏兀儿亦都护家族事迹都有非常翔实的记述。《高昌王世勋碑》和《世界征服者史》记述的传说都应来自一个被畏兀

1　详见 W. Bang und A.von Gabain "Türkische Turfan-Texte Ⅱ", *Sitzungsberichte der Preussischen Akademie der Wissenschaften, Philosophisch-Historische Klasse,* 1929, pp.412-413。

2　阎复《驸马高唐忠献王碑》：碑主阔里吉思"系出沙陀雁门节度之后。始祖卜国，汪古部人，世为部长"。见苏天爵编《元文类》卷二三，张金铣校点，安徽大学出版社，2020 年，第 437 页。欧阳玄《圭斋集》（《四部丛刊初编》本）卷一一《高昌偰氏家传》："回纥即今伟兀也。……伟兀者，回鹘之转声也。其地本在哈剌和林，即今之和宁路也。……回纥有普鞠可汗者，实始居之。后徙居北庭。"见《欧阳玄集》，魏崇武、刘建立点校，吉林文史出版社，2009 年，第 150 页。

3　前引 J. A. Boyle 英译本 *The History of the World Conqueror*, p.53；何高济译本第 62 页把英文 books 译为"史书"，似未安。

儿王室认可的版本。《亦辇真神道碑》则是根据畏兀儿贵族亦辇真家族的传记资料，与前二者有较大差异。

神话传说和民间故事一般有由简趋繁的发展过程，我们可以推测《高昌王世勋碑》和《世界征服者史》传说的来源更为接近，后者是在前者的基础上，经过进一步加工、丰富而成的。孕育儿童的树木变为两棵，而且有了具体的名称和特征，树瘤变成了两树之间的丘陵、光照的形式更为具体，而且伴随着美妙的歌声，对孩童诞生和此后成长状态的描述格外详细，不仅有细节描写，还有生动的人树对话交流。[1]

蒙古伊利汗国宰相拉施特（Rashīd al-Dīn）主编的《史集》记述了阿尔泰山以北乃蛮部的君主传说：

> 在与成吉思汗敌对之前，乃蛮人有个君长，名为亦难赤－必勒格－不古汗。"亦难赤"一词意为信仰；"必勒格"为尊号，意为"伟大的"。不古汗是古代一个伟大的君主，畏兀儿人和许多其他部落都带着高度的敬意怀念他，并说他是从一棵树中诞生的。总之，这个亦难赤－必勒格－不古汗是一个受尊敬的君主，有若干个儿子。[2]

这里提到的被畏兀儿人以高度敬意怀念的不古汗应当就是上文讨论的卜古可汗，可是，对于他的记述，《史集》非常简略，只提到"他是从一棵树中诞生的"，而没有提到从树中诞生的具体方式。

上引13—14世纪的波斯文、汉文史料都具有相当丰富的叙事细节，它们反映出畏兀儿卜古可汗诞生传说应当存在更早的来源。

当代突厥学研究者已经从古回鹘文文献中找到了类似的记述，将传

1　相关分析可参见山田信夫「『ウイグル族の始祖説話』について」『遊牧民族の研究（ユーラシア学会研究報告 2)』京都、1955、225—237 頁。后收入同作者『北アジア遊牧民族史研究』東京：東京大学出版会、1989、95—106 頁。

2　拉施特主编《史集》第一卷第一分册，余大钧、周建奇译，商务印书馆，1983 年，第 227—228 页。

说溯源的工作推进了一大步。俄罗斯科学院东方学研究所（圣彼得堡）藏有一件回鹘文写本残页（编号 SI D/17），记述了卜古的树生传说（图1）。俄罗斯学者吐谷舍娃（Tuguševa）于 1996 年发表了这件残页，她推测该文献的书写时间早于蒙古时代。[1] 也有学者认为残页约写于 10 世纪后半叶或 11 世纪前半叶。[2] 残页上的文字提到：

> ……他屈尊降生为在地上和天上受到尊敬的、并由强大的神赞扬的神圣的卜古氏（buɣuɣ）——他在南瞻部洲世界的土地和水的背面，在位于八色楞格河和九土拉河东部的名叫合木阑尤因（Qamlančuin）的小树林的一棵树上出生；在郁督斤山地区出现，五个人一起在王位上长大。他是菩提性的，是菩萨的后代。……[3]

这段关于卜古诞生的记述应是我们现在能见到的最早文本。其中的一些要素与 13—14 世纪的波斯文、汉文文献一致，包括诞生于树、年幼为王等。尤其值得注意的是，该文记载的卜古出生的地点 Qamlančuin 与《世界征服者史》所记"合木阑术"（Qamlanchu）基本相同。

比起同时期的波斯文、汉文文献，《马可·波罗行纪》关于畏兀儿始祖的记述虽然简单得多，但它清楚地表明，畏兀儿最早的国王生于树瘿。在这一点上，它和中国流传的畏兀儿君主诞生传说更为接近，而不同于波斯文献中进一步丰富改编的版本。

1　见 L. Ju. Tuguševa, "Ein Fragment eines frühmittelalterlichen uigurischen Textes", in R. E. Emmerick et al. ed., *Turfan, Khotan und Dunhuang*, Berlin, 1996, pp.353-359. 该书承荣新江教授惠借，谨此致谢。

2　Kasai Yukiyo（笠井幸代），"Ein Kolophon um die Legende von Bokug Kagan",『内陸アジア言語の研究』19 (2004), p.15；陆烨译《卜古可汗（Bokug Kagan）传说题记》，《元史及民族与边疆研究集刊》第十八辑（2006），第 190 页。

3　Kasai Yukiyo, op. cit., pp.14-15；前引陆烨译《卜古可汗（Bokug Kagan）传说题记》，第 190 页。该文将卜古的名字转写为 bokug，将合木阑尤因写为 kaml(a)nčuin。笔者的引文仍采用吐古舍娃的转写形式，Tuguševa, op. cit., pp. 356-357。另外，两位学者的翻译有一些小的差异，此处引文主要据笠井幸代的论文。

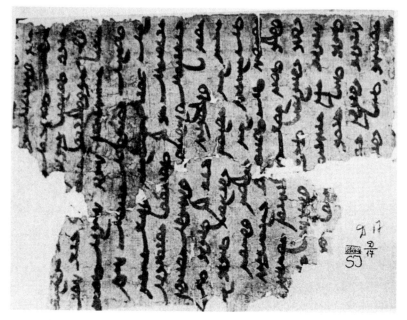

图 1　俄罗斯科学院东方学研究所（圣彼得堡）藏回鹘文写本残页
（编号 SI D/17）

二　树汁成瘿

《马可·波罗行纪》提到，诞生畏兀儿君主的树瘤，是由树的汁液形成。这在元朝流传的两个传说中均未提及。《世界征服者史》关于婴儿初生时的记述曲折地揭示了婴儿与树汁的关系："宛若孕妇分娩，丘陵裂开一扇门，中有五间像营帐一样分开的隔间，里面各坐着一个男孩，嘴上挂着一根供给所需哺乳的管子。"根据上文分析，虽然孩子们从树间丘陵诞生，但他们的父母仍是那两棵大树，孩子们像孝子对待父母一样向树跪拜，对生长这两棵树的土地，也表示恭敬和尊敬。据此可知，通过管子为孩子们哺乳的应是两棵大树，而所哺之乳应是树的汁水。

事实上，树瘿生人的传说在人类早期的神话传说中并不鲜见，更不是畏兀儿所独有的。为中国学界所熟知的是王梵志诞生传说："黎阳城东十五里有王德祖者，当隋之时，家有林檎树，生瘿，大如斗。经三年，其瘿朽烂。德祖见之，乃撤其皮，遂见一孩儿，抱胎而出，因收养之。"[1] 后世文献记载了类似题材的传说。南宋人马纯《陶朱新录》记载："交州界峒中槟榔木忽生瘿，渐大，俄闻其中有啼声。峒丁因剖视之，得一儿，遂养于家。及长，乃一美妇人，婉若神仙。"[2] 有学者注意到王梵志诞生传说与印度佛经的联系，东汉安世高译《佛说㮈女耆婆经》写道：

> 㮈树边忽复生一瘤节，大如手拳，日日增长。梵志心念忽有此瘤节，恐妨其实，适欲斫去，复恐伤树，连日思维，迟回未决，而节中忽生一枝，正指向上，洪直调好，高出树头，去地七丈。其杪乃分作诸枝，周围旁出，形如偃盖，华叶茂好，胜于本树。梵志怪之，不知枝上当何所有，乃作栈阁，登而视之，见枝上偃盖之中，乃有池水，既清且香，又有众华，彩色鲜明。披视华下，有一女儿，在池水中，梵志抱取，归长养之，名曰㮈女。[3]

上述传说，和畏兀儿君主诞生传说相似，都是树瘿生人。但是，有一个特征是《马可·波罗行纪》传说所独有的，那就是树瘿来自树的汁液。

考察 13—14 世纪的相关文献，我们认为树汁成瘿的传说反映的是

1　晚唐冯翊子严子休《桂苑丛谈》引《史遗》"王梵志"条。详见项楚校注《王梵志诗校注》前言，上海古籍出版社，1991 年，第 1 页。

2　详见前引项楚校注《王梵志诗校注》前言，第 2 页。该书收集了较多汉籍中相似题材的故事传说，可参阅。

3　《大正新修大藏经》第十四册 No.554《佛说㮈女耆婆经》，详见陈允吉《关于王梵志传说的探源与分析》，《复旦学报》1994 年第 6 期，第 100—101 页；前引那木吉拉《中国阿尔泰语系诸民族神话比较研究》，第 302 页。

北亚森林地带的自然状况和森林居民的生活面貌，曲折反映了畏兀儿先民的早期生活。

据元人熊梦祥《析津志》"物产"卷：

> 树奶子，直北朔漠大山泽中，多以桦皮树高可七八尺者，刳而作斗柄稍。至次年正二月间，却以铜铁小管子插入皮中作瘿瘤处，其汁自下，以瓦桶收之，盖覆埋于土中，经久不坏。其味辛稠可爱，是中居人代酒，仍能饱人。此树取后多枯瘁。[1]

在桦树的瘿瘤之处，充溢着辛稠可爱、营养饱人的树奶子。这是树的精华集聚之处。在蒙古伊利汗国宰相拉施特主编的《史集》中有相似记载：古代森林兀良合惕部落以桦树汁液为饮料，"当他们割开白桦树时，其中流出一种类似甜乳之汁；他们经常用来代替水喝。他们认为没有比这更美好的生活，没有比他们更快活的人"。[2]

树上结出瘿瘤，在形象上与人类怀孕有些相似，就像《元史》所写，"树乃生瘿，若怀妊状"。而森林部落以瘿瘤中的树汁为上佳饮品，瘿瘤也就成了孕育生命或为生命提供乳汁的理想母体。正是由于这样的原因，畏兀儿的传说才把树汁结成的瘿瘤说成国王的生育之处。

同类以树汁哺育婴儿的传说在北亚历史上并不罕见，经常被论及的是卫拉特蒙古准噶尔部祖先绰罗斯（Čoros）的诞生传说。

18 世纪初，土尔扈特人噶班沙喇布《四卫拉特史》记载：

> 据说，杜尔伯特与准噶尔是从天上来的。有一个猎民在一棵歪脖树下拾到一个婴儿。因为那棵树长的象一支漏管（čoryo），所

1　北京图书馆善本组辑《〈析津志〉辑佚》，北京古籍出版社，1983 年，第 239 页。

2　前引拉施特主编《史集》第一卷第一分册，第 203 页。

以给他取名叫绰罗斯（管氏）。树的汁液顺着漏管滴在婴儿口中，因此说他是瘤树和鸦乌之子。……因为这个婴儿是从树底下拾到的，所以说杜尔伯特与准噶尔是从天上来的，那个婴儿是天的外甥。[1]

19 世纪初，和硕特人巴图尔·乌巴什·图们《四卫拉特史》也记载：

> 据说，古时候有两个叫伊米纳与图木纳的人在荒野上居住。伊米纳的十个儿子是准噶尔汗的属民，图木纳的四个儿子是杜尔伯特的属民。他们各有十来个儿子，逐渐繁衍增多。其中有一猎人去原始森林里打猎，发现一棵树下躺着一个婴儿，便抱回去抚养。婴儿旁边的那棵树形状象个漏管（čoryo），于是取名叫绰罗斯。树的汁液滴入婴儿口中，成为婴儿的养料，又有鸥鸦在侧，野兽不敢近前，遂以瘤树为母，鸦乌为父。因其缘份如此，便把他当作天的外甥，众人把他抚养成人，尊之为诺颜。于是，婴儿的后代成为诺颜贵族，抚养者的后代成为属民，居住在准噶尔地方。在准噶尔部的史书中，记载着准噶尔诺颜贵族的祖先绰罗斯的二十代子孙的历史。[2]

德国学者和旅行家帕拉斯（Peter S. Pallas）18 世纪六七十年代在卡尔梅克人（即居住在伏尔加河流域的土尔扈特人）中收集到一则类似的传说，但内容有较大变化。传说的内容是，准噶尔部、杜尔伯特部的首领孛汗与天女有一个私生子，天女因为惧怕她的丈夫发觉，把这个儿

1　噶班沙喇布：《四卫拉特史》，乌力吉图译，《蒙古学资料与情报》1987 年第 4 期，第 8 页。
2　巴图尔·乌巴什·图们：《四卫拉特史》，特克希译，《蒙古学资料与情报》1990 年第 3 期，第 26—27 页。另可参阅前引那木吉拉《中国阿尔泰语系诸民族神话比较研究》，第 295—296 页，另外，该书第 298 页提到了情节近似的时代更晚的蒙古民间传说。

子丢弃在一棵树下。孛汗在大雾天找到了这个孩子，"发现有一只小猫头鹰围着孩子翩翩飞舞"，弃婴旁的那株树上"有一枝断裂的桠杈弯曲地悬在孩子的上面。树木的汁液从裂缝中滴淌出来，正好流入孩子的口中，使他幸免于难。这枝桠杈的形状类似一根弯曲的管子，卡尔梅克人装灌奶酒时用的也是这样的管子，他们称之为绰罗斯（Zorros）"。这个弃婴被起名乌林台巴靻台吉，作为他后裔的所有王公及其兀鲁思有时还被唤作绰罗斯。[1]

以上西蒙古人的传说，和畏兀儿祖先传说可能存在着渊源关系，在译注帕拉斯著作时，邵建东、刘迎胜两位先生已经指出了这一点。[2]我们注意到，这些传说，尤其是树木通过管道哺育婴儿的记述，在《世界征服者史》、两种《四卫拉特史》和卡尔梅克口头传说中基本相同。它们的共同来源，应当如《析津志》所记，是"直北朔漠"之民"以铜铁小管子插入皮中作瘿瘤处"流取树奶子的翻版。归根结底，它们都反映了古代北亚森林部落生活的特征。《马可·波罗行纪》的记述在一定程度上体现了这一特征。

结　论

《马可·波罗行纪》对畏兀儿君主树生传说的记述虽然简短，但包括了树瘿生人、树汁成瘿两个基本要素。这些都能得到 13—14 世纪亚洲文献的印证。与同时期的波斯文、汉文文献的相关记述相比，《马可·波罗行纪》显示出它的独特史料价值。

学术界，尤其是研究蒙古史、元史的学者不断地强调《马可·波罗行纪》对于学术研究的重要性，其原因正在于此。

1　P. S. 帕拉斯：《内陆亚洲厄鲁特历史资料》，邵建东、刘迎胜译，云南人民出版社，2002 年，第 33—34 页。

2　前引 P. S. 帕拉斯《内陆亚洲厄鲁特历史资料》，第 34 页注释 1。

第二节 元代火州之战年代辨正

元人虞集《高昌王世勋碑》记载了至元年间元朝与察合台汗国在火州的一场大战:

> （至元）[1]十二年,都哇、卜思巴等率兵十二万围火州,扬言曰:"阿只吉、奥鲁只诸王以三十万之众,犹不能抗我而自溃,尔敢以孤城樱吾锋乎?"亦都护(火赤哈儿的斤)曰:"吾闻忠臣不事二主,且吾生以此城为家,死以此城为墓,终不能尔从。"城受围六月不解。都哇系矢以书射城中,曰:"我亦太祖皇帝诸孙,何以不我归?且尔祖尝尚主矣,尔能以女归我,我则休兵。不然,则亟攻尔。"其民相与言曰:"城中食且尽,力已困,都哇攻不止,则沦胥而亡。"亦都护曰:"吾岂惜一女而不以救民命乎!然吾终不能与之相面也。"以其女也立亦黑迷失别吉厚载以茵,引绳坠诸城下而与之。都哇解去。其后,(火赤哈儿的斤)入朝,上嘉其功,锡以重赏,妻以公主曰巴巴哈儿,定宗皇帝之女也。又赐宝钞十二万锭以赈其民。还镇火州,屯于州南哈密力之地。兵力尚寡,北方军猝至,大战力尽,遂死之。[2]

火州(今新疆吐鲁番东高昌故城)之战是元代西北地区历史上的一件大事。首先,它表明以都哇为首的察合台汗国势力已经深入畏兀儿地区,反映了元朝与察合台汗国在西北地区的力量消长。其次,火州之战严重破坏了畏兀儿人在火州一带正常的生产生活,成为日后畏兀儿人大举东

1　引文括号中的文字为笔者所加,下同。
2　黄文弼:《亦都护高昌王世勋碑复原并校记》,《文物》1964年第2期,第40页。

图 2 《高昌王世勋碑》
拓片局部

迁的重要原因。

许多学者都注意到火州之战的重要性，并做了深入研究。其中一个核心问题是火州之战究竟发生于哪年？长期以来一直有至元十二年（1275）和至元二十二年（1285）两种说法。

《高昌王世勋碑》的石刻碑文将火州之战记为至元十二年（图2），《元史》卷一二二《巴而朮阿而忒的斤传》据《高昌王世勋碑》撰写，纪年相同。[1] 中国学者王宗维、[2] 刘迎胜、[3] 周清澍，[4] 日本学者箭内亘、[5] 安部健夫，[6] 美国学者爱尔森（T. S. Allsen）[7] 均持此说。在这些学者中，尤其应注意刘迎胜先生的研究，他在文中利用大量文献对火州之战做了细致的考证，提出了许多有利于至元二十二年的证据，但最后由于立论谨慎，仍采纳"至元十二年说"。[8]

另一种观点认为火州之战当在至元二十二年，《高昌王世勋碑》的年代脱掉了一个"二"

1 《元史》卷一二二《巴而朮阿而忒的斤传》，第3001页。

2 王宗维：《高昌回鹘亦都护家族及其迁居高昌始末》，《新疆社会科学》1989年第2期，第110页。

3 刘迎胜：《元朝与察合台汗国的关系（一二六〇年至一三〇三年）》，《元史论丛》第三辑，中华书局，1986年，第66—70页；此文后收入同作者《西北民族史与察合台汗国史研究》，南京大学出版社，1994年，第165—171页。

4 周清澍：《关于别失八里局》，《元史论丛》第六辑，中国社会科学出版社，1997年，第222—223页。

5 箭内亘：《蒙古史研究》，陈捷等译，商务印书馆，1932年，第23—26页。

6 安部健夫：《西回鹘国史的研究》，第77、91、101页。

7 T. S. Allsen, "The Yuan Dynasty and the Uighurs of Turfan in 13th Century", in *China among Equals*, ed. by Morris Rossabi, Berkeley: University of California Press, 1985, p.254, pp.257-260.

8 刘迎胜：《西北民族史与察合台汗国史研究》，第171页。

字。持此看法的有中国学者屠寄、[1]柯劭忞、[2]韩儒林、[3]周良霄、[4]贾丛江，[5]以色列学者彭小燕（Michal Biran）。[6]在这些学者中，屠寄根据奥鲁只、阿只吉二人的事迹做了粗略考订，判断至元十二年有误，应作至元二十二年。贾丛江在刘迎胜研究的基础上做了较充分的论证，进一步肯定了"至元二十二年说"。

笔者认为，火州之战当在至元二十二年。[7]由于使用的史料和讨论重点不同，尽管屠寄、刘迎胜、贾丛江诸先生已有较多论述，[8]但关于此问题仍有进一步分析论证的必要。

一　进攻方

本小节讨论火州之战中的进攻一方。

第一，从史料来看，《元史》等史籍不载至元十二年都哇、卜思巴攻打火州，甚至连都哇犯边的记录也没有。据《高昌王世勋碑》，都哇攻打火州的军队有十二万人，这与《西宁王忻都公神道碑》"都瓦等将兵十二万逼城下"的记载相合。[9]二碑相同的记载说明，在火州之战中，

1　屠寄：《蒙兀儿史记》卷三六《汪古、畏兀儿二驸马传》，收入《元史二种》，上海古籍出版社，第 325 页上栏。

2　柯劭忞：《新元史》卷一一六《巴而朮阿而忒的斤传》，收入前引《元史二种》，第 525 页上栏。

3　韩儒林主编《元朝史》上册，人民出版社，1986 年，第 274 页。

4　周良霄、顾菊英：《元代史》，上海人民出版社，1993 年，第 317 页。

5　贾丛江：《关于元朝经营西域的几个问题》，《西域研究》1998 年第 4 期，第 4—13 页。

6　Michal Biran, *Qaidu and the Rise of the Independent Mongol State in Central Asia*, Surrey: Curzon, 1997, p.43.

7　笔者在拙作《13、14 世纪畏兀儿亦都护世系考》中即采用此结论，认为火赤哈儿的斤死于火州之战一年之后的至元二十三年（1286），见《西北民族研究》1998 年第 1 期，第 35 页。

8　本书第一、二、三小节内容与屠寄、刘迎胜、贾丛江三位先生互有异同，相同处不一一注出。

9　危素：《西宁王忻都公神道碑》，张维辑《陇右金石录》卷五有录文，但错讹颇多。本书据原碑汉文拓片。汉文、蒙古文拓片见 Francis W. Cleaves, "The Sino-Mongolian Inscription of 1362 in Memory of Prince of Hindu", *Harvard Journal of Asiatic Studies*, vol. 12 (1949)。《陇右金石录》卷五关于都哇军队人数误作"二十万"，当为"十二万"。见 Cleaves 上引文图版 7 汉文拓片第 13 行中部。蒙古文第 21 行碑文与汉文同，见 Cleaves 英译文 p.86。

都哇确曾领有重兵。《高昌王世勋碑》又记"城受围六月不解"。都哇以十二万之众围城长达六个月之久，这场攻城战的规模不可谓不大，时间不可谓不长，然而，这样一场大规模、长时间的战事，在《元史》等文献关于至元十二年的记载中却找不到痕迹。这是至元十二年说的第一个疑点。而至元二十二年都哇、卜思巴侵扰西北，在《元史》中则有明确记载。元朝将领伯答儿在至元二十二年"征别失八里，军于亦里浑察罕儿之地，与秃呵、不早麻战，有功"。[1] 根据对音规律，上引文中的秃呵、不早麻即都哇、卜思巴无疑。这段记载是目前所见关于都哇犯边的最早记载，文中二人与《高昌王世勋碑》相合。

第二，在至元十二年，都哇还没有足够的权威统率十二万大军。据成书于 13 世纪末的阿拉伯文文献《苏拉赫词典补编》，至元十二年，察合台汗国的君主是不花帖木儿，不是都哇。"都哇在不花帖木儿之后于 681 年（此为回历，相当于公元 1282 年 4 月 11 日—1283 年 3 月 31 日）即位。"[2] 据此，都哇在公元 1282 年（至元十九年）左右才继承汗位。在至元十二年，与不花帖木儿并非亲兄弟的都哇很难拥有对十二万大军的统辖权。

第三，即使都哇有统兵之权，他也不可能在至元十二年进攻火州。至元十二年时，北平王那木罕、右丞相安童等人正统率重兵守卫西北，驻军于阿里麻里至火州一线，建立起了有效的防御体系。[3] 换言之，当

1　《元史》卷一三二《杭忽思传附伯答儿传》，第 3206 页。

2　此处用华涛译文，见华涛《贾玛尔·喀尔施和他的〈苏拉赫词典补编〉》（下），《元史及北方民族史研究集刊》第十一期，南京大学历史系，1987 年，第 94 页。关于都哇继承汗位的年代有不同说法，《瓦撒夫史》谓都哇即位是在公元 1275 年（至元十二年）。笔者认为，贾玛尔·喀尔施和都哇是同时代人，称都哇为"我们的汗"，他的著作《苏拉赫词典补编》成书早、记事也比较准确，其记载当属可信。精通波斯史籍的英国蒙古学家 John A. Boyle 也认为都哇即汗位在 1282 年，详见 John A. Boyle, *The Successors of Genghis Khan*, New York: Columbia University Press, 1971, p.9。日本蒙古史学者加藤和秀在论文《察合台汗国的成立》中亦持此说，见日本东方学会编『足立惇氏博士喜寿記念オリエント学、インド学論集』東京：国書刊行会、1978、145 頁。该文此处公元纪年无误，而回历却误排为 661 年，应作 681 年。

3　《元史》卷一三《世祖纪十》，第 265 页；卷一二六《安童传》，第 3083 页；卷六三《地理志·西北地附录》，第 1569 页；卷八九《百官志五》，第 2273 页。

时在火州的前方有一道难以逾越的元朝防线。这条防线直到至元十三年西北诸王反叛，劫持那木罕、安童之后才宣告解体。[1]从《元史》《史集》等中外史书来看，都哇从未与那木罕交手。那么，在至元十二年，都哇又怎能突破那木罕的防线，直接进攻火州呢？

第四，据当时察合台汗国的情况来分析，在至元十二年，其势力还不可能达到畏兀儿地区。至元十年（1273），伊利汗国阿八哈汗的军队攻入察合台汗国占据的不花剌城。[2]在与伊利汗国的争夺战中，察合台汗国暂时处于下风，但是以不花帖木儿为首的察合台汗国势力不可能立即放弃富庶的河中地区。它会继续同伊利汗国展开争夺，而不会马上向东退却。况且，东方的亦列河谷草原（今伊犁河谷一带）为海都的势力范围，他不会允许察合台汗国势力染指他的领地。[3]与此有关的记载见《佛祖历代通载》卷二二《舍蓝蓝传》：

舍蓝蓝，高昌人，其地隶北庭。其地好佛，故为苾刍者多。太祖皇帝龙飞漠北，其王率所部以从，帝嘉其义，处之诸国君长之上，待以子婿之礼。海都之叛，国人南徙。师始八岁，从其亲至京师。入侍中宫贞懿顺圣皇后。……（舍蓝蓝）至顺三年二月廿

1　据元人耶律铸《双溪醉饮集》卷二《后凯歌词·自序》："至元丙子冬，西北藩王弄边，明年春，诏大将征之。"影印《文渊阁四库全书》本，第1199册，第385页上栏。至元丙子为至元十三年。《元史》卷一三《世祖纪十》至元二十一年三月"皇子北平王南木合至自北边。王以至元八年建幕庭于和林北野里麻里之地，留七年，至是始归。右丞相安童继至"，第265页。因为是在二十一年的年初，所以据此推算，昔里吉之乱当在至元十三年。当代元史学界多持此说，可参看上引《元朝史》《元代史》。另有至元十四年说，见《元史》卷九《世祖纪六》"至元十四年七月"条，第191页。贾丛江文持此说，但未做论证。
2　据波斯史籍《瓦撒夫史》，转引自前引刘迎胜《西北民族史与察合台汗国史研究》，第164页。
3　至元十二年前后有两队分别来自东、西方的旅行者经过中亚和天山南北地区，他们都只提到了当地的统治者为海都，而没有提到都哇。西行的是来自元朝的景教僧人扫马和马忽思，东行的是来自威尼斯的马可·波罗等人。详见 E. A. W. Budge, *The Monks of Kublâi Khân, Emperor of China*, London: Religious Tract Society, 1928, pp.138-139;《马可波罗行纪》，沙海昂（A. J. Charignon）注释，冯承钧译，河北人民出版社，1999年，第156—158、703—709页。

一日殁，年六十四，葬南城之阳。[1]

据文中的卒年，刘迎胜先生推算舍蓝蓝八岁南徙时为至元十四年。这条史料可以证明，在西北诸王叛乱后，海都曾经大举侵扰北庭、高昌之地。文中并未提及都哇，依此推测，至元十二年前后，在别失八里到火州一线威胁元朝的是海都，察合台汗国的兵力尚未到达。[2]

到至元二十二年，都哇早已成为察合台汗国的大汗，他可以统重兵出征。估计在此稍前，察合台汗国势力已经到达窝阔台后王封地，进至别失八里一带。[3]而汉文文献关于大将伯颜接替阿只吉统率北军的记载也暗示在至元二十二年或稍早，都哇曾击败了西北地区的元军，[4]完全可以直逼火州城下。

1　念常：《佛祖历代通载》，《北京图书馆古籍珍本丛刊》第77册，影印元至正七年刻本，第469—470页。

2　前引周清澍先生《关于别失八里局》引用了《永乐大典》"局"字韵中对"别失八里局"的记载："别失八里局，至元十二年，别失八里田地人匠经值兵事，散漫居止，迁移京师，置局织造御用领袖纳失失等段匹。十三年，置别失八里诸色人匠局，秩从七品。今定置大使一员，副使一员。"引文见《永乐大典》卷一九七八一，中华书局，1986年，第7384页上栏。按，此处所记战乱不是都哇侵火州之战，它和上引《佛祖历代通载·舍蓝蓝传》中的"海都之叛"是一致的，与都哇无关。我们应将海都与都哇两股不同力量在不同时期对火州的军事进攻区别开。

3　据前引《西宁王忻都公神道碑》，在火州之战前，"亲王都瓦、不思麻畔，（阿台不花）从亦都护火赤哈儿的斤宣力靖难。已而北庭多故，民弗获安，乃迁国火州，增城浚池，壹志坚守。都瓦等将兵十二万逼城下"。都瓦、不思麻反叛的具体时间已不可考。但据文义，下距火州之战必不会太久。笔者暂推测为至元二十年。应当注意的是，贾丛江文将火赤哈儿的斤率众迁往火州定为至元十四年即海都南进之时，并认为海都在至元十四年曾占据别失八里。见上引贾丛江《关于元朝经营西域的几个问题》，第8、13页。按，此论似未安。因为碑文中已明确指出"迁国火州"是在"亲王都瓦、不思麻畔，（阿台不花）从亦都护火赤哈儿的斤宣力靖难。已而北庭多故，民弗获安"之后，而至元十四年都哇势力尚未到达北庭，而我们在这一时期的文献中也没有找到关于海都攻占北庭的记载。

4　至元"二十二年，宗王阿只吉失律，诏王（按，即伯颜）代总北军。……二十四年，宗王乃颜将反，报者还至，诏王觇之"。见元明善《丞相淮安忠武王碑》，苏天爵编《元文类》卷二四，第455页；又见《元史》卷一二七《伯颜传》："二十二年秋，宗王阿只吉失律，诏伯颜代总其军。……二十四年春二月，或告乃颜反，诏伯颜窥觇之。"第3113页。

二　防御方

本小节我们将从战斗防御一方展开分析。

据《高昌王世勋碑》，在至元十二年都哇围攻火州之前，他曾击败了诸王阿只吉、奥鲁只（按，即元世祖第七子、西平王奥鲁赤）的三十万大军。可事实是，至元十二年奥鲁赤正率兵攻打吐蕃，根本不在西北，更不会与都哇交锋。[1] 阿只吉是元世祖后期镇守西北的重要统帅，但他不可能在至元十二年就统兵戍边。至元十二年，西北一带元军的统帅是元世祖之子北平王那木罕，[2] 而不是阿只吉。作为西北主要将领，阿只吉出现在史籍上的最早年代是至元十八年。[3] 估计至早也不会早于至元十三年，因为他总兵西北只能是在那木罕被西北诸王扣押、拘系之后。一般认为，北平王那木罕被掳是在至元十三年。[4] 那么，阿只吉继任当在此之后。奥鲁赤、阿只吉的具体情况决定了至元十二年时他们根本不在西北地区，更不能成为都哇的对手。

与此不同的是，正如屠寄指出的那样，阿只吉兵败正是在至元二十二年。当时阿只吉统兵西北，就在这一年秋天，"阿只吉失律，诏伯颜代总其军"。[5] 将此与《高昌王世勋碑》阿只吉战败的记载相对照，这里的"阿只吉失律"很可能是指他被都哇击败，堪称对《高昌王世勋碑》的一条补证。另外，到至元十七年之后吐蕃地区的形势早已稳定。

---

1 《元史》卷八《世祖纪五》"至元十二年三月"条，第164页。

2 《元史》卷一三《世祖纪十》，第265页；卷一二六《安童传》，第3083页。

3 《元史》卷六三《地理志·西北地附录》，第1569页。

4 前引耶律铸《双溪醉饮集》卷二《后凯歌词·自序》；《元史》卷一三《世祖纪十》，第265页。

5 前引元明善《丞相淮安忠武王碑》；《元史》卷一二七《伯颜传》。另外，波斯史籍《史集》也有元世祖后期阿只吉战败受罚的记载，但笔者不能断定是否在至元二十二年，在此提出供参考，见拉施特主编《史集》第二卷，余大钧、周建奇译，商务印书馆，1985年，第353页。

西平王奥鲁赤完全可以由朵思麻地区移军畏兀儿地区作战，与都哇交战成为可能。[1]

三 战后情况

火州之战后的情况有助于我们做进一步判断。据《高昌王世勋碑》记载，都哇解围之后，元世祖重赏畏兀儿亦都护火赤哈儿的斤，"赐宝钞十二万锭以赈其民"。[2] 这件事在《元史·世祖纪》至元十二年、十三年间没有记录。相反，却出现于至元二十二年。《元史》卷一三《世祖纪》：

> （至元二十二年十月）都护府言："合剌禾州民饥。"户给牛二头，种二石，更给钞一十一万六千四百锭，籴米六万四百石，为四月粮赈之。[3]

这不但和《高昌王世勋碑》中的赐钞数额十分接近，还进一步印证了火州被围六个月后城中粮尽民饥的情形，与"城中食且尽"之语相合。《元史》的这段记载可作为旁证来说明火赤哈儿的斤受赐确在至元二十二年。

另外，《高昌王世勋碑》记载火赤哈儿的斤在朝见元世祖之后"还镇火州，屯于州南哈密力之地。兵力尚寡，北方军猝至，大战力尽遂死之"。据此，火赤哈儿的斤之死与火州之战相隔不久。只有战后不久亦都护暂时放弃火州，屯于哈密力（今新疆哈密），才会出现兵寡不敌的

1　参看仁庆扎西《西平王与吐蕃的关系》，《中央民族学院学报》1988 年第 1 期，第 16—17 页。

2　亦见回鹘文《高昌王世勋碑》，可参看耿世民《回鹘文亦都护高昌王世勋碑研究》，《考古学报》1980 年第 4 期；Geng Shimin and J. Hamilton, "L'inscription ouigoure de la stele commemorative des Iduq qut de Qočo", *Turcica*，XIII（1981）；卡哈尔·巴拉提、刘迎胜《亦都护高昌王世勋碑回鹘碑文之校勘与研究》，《元史及北方民族史研究集刊》第八期，南京大学历史系，1984 年。

3　《元史》卷一三《世祖纪》，第 280 页，标点略有改动。

情况。[1] 可是，《元史》等史籍在至元十二年到十七年之间，没有北军侵袭火州的记载。在至元二十二年之后的二十三年却有一次深入畏兀儿之地的大战。《元史》卷一五四《李进传》：

> （至元）二十三年秋，海都及笃娃等领军至洪水山，进（按，即李进）与力战，众寡不敌，军溃，进被擒。从至掺八里，遁还。至和州，收溃兵三百余人，且战且行，还至京师。[2]

引文中提到，李进逃到和州（按，即火州）后，"且战且行，还至京师"。由此可知战火蔓延到比火州更远的地区。火赤哈儿的斤屯兵哈密力，亦不能幸免于此役。笔者认为就是在至元二十三年的这场大战中，火赤哈儿的斤战死。[3]

上文从战斗进攻方、防御方以及战后情况三个方面分析了火州之战。种种现象告诉我们，火州之战当发生于至元二十二年，而不可能在至元十二年。《高昌王世勋碑》"至元十二年"的记载是错误的。

一个客观事实值得我们注意。《高昌王世勋碑》立石是在元顺帝元统二年（1334），[4] 虞集作《高昌王世勋碑》则早在元文宗至顺二年

1　上引《佛祖历代通载·舍蓝蓝传》记载："海都之叛，国人南徙。师始八岁，从其亲至京师。入侍中宫贞懿顺圣皇后。"有研究者将文中"南徙"理解为南迁哈密力，与火赤哈儿的斤屯兵哈密力一致，并进而以之说明火州之战是在至元十二年。按，该文的意思应是指畏兀儿之民为了躲避战乱，南迁中原。若迁往哈密力，仍无法避开战争的危害。况且，火赤哈儿的斤并没有放弃火州。他南迁哈密力，只是率兵屯驻而已。上引《永乐大典》卷一九七八一中关于"别失八里局"的记载，述及至元十二年别失八里匠户不堪战乱，逃到大都。这和舍蓝蓝"从其亲至京师"相似。总之，内地才是畏兀儿人的避难所，哈密力只是亦都护的临时屯兵处。

2　《元史》卷一五四《李进传》，第 3640 页。

3　据《高昌王世勋碑》，火赤哈儿的斤死后，其子纽林的斤率兵平定吐蕃朵思麻之乱。又据《经世大典·序录》中关于吐蕃朵思麻之乱的记载可推知，火赤哈儿的斤之死最迟当在至元二十四年。详见上引安部健夫《西回鹘国史的研究》，第 91 页。因二事相距甚近，亦可证火赤哈儿的斤约死于至元二十三年。

4　前引巴拉提、刘迎胜《亦都护高昌王世勋碑回鹘碑文之校勘与研究》，第 81、91 页。

（1331），[1]碑文在刻石时做了改动，不但字词有所不同，而且增加了新内容。如纽林的斤娶了两位妻子，太平奴为次妻兀剌真公主所生，后袭为亦都护高昌王；篯吉娶蒙古诸王阔端之孙女为妻；篯吉死后，太平奴嗣为亦都护高昌王等事。可见《道园学古录》或《道园类稿》本《高昌王世勋碑》为虞集至顺二年所作初稿。在立碑时亦都护家族曾有意对其进行了增改。但是，关于火州之战的年代，二者却是一致的，均作"十二年"。对这一现象，笔者的解释是，"至元十二年"这一错误年代早在虞集撰写碑文时就已经出现，而后来立碑时亦都护家族只是增加了新的内容，却没有对原稿中的错误进行订正，[2]原文的错误在刻碑时被照样继承下来。底稿的错误最终造成了书版和石碑的误刻。而明代初年编写《元史·巴而术阿而忒的斤传》时，径直取材于《道园学古录》或《道园类稿》本《高昌王世勋碑》，[3]也沿袭了同样的错误。

那么最初的错误又是怎样造成的呢？我们固然可以用虞集写作疏忽导致脱文来加以解释，但假如只是虞集犯错误的话，后来亦都护家族增补、翻译和刊刻碑文时必然会发现并加以改正。可我们看到事实并非如此。这样就只剩下一种可能，即最初向虞集提供原始资料的亦都护家族就已经错了，他们错误地把火州之战发生的年代记作至元十二年。[4]正由于这个本源上的错误导致了《道园学古录》或《道园类稿》本、碑文和《元史》的共同错误。换言之，在火州之战的年代问题上，《道园学古录》或《道园类稿》、碑文和《元史》三者同文并不具备互证的价值。[5]

---

1 《道园学古录》《道园类稿》收录的《高昌王世勋碑》记载虞集"至顺二年九月"受诏撰文；另外，太平奴至顺三年嗣为亦都护，文中却毫无提及，亦可证此文作于至顺二年。

2 又如两种文献都提到回鹘西迁后建高昌国，"凡居是者百七十余载"。这显然与史实相悖。见前引黄文弼《亦都护高昌王世勋碑复原并校记》，第38页。

3 《亦都护高昌王世勋碑》增补的新内容在《元史》中没有任何反映。故《元史》未据石碑，而是抄录虞集《道园学古录》或《道园类稿》收录的稿本。

4 《亦都护高昌王世勋碑》关于漠北回鹘汗国与高昌回鹘王国历史的记载多不准确。这表明亦都护家族犯错误是完全可能的。

5 三者的关系请参看本节后附记。

四　亦都护家族与蒙古王室的通婚

刘迎胜先生根据两条史料否定至元二十二年的说法。在《高昌王世勋碑》中有这样一段记载：

> 上嘉其（按，即火赤哈儿的斤）功，锡以重赏，妻以公主曰巴巴哈儿，定宗皇帝之女也。

《元史》卷一〇九《诸公主表》：

> 巴巴哈儿公主，定宗女，适巴而述阿而忒的斤曾孙亦都护火赤哈儿的斤。[1]

据上述史料，刘迎胜先生做了细致的分析："元定宗贵由死于1248年春，即使巴巴哈儿为遗腹女，至少也生于1249年初。到至元十二年（1275）已年过26岁。如果火州之役发生于至元二十二年，则巴巴哈儿下嫁时已年过36岁，这在情理上似乎说不通，故仍采用火州之战为至元十二年说。"[2]

以上论断似乎过于谨慎。我们通常认为古人早婚，由这种观念出发，自然可以推导出公主不会在36岁出嫁的结论。可是，如果我们认为36岁偏大，那么26岁同样算是大龄。若单从古人早婚来考虑，至元十二年的说法亦难成立。

对于巴巴哈儿公主下嫁一事的理解，我们不能囿于惯常的思路。

1　《元史》卷一〇九《诸公主表》，第2761页。
2　前引刘迎胜《西北民族史与察合台汗国史研究》，第171页。

事实上，少数民族王室之间通婚的特殊性远远超出汉俗常理。[1] 蒙古人的婚俗不同于汉人，"有时女人大大过了婚龄才结婚，因为父母始终留着她们准备出卖"。[2] 而蒙古皇室与各部首领的婚姻更应作特例看待。蒙古公主的下嫁主要服务于政治目的，表示蒙古统治者对各部首领的信任，以巩固关系，使其愈发尽忠报效，"非勋臣世族及封国之君，则莫得尚主，是以世联戚畹者，亲视诸王，其藩翰屏垣之寄，盖亦重矣"。[3] 正因为王室婚姻多具政治性，所以公主的年龄并不重要，大龄公主下嫁屡见不鲜。成吉思汗之女阿剌海别吉曾嫁给汪古部贵族阿剌兀思、不颜昔班、镇国、孛要合两代四人，尤其是她最后嫁给了孛要合。她和孛要合之间有比较悬殊的年龄差距。汪古有乱，"武毅（按，即孛要合）尚幼，王妃阿里黑（按，即阿剌海）挈之，偕犹子镇国夜遁至界垣"。[4] 后来，阿剌海居然嫁给了孛要合。可见蒙古的贵族婚姻并不很在意年龄。同样是汪古部，十几岁的王子术安娶了三十几岁的蒙古公主阿剌的纳八剌。[5] 类似的例子还有汉将刘伯林之子刘黑马，他曾娶成吉思汗庶出幼子拙赤歹的遗孀。当时刘黑马只有 16 岁。与拙

1　例如蒙古亦乞列思部人孛秃，先娶成吉思汗的妹妹帖木伦，帖木伦死后又娶成吉思汗的女儿火臣别吉，见《元史》卷一〇九《诸公主表》，第 2757—2758 页。蒙古之前的契丹、蒙古之后的后金，其王室的婚俗皆不拘女方年龄。契丹公主再嫁不乏其人，晋国长公主曾三嫁，秦晋国大长公主曾四嫁，其再嫁时的年龄无疑已经较大。见《辽史》卷六五《公主表》，中华书局，1974 年，第 1003—1009 页。清太祖努尔哈赤曾与女真叶赫部首领布扬古之妹约婚，后婚事一再拖延。此女三十三岁嫁至蒙古时，努尔哈赤犹思迎娶，并一直对此事耿耿于怀。详见孟森《清太祖所聘叶赫老女详考》，见同作者《明清史论著集刊》，中华书局，1959 年，第 192—202 页。

2　鲁布鲁克：《鲁布鲁克东行记》，何高济译，中华书局，1985 年，第 218 页。

3　《元史》卷一〇九《诸公主表》，第 2757 页。

4　阎复：《驸马高唐王阔里吉思碑》，详见周清澍《汪古部与成吉思汗家族世代通婚关系——汪古部事辑之四》，《文史》第十二辑，第 166 页。

5　据《元史》卷一一八《阔里吉思传》；柳贯《柳待制文集》（《四部丛刊初编》本）卷七《赵王封赠三代制》，收入《柳贯诗文集》，柳遵杰点校，浙江古籍出版社，2004 年，第 141—142 页。阿剌的纳八剌为元泰定帝之姐，至大元年前后出嫁，时术安只有十三四岁。而公主已年逾三十。详见周清澍《汪古部统治家族——汪古部事辑之一》，《文史》第九辑；前引《汪古部与成吉思汗家族世代通婚关系——汪古部事辑之四》。

赤歹遗孀必有较大的年龄差。[1]

下面我们重新检查一下畏兀儿亦都护家族和蒙古黄金家族的通婚关系。据文献记载，与巴而术阿而忒的斤约婚的蒙古公主也立安敦可能年龄较大。[2]我们若排出蒙古公主和亦都护的嫁娶关系，便会发现在很多情况下蒙古公主要比所嫁的亦都护长一辈甚至两辈。请看表1（按，本表据《元史》卷一〇九《诸公主表》"高昌王公主位"绘制。巴而术阿而忒的斤被成吉思汗视为第五子，所以表中把他放在元太宗窝阔台的那一辈，以下各代依次类推。亦都护世系详见笔者的有关考证文章。[3]表中第二行圆括号中的人名只是为表明世代的需要。人名后的阿拉伯数字表示对应的婚姻关系）。

表 1　蒙古公主和亦都护嫁娶关系

世代	一	二	三	四	五	六	七
蒙古皇族	太祖	太宗	定宗世祖阔端	（真金）	安西王	（英宗）	（顺帝）
出嫁公主		也立安敦①	巴巴哈儿② 不鲁罕③ 八卜叉③			兀剌真③ 朵而只思蛮④	
驸马亦都护		巴而术阿而忒的斤①		火赤哈儿的斤②		纽林的斤③	帖睦儿补化④

1　参看萧启庆《元代几个汉军世家的仕宦与婚姻》，见同作者《蒙元史新研》，台北：允晨出版公司，1994年，第347页。

2　汉文《高昌王世勋碑》；志费尼：《世界征服者史》上册，第50页；前引拉施特主编《史集》第一卷第一分册，第243页。也立安敦为成吉思汗女，成吉思汗生前许婚，但直到窝阔台即位后未出嫁。其时成吉思汗的嫡出幼子托雷已年近四十，可能当时也立安敦的年龄也颇大。

3　前引拙作《13、14世纪畏兀儿亦都护世系考》。

从表 1 中我们能清楚地看到，巴巴哈儿公主比火赤哈儿的斤长一辈，不鲁罕公主、八卜叉公主比纽林的斤长两辈，朵而只思蛮公主比帖睦儿补化长一辈。他们之间存在年龄差应是不可避免的。据此，火赤哈儿的斤完全可以迎娶 36 岁的巴巴哈儿公主，我们甚至不排除巴巴哈儿公主是再嫁的可能性。两人间的婚姻问题似不足以否定火州之战的年代。至元二十二年说应是能够成立的。

五　宏观考察

上文分四小节论证了火州之战当在至元二十二年，下文把这次战事放在整个元朝前期西北地区政治史中来加以考察，进一步论证火州之战的年代问题，并借此说明窝阔台、察合台后王势力在西北地区活动的前后阶段性。

阿里不哥败降后，窝阔台后王海都据地自雄，反抗忽必烈。至元五年，元军击败海都。八年，北平王那木罕建幕庭于阿力麻里，总辖西北元军，防御海都。由于海都军事压力的不断增强，[1]十二年，右丞相安童西行辅助北平王。在这一时期，元军较海都占优。但形势很快发生了变化。至元十三年，脱脱木儿、昔里吉等蒙古诸王叛，拘系那木罕、安童，西北的元军防线瓦解。海都乘机占领阿力麻里，骚扰天山南北。元军展开反击，至元十八年，西北诸王之乱平息。十九年，海都遣回安童求和。

由上述史事可知，至元初年到至元十九年间，元朝在西北的主要对手是海都而不是都哇，是窝阔台汗国势力而非察合台后王。正如上文第一小节提到的那样，此时的察合台汗国势力尚在河中及天山西端以远的地区，还没有到达火州一带。

至元二十年，元朝在别失八里、火州等地设置宣慰司，又布置了大

1　前引念常《佛祖历代通载·舍蓝蓝传》；《永乐大典》卷一九七八一"别失八里局"。

量兵力，这对海都构成了极大威胁。[1] 在这种形势下，海都迫切地需要寻找同盟者以保全和壮大自己的力量。估计在此时，已经成为察合台汗的都哇率军到达天山东部地区，侵扰北庭一带，[2] 不久又继续东进，终于在至元二十二年发动了大规模进攻，击败阿只吉，引发了火州之战的战火。二十三年，海都、都哇联合，大举入侵，更将战火燃及火州以东的哈密力，畏兀儿亦都护火赤哈儿的斤战死。

至元二十四年，东北诸王叛，为了与他们联合，海都、都哇将主攻方向转向漠北和林一带。二十六年，元世祖亲征，海都受挫远遁。[3] 三十年，元军攻占谦河流域。[4] 此后，海都、都哇集团在军事上不断失利。到成宗大德年间，海都败死，都哇、察八儿请降，西北遂安。

值得注意的是，到元世祖后期火州地区就已在元朝与窝阔台汗国之间保持中立了，"它在合罕和海都的边界之间。他们与双方都和睦相处，并且效劳于双方"。[5] 到了元成宗大德年间，火州、北庭等畏兀儿地区正式被都哇治下的察合台汗国所吞并，成为察合台汗国的一部分。[6]

要之，在至元十二年前后，西北遭受的攻击基本上来自海都，都哇所部尚未到达该区域。至元二十年左右，二者才实现了对畏兀儿的联合进攻。从西北大势亦可见火州之战当在至元二十二年。此后，随着察合台汗国势力的介入，畏兀儿地区的政治格局发生了巨大变化，尽管元朝在北方草原击败了对手，但畏兀儿地区却无可挽回地落入了察合台汗国的手中。[7]

---

1 前引《元史》卷六三《地理志·西北地附录》。

2 前引危素《西宁王忻都公神道碑》。

3 《元史》卷一五《世祖纪十二》"至元二十六年七月"条，第 324 页。

4 《元史》卷一二八《土土哈传》，第 3134 页。

5 上引拉施特主编《史集》第二卷，第 338 页。

6 哈沙尼：《完者都史》，译文见刘迎胜《〈史集〉窝阔台汗国末年记事补正——蒙古诸汗国间的约和与窝阔台汗国灭亡之再研究》，《元史及北方民族史研究集刊》第十期，南京大学历史系，1986 年，第 51 页。

7 参看上引刘迎胜《〈史集〉窝阔台汗国末年记事补正——蒙古诸汗国间的约和与窝阔台汗国灭亡之再研究》，第 51 页。

附记：

现存有关《高昌王世勋碑》碑文之史料

以下将有关史料分成 A、B、C 三组，A 组与 B 组为汉文，两者既有密切的联系又有所区别，C 组为回鹘文，自成一系。现图示如下：

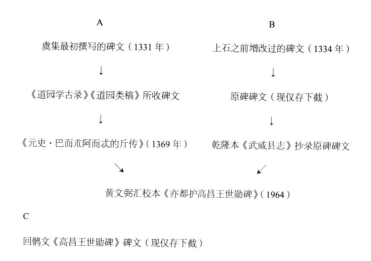

       A   B

虞集最初撰写的碑文（1331 年）   上石之前增改过的碑文（1334 年）

       ↓   ↓

《道园学古录》《道园类稿》所收碑文   原碑碑文（现仅存下截）

       ↓   ↓

《元史·巴而术阿而忒的斤传》（1369 年） 乾隆本《武威县志》抄录原碑碑文

         ↘   ↙

    黄文弼汇校本《亦都护高昌王世勋碑》（1964）

C

回鹘文《高昌王世勋碑》碑文（现仅存下截）

相关研究如下：

耿世民：《回鹘文亦都护高昌王世勋碑研究》，《考古学报》1980 年第 4 期。

Geng Shimin and J. Hamilton, "L'inscription Ouigoure de la stele commemorative des Iduq qut de Qočo", *Turcica*, XⅢ（1981）.

卡哈尔·巴拉提、刘迎胜：《亦都护高昌王世勋碑回鹘碑文之校勘与研究》，《元史及北方民族史研究集刊》第八期，南京大学历史系，1984 年。

第三节　元代畏兀儿亦都护的世系

关于 13、14 世纪畏兀儿首领亦都护（Iduq-qut）的世系，已有不少研究成果。[1]由于史料的增加和研究的深入，这两百年间的亦都护世系有四个阶段已经明确。

第一段，从西辽时期的月仙帖木儿（Esen Temür）开始，[2]到大蒙古国时期的月仙帖木儿之子巴而朮阿而忒的斤（Barčuq Art Tigin，1209?—1230?，人名后标注的年代为担任亦都护的时间，下同），[3]又传至巴而朮阿而忒的斤之子怯失迈失（Kesmes, 1230?—1242?），[4]再传怯失迈失之弟萨仑的（Salindi, 1242?—1252），[5]三传至萨仑的之弟玉古伦赤的斤（Ögünč Tigin），[6]四传至玉古伦赤的斤之子马木剌的斤（Mamuraq Tigin，?—1266），[7]在马木剌的斤死后，亦都护之位由其子

1　陈高华：《元代新疆史事杂考》，收入新疆人民出版社编《新疆历史论文续集》，新疆人民出版社，1982 年；程溯洛：《高昌回鹘亦都护谱系考》，《西北史地》1983 年第 4 期；王宗维：《高昌回鹘亦都护家族及其迁居永昌始末》，《新疆社会科学》1989 年第 2 期；罗贤佑：《元代畏兀儿亦都护谱系及其地位变迁》，《民族研究》1997 年第 2 期。

2　《元史》卷一二四《哈剌亦哈赤北鲁传》，第 3046 页。程溯洛先生《高昌回鹘亦都护谱系考》把高昌回鹘的首领庞特勤、仆固俊、毕勒哥，龟兹回鹘的首领禄胜、智海也划入亦都护的谱系中。我们查阅相关史料发现，他们并没有亦都护的称号。亦都护的称号早就出现，但在史料中能找到的、真正不断的传承关系，始于月仙帖木儿。

3　黄文弼：《亦都护高昌王世勋碑复原并校记》，《文物》1964 年第 2 期，第 40 页，以下该文简称《汉文世勋碑》；'Ala-ad-Din 'Ata-Malik Juvaini, *The History of the World-Conqueror*, trans. by J. A. Boyle, Manchester: Manchester University Press, 1958, p.44；志费尼：《世界征服者史》上册，第 49—50 页。

4　Juvaini, op. cit., p.48；前引志费尼《世界征服者史》上册，第 50 页；拉施特主编《史集》第一卷第一分册，第 244 页，人名写作乞失马因（Qismain）。

5　Juvaini, op. cit., p.48；前引志费尼《世界征服者史》上册，第 50、55—58 页。

6　《汉文世勋碑》，第 40 页；Juvaini, op. cit., p.48；志费尼：《世界征服者史》上册，第 58—59页，玉古伦赤的斤作"幹根赤"，英译原文 Ögünch 误作 Ögench。

7　据虞集《高昌王世勋碑》和《元史》卷一二二《巴而朮阿而忒的斤传》的记载，马木剌的斤为玉古伦赤的斤之子。黄文弼校《汉文世勋碑》引《武威县志》，将马木剌的斤写作玉古伦赤的斤之弟，误。见虞集《道园类稿》卷三九《高昌王世勋碑》，《元人文集珍本丛刊》影印元至正五年抚州路学刻本，第 211 页下栏；又见苏天爵编《元文类》卷二六《高昌王世勋碑》，第 478 页；《元史》卷一二二《巴而朮阿而忒的斤传》，第 3000 页。

火赤哈儿的斤（Qočɣar Tigin，1266—1286？）继承。[1]（继承关系可参看文后世系图）

第二段，火赤哈儿的斤之子纽林的斤（Nürin Tigin，1308—1318）在元武宗至大元年（1308）嗣为亦都护，[2] 并于仁宗延祐三年（1316）加封为高昌王。[3] 他去世后，其长子帖睦儿补化（Temür Buqa，1318—1329）继承了王位和亦都护位。[4] 元文宗天历二年（1329），帖睦儿补化以亦都护、高昌王让其弟篯吉（Sangki，1329—1332），[5] 文宗至顺三年（1332）篯吉死，他的同父异母弟太平奴（Taypinu，1332—？）袭位。[6]

第三段，顺帝至正十三年（1353），亦都护高昌王月鲁帖木儿（Urluq Temür，？—1353）死，其子桑哥（Sengge，1353—？）袭位。[7]

第四段，元朝末期，前亦都护、高昌王帖睦儿补化之子不答失里（Buda Širi，？—？）、孙和赏（Qošang，？—1370）先后袭为高昌王、亦都护。明洪武三年（1370），镇守永昌的高昌王和赏献出印绶，归顺明朝，被封为怀远将军、高昌卫同知指挥使司事。[8] 亦都护及高昌王的

1　卡哈尔·巴拉提、刘迎胜：《亦都护高昌王世勋碑回鹘碑文之校勘与研究》，《元史及北方民族史研究集刊》第八期，第 71 页。以下该文简称《回鹘文世勋碑》。另见《汉文世勋碑》。

2　《汉文世勋碑》，第 40 页；《回鹘文世勋碑》，第 77 页，人名残缺。

3　《元史》卷一〇八《诸王表·高昌王》，第 2745 页。但元朝政书《经世大典》"站赤"部分记载，早在仁宗皇庆元年（1312），亦都护已被册封为高昌王，皇庆元年八月"中书省准陕西行省咨：奉元路脱脱禾孙呈：亦都护高昌王位下差都事雷泽、宣使朵儿只二人，起马二匹，赍本位下王傅差札，前去大都进贺表章"。见周少川等辑校《经世大典辑校》，中华书局，2020 年，第 594 页。

4　《汉文世勋碑》，第 40 页；《回鹘文世勋碑》，第 78 页。

5　《汉文世勋碑》，第 40 页；《回鹘文世勋碑》，第 80 页。据《元史》卷三六《文宗纪五》，第 803 页，"篯吉"又作"藏吉"。

6　《汉文世勋碑》，第 40 页；《元史》卷三六《文宗纪五》，第 803 页。

7　《元史》卷四四《顺帝纪七》，第 910 页。

8　宋濂：《宋濂全集》卷七《故怀远将军高昌卫同知指挥使司事和赏公坟记》，黄灵庚校点，人民文学出版社，2014 年，第 146 页。

传承到此终结。[1]

以上这四个阶段中的每一阶段，史实记载明白确凿，传承关系完整紧凑。但是，各个阶段之间存在着缺环，使我们无法将这四段合理地联系起来。

第一，火赤哈儿的斤在元世祖至元年间战死，而其子纽林的斤在武宗时才嗣为亦都护。这中间的成宗时期，畏兀儿部有没有自己的亦都护？如果有，我们能否在文献或考古材料中找到？

第二，在元顺帝至正十三年死去的亦都护月鲁帖木儿是何时袭位的？他与前任亦都护太平奴是什么关系？属亦都护家族中的哪一支？

第三，帖睦儿补化的子孙不答失里、和赏是最后两代亦都护。那么，亦都护之位是怎样由桑哥传至不答失里的？

下文试做解答。

一　雪雪的斤家族

火赤哈儿的斤死于元世祖至元年间，确切年代很难考定，但最晚当不迟于至元二十四年（1287）。[2] 火赤哈儿的斤之子纽林的斤嗣亦都护位是在武宗至大元年（1308），中间相隔了二十二年之久。有多则史料表

1　由于战乱，元代中前期，亦都护率部众南迁永昌，察合台汗国占据了畏兀儿之地，另立亦都护，这在回鹘文、蒙古文文书中可以得到证实。见 Peter Zieme, *Buddhistische Stabreimdichtungen der Uiguren*, Berlin: Akademie Verlag, 1985, pp.156, 158；李经纬《吐鲁番回鹘文社会经济文书研究》，4（12）号请求免税书，新疆人民出版社，1996年，第206—213页；又见 Dalantai Cerensodnom and Manfred Taube, *Die Mongolica der Berliner Turfan Sammlung*, Berlin: Akademie Verlag, 1993, Nr. 70, 71, 73. 因为这些亦都护是察合台汗国另立，本节不做讨论。

2　据《汉文世勋碑》，火赤哈儿的斤死后，其子纽林的斤率军去平定吐蕃脱思麻之乱。又据《经世大典·序录》中关于吐蕃脱思麻之乱的记载可推知火赤哈儿的斤之死最迟当在至元二十四年。详见安部健夫《西回鹘国史的研究》，第91页。火赤哈儿的斤死于至元二十二年火州之战后不久，参见本章第二节"元代火州之战年代辨正"。

明，在这二十多年间，畏兀儿部的首领亦都护是存在的。[1] 现在需尝试将这一时期的亦都护找出。

《元史》卷一九五《伯颜不花的斤传》的一段记载是解决这一问题的钥匙：

> 伯颜不花的斤，字苍崖，畏吾儿氏，驸马都尉、中书丞相、封高昌王雪雪的斤之孙，驸马都尉、江浙行省丞相、封荆南王朵尔的斤之子也。[2]

这里提到的高昌王雪雪的斤值得我们注意。他的封爵为高昌王，这说明他是畏兀儿的显赫贵族。但他是否属于王族即亦都护家族，我们尚难断定，因为非亦都护家族的成员仍有死后追封为高昌王的。[3] 不过，史籍中几条有限的记录可以帮助我们做出推论。

第一，从人名和家世上看，雪雪的斤当属亦都护家族。"雪雪的斤"可转写为 Sü Sü Tigin，与"的斤"对应的 tigin 是畏兀儿亦都护家族常见的称号，意为"王子"。[4] 作为畏兀儿贵族，雪雪的斤应是本部的王子。元人称其孙伯颜不花的斤为"高昌世子""高昌国王子"，进一步证明了这一点（详见本节第三小节所引《图绘宝鉴》《书史会要》等）。

第二，从婚姻关系上看，雪雪的斤当属亦都护家族。他有驸马都尉的头衔，在《元史》中我们找到了与他时间相当的雪雪的斤公主，这位

1　详见《元史》卷一九《成宗纪》、卷一七〇《畅师文传》，第 403、3996 页；《元典章》卷五三刑部十五"畏吾儿等公事约会"所录大德五年（1301）圣旨，陈高华等点校，中华书局、天津古籍出版社，2011 年，第 1783 页。前引李经纬《吐鲁番回鹘文社会经济文书研究》，1（10）号文书斌通卖身契之三，第 37—41 页。刘迎胜先生已指出这一问题，参见《西北民族史与察合台汗国史研究》，南京大学出版社，1994 年，第 169 页。

2　《元史》卷一九五《伯颜不花的斤传》，第 4409 页。

3　前引虞集《道园类稿》卷四一《高昌王神道碑》，第 243—246 页。

4　Mahmud al Kašgari, *Compendium of the Turkic Dialects*, ed. and tr. by Robert Dankoff, Cambridge: Harvard University Press, 1982, Part Ⅱ , p.314；《回鹘文世勋碑》"tigin"条，第 100 页。

雪雪的斤公主或系其妻。[1]我们知道，在畏兀儿部，只有王族即亦都护家族和蒙古皇室有较多的通婚关系。[2]雪雪的斤与雪雪的斤公主的对应关系或者说婚姻关系表明，雪雪的斤当是亦都护家族的一员。

第三，从政务活动来看，雪雪的斤实为亦都护家族的重要成员。雪雪的斤在元代政治史上留下了足迹。至元二十二年（1285）十月，元世祖"遣雪雪的斤领畏兀儿户一千戍合剌章"。[3]合剌章指元代的云南行省。畏兀儿贵族火儿思蛮奉世祖之命"从雪雪的斤镇云南"。[4]至元二十三年二月，雪雪的斤出任缅中行省左丞相。[5]在至元二十二年、二十三年前后，元世祖正兴兵攻打缅国，[6]雪雪的斤从北方调至云南助战并且担任重要职务。这正可以和回鹘文《亦都护高昌王世勋碑》第 28—30 段相印证：

> 功德高贵的薛禅合罕（按，即元世祖忽必烈）一天在宫中单
> 独与黄金世系的太子每在坐时（道）："其他无论那位别乞官员每
> 都应无条件地像他（按，即亦都护火赤哈儿的斤）一样。"以金
> 口宣旨了："听说出去的五位的斤中有一个进中原还未归还。我把
> 此事……心上，努力为我们开辟道路……所以今后……以兄弟之
> 礼……在……我们的黄金世系中……那样的……。"宣旨了。[7]

至元二十二年、二十三年间，雪雪的斤领兵镇戍云南，担任缅中行省左

---

1 《元史》卷一八《成宗纪一》、卷一〇九《诸公主表・各公主位》，第 385、2763 页。王宗维先生曾论及雪雪的斤公主或系雪雪的斤之妻，见前引王宗维《高昌回鹘亦都护家族及其迁居永昌始末》。

2 参见前引卡哈尔・巴拉提、刘迎胜《亦都护高昌王世勋碑回鹘碑文之校勘与研究》，第 105—106 页。

3 《元史》卷一三《世祖纪十》，第 280 页。

4 《元史》卷一二四《哈剌亦哈赤北鲁传》，第 3047 页。

5 《元史》卷一四《世祖纪十一》，第 286 页。

6 《元史》卷二一〇《外夷传三・缅》，第 4658—4659 页。

7 《回鹘文世勋碑》，第 75—76 页。

丞相，参与攻打缅国之役，向南开拓疆土。联系上引回鹘文《高昌王世勋碑》所记的时间和内容，雪雪的斤应是五位的斤中进入中原、为元世祖开辟道路的那一位。跟随雪雪的斤出征的火儿思蛮是畏兀儿答剌罕（一种显赫的封号）乞赫宋忽儿之子，[1] 他奉命随雪雪的斤镇戍云南，亦可见雪雪的斤在畏兀儿部的地位之重。

缅甸现存一方刻立于 13 世纪的著名缅文碑刻《信第达巴茂克碑》。碑文记载，元朝派遣雪雪的斤攻打缅国，"中国皇帝已派雪雪的斤亲王率兵两万，并有来自七十座寺庙之高僧般若达摩加、悉利达磨加等进军蒲甘，暂驻于顶兑国。因时值雨季，暂滞留该地"。[2] 当时雪雪的斤的军队驻扎在太公城（今缅甸达冈）以北区域。为缓和与元朝的关系，缅国国王于缅历 647 年（1285）派高僧信第达巴茂克前往元大都与忽必烈谈判。《信第达巴茂克碑》充分说明，1285 年元朝对缅国作战的主要统帅就是雪雪的斤，而且明确提到他的贵族身份。

火赤哈儿的斤战死时，纽林的斤"方幼"，[3] 与年幼的纽林的斤相比，雪雪的斤已能率军远征云南了，从这一点上看，雪雪的斤显然要比纽林的斤年长。那么，他在纽林的斤之前担任亦都护是完全可能的。

从人名与家世、婚姻、政务活动来看，高昌王雪雪的斤是亦都护家族的一员。在火赤哈儿的斤死后，他作为年长而又立有功勋的王子，完全可能出任亦都护。这也正是他被追封为高昌王的原因。[4]

雪雪的斤之子、驸马都尉、江浙行省丞相、荆南王朵尔的斤是我们关注的另一重要人物。雪雪的斤会不会把亦都护之位传给他呢？《元史》卷三三《文宗纪二》天历二年十一月：

---

1 《元史》卷一二四《哈剌亦哈赤北鲁传》，第 3047 页。

2 《信第达巴茂克碑》，李谋译注，中外关系史学会编《中外关系史译丛》第一辑，上海译文出版社，1984 年，第 73 页。

3 《汉文世勋碑》，第 40 页。

4 据《元史》卷一〇八《诸王表·高昌王》（第 2745 页）及前引《经世大典·站赤》，高昌王于仁宗延祐三年或皇庆年间始封于纽林的斤，如果雪雪的斤为亦都护是在纽林的斤之前，其高昌王号当是追封。

> 命朵耳只亦都护为河南行省丞相。近制行省不设丞相，中书
> 省以为言，帝有旨："朵耳只先朝旧臣，不当以例拘。"[1]

这里提到的朵耳只亦都护当系雪雪的斤之子朵尔的斤，理由有二。

第一，朵耳只亦都护即朵耳只的斤。我们知道，亦都护是畏兀儿王室世袭王号，亦都护朵耳只必然是王室成员，所以，按照畏兀儿王室的称谓习俗，他的名字可以加上称号"的斤"而被称为朵耳只的斤，即朵耳只王子。"朵耳只亦都护"与"朵耳只的斤亦都护"实际所指相同。在元朝翰林学士袁桷的文章中提到这位亦都护，也是省略"的斤"的，即"驸马、丞相、亦都护朵儿赤"。[2]亦都护朵耳只是先朝旧臣，这在《元史》中有所记载，他曾在英宗初年任湖广行省丞相，[3]名字就是朵儿只斤。由此可证朵耳只亦都护的名字称为朵耳只或朵耳只的斤均可。

第二，《元史·伯颜不花的斤传》中的朵尔的斤即朵尔只的斤（Dorji Tigin）。元代译名不严格，朵尔只Dorji的尾音ji在记写时脱落或遗漏，把"朵尔只的斤"写成了"朵尔的斤"。上文提到袁桷文章中的"亦都护朵儿赤"，是完整的人名形式。朵尔的斤曾任江浙行省丞相，我们从《元史》中找到了相同记述，而人名则是完整的，为"朵儿只"，[4]写出了尾音ji，而未带附加称号tigin。总之，朵尔的斤与朵尔只的斤当为同一人。

既然朵尔的斤就是朵尔只的斤，去掉"的斤"称号，人名就是朵尔只。朵耳只亦都护可以与高昌王雪雪的斤之子朵尔的斤／朵尔只的斤勘

1　《元史》卷三三《文宗纪二》，第 744 页。

2　袁桷：《资善大夫资国院使玉吕伯里公神道碑铭》，收入杨亮校注《袁桷集校注》卷二六，中华书局，2012 年，第 1270 页。

3　《元史》卷二七《英宗纪》，第 601 页。

4　《元史》卷三一《文宗纪一》，第 710 页。注意，在朵儿只由江浙行省左丞相转任河南行省丞相时，只说他是亦都护，而未加江浙行省丞相之职。这是《元史》编写的缺漏，可与第 744 页比较。

同，雪雪的斤的亦都护之位在传到纽林的斤之前，当由朵尔的斤继承。

但是，在上引《元史》卷三三的记述中，朵耳只的斤在文宗天历元年十一月仍有亦都护称号，这和实际传承相矛盾。武宗之后，亦都护一直由纽林的斤一系担任。天历元年十月到至顺三年间，任亦都护的一直是纽林的斤的次子篯吉，而非朵耳只的斤，这是史有确载，毋庸置疑的，[1]而《元史》关于朵耳只的斤亦都护的记载又不能轻易否定。唯一合理的解释是，朵尔的斤曾在其父雪雪的斤之后、纽林的斤之前任亦都护，在武宗至大元年让位给纽林的斤；[2]他在天历元年仍被称作亦都护，只是一种习惯称谓的延续，并非实指。只有这样，我们才能对《元史·文宗纪》的记载做出合理的解说，才能对亦都护的传承次序做出合理的判断。[3]

有一处相关记载值得讨论。元代文献显示，在湖北荆州一带居住着亦都护家族的一个支系。《元史·畅师文传》记载：

> （至元）二十八年，改金陕西汉中道提刑按察司事。时更提刑按察司为肃政廉访司，就金本道肃政廉访司事，黜奸举才，咸服其公。三十一年，徙山南道。松滋、枝江有水患，岁发民防水，往返数百里，苦于供给，师文以江水安流，悉罢其役。驸马亦都护家人怙势不法，师文治其甚恶者，流之。大德二年，改山东道。[4]

1　《汉文世勋碑》，第40页；《元史》卷三六《文宗纪二》，第803页。

2　亦都护之位的转让并不罕见，见《汉文世勋碑》，第40页。在畏兀儿部，爵位或世袭官职的转让很普遍，见《元史》卷一四三《小云石海涯传》，耿世民《回鹘文〈大元肃州路也可达鲁花赤世袭之碑〉译释》，收入阎文儒等编《向达先生纪念论文集》，新疆人民出版社，1986年。碑主是回鹘化的唐兀人。

3　先行研究中有论者认为朵儿只的斤即篯吉，在天历元年任亦都护，或者将朵耳只的斤排除于亦都护传承之外。

4　《元史》卷一七〇《畅师文传》，第3996页；许有壬《至正集》卷四九《大元故翰林学士畅公神道碑铭》有类似记载，但缺乏明确的纪年，见《元人文集珍本丛刊》，影印清宣统三年石印本，第238页上栏。

畅师文在至元三十一年担任地方监察机构山南道肃政廉访司的金事，该机构的监察区域以荆南（湖北江陵，今荆州市）为中心，[1]包括今湖北大部和湖南的一部分。有驸马亦都护家庭处于山南道的监察之下，说明当地居住着担任亦都护的畏兀儿贵族，且有驸马身份。《高昌王世勋碑》记录的主要是亦都护家族的纽林的斤 - 帖睦儿补化支系，在至元二十三年之后，这个家族支系基本活跃于西北的甘肃、青海一带，显然不是《元史·畅师文传》中提到的这个居住在湖北的亦都护家族支系。由于史料有限，笔者只能推测这个居住在湖北的亦都护家族支系可能是雪雪的斤 - 朵尔只的斤系。这是因为，雪雪的斤之子朵尔只的斤曾被封为荆南王，他是驸马都尉，而且曾拥有亦都护的头衔。荆南，正是山南道肃政廉访司的治所。

综上，在纽林的斤之前，雪雪的斤、朵尔 / 朵尔只的斤父子曾任亦都护。

二　元朝后期的变动

至顺三年，亦都护、高昌王的封号传到了太平奴。太平奴之后继任的亦都护史无明载。本小节试做推论。刘基《前两淮都转运盐使宋公政绩记》：

> （宋文瓒）除绍兴路总管，未及考，除山东都转运盐使，召为刑部尚书……丞相高昌王以罪死，又以他事论其弟弃市，送刑部议，公不肯，曰："狱情未具。"于是复大忤用事者意，改除大都路总管。[2]

1　刘孟琛等编《南台备要》，见《宪台通纪（外三种）》，王晓欣点校，浙江古籍出版社，2002年，第154、159页。

2　刘基:《刘伯温集》卷三，林家骊点校，浙江古籍出版社，2011年，第158—159页。

刘基提到的丞相高昌王显然是指帖睦儿补化，在众高昌王中只有他曾任丞相。他有两个弟弟，一为笺吉，一为太平奴，[1]论弃市的不知是其中的哪一个。对此，刘基的文章没有谈及，但我们可以用排除法判别。黄溍《重修绍兴路儒学记》：

> 今上重纪至元之六年，聿新庶政，博求才望，俾牧远人，得南阳宋公以为绍兴路总管。绍兴古之会府，关决趋办，素号丛剧。公承命而至，未遑他及，首以导扬德意、化民成俗为务。……其明年，改元至正，秋，大熟。……其又明年春，甫告讫功，而公去为山东转运使。……公名文瓒，字子璋，陪台垣、仪宪府，践扬滋久，其为郡多善政。[2]

又，黄溍《绍兴路总管宋公去思碑》：

> 至正二年，南阳宋公守越之又明年也。其年春，廷议以山东盐策之利，经费所资，择可为都转运使者，无以易公，遂特命焉。[3]

南阳宋公即宋文瓒。据此，宋文瓒任山东都转运盐使是在至正二年。那么，他转任刑部尚书当在至正二年之后，也就是说，论帖睦儿补化之弟弃市最早当在至正二年之后。我们知道，笺吉死于元文宗至顺三年间，[4]所以，被论弃市的丞相高昌王之弟只能是太平奴。太平奴何时死去已不可考，但不可能早于至正二年。又据《元史·顺帝纪》，至正六年三月，

---

1 《汉文世勋碑》，第 40 页。
2 黄溍：《金华黄先生文集》（《四部丛刊初编》本）卷九，收入《黄溍全集》，王颋点校，天津古籍出版社，2008 年，第 291—292 页。
3 阮元编《两浙金石志》卷一七，清光绪十六年浙江书局刻本，收入国家图书馆善本金石组编《辽金元石刻文献全编》中册，北京图书馆出版社，2003 年，第 394 页下栏。
4 《元史》卷三六《文宗纪五》，第 803 页。

宋文璘已在两淮转运使的任上。[1] 那么，太平奴之死不会迟于至正六年，当在至正二年到六年之间，本节绘制的世系表暂拟为至正四年（1344）。

现有材料表明，太平奴死后的亦都护高昌王中，以月鲁帖木儿为最早。《元史》卷四二《顺帝纪五》至正十二年夏四月戊辰：

> 命亦都护月鲁帖木儿领畏吾儿军马，同豫王阿剌忒纳失里、知枢密院事老章讨襄阳、南阳、邓州贼。[2]

在太平奴与月鲁帖木儿之间，没有发现其他的亦都护。太平奴死于至正二年之后，新任亦都护月鲁帖木儿死于至正十三年。[3] 那么，从太平奴的死到月鲁帖木儿袭位，时间间隔似乎不会很长，而《元史》等文献又不载其他的亦都护在月鲁帖木儿之前袭位，所以，太平奴死后的亦都护，当为月鲁帖木儿。

太平奴与月鲁帖木儿又是什么关系呢？根据上引刘基文，曾任左丞相的高昌王帖睦儿补化被杀，太平奴也以他事弃市处死，纽林的斤一系显然受到沉重打击，在这样的背景下，能任高昌王、亦都护的，不可能是太平奴之子，甚至不可能是纽林的斤一系的成员。因此，在种种可能中，笔者推测月鲁帖木儿与太平奴无直接血缘关系。

笔者曾经推测月鲁帖木儿可能是纽林的斤弟钦察台之子。汉文《高昌王世勋碑》记载："（帖睦儿补化）奔父丧于永昌，请以王爵让其叔父钦察台。不允，嗣为亦都护高昌王。"在纽林的斤死后，帖睦儿补化曾想由其叔父钦察台袭位，事虽未成，却可由此看出钦察台是高昌王室中比较重要的人物。纽林的斤一系暂时衰落下去，由于封号、爵位在畏兀儿人兄弟子侄中的转让相当普遍，可能会由钦察台一系出掌畏兀儿领导

1　据《元史》卷四一《顺帝纪四》，第874页。
2　《元史》卷四二《顺帝纪五》，第899页。
3　《元史》卷四四《顺帝纪七》，第910页。

权。[1] 笔者猜想太平奴之后的亦都护高昌王就是月鲁帖木儿，他可能是纽林的斤弟钦察台之子。

随着学界利用方志对移居河州地区的畏兀儿人，特别是对亦都护家族火赤哈儿的斤之子钦察台的研究，笔者的上述推测应当否定。钦察台生前主要在甘肃行省统军、为官，[2] 他继承亦都护、高昌王的可能性很小。

先后任亦都护的月鲁帖木儿、桑哥父子曾率军镇压元末的农民军，他们的作战区域是襄阳、南阳、邓州一带，[3] 这和钦察台一系的仕宦区域相距遥远。上文第一小节推测，亦都护家族的雪雪的斤 - 朵尔只的斤支系很可能生活在荆州地区，而月鲁帖木儿、桑哥一系的作战地域与荆州地区相当接近。因此，我们不能排除他们属于雪雪的斤家系的可能性，但详情待考。

三　伯颜不花的身份

月鲁帖木儿之子桑哥之后，亦都护、高昌王之位又回到了纽林的斤一系，即不答失里、和赏手中，实现这种权力转移的原因有以下可能。

一种可能是，桑哥主动将王位让给了不答失里，就像当年帖睦儿补化让位给篯吉那样。

另一种可能是，帖睦儿补化的后代重新受到重用，高昌王亦都护的尊号又重新被夺了回来。这种情况的可能性要大些，因为不答失里官至中书平章政事，[4] 这表明他所在的纽林的斤一系政治地位的重新恢复。

在下文中，我们将要讨论的问题是，明人叶盛《水东日记》中关于高昌王世系的一段记载是否可靠。《水东日记》卷二七《高昌王世勋

1　亦都护之位的转让并不罕见，见《汉文世勋碑》，第 40 页。在畏兀儿部，爵位或职事的转让较常见，见《元史》卷一四三《小云石海涯传》，前引耿世民《回鹘文〈大元肃州路也可达鲁花赤世袭之碑〉译释》。碑主是回鹘化的唐兀人。

2　武沐、赵洁：《高昌回鹘与河州》，《民族研究》2008 年第 3 期，第 75—76 页。

3　《元史》卷四二《顺帝纪五》，第 895、899 页。

4　前引宋濂《宋濂全集》卷七《故怀远将军高昌卫同知指挥使司事和赏公坟记》，第 146 页。

碑》载：

> 盖帖睦儿补化二子，长不答试里，嗣亦都护高昌王，尚阿哈
> 也先忽都公主，卒，传子和赏。次子伯颜不花的斤，字苍岩，为
> 太常典簿鲜于枢之甥，官至江东廉访副使，浙东宣慰使，介立不
> 群，草书逼真舅氏。[1]

这段记载和前引《元史·伯颜不花的斤传》矛盾，该传记伯颜不花的斤
为朵尔的斤之子。两者当有一误。清人钱大昕最早注意到这个问题，但
他未能解决。[2]下文试做解答。《元史》卷一九五《伯颜不花的斤传》：

> 伯颜不花的斤，字苍崖，畏吾儿氏……驸马都尉、江浙行省
> 丞相、封荆南王朵尔的斤之子也。偭傥好学，晓音律。初用父荫，
> 同知信州路事，又移建德路……擢江东道廉访副使……其母鲜于
> 氏，太常典簿枢之女也。[3]

又，元人夏文彦《图绘宝鉴》卷五："伯颜不花，高昌世子而鲜于伯几
之甥，号苍岩，官至江东廉访副使，工画龙。"[4]另据元末陶宗仪《书史
会要》：

> 伯颜不花的斤，字苍岩，高昌国王子而鲜于太常甥，官至江
> 东廉访副使，浙东宣慰使。介立不群，草书似其舅氏。[5]

1　叶盛：《水东日记》，魏中平点校，中华书局，1980 年，第 264—265 页。按，标点有改动。
2　钱大昕：《廿二史考异》卷一〇〇，陈文和等点校，凤凰出版社，2008 年，第 1102 页。
3　《元史》卷一九五《伯颜不花的斤传》，第 4409 页。
4　夏文彦：《图绘宝鉴》，商务印书馆据涵芬楼藏明刻本排印，1934 年，第 107 页。
5　陶宗仪：《书史会要》卷七，徐美洁点校，浙江人民美术出版社，2019 年，第 222 页。

上引《图绘宝鉴》和《书史会要》所述为同一人。伯颜不花的斤，其名也可以简写为伯颜不花，称号"的斤"可省略。他是元朝末期在江南地区非常活跃的一位畏兀儿地方官，擅长书画，与南方士人交往密切。他的画作《古壑云松图》现藏于台北"故宫博物院"。图为水墨立轴，构图简约，画面苍松挺秀，云浮峰壑之间，笔墨颇具文人画趣味。上有作者题款："古壑云松／苍岩居士伯颜不花"，笔墨苍劲老练，功力不凡。款识后钤盖白文、朱文私印两方，白文印文为：伯颜／不花；朱文印文为："江东廉／访副使"。由于伯颜不花汉学修养深，且擅长书画，他和江南的士人有很多交往。另外，他的确是家中的次子，他的哥哥名为南无释迦。[1] 伯颜不花的母亲是元代书法大家鲜于枢之女，而不答失里之父帖睦儿补化的妻子均为蒙古贵族女性，与鲜于枢家族没有通婚关系。《元史》的编者多为南方士人，且编修《元史》上距伯颜不花的斤至正十九年（1359）殉国不远，记述应是可靠的。综上，《元史》关于伯颜不花的记述可信。明人叶盛失察，错误地把伯颜不花记为帖睦儿补化之子。

结　论

下面用图 3 为上文做一总结。

图中一行代表一代，同代长幼按从左至右排列；人名前面有阿拉伯数字者曾任亦都护，数字表示亦都护的传承顺序。

诸人的中文名后附字母转写和任亦都护的年代。火赤哈儿的斤之前的年代主要据《世界征服者史》，之后据《高昌王世勋碑》《元史》。

本图将雪雪的斤比定为火赤哈儿的斤之子，将月鲁帖木儿比定为雪雪的斤的后代，都是依据文献做出的推论，特此说明。为了节省制图空间，作为王子称号的"的斤"一律省略。

1　前引袁桷《资善大夫资国院使玉吕伯里公神道碑铭》，第 1270 页，玉吕伯里氏伯行的孙女"适驸马、丞相、亦都护朵儿赤长子南无释迦"。

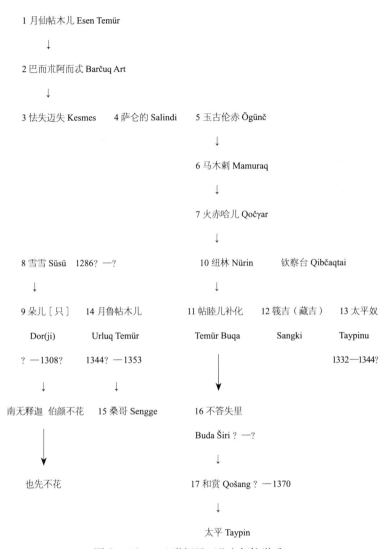

图3　13—14世纪畏兀儿亦都护世系

附记：

拙作《13、14 世纪畏兀儿亦都护世系考》(《西北民族研究》1998
年第 1 期）引元人刘岳申《申斋集》(《元代珍本文集汇刊》本）卷二
《送西窗宣差赴都叙》：

> 天历左丞相仲子，前侍仪，举禄补外监南安郡。郡当江西上
> 流，与章贡壤接，南振交广，西距湖湘……监郡族出高昌，有中
> 州贤士大夫之风，生长相门，有被服儒者之意。

根据文中"天历左丞相""族出高昌"，拙文认为，此处提到的"天历
左丞相"为元文宗天历年间担任过中书省左丞相的高昌王帖睦儿补化。
那么，他的次子任南安达鲁花赤，显然与伯颜不花的斤的仕宦经历不
同，可证明两人并非同一人。2019 年陈高华先生发表《元朝中书左丞
相别不花事迹考》(《隋唐辽宋金元史论丛》第九辑，上海古籍出版社，
2019 年）论证刘岳申所记"天历左丞相"实为天历年间的另一位中书
省左丞相、畏兀儿人别不花，论证缜密周详，堪称定谳。拙文列出的这
条论据必须撤销。

第四节　亦都护高昌王帖睦儿补化卒年考[1]

一　问题缘起

亦都护高昌王帖睦儿补化是元文宗朝的重要人物。天历之变发生

---

[1] 本节初稿是笔者多年前完成的，当时的研究得到张帆老师的指导，谨此致谢。

时，他正任湖广行省平章政事，积极拥戴文宗，对文宗成功夺取皇位发挥了很大作用。文宗称帝后，他历任中书省左丞相和御史大夫。著名的《高昌王世勋碑》就是文宗为了表彰他的功劳而下令由当时的文学名臣虞集撰写的。[1] 但是，帖睦儿补化在文宗朝之后的仕宦生涯和最终命运，元代文献的记载有较大分歧。

在介绍相关史料之前，需要先对人名略做说明。帖睦儿补化的名字是两个常见的突厥语 - 蒙古语词汇 temür（铁）和 buqa（公牛）的组合，意为铁公牛。这个名字还可以写作帖睦尔普化、铁木儿补化、帖木儿补化、贴木尔补化、铁木儿不花、帖木儿不花，等等。[2] 就这位亦都护高昌王而言，在《元史》中"铁木儿补化"的写法使用最多，其次是"帖木儿补化"。作为普通人名，"帖木儿不花""铁木儿不花"的写法更常见。本节所用"帖睦儿补化"的写法主要见于《高昌王世勋碑》。因为此碑是在这位亦都护高昌王生前竖立的，立碑的目的是讲述他的家族和他自己的功业，所以碑文所用的这个名字，应是代表了他本人最认可的形式。Temür Buqa 是元代蒙古、色目男性的常用名，往往在同一时期有几个同名者，极易混淆。了解以上人名现象对下文的分析是必要的。

关于帖睦儿补化的卒年，元代文献主要有两种不同的记载。

第一种说法是，帖睦儿补化在元顺帝至元年间被权臣伯颜杀害。第二种说法是，帖睦儿补化死于至正年间，为丞相脱脱所杀。

首先看记录第一种说法的文献。杨瑀《山居新语》：

> 彻彻都郑王、帖木儿不花高昌王二公被害，都人有垂涕者。
> 伯颜太师被黜，都人莫不称快。笔记载张德远诛范琼于建康狱中，

1　黄文弼：《亦都护高昌王世勋碑复原并校记》，《文物》1964 年第 2 期，第 40 页。又见虞集《道园学古录》卷二四、虞集《道园类稿》卷三九、苏天爵编《元文类》卷二六。
2　汪辉祖：《元史证本》卷四三《证名七》，姚景安点校，中华书局，1984 年，第 486 页。

都人皆鼓舞；秦桧杀岳飞于临安狱中，都人皆涕泣。是非之公
如此。[1]

因为明确提到了高昌王，所以这个帖木儿不花肯定是指畏兀儿亦都护高
昌王帖睦儿补化。伯颜擅权时期，名为帖木儿不花的高昌王仅此一人。
元末明初陶宗仪编写的《南村辍耕录》有类似记载：

太师伯颜擅权之日，剡王彻彻都、高昌王帖木儿不花皆以无
罪杀。山东宪吏曹明善时在都下，作《岷江绿》二曲以风之，大
书揭于五门之上。伯颜怒，令左右暗察得实，肖形捕之。明善出
避吴中一僧舍。居数年，伯颜事败，方再入京。其曲曰："长门柳
丝千万缕，总是伤心处。行人折柔条，燕子衔芳絮，都不由凤城
春做主。长门柳丝千万结，风起花如雪。离别重离别，攀折复攀
折，苦无多旧时枝叶也。"此曲又名《清江引》，俗曰《江儿水》。[2]

《南村辍耕录》的记载明确提出，高昌王帖木儿不花死于伯颜的陷害。
这和杨瑀的说法是一致的。文中所录曹明善的作品以文学化的形式讽刺
了伯颜的滥杀宗亲和朝臣。如果杨瑀和陶宗仪的记载是真实的，那么高
昌王被害的时间不会晚于伯颜被罢黜的顺帝至元六年二月十六日（己亥
日）。[3]

第二种说法见于元末明初的编年史《庚申外史》，此书的作者传为
权衡，但不一定可靠。对作者问题本节不予讨论，只分析该书的相关记
载。书中有三处记载了高昌王帖睦儿补化，但均未提到他的名字，只是

1　杨瑀：《山居新语》卷三，余大钧点校，中华书局，2006 年，第 225 页。
2　陶宗仪编《南村辍耕录》卷八《岷江绿》，中华书局，1959 年，第 103 页。按，引文中的"剡
　　王"为"郯王"之误。
3　《元史》卷四〇《顺帝纪三》，第 854 页；卷一三八《脱脱传》，第 3343 页；杨瑀：《山居新语》
　　卷一，第 200 页；卷二，第 210 页。

称其为益都忽（即亦都护 Iduq-qut）或高昌王益都忽。三处都见于《庚申外史》上卷，分列如下：

> ［第一条］庚辰，至元六年。令脱脱为左丞相，益都忽为右丞相，韩家奴为御史大夫，汪家奴为枢密使。初，伯颜既败，其弟马札儿台以诛伯颜有功，继其位为首相。……马札儿台果辞职家居，封为太师。于是，升益都忽为首相，而己副之焉。[1]

> ［第二条］右丞相益都忽、左丞相脱脱奏曰：京师人烟百万，薪刍负担不便。今西山有煤炭，若都城开池河，上受金口灌注，通舟楫往来，西山之煤可坐致城中矣。遂起二役，大开河五六十里。时方炎暑，民甚苦之。其河上接金口高水河，金口高水泻下湍悍，才流行二时许，冲坏地数里。都人大骇，遽报脱脱丞相，丞相亟命塞之。京师人曰：脱脱丞相开干河。[2]

> ［第三条］辛卯，至正十一年。归德知府观音奴言：今河决白茅，日徙而北，失其故道，当疏塞以为地利。脱脱喜其言，命工部尚书成遵往相视焉。……四月二十二日，发河南、淮南北军民二十万，其费以亿万计，府库为空。有龚伯遂者，小有才，汲汲以富贵为心，进言脱脱曰：丞相大兴除害可也，然必有大诛赏，始可以慑伏众情。于是，大起狱以谋害大臣，置前高昌王益都忽并韩家奴于死地。未几，刑赏失措，又兴挑河工役，所在肆虐。[3]

所谓"前高昌王益都忽"指的就是"追念先王之遗意，让其弟篯吉嗣为亦都护、高昌王"的帖睦儿补化，[4] 只有他曾让出过高昌王的王位。

1　《庚申外史》卷上，见《庚申外史笺证》，任崇岳笺证，中州古籍出版社，1991 年，第 33—35 页。
2　《庚申外史笺证》，第 35 页。
3　《庚申外史笺证》，第 55—58 页。
4　黄文弼：《亦都护高昌王世勋碑复原并校记》，《文物》1964 年第 2 期，第 40 页。

二　史料的作者与真实性

本小节拟从作者的经历、内容的讹误两方面来辨析两种说法的可靠性。

首先，从对顺帝前期史事的熟悉程度而言，杨瑀的记述更可靠。杨瑀虽然是杭州人，但在至元年间深得顺帝和蒙古大臣脱脱的信任，甚至深度参与宫廷政治斗争，其中最为成功的是为元顺帝起草罢黜权臣伯颜的诏书。杨维桢为杨瑀撰写的神道碑记载：

> 署广成局副使，特赐牙符，佩出入禁中，宠遇日渥。擢中瑞司典簿，继改广州路清远县尹。上爱其廉慎，有深沉之思，留之。尝谓廷臣释迦班曰："杨瑀有谋，事必咨之行。"时秦王伯颜柄国，一日，挟太子纵猎上林，上默旨窜阳春，惟资公密谋，禁近臣皆不预闻，拔去大憝，如剔朽蠹。朝端动色，至求识其面，以为异人。以功超授奉议大夫、太史院判官，继升同佥院事，赐金带一、貂鼠袍一。[1]

《元史·脱脱传》的记述尤见事件始末：

> 当是时，帝之左右前后皆伯颜所树亲党，独世杰班、阿鲁为帝腹心，日与之处。脱脱遂与二人深相结纳。而钱唐杨瑀尝事帝潜邸，为奎章阁广成局副使，得出入禁中，帝知其可用，每三人论事，使瑀参焉。……六年二月，伯颜请太子燕帖古思猎于柳林。脱脱与世杰班、阿鲁合谋以所掌兵及宿卫士拒伯颜。戊戌，遂拘京

---

[1] 杨维桢：《东维子文集》卷二四《元故中奉大夫浙东慰杨公神道碑》，《四部丛刊初编》影印旧抄本，本卷第 1 页。前引杨瑀《山居新语》收录了这篇碑文，题为《元故中奉大夫浙东宣慰杨公神道碑》，见第 241 页。

城门钥，命所亲信列布城门下。是夜，奉帝御玉德殿，召近臣汪家
奴、沙剌班及省院大臣先后入见，出五门听命。又召瑀及江西范汇
入草诏，数伯颜罪状。诏成，夜已四鼓，命中书平章政事只儿瓦歹
贵赴柳林。己亥，脱脱坐城门上，而伯颜亦遣骑士至城下问故。脱
脱曰："有旨逐丞相。"伯颜所领诸卫兵皆散，而伯颜遂南行。[1]

　　杨瑀在《山居新语》中回忆了他参与草诏当天晚上的一些秘事，[2]因
与本小节关系不大，不作征引。据上引杨瑀神道碑和《元史·脱脱传》，
顺帝至元年间杨瑀不仅在朝廷为官，而且对高层政治斗争所知甚多。他
起草的诏书直接导致了权臣伯颜的罢黜。《山居新语》中关于伯颜有多
条记述，都有很高的史料价值。具体到他关于伯颜杀害高昌王这一条，
同样值得重视。

　　《南村辍耕录》的作者陶宗仪虽然没有机会进入元朝政府，但他搜
集、整理元代文献的能力极强。在他编的笔记丛书《说郛》中收录了以
《圣武亲征录》为代表的大量珍贵元代文献，《南村辍耕录》亦然。[3]陶宗
仪不仅提到伯颜杀害高昌王，还重点记述了当时出现的讽刺作品及其作
者的命运。记事详细，应是有所依据的。

　　《庚申外史》至今尚无可以确定的作者。虽然一般认为是权衡，但
并无定论。即以权衡而言，他常年隐居彰德府黄华山，对于元朝高层的
政治活动不可能有丰富而真切的了解，即使获知一二，也应是得自传
闻。[4]无论在个人经历还是信息来源方面，他都无法和陶宗仪相比，更
不及杨瑀。

1　《元史》卷一三八《脱脱传》，第3342—3343页。

2　杨瑀：《山居新语》卷一，第200页；卷二，第210页。

3　陶宗仪编《南村辍耕录》，"出版者说明"。参阅晏选军《南村文儒：陶宗仪传》，"陶宗仪文化
　　成就概述"，浙江人民出版社，2007年，第261—267页。

4　《庚申外史笺证》，任崇岳撰"前言"，第1—3、5—6页谈到了此书的缺点。参阅任崇岳《权
　　衡与〈庚申外史〉》，《史学月刊》1984年第1期，第38—41页；温岭《〈庚申外史〉作者权
　　衡小考》，《元史论丛》第四辑，中华书局，1992年，第70页；李鸣飞：《〈庚申外史〉作者再
　　考》，《中国典籍与文化》2012年第2期，第118—121页。

　　其次，从文献内容的讹误来看，杨瑀和陶宗仪的记载没有史实错误。而《庚申外史》则明显有误。《元史》记载，至元六年十月，元顺帝任命脱脱和一位名叫帖木儿不花的大臣担任左、右丞相。"马札儿台辞右丞相职，仍为太师。以脱脱为中书右丞相，宗正札鲁忽赤铁木儿不花为中书左丞相。"[1] 至正元年正月，正式颁布任命丞相的诏书。在诏书中，左丞相的名字写成了"帖木儿不花"。[2] 显然，脱脱不是担任左丞相，而是右丞相。帖木儿不花担任的只是左丞相。"铁木儿不花""帖木儿不花"这两个名字虽然和高昌王帖睦儿补化在原始词语上相同，但在《元史》中如果指称后者，一般是使用"铁木儿补化""帖木儿补化"，似乎是刻意选用"补化"来写 buqa，而不用最普通、最常见的"不花"。这应该不是偶然的，很可能是元代史官为了区分亦都护高昌王与其他同名者而有意为之。另外，这位帖木儿不花在升任中书省左丞相之前，任宗正札鲁忽赤，即大宗正府的断事官。由于此人可以担任丞相，且命相诏书中有"尝历政府，嘉绩著闻"的评价，那么，他在大宗正府绝非普通的断事官，应是大断事官，即也可札鲁忽赤。大宗正府的职能主要是负责蒙古人的内部司法事务。[3] 依常理推测，担任长官的应是蒙古人。同一条还记载韩家奴在至正元年担任御史大夫。根据《元史》，韩家奴确有其人，他出身于唐兀氏官宦世家，[4] 名字又写为韩嘉讷、韩嘉纳、韩加讷。[5] 他在顺帝朝也的确担任过御史大夫，不过，时间是在至正七年十一月到至正九年七月之间。[6] 没有史料显示，他早在至正元年就担任了御史大夫。

　　前引《庚申外史》第二条史料提到脱脱与益都忽合议开挖金口河。

1　《元史》卷四〇《顺帝纪三》，第 858 页。

2　《元史》卷四〇《顺帝纪三》，第 860 页。

3　刘晓：《元代大宗正府考述》，《内蒙古大学学报》1996 年第 2 期，第 6—15 页。

4　《元史》卷一二〇《察罕传附立智理威传》，第 2960 页。

5　前引汪辉祖《元史本证》卷四四《证名八》，第 503 页。

6　《元史》卷四一《顺帝纪四》，第 876 页；卷四二《顺帝纪五》，第 886 页；卷二〇五《哈麻传》，第 4582 页。

在元末熊梦祥编写的北京地方志《析津志》中保存了关于金口河工程的比较详细的政府公文，其中没有提到益都忽丞相，也没有提到名叫帖木儿不花或铁木儿不花的丞相。[1]《庚申外史》这条史料的可靠性存疑。

前引《庚申外史》第三条史料提到脱脱为了树立个人威信，行"大诛赏"来"慑伏众情"，"大起狱以谋害大臣，置前高昌王益都忽并韩家奴于死地"。记事是在至正十一年。按，韩家奴的确死于至正九年脱脱重任丞相之后，但死因是由于在朝中结党，攻击元顺帝的宠臣哈麻、雪雪兄弟，最后反受其殃。《元史·哈麻传》有具体记述：

> 初，别儿怯不花与太平、韩嘉纳、秃满迭儿等十人，结为兄弟，情好甚密。及别儿怯不花既罢，（至正）九年，太平为左丞相，韩嘉纳为御史大夫，乃谋黜哈麻，讽监察御史斡勒海寿，列其罪恶劾奏之：……特以提调宁徽寺为名，出入脱忽思皇后宫闱无间，犯分之罪尤大。宁徽寺者，掌脱忽思皇后钱粮，而脱忽思皇后，帝庶母也。哈麻知御史有所言，先已于帝前析其非罪，事皆太平、韩嘉纳所摭拾。及韩嘉纳以御史所言奏，帝大怒，斥弗纳。明日，章再上，帝不得已，仅夺哈麻、雪雪官职，居之草地。而斡勒海寿为陕西廉访副使，于是太平罢为翰林学士承旨，韩嘉纳罢为宣政使，寻出为江浙行省平章政事。有顷，脱忽思皇后泣诉帝，谓御史所劾哈麻事为侵己，帝益怒，乃诏夺海寿官，屏归田里，禁锢之。已而脱脱复为丞相，也先帖木儿复为御史大夫，而谪太平居陕西，而加韩嘉纳以赃罪，杖流奴儿干以死。别儿怯不花既罢，犹出居般阳，而秃满迭儿自中书右丞出为四川右丞，亦诬以罪，追至中道杀之。[2]

1　熊梦祥：《析津志》，北京图书馆善本组《析津志辑佚》本，北京古籍出版社，1983年，第243—244页。

2　《元史》卷二○五《哈麻传》，第4582页。另见《元史》卷四二《顺帝纪五》，第886页。

脱脱复出之后，确实沉重打击了朝中以别儿怯不花为首的官僚集团，杀死了原来的御史大夫韩嘉纳，但没有史料显示其中牵涉到高昌王帖睦儿补化。

三　旁证

本节从相关的旁证来辨析两种不同的记载。

杨瑀和陶宗仪的记述有其他史料直接或间接的支持，而《庚申外史》所记则没有佐证。

本书前文曾讨论元代畏兀儿亦都护的世系，其中提到宋文瓒至正初期担任刑部尚书，当时他处理了一个与亦都护家族有关的案件。刘基《前两淮都转运盐使宋公政绩记》记载：

> （宋文瓒）除绍兴路总管，未及考，除山东都转运盐使，召为刑部尚书……丞相高昌王以罪死，又以他事论其弟弃市，送刑部议，公不肯，曰："狱情未具。"于是复大忤用事者意，改除大都路总管。[1]

此处的丞相高昌王显然是指帖睦儿补化，在众高昌王中只有他曾任丞相。我们需要推定宋文瓒担任刑部尚书的时间，从而估计帖睦儿补化被杀害的时间下限。上文讨论亦都护世系时曾引黄溍《重修绍兴路儒学记》《绍兴路总管宋公去思碑》，[2]指出宋文瓒任山东都转运盐使是在至正二年。那么，他转任刑部尚书当在至正二年之后，换言之，论帖睦儿补

1　刘基：《刘伯温集》卷三，第158—159页。
2　黄溍：《金华黄先生文集》（《四部丛刊初编》本）卷九，收入《黄溍全集》，王颋点校，天津古籍出版社，2008年，第291—292页；阮元编《两浙金石志》卷一七，清光绪十六年浙江书局刻本，收入国家图书馆善本金石组编《辽金元石刻文献全编》中册，北京图书馆出版社，2003年，第394页下栏。

化之弟弃市最早当在至正二年后。又据《元史·顺帝纪》，至正六年三月，宋文瓒已在两淮转运使的任上。[1] 那么，高昌王帖睦儿补化遇害的时间下限不会晚于至正二年、至正六年，即他在至正二年之前就有可能被杀害，最晚不迟于至正六年。《庚申外史》所说他被杀于至正十一年，明显是错误的。

关于亦都护高昌王的结局，还有时代较晚的其他资料可为佐证。明正德年间编纂的《琼台志》记载：

> 万州荆王子墓，元撒敦王之子，至元中以高昌王事累，谪万州安置，数年，卒，葬于州东北八里东山岭下，今有冢尚存。举人冯宣诗：万里南迁国亦亡，碧山埋恨海天长，何殊青冢居胡朔，无异怀王落瘴乡，仙鹤俟残辽月暗，杜鹃啼处蜀城荒，千年王子坟前路，多少行人争感伤。外记：起辇谷深天地荒（元诸陵皆葬起辇谷，平地不起山陵），黄沙白草正茫茫。诸陵亦在黄沙里，未必朱耶是瘴乡。[2]

类似的记载还见于明清两代更晚的当地方志，[3] 内容大同小异，不一一引出。荆王子墓的遗址至今尚存，位于海南省万宁市城区东北八里东山岭下、大茂镇太子墓村西，墓地封土为长方形，长25米，宽16米，高约2米，顶铺碎石块。此墓是万宁市文物保护单位。[4]

《琼台志》中记述的“至元”，显然是元顺帝统治时期的“至元”。撒敦是元文宗时权臣燕帖木儿的弟弟，曾被封为荣王。[5] “至元中以高昌

1　据《元史》卷四一《顺帝纪四》，第874页。

2　《（正德）琼台志》卷二七《冢墓》，第29页b—30页a。《天一阁藏明代方志选刊》影印明正德十六年刻本。同书卷三四《流寓》，第11页b，亦有类似记载，较简略，不具引。

3　较早的有《（嘉靖）广东通志初稿》卷三八、《（万历）琼州府志》卷九下，等等。

4　王育龙、高文杰：《海南古代墓葬》，南方出版社、海南出版社，2008年，第45页。

5　《元史》卷三八《顺帝纪一》，第818页；《元史》卷一三八《燕帖木儿传附撒敦传》，第3334页。撒敦的王爵是荣王，但明代方志对撒敦之子的称呼均为荆王子，是方言读音的讹误还是另有原因，目前尚难确定。

王事累，谪万州安置"，即在顺帝至元年间受到高昌王事件的牵连，这和本节第一小节《山居新语》《南村辍耕录》所述高昌王帖木儿不花为权臣伯颜所杀应是同一事。

明代方志中关于荆王子的记载曾引起过元史研究者的注意。[1] 如果我们不是孤立地理解这条史料，而是把它和前引《山居新语》《南村辍耕录》的相关记事联系在一起，它们体现了一种可以互相印证的共性。

把有罪的蒙古、色目贵族显宦流放到炎热的南方海岛，是元朝常见的惩罚方式。[2] 虽然属于同一个大家族，但撒敦家的失势不同于燕帖木儿家。后者早在中统三年（当年改元为至元）就因唐其势（燕帖木儿之子）等人上都政变失败而受到彻底的清算。[3] 而当时撒敦已经病死，其家庭成员并未参与上都政变，事后虽然受到了一些连带处罚，但并未被流放。[4] 荆王子此次被流放，与中统三年的上都政变无关，而与至元时期的高昌王事件有关，联系《元史》关于撒敦家族命运的记载，毫无矛盾。撒敦的家属在至元后期因高昌王事件而受到株连应是可信的。

伯颜被罢黜是在顺帝至元六年二月十六日。[5] 撒敦之子的流放必在此前，而帖睦儿补化遇害又当在荆王子流放之前。如果《山居新语》、《南村辍耕录》、明代方志的记载可靠，那么，帖睦儿补化遇害的时间，至少要比至元六年二月早一些。

1　王献军：《元代入琼蒙古、色目人考》，《贵州民族研究》2006 年第 2 期，第 134 页。

2　参阅胡小鹏、李翀《试析元代的流刑》，《西北师大学报》2008 年第 6 期，第 59 页。具体到流放海南岛，详见前引王献军《元代入琼蒙古、色目人考》，第 132—136 页。

3　《元史》卷一三八《燕帖木儿传附唐其势传》，第 3334 页；《元史》卷三八《顺帝纪一》，第 829 页。

4　《元史》卷三八《顺帝纪一》，第 829 页记载，至元元年十月，"流晃火帖木儿、答里、唐其势子孙于边地"，并未涉及撒敦的子孙。《元史》卷三九《顺帝纪二》，第 834 页，至元二年三月，"以撒敦上都居第赐太保定住，仍敕有司籍撒敦家财"，亦未涉及处罚撒敦的子孙。

5　《元史》卷四〇《顺帝纪三》，第 854 页；杨瑀：《山居新语》卷一，第 200 页；卷二，第 210 页。

　　《山居新语》《南村辍耕录》都把高昌王帖木儿不花与郯王彻彻都两王遇害事件并列，似乎两事的发生相距很近。元代史料明确记载，郯王被杀于顺帝至元五年十二月。[1] 假如高昌王帖睦儿补化事件距此不远，那么就应当是在至元五年末或至元六年初。

　　据元代文献，我们还能知道这位高昌王被害的时间上限。《元史·顺帝纪》记载：至元二年（1336）六月戊子，"以铁木儿补化为江浙行省左丞相"。[2] "铁木儿补化"是常见的蒙古、突厥男性人名，尽管这个名字与《元史》中亦都护高昌王帖睦儿补化最常见的名字相同，但单凭这一点，还不能断定这个铁木儿补化就是帖睦儿补化。判断此人的身份，需要参考其他史料。陈旅《江浙省题名记》记载：

　　　　至元后丙子岁冬十月，平章探马赤罕、右丞忽都海牙、左丞雅安的斤相与言曰："凡府署必刻官联姓名于石，所以昭宠荣、列序次而鉴贤否也。矧今圣天子新治象于四方，命前中书丞相高昌王保厘东南，体隆数异，绚贲方岳，何可无纪？"乃俾其属并考旧官名氏、岁月书之，虚其左以容方来，俾校官陈旅为文记之。[3]

至元后丙子即至元二年。前中书丞相高昌王"保厘东南"，即治理东南百姓，"体隆数异，绚贲方岳"，其地位在江浙行省平章、右丞、左丞之上，显然是行省的左丞相（元朝制度，行省通常不设右丞相）。《元史》中记载的"铁木儿补化"就是文宗朝的中书省丞相、高昌王帖睦儿补

1　危素：《危太仆集》，《危太仆文集续集》卷八《夏侯尚玄传》，《元人文集珍本丛刊》影印民国《嘉业堂丛书》本，第 578 页下栏。《元史》卷一三八《伯颜传》虽然提到郯王被杀于至元五年，但未提具体的月份，参见第 3338 页。《庚申外史》将郯王被杀的年代误记为至元三年（1337），见《庚申外史笺证》，第 17 页。又，同书第 18 页笺证部分引用《危太仆文集续集》卷八《夏侯尚玄传》，文字有遗漏，导致郯王被杀时间被错误地提前了一年。
2　《元史》卷三九《顺帝纪二》，第 835 页。
3　陈旅：《安雅堂集》卷九《江浙省题名记》，《元代珍本文集汇刊》影印旧抄本，第 380 页。

化，他在至元二年六月离开朝廷，到地方任职。[1]

综合以上讨论，亦都护高昌王帖睦儿补化的卒年当在顺帝至元二年到至元六年之间。如果他的遇害与郯王彻彻都被杀时间相近，那么应当是在至元五年末或六年初。

1　植松正、刘如臻等学者的研究涉及江浙行省丞相，或未论及这位铁木儿补化，或未辨析他的族属和身份。参见植松正「元代江南行省宰相考」、原载『香川大学教育学部研究報告』第一部第八三号（1991）、后收入同作者『元代江南政治社会史研究』東京：汲古書院、1997、第200页；刘如臻《元代江浙行省研究》，《元史论丛》第六辑，中国社会科学出版社，1996年，第101页。

第二章　东迁的西域家族

第一节　元代畏兀儿蒙速速家族
供养图考

1905—1907 年，德国第三次吐鲁番考察队在吐鲁番木头沟石窟获得了一组刻本图像残片。这些残片上印有四十余个男女僧俗人像，像旁用汉字标注了人名。其中的十件残片后入藏德国印度艺术博物馆（Museum für Indische Kunst），它们分别编号为 MIK Ⅲ 4633a（27.7cm×18.0cm）、4633b（20.1cm×12.0cm、27.0cm×21.5cm）、4633c（21.0cm×16.5cm）、7482（11.0cm×25.0cm、16.3cm×14.0cm）、7483（15.6cm×27.7cm）、7773b（12.5cm×11.5cm、16.0cm×4.7cm、11.6cm×16.0cm）。

1976 年，德国学者葛玛丽（Annemarie von

Gabain，另有汉译名"冯加班"）首先发表了其中三片较大的断片，即
MIK Ⅲ 4633b（参见图 5）、Ⅲ 7483（参见图 6）、MIK Ⅲ 4633a（参见
图 7），并对图上的人名做了拉丁字母转写与回鹘文还原。[1]1977 年，德
国学者傅海博（Herbert Franke）对这三件断片做了进一步研究，他利用
《元史》、程钜夫《雪楼集》等汉文资料，指出图中的主要人物丞相"蒙
速速"即大蒙古国时期忽必烈的近臣、畏兀儿人蒙速思。图像的主体是
蒙速思的家庭成员，刻制时间是 14 世纪初期，地点在元大都。[2]1987 年，
日本学者北村高在这一研究上又有所推进。他把其中的九个断片进行了
拼合，还利用 MIK Ⅲ 4633b 号残片上的《阿毗达磨俱舍释论》表题对
整个图版做了定名。北村高认为，这是蒙速思家族的供养图，供养人共
47 名，皆为蒙速思的家族成员。图版刻制年代当在 1252 年之后。他同
意傅海博关于大都刻印的说法，但对图中的人名做了新的判断，特别是使
用《元史》《至元辩伪录》等文献，对蒙速思的头衔"丞相"做了详细解
说。[3]1993 年，北村高又发表了他的研究成果，如图版刻于 1260 到 1267 年
之间，刊刻目的是"对故乡亲友显示自己在首都活跃的雄姿"等等。[4]

　　经过以上三位学者的研究，蒙速思家族供养图的构成及意义已越
发清晰。但是，研究还不能就此止步。1996 年，北京大学历史学系
荣新江教授赴德讲学，在印度艺术博物馆获得了关于供养图的第一手
资料，并发现了新的残片，即印度艺术博物馆藏 MIK Ⅲ 4638a、9441
和 德 国 国 家 图 书 馆（Staatsbibliothek Preussischer Kulturbesitz）藏
Ch1458/a（旧号 T Ⅱ 1410）、Ch1458/b（旧号 T Ⅲ D318）。这些残片

1　Annemarie von Gabain, "Ein chinesisch-uigurischer Blockdruck", *Tractata Altaica*, Wiesbaden, 1976, pp. 203-207. 以下简称 Gabain 1976。

2　Herbert Franke, "A Sino-Uighur Family Portrait: Notes on a Woodcut from Turfan", *The Canada-Mongolia Review*, No.4, 1978, pp.33-40. 以下简称 Franke 1977。

3　北村高「『蒙速思一族供養図』について」『神女大史学』第 5 号、1987、83-105 頁。以下简称北村 1987。

4　北村高：《关于蒙速思家族供养图》，《元史论丛》第五辑，中国社会科学出版社，1993 年，第 9—12 页。以下简称北村 1993。

与供养图同版。荣先生归国后将这些资料惠赠笔者研究，以下谨提出
几点拙见。

一　图版的缀合

北村高先生以他细致的工作对供养图做了复原。他把印度艺术博
物馆藏十件残片中的九件拼接到一起，拼接后全图分为两部分。图的
右半部为"释迦说法图"，释迦牟尼、诸菩萨、僧侣、居士、楼台、祥
云集中在"释迦说法图"的左侧。右侧是展翅飞翔的共命鸟、殿堂、光
芒。最右端是一行楷体汉字"佛为天曹地府说法之处"。图的左半部就
是"蒙速速家族供养图"。图由四排人像组成，他们站立的方向是一致
的。每排的第一人手持香炉行香，余者合掌致礼，人像周围环绕着祥云
（参见图 4）。

图 4　蒙速速家族供养图复原（北村高 1987 年复原）

图的左右两部分分别为释迦说法与家族礼佛，可以说它们之间存在
着某种联系。那么，两幅图究竟是不是一个整体呢？我们能够看到，在
4633b（参见图 5）供养图的边缘还连着一小块残片，上面绘有祥云和
楼阁，图案与北村高提供的说法图一致。所以，供养图与说法图确为一

幅图的两个部分。[1] 尽管如此，笔者仍要指出它们之间的差异。第一，从构图来看，供养图和说法图之间有一道明显的界线，这在图上表现得很清楚。第二，它们的版框并不一致，说法图的版框宽大并有纹饰，供养图的版框只是极普通的双边。这种情况在同一幅图中颇为少见，值得注意。

北村高还认为，编号为 MIK Ⅲ 4633b 的一件佛经表题与供养图有关。这件残纸上印有正楷大字经题"阿毗达磨俱舍释论卷"（下残）。此件虽残，但值得重视。《阿毗达磨俱舍论》有两种译本，一为南朝陈僧真谛翻译的二十二卷本，名为《阿毗达磨俱舍释论》；另一为唐代玄奘所译的三十卷本，名为《阿毗达磨俱舍论》。无论文献记载还是考古发现都表明，在高昌、北庭地区流行的是玄奘翻译的三十卷本，真谛所译二十二卷本《阿毗达磨俱舍释论》极为罕见。[2] 在这种情况下，这件佛经表题就显得格外珍贵。由于这件残片和供养图残片编号相同，系同一出，所以它有可能和供养图有关，或许蒙速思在刊刻供养图时还刻印了佛经。但我们现在还没有足够的证据来证实这一假设。本节对这件经题不做讨论。

二　供养图的构成

在排除了说法图和经题之后，我们进一步讨论供养图。

1　21 世纪初，新疆地方官梁素文也曾在吐鲁番得到过一件说法图残片，上有"佛为天曹地府说法之处"字样。可惜的是，在他的收藏品中我们没有找到任何供养图残片。见梁素文藏吐鲁番文献第三本《高昌出土写经残字》，第 12 页。该藏品现存日本东京静嘉堂文库，荣新江教授惠借影本，特此致谢。

2　文献记载反映畏兀儿地区流行三十卷本《阿毗达磨俱舍论》，见程钜夫《程雪楼文集》卷九《秦国文靖公神道碑》安藏"默诵《俱舍论》三十卷"，《元代珍本文集汇刊》影印民国陶湘影刻洪武二十八年刊本，第 364 页。在吐鲁番发现的《阿毗达磨俱舍论》均为三十卷本，汉文本见方广锠《吐鲁番出土汉文佛典述略》，《西域研究》1992 年第 1 期，第 118 页；荣新江《王延德所见高昌回鹘大藏经及其他》，《庆祝邓广铭教授九十华诞论文集》，河北教育出版社，1997 年，第 271 页；Gerhard Schmitt and Thomas Thilo, *Katalog chinesischer buddhistischer Textfragmente*, Band 1, Berlin: Akademie Verlag, 1975, p.179. 回鹘文本见耿世民《回鹘文〈阿毗达磨俱舍〉残卷研究》，《中央民族学院学报》1987 年第 4 期，第 86—87 页；杨富学《西域、敦煌文献所见回鹘之佛经翻译》，《敦煌研究》1995 年第 1 期，第 18 页。

图的最上排共十四人，为十位僧人和四位女性。由右到左分别为：打失奴、[1]答思、琐敦不花、[2]秃怯里、小云赤不花、笑因赤、亦底里不花、亦失不花、黑义、[3]旭列不花、讹欢海迷石、黑思歹林、□鲁海（按，□表示缺字，下同）、不眼的斤。这排人像的前十个皆经剃度，身着僧衣，性别不易判断。葛玛丽将"打失奴"认作"打失姑"，把"姑"当作汉语中的女性称谓，并进而认为出家人为尼姑。傅海博根据"不花""笑因赤"等男性人名指出，他们皆为僧人。[4]这种看法是正确的。最后四位为女性，从装束即可一目了然，她们都戴着蒙古妇女常戴的顾姑冠。

第二排全为女性，共十三人，分别为：母阿那怙林、爱元浑主、妻胡都拿、[5]妻八散竹、妻曲怗伦、可里的斤、兀鲁海拿、[6]阿昔胡秃花、明里怯赤、胡都的斤、阿里合赤、阿歹、答合。令我们感兴趣的是，女子也可使用"的斤"作名字，根据穆罕默德·喀什噶里的说法，"的斤"（tigin）多用作"王子、亲王"之意。[7]女子使用"的斤"为名，可以在元代汉文文献中找到几例。[8]这里的"可里的斤"、"胡都的斤"和第一

1　Gabain 1976 误作"打失姑"，Franke 1977 误作"打失侄"。Franke 1977 的人名多据 Gabain 1976，以下不另外注出。

2　Gabain 1976 未辨出，北村 1987 误作"安敦不花"，北村 1993 误作"帖敦不花"。

3　Gabain 1976、北村 1987 俱误作"黑叉"，北村 1993 更正。人名读音的构拟或可采用"叉"的读音，但汉字为"义"无疑。

4　Franke 1977, p.39.

5　Gabain 1976、Franke 1977、北村 1987 均误作"妻胡都合手"，北村 1993 误作"妻胡都合乎"。实际上，此"合手""合乎"实是"拿"字，不能分开。人名可还原为 Qutna。

6　Gabain 1976、北村 1987 均误作"兀鲁海合手"，北村 1993 误作"兀鲁海合乎"。此"合手""合乎"实为"拿"字，人名可转写为 Urughna。

7　Mahamud al Kashgari, *Compendium of the Turkic Dialects*, ed. and trans. by Robert Dankoff, Cambridge: Harvard University Press, 1982, Part Ⅱ, p.314. 参阅卡哈尔·巴拉提、刘迎胜《亦都护高昌王世勋碑回鹘碑文之校勘与研究》"tigin"条，《元史及北方民族史研究集刊》第八期，第 100 页。

8　苏天爵《滋溪文稿》卷一五《元故国子司业赠翰林直学士卫吾公神道碑铭》提到"也先的斤""八剌的斤"为范阳郡夫人，陈高华、孟繁清点校，中华书局，1997 年，第 239 页；吴澄《吴文正公全集》卷三二《大元荣禄大夫宣政使齐国文忠公神道碑》提到"八剌的斤"，《元人文集珍本丛刊》影印明成化二十年刻本，第 540 页上栏；前引程钜夫《程雪楼文集》卷九《秦国文靖公神道碑》第 366 页提到"普颜嫡理"。以上皆为女性。

排的"不眼的斤"亦可算作三例。

以上两排人物的姓名和形象需要把两片较大的印本残片互相补充才能得到这些信息，详见图5、图6。

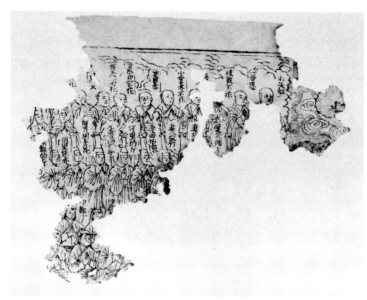

图 5　蒙速速家族供养图局部一

图 6　蒙速速家族供养图局部二

第三排是最残缺不全的。根据荣新江教授在印度艺术博物馆对MIK Ⅲ 4633a（参见图 7）、4633c 的现地录文，我们补上了中间的两个人名和两个缺字，这样就基本完整了。从右到左为：父阿答答朵、塔海改牙、□不花、[1]□□拿、[2]八昔竹、[3]印都义、[4]印都、[5]大息、白竹、[6]爱亦白，共十人。从装束与人名看，皆为男性。

第四排共十个男子，分别为：丞相蒙速速、长男脱因、怗迷儿不花、和你赤、唐古不花、买奴、阿昔怗木儿、[7]黑歹不花、八条不花、[8]怗列怗木儿。蒙速思共有十一个儿子，这里只有其中的七个。他们的排列并不全以长幼为序，而是以是否同母分为三组。长男脱因理所当然地排在最前面，其后是同母弟怗迷儿不花，他们都是蒙速思长妻八散竹所生。[9]和你赤、唐古不花皆为胡都拿所生。[10]尽管有关蒙速思家族的碑传资料根本不提胡都拿的名字，她还是在供养图中排在了三位妻子的最前列。曲怗伦的三个儿子买奴、阿昔怗木儿、黑歹不花排在了稍后的位置。[11]再后的八条不花、怗列怗木儿可能是蒙速思的侄辈，在蒙速思的所有十一个儿子中，我们找不到他们的名字。

1　Gabain 1976 未辨出，北村 1987 仅认出"花"字，北村 1993 缺。

2　Gabain 1976、北村皆未辨出。

3　Gabain 1976 未辨出，北村 1987 仅认出"八"字，北村 1993 缺。

4　北村 1987 误作"印度义"，北村 1993 仅认出"印都"。

5　Gabain 1976 做了正确识读，北村 1987 误作"印度"，北村 1993 改正。

6　Gabain 1976、北村 1987 识读正确，北村 1993 误作"百竹"。"白"上的短横实为环绕人名边框的上线。

7　北村 1987 误作"阿昔帖不儿"，北村 1993 改正。

8　Gabain 1976 识读正确，北村 1987 误作"八条不花"，北村 1993 "条"字缺。

9　前引程钜夫《程雪楼文集》卷六《武都智敏王述德之碑》，第280页，"八散竹"作"八撒术"，"怗迷儿不花"作"帖木儿不花"。以下该碑简称《智敏王碑》。

10　《智敏王碑》"和你赤"作"火你赤"，"唐古不花"作"唐兀带"。《智敏王碑》未提"胡都拿"的名字，只说"他姬"。供养图恰可补缺。

11　《智敏王碑》"曲怗伦"作"怯牒伦"，"阿昔怗木儿"作"阿失帖木儿"，"黑歹不花"作"乞带不花"，实为同一词的不同译音。

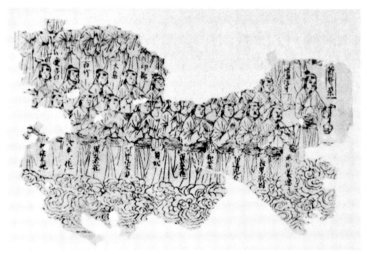

图 7　蒙速速家族供养图局部三

　　第二排蒙速思母亲后面、妻子前面的"爱元浑主"应是他的庶母。蒙速思只有四个女儿，我们依汉文文献只能知道其中一个名叫"阿里合赤"。[1] 在供养图上，我们恰好找到了她，她处在上数第二排的左起第三位。除了蒙速思的母亲、妻子、阿里合赤外，第二排连同第一排排尾的四位妇女应是蒙速思的姐妹、女儿和侄女。同样道理，除其父亲外，整个第三排和第四排排尾的两人应是蒙速思的父辈叔伯和子侄。这的确是一个大家族。供养图对于畏兀儿家族史的研究者来说，无疑是富有说服力的生动资料。

　　蒙速思之父名"阿里息思"，在供养图上为"阿答答朵"。"阿答"可转写为 ata，即回鹘语中的"父亲"。[2] "答朵"为 ta-to，可能是官号或尊称。据汉文史料，阿里息思曾任畏兀儿僧官——都统（tutung）。[3] 从对音和履历来看，阿里息思的"答朵"称号当即"都统"。这一称号起

―――――――――――
1　危素《危太仆集》，《危太仆文续集》卷五《元故资善大夫福建道宣慰使都元帅古速鲁公墓志铭》提到"公母讳阿里合赤，赠中书右丞相蒙速思公之女"。《元人文集珍本丛刊》影印民国《嘉业堂丛书》本，第 539 页上栏。

2　Gabain 1976, p.204.

3　《智敏王碑》，第 280 页。

源于汉地，后被回鹘佛教徒长期用作高僧的称号。[1]阿里息思任都统，反映了该家族与佛教的密切关系。事实上，许多高昌回鹘的高僧是家产僧，他们有妻子家室和财产。[2]阿里息思也不例外，他有自己的妻子儿女。另外，供养图中阿里息思的俗装、蓄发也能使我们注意到这位回鹘高僧的世俗化倾向。

第一排的十个僧人很难判断其身份。他们可能是蒙速思家族中的出家人。蒙速思之父的都统身份已经表明，这个家族与佛教界联系紧密。其家族成员剃度为僧是完全可能的。北村高即持此说。[3]但他将第一排诸人说成是蒙速思的祖父母和叔伯，令人难以赞同。因为他们的名字与蒙速思祖父母并不相同。[4]根据惯例，供养图只包括本家族的成员。所以，笔者认为这些僧人属蒙速思家族。尽管如此，我们仍要提出另一种可能，这些僧人或许只是与蒙速思家族往来密切，蒙速思家族是僧人的施主，而僧人时常为蒙速思家族礼佛祈福。蒙速思愿意把功德与这些僧人分享。这在奉行大乘佛教的回鹘人当中不乏其例，人们常在发愿文中表示要把佛的恩赐与众人分享。[5]联系到阿里息思的都统称号，这种可能无疑也是存在的。

以上就是蒙速思家族供养图的基本构成。

三　供养图的刊刻年代

蒙速思家族供养图只留下了一些残片，我们无法找到关于年代的

1　James R. Hamilton, "Les titres Šäli et Tutung en Ouïgour", *Journal Asiatique*, 272（1984），pp.433-434；小田壽典「ウィグルの稱號トウトウングとその周邊」『東洋史研究』46 卷第 1 号、1987、57-73 頁。

2　上引小田寿典文，第 62—63、73 页。

3　北村 1987，86—87 页；北村 1993，第 10 页。

4　据《智敏王碑》，蒙速思祖父名 "八里术"，祖母名 "月的干"，与供养图人名皆不相同。

5　杨富学、邓浩：《吐鲁番出土回鹘文七星经回向文研究——兼论回鹘佛教之功德思想》，《敦煌研究》1997 年第 1 期，第 169 页；Peter Zieme, "Donor and Colophon of an Uighur Blockprint", *Silk Road Art and Archaeology*, Ⅳ（1995/1996），pp.409-416。

题记。傅海博根据图上人名的汉字译音规律，推测此图刻制当在 14 世纪初期。他认为在 14 世纪初的汉语语音体系中，除了 n、m、ng 之外没有其他的收尾辅音。供养图的汉文译音符合这一特点。[1] 这种看法不免令人产生疑问。第一，北方汉语语音在 13 世纪后半叶到 14 世纪初期并没有很大变化。[2] 我们很难仅凭语音断定某种文献的时代归属。第二，从图中人物的各种称谓来看，供养图是以蒙速思为中心的。如"父阿答答朵""母阿那怙林""妻胡都拿""妻八散竹""妻曲怙伦""长男脱因"。很显然，刻制供养图的不是蒙速思的父亲或儿子，而是蒙速思本人。也就是说，供养图的刻制是在蒙速思在世的时候。蒙速思死于至元四年（1267）。那么，供养图至迟在 1267 年之前刻成。第三，供养图上蒙速思的十一个儿子只有七位，在这种家族供养图上，他们这些直系血亲是不会无故缺少的，唯一合理的解释是另外四人还没有出生。那么，供养图之刊刻更要早于 1267 年。

北村高根据蒙速思曾在元世祖南征时出任断事官的记载，把时间的上限定在宪宗二年（1252）。[3] 后又通过对蒙速思诸子年龄的推测，进一步把时间缩小到 1260—1267 年之间。[4] 对北村高的结论笔者也持有疑义。首先，他把第四排人像中的最后两个"怙列怙木儿""八条不花"算作蒙速思之子，不确。在记事详备的汉文文献中，我们找到了蒙速思全部十一个儿子，但没有上面提到的两位。[5] 正如上文所做的分析，他们应是蒙速思的侄辈。这样我们就不能说，供养图的制作年代是在"第九子诞生之后，第十子诞生之前"，更无法得出"约在 1260 到 1267 年之间"的结论。其次，用诸子年龄反推刻图年代有很大不确定性。事实上，根

1　Franke 1977, p.40.

2　史存直：《汉语语音史纲要》，商务印书馆，1981 年，第 54、57 页；李新魁：《宋代汉语韵母系统研究》，《语言研究》1988 年第 1 期，第 64—65 页。

3　北村 1987，第 96—97 页。

4　北村 1993，第 10 页。

5　《智敏王碑》，第 280 页。

据现有文献，我们只能推算出阿失怗木儿一人的生年。[1]这对供养图刻制年代来说，不具有任何意义。

供养图的各种称谓以蒙速思为中心，图中又缺少蒙速思的四个儿子，由这两点来看，该图应是蒙速思所刻。从供养图缺少蒙速思四个儿子进行判断，图的刻制年代应是比较早的。笔者的看法是，供养图约刻制于宪宗八年（1258）到元世祖中统元年（1260）之间，有可能就是在宪宗八年。这一结论建立在对蒙速思自署"丞相"官号的分析上。

从供养图的亲属称谓和缺少四子可知，此图是在蒙速思生前刊刻的。那么，在蒙速思人名之前加上"丞相"官名，必然是蒙速思所为，至少得到了他的同意。蒙元时代对"丞相"这一官号的使用经历了两个阶段。在元世祖中统元年设立燕京行中书省、任命丞相之前，"丞相"可以指代中央和地方的断事官（即札鲁忽赤）。[2]蒙速思在忽必烈南征时任断事官，[3]可以使用丞相头衔。但到元世祖中统元年建立中书省宰相机构时，蒙速思并未被任命为丞相，而是重新成为元世祖的内侍。[4]这样，他就不能再拥有丞相官号。尽管别人为了表示尊敬沿用旧的"丞相"名号来称呼他，[5]但在广泛传布的供养图上，他却不能自己刻上"丞相蒙速思"的字样，因为这会构成违反制度的僭越行为。长期侍奉元世祖、"周慎端信"的蒙速思不至如此。而刚刚创立的宰相制度法度正严，也不会允许对"丞相"头衔的滥用。"丞相"称号的泛滥是在元世祖至元

1　前引程钜夫《程雪楼文集》卷七《武都忠简王神道碑》，第303页。以下该文简称《忠简王碑》。

2　姚大力：《从"大断事官"制到中书省——论元初中枢机构的体制演变》，《历史研究》1993年第1期。

3　《智敏王碑》，第280页。

4　黄溍：《金华黄先生文集》（《四部丛刊初编》本）卷四三《马氏世谱》，收入《黄溍全集》，第433页；程钜夫：《程雪楼文集》卷九《秦国文靖公神道碑》；姚大力：《从"大断事官"制到中书省——论元初中枢机构的体制演变》，《历史研究》1993年第1期，第68页。

5　祥迈：《辩伪录》卷三，《大正新修大藏经》排印本第52册，第771页上栏；《忠简王碑》，第302—303页；《元史》卷一六七《张惠传》，第3923页。

后期，[1]而那时蒙速思已经死去多年了。蒙速思曾被追封为中书右丞相，[2]但至早是在元武宗至大二年（1309）之后。[3]从供养图中蒙速思自署的丞相官号来看，该图只能刻制在中统元年之前。当时蒙速思正任断事官，恰可拥有和使用丞相头衔。

那么，蒙速思任断事官是从何时开始的呢？"世祖践祚，眷赉益隆。会立中书省，平章政事王文统奏以（蒙速思）为相，不拜。（世祖）南征时，与近臣不只儿为断事官。及诸王阿里不哥叛，相拒漠北，不只儿有贰心。王〔按，即蒙速思，后追封武都王〕知之，奏徙中都，亲监护以往。"[4]世祖南征共有两次，一次是在宪宗二年（1252）征大理，另一次是在宪宗八年（1258）征南宋。上引南征，当属1258年那一次。首先，不只儿所任断事官即燕京等处行尚书省省事。[5]蒙速思和他同任，亦即此职。关于1252年燕京行尚书省断事官的各种记载中，我们找不到蒙速思。其次，根据上引碑文的行文来看，此次南征似与阿里不哥之乱相隔很近，而不像是六年前的南征大理。基于以上考虑，笔者认为南征不在1252年，而在1258年。那么，蒙速思任断事官、拥有丞相官号是从1258年开始的。

1258年发生的一件大事可能促成了蒙速思刻印供养图。这一年，忽必烈在开平城主持了大规模的僧道辩论。在这次辩论中，佛教大胜。蒙速思也参加了这次大辩论，站在僧人一边充当证义人。[6]在1258年这个令佛教徒扬眉吐气的年头，虔诚信佛的蒙速思家族刊印供养图是很有可能的。

1　张帆：《关于元代宰相衔号的两个问题》，《国学研究》第二卷，北京大学出版社，1995年，第437—439页。

2　前引危素《元故资善大夫福建道宣慰使都元帅古速鲁公墓志铭》；王昶编《金石萃编未刻稿》卷中《万春山真觉禅寺记》，1918年上虞罗氏影印本，收入国家图书馆善本金石组编《辽金元石刻文献全编》第二册，北京图书馆出版社，2003年，第707页下栏。

3　作于元武宗至大二年的《忠简王碑》未提赠官事，据此可知。

4　《智敏王碑》，第279页。

5　《元史》卷三《宪宗纪》"宪宗元年六月"条，第45页。

6　前引祥迈《辩伪录》，第771页。

综上，我们认为供养图的刻制当在蒙速思任断事官期间，即 1258 年到 1260 年间，有可能是在 1258 年。

这一结论恰好为一个事实提供了合理的解释，那就是为什么蒙速思的妻子、元世祖察必皇后的妹妹怯牒伦，[1]却排在了蒙速思三位妻子的最后一位。当时的忽必烈还不是皇帝，察必更不是皇后，曲怗伦在蒙速思家族中的地位还不是很高，只能按年序排在最后。如果是在 1260 年之后（即忽必烈称帝以后），这种现象就很难理解了。

四　供养图刊刻地

上文考订了供养图的刻版时间，以下对其刊刻地点稍做讨论。

傅海博、北村高认为供养图是在元大都刻印的。他们的观点基本合理，但稍有纰漏。

首先，他们正确指出供养图刻印于汉地。尽管高昌地区的印刷水平在边疆地区达到了较高水平，但印制这样精致的供养图还是很困难的。实际上，大量流通于畏兀儿地区的汉文、回鹘文佛典多是在内地雕印。[2]我们看到，供养图中的人名都是用汉字译写的。而且，如此精细的版画也只有当时的汉地才能刻印。蒙速思任燕京等处断事官，他选择当时的印刷业中心燕京来雕印供养图最为方便、可靠。

而傅海博与北村的可商榷之处在于，如果上文对刻版时间的判断是正确的话，供养图的刻印地不能称"大都"，而只能称"燕京"。大都是元世祖忽必烈称帝后在燕京城北新建的城市，直到至元九年（1272）才命名为"大都"。[3]

1　《智敏王碑》，第 280 页。在供养图上写为"妻曲怗伦"。

2　Peter Zieme、百济康義「ウイグル語の観無量壽経」京都：永田文昌堂、1985、29-35 页。

3　陈高华：《元大都》，北京人民出版社，1982 年，第 31 页。

五　蒙速思家族的佛教信仰

供养图是蒙速思家族信奉佛教的明证。早在公元 8 世纪，佛教就开始在漠北回鹘中传播。[1] 9 世纪中叶，草原回鹘王国败散，回鹘人的一支迁到高昌、北庭（今新疆天山南北吐鲁番哈喇和卓、吉木萨尔）一带重建国家，即高昌回鹘王国。而高昌、北庭地区从魏晋以来一直是重要的佛教信仰区。受这里悠久的佛教传统影响，很多回鹘人成为佛教徒。

蒙速思之父阿里息思为畏兀儿高级僧官"都统"，蒙速思本人受家庭影响，也成为虔诚的佛教徒。从参加 1258 年僧道辩论、充当证义来看，他对佛教教义的理解应达到了很高的水平。蒙速思家族供养图还显示，这个家族无论男女老少都信奉佛教。在下文中，笔者将主要考察蒙速思的长子脱因，在供养图上他就站在蒙速思身后。

根据蒙速思的《武德智敏王述德之碑》，脱因曾任"荣禄大夫、宣政院使、太府卿"。我们知道，宣政院是元朝掌管全国佛教事务和统辖吐蕃地区的专门机构。原名总制院，至元二十五年（1288）改称宣政院。长官就是宣政院使，秩从一品。[2] 事实上，脱因是最早的两位宣政院使之一。至元二十五年，世祖改总制院为宣政院，任命脱因与桑哥为宣政院使。[3] 因为这一机构的特殊性质，担任宣政院使的官员需要具有一定的佛教背景。脱因无疑是符合条件的。他出身于佛教世家，而且他本人就是一位佛学造诣很深的高僧。在担任宣政院使之前，他参加了元世祖组织的翻译和勘定佛经、编制《大藏经》目录的活动。元代《至

1　可参阅程溯洛《释汉文〈九姓回鹘毗伽可汗碑〉中有关回鹘和唐朝的关系》，原载《中央民族学院学报》1978 年第 2 期，后收入程溯洛《唐宋回鹘史论集》，人民出版社，1993 年，第 104 页。
2　《元史》卷八七《百官志三》，第 2193 页。
3　《元史》卷二〇五《桑哥传》，第 4574 页。

元法宝勘同总录》提到"翰林学士、嘉议大夫脱印都统奉诏译畏兀儿语"。[1]这里的脱印即脱因，是用汉字对回鹘语的人名Toyin的不同译写。虽然元代名叫脱因的人很多，但时代、家族背景和个人经历决定了这里的脱因应是蒙速思之子脱因。元代名叫脱因的，既有蒙古人又有色目人。此处的脱因勘译回鹘文佛经，应是畏兀儿人。勘译佛经的活动是在元朝初年，此时在朝中为官、名叫脱因的畏兀儿人有两位，一位是元世祖近臣、掌管金帛的高昌人脱因，但他是宿卫出身，以武功获得进用，文化修养并不突出。[2]而另一位就是蒙速思之子、北庭人脱因，他出身佛教世家，祖父曾任都统，父亲参加僧道辩论，有着深厚的家学渊源。至元二十五年这个脱因又任宣政院使。向前推数年，他任都统、译佛经，都是合乎情理的。考虑当时的条件，没有谁比他更适合此任。

《至元法宝勘同总录》的记载说明，此时的脱因继祖父之后，也成为僧官都统。同时他还是翰林学士，身兼僧俗二任。在这次勘译佛典的工作中，畏兀儿文经典全部由脱因负责，这反映出他精深的佛学造诣。参加勘译经典并担任宣政院使这些事迹表明，脱因实际上是元代早期佛教史上一位非常活跃的重要人物。

值得一提的是，蒙速思家族信仰佛教的传统一直持续到蒙速思的三世孙、云南行省威楚盐运使司提举完者秃。他和威楚万春山真觉禅寺往来密切，还亲自为该寺撰写过碑记。[3]从元代佛教的地域分布来看，这座禅寺可能属南禅临济宗。[4]完者秃与该禅寺的关系反映了内地回鹘人佛教信仰的新特点。

1　庆吉祥编《至元法宝勘同总录》卷一，《中华大藏经》汉文第56册，影印清藏本，第1页。

2　虞集：《道园类稿》卷四一《高昌王神道碑》，《元人文集珍本丛刊》影印元至正五年抚州路学刻本，第243—246页。冯家昇先生曾以为译脱因即此人，不确。冯著见《刻本回鹘文〈佛说天地八阳神咒经〉研究——兼论回鹘人对于大藏经的贡献》，《考古学报》第九册，1955年，第188页。

3　前引王昶编《金石萃编未刻稿》卷中《万春山真觉禅寺记》，第707页下栏。

4　周良霄、顾菊英：《元代史》，上海人民出版社，1993年，第738页。

六　供养图所见蒙速思家族的蒙古化

无论葛玛丽、傅海博、北村高，都忽略了这样一个事实：供养图上的这个畏兀儿家族剃着蒙古发式，穿戴着蒙古式衣冠。

图上妇女都戴着蒙古妇女特有的顾姑冠。[1] 她们穿的那种宽大紧袖长袍在蒙古古代行记中有详细描述。

图上的男性服饰、发型也都蒙古化了。第一，除僧人外，所有的男性都剃成了蒙古"三搭头"式发型。这种发型是把头顶的头发剃光，只在额前、头部两侧留三簇头发，额前的头发直留到眉际，头后两侧的头发编成辫子，下垂至耳。我们看到，供养图中世俗男子在前额和两耳之后都有蓄发，这正是蒙古的三搭头式发型。第二，他们都戴着蒙古宽沿带帔暖帽。这种暖帽的帽沿很宽，帽子后面有很长的帔，一直垂到肩上，盖住辫发。在帽顶上还缀有帽缨。这种式样的暖帽见于蒙元时代的壁画和版刻，是蒙古帽的常见式样。[2] 第三，他们都穿着蒙古式的辫线袄。这种袍服又名腰线袄。紧袖长身，下摆宽大，折有密裥，在腰部缝以辫线制成的宽阔围腰。这种袍服的盛行是在蒙古——元朝时代，特别是蒙古皇帝的侍从和仪卫多着辫线袄。[3] 蒙速思父子长期担任宫廷近侍，穿着辫线袄，正与仪制相合。

从供养图中的男女服饰、发型来看，畏兀儿蒙速思家族已经出现了明显的蒙古化。傅海博教授通过对供养图中人名的分析，也提出类似

1　周汛、高春明：《中国历代服饰》，学林出版社，1984 年，第 198—224 页。以下若不注出，皆取自该书。

2　项春松：《内蒙古赤峰市元宝山元代壁画墓》，《文物》1983 年第 4 期；Peter Zieme,
　　Buddhistische Stabreimdichtungen der Uiguren, Berlin: Akademie Verlag, 1985, Tafel Ⅳ。

3　《元史》卷七八《舆服志一》，第 1941 页。参阅党宝海、杨玲《腰线袍与辫线袄——关于古代蒙古文化史的个案研究》，《西域历史语言研究集刊》第二辑，科学出版社，2009 年，第 29—47 页。

看法。[1]蒙速思的妻子中有元世祖皇后察必之妹、蒙古翁吉剌氏怯牒伦（又作"曲怗伦"）。作为蒙古人，她对这个家族的影响是最直接的。但我们必须看到这并不是最根本的动力，最主要的原因还是当时的时代背景，即畏兀儿人臣服于蒙古。在臣属状态下，被征服民族主动模仿征服者的文化习俗，是他们社会适应的一种手段。[2]在蒙元时代，文化发达的汉人中也出现了蒙古化迹象。[3]蒙速思家族长期服务于蒙古宫廷，熟谙蒙古语和蒙古文化，在蒙古化方面远非普通官民可比。供养图无疑是对畏兀儿人蒙古化的形象图解。

此外，笔者还要指出这个家族在文化上另一个值得注意的现象。上文提到的蒙速思三世孙完者秃，不但与汉地禅僧来往密切，同时他还擅长汉字书法，《万春山真觉禅寺记》的碑文就是完者秃书写的。在文化的学习方面，蒙速思的后辈并不仅仅是蒙古化。这既反映了汉文化对异族的影响，也体现了畏兀儿人在复杂文化背景下的多种文化追求。

结　论

德国柏林印度艺术博物馆所藏蒙速思家族供养图包括了该家族的三代男女老少和一些僧人。该图约刊刻于 1258 年到 1260 年之间的燕京城。供养图向我们展示了一个 13 世纪虔信佛教并已开始蒙古化的畏兀儿家族。在元代汉文文献中，蒙速思及其子孙的事迹不乏记载。但如此直观、生动地将这个高门大族展现在我们面前的，却只有这件残缺不全的供养图。

蒙速思家族供养图对于畏兀儿家族制度、宗教信仰、文化变迁的研

1　Franke 1978, p.39.

2　魏特夫（Karl A. Wittfogel）：《中国社会史——辽（907—1125）：总论》，唐统天等译，收入王承礼主编《辽金契丹女真史译文集》，吉林文史出版社，1990 年，第 7—13 页。

3　Henry Serruys, "Remains of Mongol Customs during the Early Ming Period", *Monumenta Serica*, 16(1957), pp.137-190；李治安：《元代汉人受蒙古文化影响考述》，《历史研究》2009 年第 1 期，第 24—50 页。

究，具有相当重要的意义。同时，它也反映了大蒙古国时代汉地雕版印刷技术的水平以及畏、汉之间的文化交流。

属于元代而流传至今的各种图书文献为数不少，但如此重要的家族供养图，目前还没有第二种。

第二节　魏公村考

魏公村位于北京市海淀区的东南部，包括白石桥路和学院南路交叉路口西南隅。著名的中央民族大学就在魏公村一带。今天的魏公村已成为繁华的市区，而在 20 世纪 50 年代，这里只是一个名副其实的、只有十几户居民的小村落。[1]

魏公村这一名称的来历是耐人寻味的。它和古代畏兀儿人有着密切的联系。从清代开始到 20 世纪 80 年代，一直有学者注意这个问题，并做了初步探讨。[2]笔者拟在前人研究的基础上，进一步厘清地名变迁的脉络，探明这一聚落形成的原因和过程，进而说明古代北京城市发展及民族关系的某些特点。

一　地名的变更

从现存文献来看，魏公村在元代就已形成，经明清延续至今。与今天不同的是，它在明清时被称作"畏吾村"。

明人李东阳（1447—1516）《怀麓堂集》卷七五《合葬告考妣文》：

1　海淀区地名志编辑委员会：《北京市海淀区地名志》，北京出版社，1992 年，第 45 页。
2　查礼：《畏吾村考》，王昶编《湖海文传》卷一二，第 10 页，道光十七年经训堂刻本。洪业：《明吕乾斋、吕宇衡祖孙二墓志铭考》，《燕京学报》第三期，1928 年，第 523—526 页；此文后收入《洪业论学集》，中华书局，1981 年，第 1—7 页。石岩、文英：《魏公村——元代维吾尔族人在京郊的聚居点》，《北京日报》1963 年 8 月 16 日第 3 版。贾敬颜：《畏兀儿村考》，《民族历史文化萃要》，吉林教育出版社，1990 年，第 1—2 页。

> 呜呼痛哉！自我先祖葬曾祖考妣于畏吾村，吾母之墓实在右
> 穆。墓地狭隘，不过二亩。[1]

据此，在李东阳曾祖之时已有畏吾村。又据《怀麓堂集》卷六八《曾祖考少傅府君诰命碑阴记》：

> 府君在国朝洪武初，以兵籍隶燕山右护卫，挈先祖少傅府君
> 以来，始居白石桥之傍。后廓禁城，其地已入北安门之内，则移
> 于慈恩寺之东，海子之北。生三子，其二仲曰雷、曰孔，皆生于
> 京师。……始居北方，风土不相宜，因病告解，未几而卒。……
> 阅三世百有余年，乃得以官职貤封赐，一命而跻于极品。[2]

文中提到李东阳曾祖在洪武初年就移居北京，由于"风土不相宜，因病告解，未几而卒"。由此可知，李东阳曾祖的葬地畏吾村在洪武初年就已经存在。但这并不意味着畏吾村最早的形成时间就是在洪武初年。我们知道，一个聚落的形成往往需要相当长的时间。畏吾村的最早起源当在明洪武之前的元代（详考见下文）。

尽管畏吾村在元代就已形成，但由于元代文献特别是北京地区地方志的缺佚，我们很难找到元人关于畏吾村的直接记述。而到了明代，有关畏吾村的记载开始多了起来。

除上引二文外，李东阳还曾多次在文中提到畏吾村，如《复畏吾村旧茔告先考墓文》《安葬告兆先文》等。[3] 清人乔松年曾专门撰文提及李东阳与畏吾村的关系，"李西涯（按，即李东阳，号西涯）或自署畏吾。

1　李东阳：《怀麓堂集》，台湾商务印书馆影印《文渊阁四库全书》本，第1250册，第787页。
2　前引李东阳《怀麓堂集》，第720—721页。
3　前引李东阳《怀麓堂集》，第786、788页。

盖京师西直门外村名……西涯以居址相近而署号"。[1] 虽然这段文字稍有错误，[2] 却正确指出了李东阳与畏吾村之间存在着联系。由于李氏祖坟在畏吾村，李东阳死后也安葬在这里，[3] 而且他的墓地还成为后世文人凭吊抒怀的一景。[4]

明正德八年（1513），太监张雄修建大慧寺，地点就在畏吾村。李东阳为之撰写真武殿铭。[5] 明代官修《顺天府志》也提到"大慧寺，在畏吾村"。[6]

嘉靖年间这里仍称畏吾村。一方嘉靖三十四年（1555）的墓志写道"墓在城西畏吾村之原"。[7] 到万历年间，这里除了称作畏吾村外，又称作"苇孤村"。万历二十一年（1593）刊刻的《宛署杂记》有如下记载：

> （宛平）县之西北，出西直门一里曰高良桥，又五里曰篱笆房，曰苇孤村，又二十里曰鞑子营。又十里曰北海店，其旁曰小

1　乔松年：《萝藦亭札记》卷六，同治十二年刻本，第8b、9a页。
2　乔松年指出李东阳自署号"畏吾"是与畏吾村有关，这是正确的。但这并不是由于李东阳住地靠近畏吾村，而是由于李氏祖坟在畏吾村。李东阳故墓曾在"白石桥之傍"，而这座白石桥是后来圈入明皇城内的白石桥，位于万岁山西北方，与畏吾村附近的白石桥无关。后来李东阳家族迁居慈恩寺东、海子之北，住地仍与畏吾村无关。乔松年误。以上可参看前引李东阳《曾祖考少傅府君浩命碑阴识》；吴长元《宸垣识略》，北京出版社，1964年，第137—138页；侯仁之主编《北京历史地图集》，北京出版社，1988年，图31-32、33-34。以上图文均对李东阳居址有明确说明。
3　杨一清《李东阳墓志铭》："择以卒之年九月二十八日葬于京城西直门外畏吾村，盖公祖茔也。"见同治十年修、光绪十年刊《畿辅通志》卷一六五，上海商务印书馆，1934年，第6181页。
4　查嗣瑮《畏吾村》诗："村童担上沙，丞相墓前石。唯有宫中鸦，飞来吊寒食。"诗中提到的丞相墓，显然是指明大学士李东阳之墓。查嗣瑮诗见前引吴长元《宸垣识略》卷一四，第253页。清人法式善曾专程寻访李东阳之墓，作《李东阳墓记》，文见前引《畿辅通志》卷一六五，第6181页。
5　沈榜：《宛署杂记》，北京古籍出版社，1983年，第227页。
6　《（万历）顺天府志》卷二，中国书店，1959年，第586页。
7　《明故奉政大夫山东按察司事乾斋吕公墓志》，北京图书馆藏北京石刻拓片"志4851"号。录文亦可参看前引洪业《明吕乾斋、吕宇衡祖孙二墓志铭考》。

南庄、曰八里沟、曰牛栏庄……[1]

这不仅为我们提供了畏吾村的异名，也说明畏吾村的具体位置与今天的魏公村是一致的。

明末这里称"魏吴村"。魏公村出土明人刘继祖及妻李氏等合葬墓志，其中提到崇祯十六年（1643）九月十一日"葬于西直门外魏吴村"。[2]

到清代，畏吾村这一名称依然沿用。康熙朝著名诗人王士祯，[3] 康熙、雍正时的查嗣瑮，[4] 乾隆、嘉庆时期的法式善，[5] 同治时期的乔松年均在文中提及畏吾村。在康熙年间，畏吾村也称"魏吴村"，[6] 乾隆年间又称"卫伍村"。据清人查礼《畏吾村考》：

1　前引沈榜《宛署杂记》，第41页。

2　《市文物局资料信息中心藏北京地区出土墓志拓片目录（八）》，《北京文博》1998年第1期，第97页。

3　王士祯《皇姑寺诗》："皇姑寺前风日晴，畏吾村畔草痕生。山桃堤柳自春色，粥鼓钟鱼非世情。"诗见上引吴长元《宸垣识略》卷一三，第249页。洪业先生因皇姑寺在八大处东南之黄村，故认为诗中的畏吾村也在西山八大处一带，而非今魏公村。他提出："元时畏兀儿人之居西郊，散处之地甚广，今香山东南有地称魏家村，其亦由畏兀讹转欤？"见前引洪业《明吕乾斋、吕宇衡祖孙二墓志铭考》，《洪业论学集》，第6页。按，此论欠妥。第一，畏吾村的位置一直在今魏公村附近，历代文献记载明确，不会远至八大处一带。第二，王士祯《皇姑寺诗》并未确指畏吾村与皇姑寺紧邻，我们应当从王士祯出游时景点的变化来理解他对畏吾村的描述。第三，王士祯在《池北偶谈》卷六《二文正墓》明确提到畏吾村："元耶律文正（楚材）、明李文正（东阳）墓皆在都城西，近畏吾村。"文见江苏广陵古籍刻印社《笔记小说大观》第八册，第107页。很显然，王士祯所说的畏吾村就是今魏公村，而不是在黄村附近的魏家村。总之，畏吾村只有一个，即今魏公村。

4　前引查嗣瑮《畏吾村》诗。

5　法式善《李东阳墓记》："墓在大慧寺西，距寺三十步。墓之西为畏吾村。"见上引《畿辅通志》卷一六五，第6181页。前引石岩、文英文中提到："魏公村东边有一座大慧寺，寺西有一墓碑。碑志'墓在大慧寺西，距寺三十余步……墓之西为畏吾村。'……碑于清代道光十四年立。"按，这块所谓"墓碑"上的文字与上引法式善《李东阳墓记》中的文字大体相同。根据法式善的《李文正公墓祠记》，法式善曾与诸友一起建李东阳墓祠于畏吾村，祠堂在嘉庆六年落成，法式善为文，"叙其始末，揭之祠壁"。详见上引《畿辅通志》卷一六五，第6181页。

6　《（康熙）宛平县志》，转引自前引查礼《畏吾村考》。亦可参看前引洪业《明吕乾斋、吕宇衡祖孙二墓志铭考》，《洪业论学集》，第6页。

京师西直门外八里，有村名畏吾。明大学士李东阳墓在焉。村前有大佛寺，予家祖坟未迁榆垡时，俱葬此村。案畏吾，元时西域国号也，太祖四年归于元。或称畏吾，或称畏吾儿，或称畏兀，或称畏兀儿。……此村密迩郊甸，意即其聚族地乎？……畏吾之名，当始于元。今之人或以其地近郊甸，兵卫所居，遂称之曰"卫伍"，殊失其义。[1]

虽然在清代畏吾村有"魏吴村""卫伍村"等不同写法，但直到清光绪七年（1881），这里仍称作畏吾村。[2]这意味着，直到19世纪后期"畏吾村"之名尚未改作"魏公村"。

畏吾村何时改为魏公村，具体时间已难查考。清末、民国时期的北京地图反映了地名的变化。绘制于光绪年间（1875—1908）的《北京西郊地图》标注了"魏公村"（参见图8）。[3]1904年彩绘《五园三山及外三营地图》、1934年彩色印制的《北平四郊详图》也都绘出了"魏公村"。[4]由此可见，在清朝末年，"魏公村"这个名称开始出现，并且后来居上，逐渐取代了旧称。洪业先生1928年撰文提到魏公村。他这样写道："畏吾村，在今西直门外，大慧寺之西北，土人所称为魏公村者一带。"[5]这一名称的改动，显然是根据读音，换上了发音相近的字，并没有多大的实际意义。[6]需要注意的是，畏吾村改称魏公村后，仍有人

1 前引查礼《畏吾村考》，第10页。

2 光绪十年刊刻的《畿辅通志》为同治十年开修，历十年完成，时为光绪七年（1881）。其中写道："明李东阳墓，在县西畏吾村。"据此可知畏吾村之名一直使用到晚清。文见《畿辅通志》卷一六五，第6179页。

3 苏品红主编《北京古地图集》，测绘出版社，2010年，第190页。

4 前引苏品红主编《北京古地图集》，第225、323页。

5 前引洪业《明吕乾斋、吕宇衡祖孙二墓志铭考》，第6页。该文发表于1928年6月。

6 侯仁之：《海淀区附近地区的开发过程与地名演变》，《北京市海淀区地名志》，第508页。日本学者多田贞一也指出，北京地名的更改多根据读音而变化，见多田贞一《北京地名志》，张紫晨译，书目文献出版社，1986年，第15—21页。

称之为畏吾村。[1] 明代畏吾村称苇孤村，清代称魏吴村、卫伍村。"文化大革命"时期又称"为公村"，[2] 至今魏公村附近的一座立交桥仍称作"为公桥"。所有这些名称都是依照语音，略做改动罢了。

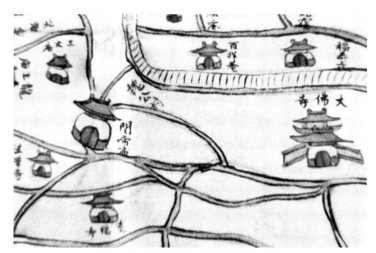

图 8　光绪年间《北京西郊地图》局部

二　蒙速思家族墓地

通过上文，我们知道魏公村形成的历史很早，原名畏吾村。那么，它和畏兀儿人（Uighur）到底有什么关系呢？如果它是畏兀儿人的聚落，那这个聚落又是怎样形成的呢？

早在金代，大量回鹘人（按，即畏兀儿人的前身）已经在燕京定居，他们"多为商贾于燕……在燕者，皆久居业成……辛酉岁（1141），

1　见马芷庠《旧北京旅行指南》，燕山出版社，1997 年，第 212、223 页。该书原名《北平旅行指南》，初版于 1935 年，仍称魏公村为"畏吾村"。

2　前引侯仁之《海淀区附近地区的开发过程与地名演变》。

金国肆眚，皆许西归，多留不返"。[1] 既然金中都聚居着大量回鹘人，会不会在金代就已经形成了畏吾村呢？我们的答案是否定的。畏吾村的位置相当于金中都的北方远郊。尽管中都是一个繁华都市，但远不能以今日的都城概念视之。在当时城北高梁河一带虽有金朝皇帝的离宫，但普通居民很少。[2] 回鹘人留居都城经商，不会选择这片人烟稀少的原野作为居址。金代史籍也没有留下任何有关畏吾村的直接或间接记载。

到了元代，情况发生了变化。元代初期，在畏吾村一带开始出现畏兀儿人的活动。至元四年（1267），元世祖忽必烈的近臣、前燕京行省札鲁忽赤、畏兀儿人蒙速思死后埋葬在这里，"至元四年四月六日薨，年六十二。三宫震悼，庶尹流涕，曰：'夺我良臣。'昭睿顺圣皇后出内帑，买地京城之西高良河之上，以礼葬焉，特谥敏惠公"。[3] 蒙速思是忽必烈的心腹大臣，又娶皇后察必（按，即上引文"昭睿顺圣皇后"）之妹怯牒伦。由于这两方面的关系，蒙速思家族世代出任元朝高官。"有子男十一人，孙男二十四人，皆为显官。女四人、孙女四人皆嫁世族。群臣之盛，鲜与为比。"[4] 从蒙速思开始，这个家族的陵园便固定在高梁河畔。其子金紫光禄大夫、大司徒阿失帖木儿死后，与其父葬在一处，"葬高良河之滨，智敏王（按，即武都智敏王蒙速思）之兆"。[5] 高良河又称高梁河，发源于梁山（今石景山），自元代起，所谓高良河多指由平地泉（今紫竹院）到西直门这一段河道。[6] 蒙速思家族墓地位于高良

1　洪皓：《松漠纪闻》卷上，《丛书集成初编》本，第3—4页。

2　《元史》卷七《世祖纪四》"至元八年正月己卯"条："敕：'前筑都城徙居民三百八十二户，计其值偿之。'"第133页。元大都的修建是在金中都的东北方向，仅移民三百余户，可见当时在中都城北并无太多居民。

3　《智敏王碑》，第280页。在元代畏兀儿人史料方面，本节最初的写作得益于陈高华先生编纂的《元代维吾尔、哈剌鲁资料辑录》一书。该书由新疆人民出版社于1991年出版，读者可参阅。

4　《忠简王碑》，第303页。

5　《忠简王碑》，第304页。

6　常征：《京城何处高梁河》，《史苑》第一辑，1982年，第42页；于光度：《辽宋高梁河战役及其战场》，《北京文物与考古》第一辑，1983年，第256页。

河畔，当在紫竹院到西直门一带，而魏公村也恰好在这一范围之内。

有关的元代文献进一步提到了这个家族陵园的位置，"仁宗尝驻跸和义门外，指故大司徒阿失帖木儿之墓，顾左右曰……"[1] 和义门即明清时代的西直门，[2] 蒙速思家族墓地位于今西直门外无疑。从仁宗驻跸和义门外来分析，阿失帖木儿与父蒙速思的墓地距离西直门肯定还有一段距离。这和今天魏公村的位置相符：魏公村在西直门外，但距西直门尚有数里的路程。

我们从元世祖皇后察必的家庙大护国仁王寺的选址，可进一步推定蒙速思家族墓地的位置。"西寺白玉石桥，在护国仁王寺南，有三拱，金所建也。庚午至元秋七月，贞懿皇后诏建此寺，其地在都城之外十里，而近有河曰高良，河之南也。"[3] 这座京城外十里、高良河上的白玉石桥就是今天海淀区白石桥的前身。[4] 可见大护国仁王寺就在白石桥附近。应指出的是，北京的考古勘察也证实了这一点。[5] 结合道路里程和相对位置，大护国仁王寺位于白石桥附近是可以肯定的。既然察必皇后家庙护国仁王寺就在白石桥附近的高良河畔，那么，她在高良河畔为妹妹一家亲自选定的墓地也必然距此不远。这样，蒙速思家族墓地的位置正与魏公村相当。

以上我们逐渐缩小了范围，蒙速思家族墓地可以框定在今天的魏公村一带。

三　聚落的形成

元世祖皇后察必把妹夫蒙速思的墓址和家庙选在魏公村一带的高良

1　黄溍：《金华黄先生文集》卷四三《太傅文安忠宪王家传》，收入《黄溍全集》，第 426 页。

2　于敏中等编《日下旧闻考》卷九八引《大清一统志》，北京古籍出版社，1983 年，第 1624 页。

3　熊梦祥：《析津志》，北京图书馆善本组《析津志辑佚》本，第 100 页。标点有改动。

4　前引《北京市海淀区地名志》关于"白石桥"的条目有误，见该书第 322 页。

5　宿白：《藏传佛教寺院考古》前言，文物出版社，1996 年。

河畔并不是偶然的。从金世宗大定十九年（1179）在燕京东北郊高良河水系修建离宫开始，[1] 当地秀丽的自然景色和较便利的交通就为皇室所青睐，对高良河水系的利用也越来越重视。1260 年忽必烈称帝后，采用两都制，政治中心南移，每年来往于燕京和上都之间。当时的燕京由于战乱已非常残破，忽必烈与皇后察必只是住在近郊金朝的离宫中。至元元年（1264）开始修建琼华岛、万寿山殿，[2] 此后，大都的兴建也是在金中都的东北方向、依托高良河水系进行的。察必皇后每年往来于上都和燕京之间，对高良河一带的地理、风物不会陌生。她不仅于至元四年"买地京城之西高良河之上"，安葬妹夫蒙速思，还在三年后"于都城西高良河之滨大建佛寺"。[3] 这一切都不是偶然的。

对高良河一带山水形胜的重视并不局限在皇族中。至元十七年（1280），蒙速思的女婿、畏兀儿名臣、中书右丞廉希宪也安葬在京西高良河，"春秋五十，越某日，葬于宛平之西原"。[4] 根据清人查礼的说法，直到清朝初年，在畏吾村还有廉姓居民，"京师西直门外八里，有村名畏吾……当时畏吾之人，聚族而居者正自不少……予家祖垄未迁榆垡时，俱葬此村……守冢者亦廉姓，疑即右丞后人"。[5] 把这段记载和上引文相联系，廉氏家族的墓地也当坐落在畏吾村一带。

至元二十三年（1286），又一位畏兀儿高官、金紫光禄大夫、湖广等处行中书省左丞相阿里海涯埋葬在城西高良河。[6] 其后，该家族的成员都归葬这里，其孙、元代著名文人小云石海涯（贯云石）"薨于钱塘

1　详见王北辰《元大都兴建前当地的河湖水系》，《环境变迁研究》第一辑，1984 年，第 154 页。
2　《元史》卷五《世祖纪二》、卷九九《兵志二・宿卫》、卷一五四《洪君祥传》，第 96、2531、3631 页。
3　程钜夫:《程雪楼文集》卷九《大护国仁王寺恒产之碑》，第 368 页。我们注意到，魏公村一带先有蒙速思家族的墓地，然后才建起察必皇后的家庙大护国仁王寺。古代多有在家族墓地附近建寺、建庵的习俗，不知蒙速思家族墓与大护国仁王寺之间有无此种关联。姑陈于此，以待通人。
4　元明善:《平章政事廉文正王神道碑》，收入苏天爵编《元文类》卷六五，第 1318 页。
5　前引查礼《畏吾村考》，第 10 页。
6　姚燧:《湖广行省左丞相神道碑》，收入苏天爵编《元文类》卷五九，第 1196 页。

寓舍，年三十有九，自士大夫至儿童贱隶，莫不悼惜。某年月日，诸孤奉柩葬于析津之祖茔"。[1] 实际上，阿里海涯家族和廉氏家族也有姻亲关系，小云石海涯是廉希宪长兄廉希闵的外孙。[2]

综上所述，三个畏兀儿大族的墓地都集中在高良河一带，即今魏公村附近。这三个家族均出自北庭别失八里（今新疆吉木萨尔县北），[3] 而且互有姻亲关系。畏兀儿人的宗族观念很强，他们长期居住在天山南北的绿洲中，流动性较小，常常一个或几个家族聚居在一起。即使来到中原，这一传统仍未改变。[4] 由于宗族观念强，畏兀儿大族多有自己的家族墓地。这种建造家族墓地的习俗在汉地受汉文化的影响，又有进一步的发展。[5]

除了以上三个畏兀儿家族外，哈剌鲁贵族曲枢家族的墓地，也由元仁宗御赐选定在这里：

> 仁宗尝驻跸和义门外，指故大司徒阿失帖木儿之墓，顾左右曰："朕尝学蒙古文字于司徒，于心不忘。曲枢之功，朕所嘉尚，其为治寿藏，邻于司徒之地，以表朕志。"辞不获，命即日相地，发官帑为伽窆穴，植华表，列翁仲如式。薨，遂窆焉。……有子二人，长伯都，次即王。……泰定三年六月二十九日，薨于上都

1　欧阳玄：《圭斋文集》卷九《元故翰林学士贯公神道碑》，收入《欧阳玄集》，魏崇武、刘建立点校，吉林文史出版社，2009 年，第 104 页。

2　上引欧阳玄《圭斋文集》卷九《元故翰林学士贯公神道碑》，第 103 页。

3　综见上述各碑。

4　《元史》卷一二五《布鲁海牙传》，第 3071—3072 页。

5　赵孟頫：《松雪斋文集》卷七《大元敕赐荣禄大夫全公神道碑铭》，《赵孟頫集》，钱伟强点校，浙江古籍出版社，2016 年，第 196 页；黄溍：《金华黄先生文集》卷二四《辽阳等处行中书省左丞亦辇真公神道碑铭》，《黄溍全集》，第 648 页；苏天爵：《滋溪文稿》卷一五《元故国子司业赠翰林直学士卫吾公神道碑铭》，第 239 页；刘敏中：《中庵集》卷四《敕赐将作院哈飒不华昭先碑铭》，《刘敏中集》，邓瑞全、谢辉校点，吉林文史出版社，2008 年，第 49 页；廉惇：《大元故平州路达鲁花赤行省万户塔本世系状》，《永乐大典》卷一三九九三，中华书局，1986 年，第 6085 页上栏；许有壬：《至正集》卷六一《故奉政大夫淮西江北道肃政廉访使普颜公神道碑铭》，《元人文集珍本丛刊》影印清宣统三年石印本，第 282—283 页。

西门里第……以某年某月某日葬于城西宛平县先茔之次。[1]

这个哈剌鲁大族的加入，使高良河畔的墓地进一步扩大，而且通过有关这个家族墓地的记载，如相地、植华表、列翁仲等，我们可以想见其他几个家族陵园的规模与考究程度。

元朝政府关于官民墓地的大小有比较详细的规定，"一品，四面各三百步；二品，二百五十步；三品，二百步；四品、五品，一百五十步；六品以上，一百步"。[2]元代一步合现在的5尺，一亩合240平方步。[3]依此推算，上引品官可以分别拥有约375亩、260亩、167亩、94亩、42亩的墓地。在高良河畔置有墓地的几个大家族世代均有高官，据上述规定可推测他们的陵园规模之巨。

依以上引证，这些畏兀儿大族的陵园均位于今魏公村一带。那么，这些陵园与元代畏吾村的形成又有什么关系呢？可以说，如果没有这些庞大的豪门墓地，京西一隅就不会发展出畏兀儿人的聚落，也不会有畏吾村。因为这里既不是商业区，其总体生活条件也远不如大都城里。事实上，正是陵园导致了这个聚落的出现。

关于此类现象，城市史的研究成果表明，"对死去同类的敬重心理，大约比实际的生活更有力地促使古人寻求一个固定的汇聚地点，并最终促使他们形成了连续性的聚落"。[4]北京史地学者尹钧科先生也指出："京城之中多达官贵族和名门世家，这些人家竞相在北京近郊购置香火坟地或营建田庄。……这些权势人家一旦在近郊建立坟地后，便派护坟人看守。因坟地都在村外田野，护坟人户近坟地而住，久而久之，在散处近郊田野里大批坟地上形成一些小的居民点。"[5]

1　前引黄溍《金华黄先生文集》卷四三《太傅文安忠宪王家传》，《黄溍全集》，第426、430页。

2　《大元通制》，收入黄时鉴辑《元代法律资料辑存》，浙江古籍出版社，1988年，第74页。

3　参看吴承洛《中国度量衡史》，商务印书馆，1937年，第76页。

4　刘易斯·芒福德（Lewis Mumford）：《城市发展史》，倪文彦、宋俊岭译，中国建筑工业出版社，1985年，第3页。

5　尹钧科：《北京郊区村落的分布特点及其成因的初步研究》，《历史地理》第十一辑，1993年，第235页。

　　畏兀儿人强烈的宗族观念使他们保持了世代相袭的家族墓地，而对于陵园的建设也往往不惜工本。[1] 明代汉人李东阳的家族墓地，尚且有土地"百余亩，周筑垣墉，通行神道"。[2] 由此亦可反观元代畏兀儿贵族陵园的规模。正是畏兀儿贵族大型陵园的存在，导致了畏兀儿人聚落的逐渐形成。这里最早的居民应是陵园的守墓人，而后人口不断积聚。

　　从蒙元初期的至元四年（1267）到元末（1368），畏吾村有足够的时间慢慢成长起来。到清末、民国时期，此地已经被称为魏公村。[3] 有趣的是，1904 年彩绘《五园三山及外三营地图》上绘出了"魏公村"，在它的旁边还标注了一个地名"五座坟"（参见图 9），不知两地之间有无关联。[4] 1928 年由北平特别市市政府技术室绘制的《北平特别市区域略图》把"魏公村"标记为"魏公坟"（参见图 10）。[5] 联系到魏公村发展的历史，这个地名的写法应当不是简单的笔误。

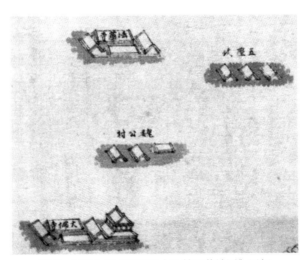

图9　1904 年《五园三山及外三营地图》局部

1　刘迎胜：《蒙元时代中亚社会经济研究》，《中亚学刊》第四辑，1995 年，第 202—206 页。
2　前引李东阳《怀麓堂集》卷七五《复畏吾村旧茔告先考墓文》，第 786 页。
3　前引苏品红主编《北京古地图集》，第 190 页。
4　前引苏品红主编《北京古地图集》，第 225 页。
5　前引苏品红主编《北京古地图集》，第 293 页。

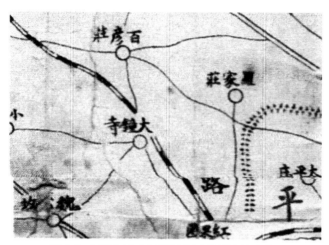

图 10　1928 年《北平特别市区域略图》局部

四　聚落的归宿

有研究者指出，畏吾村的形成是由于元代各民族之间的不平等关系。他们认为，"畏兀儿在元代民族中的地位虽然比较高，但毕竟在蒙古族之下。同时，他们在北京人少地生，当时汉人对外来民族又怀有敌意。这样，在北京的畏兀儿人便聚居在一起，以团结自卫。……畏吾村的出现，是北京历史上民族间歧视的产物"。[1]

笔者认为，这种看法不符合历史事实。的确，从城市发展史的一般观点来看，社会地位较低而又缺乏财富、技能的外来移民，特别是少数民族移民往往很难进入市区，而只能聚居在城市周边，形成自己的聚落。但是，用这种观点解释元代史事、解释畏吾村的诞生，就显得缺乏说服力。

事实是，从辽金以来一直有大量的异族人包括畏兀儿人平安地居住

---

[1]　前引石岩、文英《魏公村——元代维吾尔族人在京郊的聚居点》。

在北京城内。[1]到元代，畏兀儿人更享有特殊的政治地位，[2]他们安定地在北京生活，而且保持着本民族的各种习俗："高昌之神戴殺首，仗剑骑羊势猛烈。十月十三彼国人，萝葡面饼贺神节。"[3]"十月都人家旨蓄，霜菘雪韭冰芦菔，暖炕煤炉香豆熟。燔獐鹿，高昌家赛羊头福。"[4]在元大都，各族之间的关系基本上是融洽的，定居城内的畏兀儿人是安全的。畏吾村的形成与民族歧视无关，更不是为了所谓的"团结自卫"。

不过，仍有一个问题值得思索。在明代有关北京的文献中，我们已经找不到关于那些畏兀儿大族墓地的记载了。这应和元末大规模的战争以及明初的民族政策有关。在民族矛盾激化的元末战争中，京郊的这片异族墓地是很难得以保全的。而明朝初期，明太祖朱元璋标榜"驱逐胡虏"，推行"内华夏而外夷狄"的民族政策，命令禁胡姓、胡语、胡服等，把元明易代说成是一场"复汉官之威仪"的民族革命。[5]白石桥附近的大护国仁王寺是元代皇后的家庙，"发诸卫军六千八百人修造"，[6]富丽堂皇。但到了明代，却很快消失得无影无踪，难以查考了。由此我们也可以想见，在同样形势下，畏兀儿大族墓地的结局。

世事的变迁常常超出人们的想象，幸运的是，畏吾村的名字一直辗转演变、流传至今。

结 论

今北京海淀区魏公村曾是元大都郊外的畏兀儿人聚落。它的形成与

1 前引洪皓《松漠纪闻》。

2 蒙思明：《元代阶级制度研究》，中华书局，1980年，第25—68页；郭向东：《蒙元时期畏蒙关系述论》，收入西北大学西北历史研究室编《西北历史研究》，西北大学出版社，1991年，第70—94页。

3 张昱：《张光弼诗集》卷三《辇下曲》，《四部丛刊续编》影印铁琴铜剑楼旧藏明钞本，第28页背面。

4 欧阳玄：《圭斋文集》卷四《渔家傲·南词》，《欧阳玄集》，第45页。

5 萧启庆：《元明之际的蒙古色目遗民》，《庆祝邓广铭教授九十华诞论文集》，第105—106页。

6 《元史》卷一三《世祖纪十》，第272页。

金元时期对高良河水系的利用密不可分。由于优美的自然环境和畏兀儿人的宗族观念，在西直门外、高良河畔出现了几个畏兀儿大族世代相承的家族墓地。以这些大型陵园为核心，这里逐渐形成了畏兀儿人在京郊的聚居点。虽然在元末明初这些陵园已经消失，但畏吾村之名却一直延续下来。

我们不妨把魏公村的历史看作北京城数百年发展史的一个微小侧面，不妨把魏公村当作中国古代民族关系发展变迁的一个见证。

第三节　11—13世纪中国的两个景教家族

景教（又称基督教聂斯脱利派、东方叙利亚基督教等）随着唐武宗灭佛运动，在中国内地迅速式微。虽然有研究者指出，部分景教徒转而依托汉地佛教使景教得以长期存续，[1] 但立论证据尚显单薄。景教在汉地的大规模复兴，要到13世纪大蒙古国建立以后。这一复兴过程，得到大量北亚、中亚景教徒的推动。北亚景教徒原来就活跃在蒙古草原中部的克烈部、阿尔泰山南北的乃蛮部之中。而中亚景教徒则来自天山南北的畏兀儿地区和更西的楚河流域、河中地区，直至伊朗北部、叙利亚等地。[2]

从唐朝后期到大蒙古国建立之前的数百年间，在蒙古大漠以南的华

1　王媛媛：《唐后景教灭绝说质疑》，《文史》2010 年第 1 期。

2　周良霄：《元和元以前中国的基督教》，《元史论丛》第一辑，中华书局，1982 年；刘迎胜：《蒙元时代中亚聂思脱里教的分布》，《元史及北方民族史研究集刊》第七期，南京大学历史系，1983 年，第 66—73 页；Wassilios Klein, *Das nestorianische Christentum an den Handelswegen durch Kyrgyzstan bis zum 14. Jh.*, Turnhout: Brepols, 2000, pp.203-293；周良霄：《金元时期中国的景教》，发表于 Roman Malek 编辑的国际景教会议论文集 *Jingjiao: the Church of the East in China and Central Asia*, Sankt Augustin: Institut Monumenta Serica, 2006, pp.197-207；牛汝极：《十字莲花：中国元代叙利亚文景教碑铭文献研究》，上海古籍出版社，2008 年；Li Tang, *East Syriac Christianity in Mongol-Yuan China*, Wiesbaden: Otto Harrassowitz, 2011；殷小平：《元代也里可温考述》，兰州大学出版社，2012 年；等等。关于中国学界对景教的前期研究，详见杨晓春《二十年来中国大陆景教研究综述（1982—2002）》，《中国史研究动态》2004 年第 6 期。此处不一一列举。

北北部，景教徒的活动虽然罕见，但并未绝迹。20 世纪以来，随着研究的深入，两个 11 世纪移居中国的景教家族——耶律氏和马氏，引起了学界的广泛关注。本节拟对相关研究做一些细微的补充。

一　迁居时间与宗教传承

耶律氏居住在净州（治所在今内蒙古乌兰察布市四子王旗城卜子村一带），家族墓地位于今四子王旗王墓梁。耶律氏来华是在辽圣宗时期（983—1031），据《管领诸路也烈□□答耶律公神道之碑》（以下简称《耶律公神道碑》，碑刻文字残缺严重，多字缺文用省略号表示）："惟夫□耶律……之祖〔太？〕尉公，讳保……西域帖里薛人。……当辽圣宗朝，授官不拜。……加太尉、开府仪同三司，改姓曳剌氏。"[1]

《耶律公神道碑》没有明确指出这个家族的族群身份，只涉及其宗教身份为"西域帖里薛人"。帖里薛即 tersā/tarsā，[2] 为波斯语对基督教徒的称呼。[3] 该词早在唐代即进入汉语，景净《大秦景教流行中国碑》中写为"达娑"。[4] 在蒙元时期的汉文文献中，该词写为"迭屑"。伯希和曾经论述 tarsā 在蒙元时代多指畏兀儿。[5] 如果以上论断不误，那么，耶

1　关于王墓梁耶律氏墓地的介绍和《耶律公神道碑》的录文，均见盖山林《元"耶律公神道之碑"考》，《内蒙古社会科学》1981 年第 1 期，第 78—80 页；盖山林《阴山汪古》，内蒙古人民出版社，1991 年。此碑的最早研究者为陈垣先生，1938 年所写论文先以英文发表于 Monumenta Serica, vol.3, No.1, 中文原稿题为《马定先生在内蒙发见之残碑》，收入《陈垣学术论文集》第一集，中华书局，1980 年，第 247—248 页。

2　早在 1983 年，刘迎胜先生已经将该词释出，见前引刘迎胜《蒙元时代中亚聂思脱里教的分布》，《元史及北方民族史研究集刊》第七期，第 71 页。

3　据北京大学东方语言文学系波斯语教研室编《波斯语汉语词典》，该词词根为 tars，意为害怕、畏惧、担心。tarsā 除了指基督教徒外，还表示胆小的人、懦夫。在波斯语中，基督教徒用 tarsā-ee（tarsāya）表示。见《波斯语汉语词典》，商务印书馆，1997 年，第 562 页。

4　《大秦景教流行中国碑》录文见朱谦之《中国景教》，东方出版社，1993 年，第 225 页。

5　P. Pelliot, "Chrétiens d'Asie Centrale et d'extrême-orient", T'oung Pao, vol.15（1914），No.5, p.636. 此文有汉译本，伯希和：《唐元时代中亚及东亚之基督教徒》，冯承钧译，《西域南海史地考证译丛》第一卷第一编，商务印书馆，1962 年，第 62—63 页。

律氏很可能属于迁徙到西域的回鹘人（后称畏兀儿人）。

　　不过，耶律氏也有可能来自更远的中亚地区。tarsā 可指畏兀儿，并不等同于 tarsā 只是畏兀儿。毕竟这个词的原始含义是指基督教徒。用来指称基督徒的这一词语在中古波斯语（巴列维语）、粟特语中就已经存在。[1] 把耶律氏看作来自中亚地区的基督徒或许更符合该词的原初含义。据《耶律公神道碑》，这个家族来华是在辽圣宗统治期间（983—1031）。在这一时期，景教在北亚漠北草原地区迅速传播。据叙利亚文史料，蒙古高原中部地区的克烈部信仰景教始于 1007 年（伊斯兰历 398 年）。在这一年，克烈部首领在暴风雪中迷路，基督教圣者显形并引导克烈汗走出迷途，作为回报，克烈汗率二十万部众皈依景教。[2] 克烈部信奉景教是不争的事实，学界倾向于肯定 11 世纪为克烈信教的发端。[3] 忽略叙利亚教会史籍记载中的神话成分，促使克烈部大规模转向景教信仰的，必定有景教传教士全面而深入的传教工作在发挥作用。与景教在漠北地区大规模传播同时，有西域帖里薛人来到辽朝绝不是简单的孤立事件。从这方面考虑，该家族来自中亚景教核心地区的可能性

1　P. Pelliot, "Chrétiens d'Asie Centrale et d'extrême-Orient", op. cit., p.636 已经指出 tarsā 的巴列维语形式 tarsāk，冯承钧前引汉译文漏译。该词在粟特语中的使用，见 B. Gharib, *Sogdian Dictionary*, Tehran: Farhangan Publications, 1995, p.391；参阅前引 W. Klein, *Das nestorianische Christentum an den Handelswegen durch Kyrgyzstan bis zum 14. Jh.*, p.133。

2　此事见叙利亚 14 世纪著名学者 Bar Hebraeus 撰写的《宗教史》和 Māri 撰写的《塔之书》。前者明确提到克烈部名，后者则写为突厥。详见 A. Mingana, "The Early Spread of Christianity in Central Asia and the Far East: a New Document", *The Bulletin of the John Rylands Library Manchester*, vol.9(1925), No.2, pp.14-17. 汉译文见明甘那《基督教在中亚和远东的早期传播》，牛汝极、王红梅、王菲译，最初发表于《国际汉学》第十辑，2006 年，后收入牛汝极《十字莲花：中国元代叙利亚文景教碑铭文献研究》，第 171—172 页。前引周良霄《元和元以前中国的基督教》也对相关史料进行了引证，见第 140—141 页。

3　有学者对 11 世纪初克烈信仰景教的史事持怀疑的看法，并认为克烈应为乌古斯之误。见 E. C. D. Hunter, "The Conversion of the Kerait to Christianity in AD 1007", *Zentralasiastische Studien* 22 (1989/1990), pp.158-176. 按，这种质疑并无切实的史料依据，兹不取。参以汉文史料，克烈部自 11 世纪开始信奉景教当属可信。参阅陈得芝《十三世纪以前的克烈王国》，《元史论丛》第三辑，1986 年，后收入同作者《蒙元史研究丛稿》，人民出版社，2005 年，第 216—220 页；Li Tang, *East Syriac Christianity in Mongol-Yuan China*, op. cit., pp.27-28。

无疑是存在的。

耶律氏来华后，由于得到辽朝的赐姓"曳剌氏"，便逐渐成为契丹耶律氏的一员。在金代，这个家族与其他很多契丹人一道，被迫改用汉姓，该家族采用汉姓"刘"。[1]

另一个重要的景教家族是马氏。他们最初来华是在辽道宗时期，据《马氏世谱》："马氏之先，出西域聂思脱里贵族。始来中国者和禄罙思，生而英迈，有识量，慨然以功业自期。尝纵观山川形势，而乐临洮土壤之丰厚。辽主道宗咸雍间，奉大珠九以进，道宗欲官之，辞不就，但请临洮之地以畜牧，许之。遂家临洮之狄道。和禄罙思生帖穆尔越歌，以军功累官马步军指挥使。为政廉平而有威望，人不敢斥其名，惟称之曰马元帅，因以为氏。"[2] 辽道宗咸雍年号共 10 年，从 1065 年到 1074 年。有论者已经指出临洮狄道属于北宋熙州，并非辽朝疆土，帖穆尔越歌所任马步军指挥使，也是宋朝职官。[3] 不过，熙州归属于北宋是在熙宁五年（1072），恰在道宗咸雍年间。[4] 撰写时间更早的元好问《恒州刺史马君神道碑》讲述马氏，只说该家族"出于花门贵种。宣、政之季，与种人居临洮之狄道，盖已莫知所从来矣"。采用的是北宋的宣和、政和纪年。讲述马氏世系，《恒州刺史马君神道碑》没有提到第一代和禄罙思，而是从第二代迭木儿越哥（即上文"帖穆尔越歌"）开始的。从上述种种迹象来看，马氏进入熙州的时间虽然有可能在 1065 年到 1074 年间，但自熙宁五年之后，由于该地改由北宋统辖，遂成为北宋的治下之民。

金灭北宋后，马氏地位跌落，流放辽东，后迁往漠南的静州（又

1　关于改用汉姓以及耶律姓氏与汉姓刘的对应关系，详见前引盖山林《元"耶律公神道之碑"考》。

2　黄溍：《金华黄先生文集》卷四三，《四部丛刊初编》影印元刻本，收入《黄溍全集》，第432 页。

3　王颋：《桐繁异乡——元净州马氏九世谱系考辨》，收入王颋《西域南海史地考论》，上海人民出版社，2008 年，第 224 页。

4　《宋史》卷八七《地理志三》"熙州"条，参见张沛之《元代色目人家族及其文化倾向研究》，天津古籍出版社，2009 年，第 199 页。

写作"净州"）天山地区，从事农牧业致富。"帖穆尔越歌生伯索麻也里
束，年十四而辽亡，失父母所在，为金兵所掠，迁之辽东，久乃放还，
居静州之天山。沥血求父母不得，遂隐居不出。业耕稼畜牧，赀累巨
万。"[1]

　　值得注意的是，在大蒙古国时期马氏更早的碑传资料中，该家族的
宗教信仰、来华时间都是模糊的，而家族的族群身份则比《马氏世谱》
的记载清晰得多。关于马氏的宗教信仰，元好问的《恒州刺史马君神道
碑》没有透露与景教有关的任何信息，相反，马氏的宗教信仰具有强烈
的佛教色彩："金兵略地陕右，尽室迁辽东，因家焉。太宗尝出猎，恍
惚间见金人挟日而行，心悸不定，莫敢仰视，因罢猎而还。敕以所见者
物色访求。或言上所见殆佛陀变现，而辽东无塔庙，尊像不可得，唯回
鹘人梵呗之所有之。因取画像进之，真与上所见者合。上欢喜赞叹，为
作福田以应之。凡种人之在臧获者，赏为平民，赐钱帛，纵遣之。"于
是，马氏的第三代把骚马也里黜（即上文"伯索麻也里束"）利用这一
契机，"迁净州之天山"，"此地近接边堡，互市所在，于殖产为易，君
家勤俭自力，耕垦畜牧所入，遂为富人"。[2]

　　这一故事抛开神异成分不谈，我们尚可注意到，景教在金代的影响
力是非常微弱的。它作为独立宗教的独特性、排他性并不显著，相反，
它和佛教在很大程度上是趋同的，以至于马氏所属的景教寺院被视为
佛寺（所谓"梵呗之所"），他们尊奉的神像被看作"佛陀变现"之像。
这是我们认识金代景教所应当留意的特殊历史现象。

　　研究者已经指出，景教在唐代与佛教有密切关系，景教徒参加佛
教活动、采用佛教术语、教义上利用佛教教理等。[3] 甚至有研究者推测，

1　前引黄溍《金华黄先生文集》卷四三《马氏世谱》，《黄溍全集》，第 432 页。

2　元好问：《遗山先生文集》卷二七，《四部丛刊初编》影印明弘治十一年刊本，收入姚奠中主编
　　《元好问全集》（增订本），山西古籍出版社，2004 年，第 571 页。

3　黄夏年：《景教与佛教关系之初探》，《世界宗教研究》1996 年第 1 期。

唐代后期及后世景教是依托佛教而维系存在的。[1]中亚突厥人的景教文献也显示了景教和佛教的混合倾向：耶稣被称为"佛"，耶稣受难后进入"涅槃"状态，景教和佛教的一些表述方式也常常并用。[2]事实上，直到元代，景教仍与佛教有着密切的联系。有资料显示，景教的日常宗教用语，仍在大量借用佛教的语汇。如元代文献记载，有景教教堂被视为佛寺、佛殿；景教徒墓碑上有"匪佛后身，亦佛弟子。无憾死生，升天堂矣"等文字，将耶稣称为佛。又有碑传称，山东济宁景教首领按檀不花"深通佛法，持戒甚谨……□斋素食，月余而罢"。研究者指出，此"佛法"实指基督教而言，斋戒月余指的是基督教为期40天的四旬斋（Quadragesima）。[3]

综上所述，在金朝初年的辽东，至少在外人看来，景教与佛教的界限是相当模糊的。不过，上引《恒州剌史马君神道碑》显示，金代初期，来自西北地区的回鹘景教徒在隐蔽的佛教外衣下，毕竟保留了自己的宗教、圣像和教堂。"金人挟日而行"当与景教耶稣圣像的某类形象有关，而"梵呗之所"正是他们的教堂所在。

《马氏世谱》只写出了马氏的宗教身份"西域聂思脱里贵族"，而未涉及他们的族群身份。元好问《恒州剌史马君神道碑》则记载："君讳庆祥，字瑞宁，姓马氏，以小字习里吉思行。出于花门贵种。宣、政之季，与种人居临洮之狄道，盖已莫知所从来矣。"[4]文字讲了两层意思。首先，马氏"出于花门贵种"。花门是回鹘的代称。[5]若此，马氏为回鹘人。这和金朝大臣称呼马氏移民的寺院为"回鹘人梵呗之所"一致。但

1 前引王媛媛《唐后景教灭绝说质疑》，《文史》2010 年第 1 期。

2 Wilhelm Baum and Dietmar W. Winkler, *The Church of the East: a Concise History*, London and New York: Routledge Curzon, 2003, pp.75-76.

3 张佳佳：《元济宁路景教世家考论：以按檀不花家族碑刻材料为中心》，《历史研究》2010 年第 5 期，第 46 页。该文还列举了元代景教与佛教密切关系的其他例证，可参看。

4 前引元好问《遗山先生文集》卷二七《恒州剌史马君神道碑》，《元好问全集（增订本）》，第 571 页。

5 周清澍：《汪古部的族源——汪古部事辑之二》，《文史》第十辑，中华书局，1981 年，后收入周清澍《元蒙史札》，内蒙古大学出版社，2001 年，第 114—117 页。

是，接下来文字又说"宣、政之季，与种人居临洮之狄道，盖已莫知所从来矣"，即明确地说，政和、宣和年间（1111—1125）马家已经居住在临洮狄道，至于何时从何地迁来等更久远的家史已经无从得知了。《马氏世谱》则记载，辽咸雍年间，第一代移民和禄罙思以向辽道宗进献九颗大珠为代价，获准居住在临洮狄道。此前，他"尝纵观山川形势，而乐临洮土壤之丰厚"。该家族或许来自更远的西域。

耶律氏和马氏来辽朝的时间分别在 983—1031 年和 1065—1072 年间。碑传资料都显示他们来自西域，马氏在金朝初年的族群归属是回鹘，但更久远的居住地已无从知晓。正是这样一些来自西域的景教信徒推动了这一时期景教在北亚草原地区的迅速传播。

二　身份的转变

耶律氏、马氏很快适应了在中国的世俗生活。他们取得了辽朝统治者的器重。耶律氏的始祖任"太尉、开府仪同三司，改姓曳剌氏"。

马氏始祖和禄罙思"奉大珠九以进，道宗欲官之，辞不就，但请临洮之地以畜牧，许之。遂家临洮之狄道"。狄道归属北宋后，和禄罙思一家仍定居此地。和禄罙思之子帖穆尔越歌以军功累官马步军指挥使。他"为政廉平而有威望，人不敢斥其名，惟称之曰马元帅，因以为氏"。第一代和禄罙思获得了临洮狄道的牧地，第二代帖穆尔越歌成为北宋的高级军官，并以官名作为姓氏。[1]值得注意的是，帖穆尔越歌（Temür Öge）是一个突厥－蒙古化的人名加称号，帖穆尔（Temür）为突厥语、蒙古语的共有词语，意为"铁"。"越歌"为突厥语 Öge，指智者、谋士。这个名称直到 13 世纪时仍在蒙古人中使用，如著名的塔塔尔部首

1　有学者认为马氏不是来自官称，而是源于该家族的宗教信仰，"马"可能为叙利亚语表示"教
　　长"的 mar，可备一说。见前引殷小平《元代也里可温考述》，第 178—185 页。

领铁木真兀格。成吉思汗的名字铁木真就源自此人之名。[1]

在金代，耶律氏的地位有所下降。从大蒙古国时期恢复他们的耶律姓氏来看，这个家族曾被禁止使用契丹赐姓。据碑文，该家族在金朝增添男婴，"正隆间生孙子春、子成"。金正隆年号的使用起于 1156 年，终于 1160 年。这里提到的耶律子春曾在大蒙古国时期与耶律楚材有亲密交往。在耶律楚材写给他的唱和诗歌《寄移剌子春》中，移剌子春又被称为刘子春："说与沙城刘子春，湛然垂老酷思君。同游青冢秋将尽，共饮天山酒半醺。茧纸题诗熟炼字，毡庐谈道细论文。五年回首真如梦，衰草寒烟正断魂。"[2] 这位耶律楚材的知己应当就是《耶律公神道碑》中提到的耶律子春。首先，他的居住地域在净州沙城，与耶律氏世居地相同。[3] 其次，姓氏相同，都为耶律氏（即移剌氏）。从年龄来看，耶律楚材（1190—1244）与耶律子春应是忘年之交。后者比前者年长三十余岁。现存耶律楚材最早写给耶律子春的诗歌为《丁亥过沙井和移剌子春韵二首》，[4] 丁亥为 1227 年，按正隆年间耶律子春出生推算，1227 年时为 67—71 岁。

蒙古在灭金的战争中，得到契丹人的有力配合。出于对女真人的仇恨，很多契丹人投降蒙古，协同作战。[5] 从《耶律公神道碑》"国朝阿□□延□咸……中……尽拔之，遂以……太祖诏复耶律氏"的记载来看，似乎耶律氏在蒙金战争中曾协助蒙古。据神道碑，契丹耶律氏已经成为该家族的族群身份，而原来的族群身份则已经淡忘。在和蒙古统治者交往的过程中，他们恢复采用耶律姓氏。此外，由于宗教信仰保持不

---

1 见《蒙古秘史》第 59 节，Igor de Rachewiltz, *The Secret History of the Mongols: A Mongolian Epic Chronicle of the Thirteenth Century*, Brill, 2004, p.13, p.319。

2 耶律楚材：《湛然居士文集》卷一〇，谢方点校，中华书局，2021 年，第 224 页。

3 在耶律楚材诗歌中多次提到沙城、沙井、天山（即内蒙古阴山）可证，详见前引耶律楚材《湛然居士文集》卷二《丁亥过沙井和移剌子春韵二首》、卷三《和移剌子春见寄五首》、卷四《寄沙井刘子春》，第 38、47、82 页。

4 前引耶律楚材《湛然居士文集》卷二，第 38 页。

5 参阅刘浦江《辽朝亡国之后的契丹遗民》，《燕京学报》新十期，2001 年。

变，这个家族的宗教身份依然牢固。其家族墓地仍坚持使用景教的墓葬形制，并且使用叙利亚文刻写突厥语墓志。[1]

与耶律氏的情况略有不同的是，马氏家族在金朝的地位经历了先降后升的过程，家族成员为金朝壮烈殉难。《马氏世谱》记载马氏进入金朝的第一代拒绝出仕："帖穆尔越歌生伯索麻也里束，年十四而辽亡，失父母所在，为金兵所掠，迁之辽东，久乃放还，居静州之天山。沥血求父母不得，遂隐居不出。业耕稼畜牧，赀累巨万，好施与，结交贤士大夫。金主熙宗闻其名，数遣使征之。辞曰：'古者求忠臣必于孝子之门，吾不逮事亲，何颜事君乎？'终不起。"

伯索麻也里束之子名习礼吉思（汉名马庆祥，字瑞宁），"姿貌魁杰，以志气自负，善骑射而知书，凡诸国语言文字，靡所不通"。金章宗时，"卫绍王在藩邸，召见礼宾之。所陈备边、理民十余事，皆军国之要务，悉奏行焉"。泰和年间，"以六科中选，试尚书省译史"。卫绍王即位后，习礼吉思作为金朝使者，出使蒙古，"卫绍王曰：习礼吉思忠信而多智，且善于辞令，往必无辱。及入见，上（成吉思汗——引者注）爱其谈辩，而观其器宇不凡，称叹久之。因赐名曰：也而添图古捏，汉言能士也"。

贞祐年间，习礼吉思带领全家随金宣宗南迁汴京，"擢开封府判官，内城之役，加昭勇大将军，充应办使，不扰而事集，以劳迁凤翔府兵马都总管判官"。"元光二年（1223）秋，谍报大军将攻凤翔。行台命清野以俟，主帅素与之不协，乃减其从骑，行三舍，而与大军前锋遇于浍水，战不利，且战且却，将及城，伏兵遮其归路，矢尽援绝。"习礼吉思被俘不屈而死。"宣宗命词臣王鹗草制，赠辅国上将军、恒州刺史，谥忠愍。"

蒙古对待习礼吉思后人的态度耐人寻味。"太宗皇帝闻其忠义，遣内臣撒吉思不花持黄旗抚问其家，得其三子，俾入觐于和林。宪宗皇帝

---

1 前引牛汝极《十字莲花：中国元代叙利亚文景教碑铭文献研究》，第82—99页。

嘉之，使备宿卫。中统元年，丞相线真、内侍蒙速速引见世祖皇帝于白马甸，上谕旨曰：'此也而添图古捏之子，乃父忠于主，朕今官其子，安有不尽力如其父乎？'"[1]

　　果然，自此以后，马氏便开始为元朝奔走驱驰。大蒙古国时期元好问为马庆祥撰写《恒州刺史马君神道碑》，只说马家是"出于花门贵种"的回鹘人，到了元代，马氏的族群身份已经变成了汪古。[2]这和漠南回鹘人演变为汪古人的过程是一致的——汪古多被学者考订为以回鹘为主体，杂糅西北诸部民众而形成的族群。[3]但是，从另一角度分析，这种族群身份的选择和汪古人在元朝享有更高的政治地位应不无关系。

三　文化的存续与习得

　　由于耶律氏、马氏是由西域迁入中国的景教家族，旧有的以宗教为核心的文化传统在两个家族中仍不同程度地存续下来。

　　耶律氏在大蒙古国成立之初，得到统治者的信任。"太祖诏复耶律氏……公主闻其贤……遣使召至位下，授以官，辞不就，□年七十二无病而卒。"从神道碑上下文来看，此人当为耶律子春、子成的父亲。文中提到的公主，研究者考订为长期执掌汪古政务的成吉思汗第三女阿剌合（又写为阿剌海）别乞，当可信从。[4]接下来提到的是耶律子成，"公讳子成……且□冠……人非凡祖之□悠□□子公……文钦受……寺主，管领也里可温……"据此可知，在净州地区建有景教寺院，耶律子成是

1　前引文均见黄溍《金华黄先生文集》卷四三《马氏世谱》，《黄溍全集》，第 432—433 页。

2　马祖常：《马石田文集》卷一三《故礼部尚书马公神道碑》，《元人文集珍本丛刊》影印明刊黑口本，第 659 页上栏；许有壬：《至正集》卷四六《敕赐故资德大夫御史中丞马文贞公神道碑》，《元人文集珍本丛刊》影印宣城石印本，第 225 页上栏；苏天爵：《滋溪文稿》卷九《元故资德大夫御史中丞马文贞公墓志铭》、卷一九《元故奉训大夫马君墓碣铭》，第 138、324 页；《元史》卷一三四《月合乃传》，第 3245 页。

3　参看前引周清澍《汪古部的族源——汪古部事辑之二》。

4　前引盖山林《元"耶律公神道之碑"考》，《内蒙古社会科学》1981 年第 1 期。

景教寺的寺主，负责管领当地的也里可温（泛指基督教徒，此处当指景教徒）。这和神道碑碑额的内容"管领诸路也烈□□答耶律公神道之碑"是基本一致的。有学者认为，神道碑碑额无法读出的缺字可能是"可温"，[1] 但是"也烈可温答"不符合蒙古语的语音和语法习惯，该词很可能是也里可温 erkegün 的复数形式 erkegüd，似乎可补写为"也烈可兀答"。从耶律氏在四子王旗王墓梁的家族墓地来看，这个家族大量使用石材制作带有十字架的墓顶石，石上用叙利亚文刻写突厥语的墓志文，对中亚景教传统有较好的保持。这和该家族景教首领的身份吻合。[2]

在内蒙古达尔罕茂明安联合旗敖仑苏木古城出土了一组重要碑刻《王傅德风堂碑》。碑文写于至正七年（1347）。在此碑碑阴，列有汪古赵王府官员的题名，其中有"圣旨管领也里可温八忽答不花"。[3] 元代景教首领的头衔中带有"圣旨"字样还可以找到其他碑刻资料的例证。[4] 由《王傅德风堂碑》所记景教首领职名，可见汪古部所在漠南中部地区景教徒的数量之多。考虑到耶律氏是这一地区最早迁入的信奉景教的家族，而且在宗教事务方面居于领导地位，不能排除这样的可能：奉旨管领也里可温的八忽答不花或许出自耶律子成家族。

《耶律公神道碑》还提到了耶律子成的高超技能："王太后令□为漏门，其高□尺，傍施十二门，以象十二时，燃烛于□中□□，水火筹箭，毫厘不差。"有的研究者认为这是耶律子成修建的景教教堂。[5] 此说

1　前引陈垣《马定先生在内蒙发见之残碑》，《陈垣学术论文集》第一集，第247—248页。

2　前引牛汝极《十字莲花：中国元代叙利亚文景教碑铭文献研究》，第82—99页。

3　此处文据日本考古学家江上波夫的摹写，他曾长期主持敖仑苏木的考古发掘，摹本文字清晰，当可信从。见江上波夫「元代オングト部の王府址『オロン・スム』の調査」，最初发表于1955年，后收入同作者『アジア文化史研究・論考篇』東京：山川出版社，1967、図版五九。陈垣据照片将文字读为"管领也里可温八忽塔不花"，稍有不同。见前引陈垣《马定先生在内蒙发见之残碑》，第247页。

4　如元代山东济宁景教首领骚马"钦受圣旨玉宝管［领］也里可温掌教司官，重修也里可温寺宇"。见《乐善公墓碑》，《（道光）巨野县志》卷二〇，第28a—31b页。参见前引张佳佳《元济宁路景教世家考论：以按檀不花家族碑刻材料为中心》，第47页。

5　前引盖山林《元"耶律公神道碑"考》，《内蒙古社会科学》1981年第1期。数年前出版的学术著作仍沿袭此说，见王大方、张文芳编著《草原金石录》，文物出版社，2013年，第168页。

不确。周良霄先生正确指出，文中所述为制作计时器。[1] 囿于篇幅，周先生未展开论述，下面略做补充。文中明确提到所造为"漏门"，"象十二时"，明显与计时有关。"筹箭"是古代滴漏型计时器必备的构件。筹，指表示时间的刻度或标尺。箭，又称漏箭，指漏壶中用以指示时刻的指针，通常制成箭形。很多早期漏箭上本身就标有刻度，称为"箭刻"。漏箭随着漏壶滴下的水上浮或下降，通过相应的刻度变化表示当时的时间。[2] 元代文献中记述计时漏壶，有提及"筹箭"一词的，如元人袁浩《通州州治谯楼碑铭》记载元至正年间通州（今江苏南通）重建谯楼、制作漏壶等："更漏之制尚矣。……铸铜为壶，中实以水，窍壶为漏，浮箭为刻，以候中星早晏，验昼夜长短。……新鼓鼙，建旗帜，铸壶滴，置筹箭，弛者张而废者举焉。"[3] 以中国国家博物馆藏元朝延祐三年（1316）铜壶滴漏为例，整套滴漏由日壶、月壶、星壶、受水壶组成。四壶自上而下依次安放，通高 264.4 厘米。日壶的水以恒定的流量滴入下层的月壶，月壶之水滴入星壶，星壶之水滴入受水壶。受水壶的壶盖正中立一铜表尺，上有时辰刻度。铜尺前放一木制浮箭，木箭下端是一块木板，名曰浮舟。受水壶中的水随时间推移而增加，浮舟托起木箭缓缓上升，木箭顶端与铜表尺上的刻度对照，可知当时时间。这是中国现存最早的复式漏壶。[4] 带有时辰刻度的铜表尺就是筹，与浮箭配合使用，表示时间。从《耶律公神道碑》的文字来看，耶律子成设计制作的漏门比较复杂，除了用水外，还采用烛火以供夜间照明。用十二门显示十二时辰，似乎采用了复杂的旋转轮轴构造，让十二时辰逐次呈现，而且计时准确，"毫厘不差"，达到了很高的计时精度。这种复杂、高超

1　前引周良霄《金元时期中国的景教》，收入 *Jingjiao: the Church of the East in China and Central Asia*, pp.206-207。

2　石云里：《中国古代科学技术史纲·天文卷》，辽宁教育出版社，1996 年，第 197—200 页。

3　文见《全元文》第五十一册，凤凰出版社，2004 年，第 469 页。原文见《（康熙）通州志》卷一四、《（光绪）通州志》卷三。

4　胡继勤：《我国现存唯一完整的一件元代铜壶滴漏》，《文物参考资料》1957 年第 10 期，第 38、43—44 页。参阅潘鼐《中国古天文图录》，上海科技教育出版社，2009 年，第 66 页。

的计时器制造技术，很有可能是耶律氏在西域故乡就已经掌握的。他们虽然离开了故土，但并未放弃自己的宗教和传统技能。正如唐代文献所述，景教徒多掌握一些高明的技艺，"雕镌诡物，置造奇器。用浮巧为珍玩，以诡怪为异宝"。[1] 从耶律氏制作漏门的工艺来看，是完全符合这一文化传统的。

马氏对景教传统的保存，只能从人名见其端倪。第一代：和禄罙思（Horam Mishael）。第三代：伯索麻也里束 / 把骚马也里黜（Bar-Çauma Elišo）。第四代：习礼吉思 / 习里吉思（Sirgis，名庆祥，字瑞宁）。第五代：月忽难（Johanan，名贞，字正臣，又名福海）。第六代：约实谋（Joseph）、奥剌罕（Abraham）、保禄赐（Paulus）、世吉 / 失吉（Sirgis）、审温（Simeon）。第七代：阙里奚斯（Georges）、岳难（Johanan）、雅古（Yakub）。第八代：天合（Denha，即马祖中）、易朔（Yiso）、卤合（Luc）。第九代：伯嘉讷（Buccanan）等。[2]

凡是能够复原的景教常见人名，已经随文用拉丁字母拟出。[3] 由上述人名不难看出：尽管马氏家族汉化日深，但是他们仍然在一定程度上保持着景教的传统，没有完全忘记本家族的宗教文化。

另外，我们也应看到，无论耶律家族还是马氏家族，他们对汉文化的接受程度是逐步加深的。耶律家族的耶律子春能与耶律楚材建立深厚友谊并多有诗文唱和，应具有很高的汉文写作能力和文化修养。在耶律楚材的和诗中，有这样的诗句："科登甲乙战文围，吾子才名予独知。""曲蘖乡中前进士（渠有诗云：'老去唯耽曲蘖春。'故有是句），

1　王溥：《唐会要》卷六二《谏诤》"开元二年柳泽谏"条，中华书局，1960 年，第 1078 页。

2　人名资料和世系，详见殷小平《元代也里可温考述》，第 157—162 页。但是第 161 页世系表有误，表中"世忠"的子孙应属"世昌"。另外，据《马氏世谱》，马润只有七个儿子，天合并非马润之子。前引张沛之《元代色目人家族及其文化倾向研究》第 197 页列为马节之子，亦不确。据王颋考证，为马礼之子，即马祖中。此说可以信从。见前引王颋《桐繁异乡——元净州马氏九世谱系考辨》，第 221 页。

3　人名的拟定参考了前引 P. Pelliot, "Chrétiens d'Asie Centrale et d'extrême-Orient", p.630. 伯希和：《唐元时代中亚及东亚之基督教徒》，第 56 页；张沛之：《元代色目人家族及其文化倾向研究》，第 263 页；殷小平：《元代也里可温考述》，第 49—76 页。

风波堆里老中书。"[1] 有研究者根据这些诗句指出，耶律子春可能参加过金朝的科举考试并考中进士。[2]

马氏，尤其马祖常在汉文化上取得的成就在元代是引人瞩目的。学界对此已经有很多研究，兹不赘述。[3] 金代马氏对汉族传统伦理的接受与践行值得在此讨论。从碑传材料来看，他们对忠孝伦理的奉行最为突出。伯索麻也里束认为："古者求忠臣必于孝子之门，吾不逮事亲，何颜事君乎？"[4] 他拒绝出仕金朝。习礼吉思（马庆祥）"性纯悫，儿时侍亲侧如成人，饮食必后长者"，"或劝之仕，辄应之曰：'幸有以具甘旨，夫复何求？况昆弟皆蚤世，我出，孰与为养乎？'父有疾，粥药必亲尝，衣不解带，疾不可为而殁，哀恸几绝，庐于墓侧三年。母亡，执丧亦如之。闻者皆曰：'笃孝君子也！'"习礼吉思作为金朝使节出使蒙古被扣留，对于成吉思汗的诱降，他的回答是："贪利则不仁，避害则不义，背君则不忠，出使而不报则不信。诚拘留不返，当以死自誓，反道失身，虽生何益？"成吉思汗"知不可夺，乃厚礼而归之"。蒙金战争爆发后，蒙古遣使索要习礼吉思，金朝同意遣送。习礼吉思涕泣而言曰："臣身犹草芥，不足惜也。苟利于国，虽死不恨。但以人资敌，岂谋国之道哉？"金朝最终拒绝了蒙古的索要。当习礼吉思防守凤翔陷入蒙古重围之时，蒙古再次招降，诱之曰："我国闻公贤，屡召不至，今亟降是转祸为福之机也。"习礼吉思不为所动。被俘之后，蒙古强迫他投降，"令军士彀弓持满，环向而胁之曰：不降，死矣。又不听。彀者毕发，矢集其身如猬，骂不绝口而死"。[5] 习礼吉思对国家忠诚不渝，慷

1　前引耶律楚材《湛然居士文集》卷二《丁亥过沙井和移剌子春韵二首（其一）》、卷三《和移剌子春见寄五首（其五）》，第38、47页。

2　刘晓：《耶律楚材评传》，南京大学出版社，2001年，第206页。

3　详见前引张沛之《元代色目人家族及其文化倾向研究》第五章"汪古马氏家族考察"；前引殷小平《元代也里可温考述》，第165—178页。

4　前引黄溍《金华黄先生文集》卷四三《马氏世谱》，《黄溍全集》，第432页。

5　前引黄溍《金华黄先生文集》卷四三《马氏世谱》，《黄溍全集》，第432页。可参阅前引元好问《遗山先生文集》卷二七《恒州刺史马君神道碑》，《元好问全集（增订本）》，第571—572页；《金史》卷一二四《马庆祥传》，中华书局，1975年，第2695—2696页。

慨死节，放在任何一个时代都是可歌可泣的英雄。我们从他的言行，可以看到儒家伦理的强烈影响。

结　论

上文利用汉文文献《耶律公神道碑》、《马氏世谱》和《恒州刺史马君神道碑》，结合其他中外史料，对耶律氏和马氏两个信奉景教的非汉人家族做了讨论。两个家族的碑志和谱牒资料显示，马氏为回鹘人，耶律氏族属不详，可能来自景教传统深厚的中亚或西亚地区。由于特殊的身份、技能，他们迅速得到辽朝、北宋统治者的器重，分别获得了契丹赐姓与汉姓。虽然辽、北宋被金朝灭亡以后他们的地位一度低落，但凭借文化和技能，又都较快复兴。在蒙古灭亡金朝的战争中，两个家族的政治立场不同，而后来均得到蒙古统治者的任用。

具有深厚景教根基的耶律氏除了出任地方官，还掌握着净州等地基督教的领导权，其家族成员被任命为寺主、管领各路也里可温。人丁兴旺的马氏则将族属改为汪古氏，出任元朝的世俗官职，累代仕宦不绝。

在文化方面，耶律氏和马氏在不同程度上保持着景教的文化传统，前者的景教传统保留得更多，还掌握高超的计时器制造工艺。马氏的景教影响主要体现在人名上，这个家族从金代以后受儒家文化的影响，出现了一批忠孝之士和艺文人才。

如果把唐代、元代视为景教／聂斯脱利教传入中国的两次高潮，那么，在此期间的 11—13 世纪，景教传入中国的渠道并未断绝，仍有新的景教信仰者把这一宗教带入中国的华北地区，他们保有教名、圣像、教堂。尽管这一时期的景教可能受到佛教的强烈影响，对所在地域民众的影响有限，但它毕竟以一种独立的宗教形式存在。

除了探索唐代景教在 9 世纪以后的遗存和影响之外，唐、元之间中国景教还具有新的来源和独特存续状态，这同样是值得关注的研究课题。

第四节　关于元朝犹太人的汉文史料

一　元朝犹太人概观

从 13 世纪中后期到 14 世纪中叶，元朝是亚欧大陆经济繁荣、疆域最广的国家。一些犹太人在这一时期来到中国，成为元朝的治下之民。关于这些犹太人在华的状况，学界已有相当深入的研究。[1] 这些犹太人在汉文文献中多被称为"术忽"。这是希伯来文犹太人名称 Yehūdi 的译音。Yehūdi 在中古波斯文中读为 Yahūt，在阿拉伯语中读做 Yahūd，在新波斯语中则读成 Djuhūd 或 Djahūd。[2] 钦察等中亚民族把 Yahudi 词首的 y 音读作 j，并省略尾音。[3] 汉文沿袭上述中亚民族的读音，把 Djuhūd 或 Djahūd 译写为"术忽"。类似的译写还有"主鹘""竹忽""主吾"等（详下）。由于犹太教的很多习俗与伊斯兰教相近，元代的犹太人也被称作回回人或"术忽回回"。[4]

犹太人以擅长经商著称。一些犹太商人在江南定居，通过制糖等行业致富。元人杨瑀《山居新语》记载：

> 李朵儿只左丞至元间为处州路总管。本处所产获蔗，每岁供给杭州砂糖局煎熬之用。糖官皆主鹘回回富商也，需索不一，为害滋甚。李公一日遣人来杭果木铺买砂糖十斤，取其铺单，因计

1　关于元朝犹太人的非汉文史料，参看 Donald D. Leslie, "The Mongol Attitude to Jews in China", *Central Asiatic Journal*, vol. 39 (1995), No.2, pp.237-241。另可参阅刘迎胜《关于元代中国的犹太人》,《元史论丛》第六辑，中国社会科学出版社，1996 年。

2　Berthold Laufer, "A Chinese-Hebrew Manuscript: A New Source for the History of the Chinese Jews", *The American Journal of Semitic Languages and Literature*, vol.46, No.3 (1930), pp.192-193；潘光旦《中国境内犹太人的若干历史问题——开封的中国犹太人》，北京大学出版社，1983 年，第 9 页。

3　前引刘迎胜《关于元代中国的犹太人》，第 202 页。

4　前引刘迎胜《关于元代中国的犹太人》，第 204 页。

其价，比之官费有数十倍之远。遂呈省革罢之。[1]

此处"主鹘回回"的"主鹘"和"朮忽"相同，也是犹太人的元代译名。

成为元朝百姓的犹太人要对国家承担各种义务。延祐七年（1320）四月，元朝规定：

> 回回、也里可温、竹忽、答失蛮，除看守着寺院、住坐念经祝寿的，依着在前圣旨体例，（差发）休当者；其余的每并放良通事等户，在那州县里住呵，本处官司抄数了，立定文册。有田的，交纳地税；做买卖，纳商税。更每户额定包银二两，折至元钞一十贯。验着各家物力高下，品答均科。[2]

文中"竹忽"与"朮忽"同，指犹太人。上述政策要求犹太人除教士外，都登入国家户籍，按普通百姓的标准，交纳地税、商税、包银等各种赋税。天历二年（1329）三月，元朝规定"僧、道、也里可温、朮忽、答失蛮为商者，仍旧制纳税"。[3] 元末至正十四年（1354）五月，政府下令选拔犹太人到京城服兵役，"募宁夏善射者及各处回回、朮忽殷富者赴京师从军"。[4]

犹太人既然是元朝的国民，自然要遵守国家的法令。当教法与国法发生冲突时，犹太人就要相应做出改变。犹太教规定：牲畜和禽类必须用礼定屠宰法屠宰才可以食用。所谓礼定屠宰法是指由专人用锋利的宽刀一刀割断动物的气管、食管、动脉、静脉四管，使动物的血充分排

1　杨瑀：《山居新语》卷一，第 203 页。

2　《元典章》新集"户部·赋役·回回当差纳包银"条，陈高华等点校，中华书局、天津古籍出版社，2011 年，第 2113 页。

3　《元史》卷三三《文宗纪二》，第 732 页。

4　《元史》卷四三《顺帝纪六》，第 915 页。

出，达到迅速屠宰的效果。教法还规定，屠宰师必须是虔诚的、值得托信的犹太人，需要在严格考核合格后，才有资格行屠宰之事。屠宰时还要有犹太教会的监管，教会的屠宰礼员在屠宰前后检查动物，观看屠宰过程是否合礼。[1] 而元朝的最高统治者为蒙古人，当时蒙古族屠宰牲畜采用切腹不放血的方式。两种屠宰方法迥然有别。至元十六年十二月，元世祖忽必烈下令禁止犹太人、穆斯林采用断喉法屠宰牲畜，"从今已后，木速鲁蛮回回、（木）[术] 忽回回每，不拣是何人杀来的肉，交吃者。休抹杀羊者。休做速纳者"。所谓"抹杀羊"就是采用断喉法宰羊。这项法律规定，如果穆斯林和犹太人继续采用断喉法宰羊，一旦被人告发，他们的财产都要没收，奖给告发人："家缘财产不拣有的甚么，都与那人。"[2]

犹太教禁止信徒与异教徒通婚。由于来华犹太人数量不多，再加上犹太教的封闭性，犹太人的婚姻圈子非常狭小，会出现家族内部通婚，[3] 甚至出现叔伯婚的形式，也就是堂兄弟姐妹之间结婚。元朝后期曾有官员建议禁止犹太人中的叔伯婚姻。《元史》记载，后至元六年（1340）十一月，监察御史世图尔上奏，"宜禁答失蛮回回、主吾人等叔伯为婚姻"。[4]《元史》中华书局本的点校者将上引文字中的"答失蛮"和"回回"断开，将两词作为并列关系。其标点似可再推敲。答失蛮是波斯语 Dānishmand 的音写，本义为学者、聪明人，在元代专指伊斯兰教教士。回回则是元代对中亚、西亚信奉伊斯兰教穆斯林的统称，偶尔也用以泛指西域人。总体上，回回一词的涵盖范围要比答失蛮更大，当其在广

1　刘博：《浅谈犹太教的饮食禁忌》，《世界宗教文化》2009 年第 3 期，第 54 页。

2　前引《元典章》卷五七《刑部十九》"诸禁·禁宰杀·禁回回抹杀羊做速纳"条，第 1894 页。关于这项禁令的记载，又见《元史》卷一〇《世祖纪七》，第 217—218 页；拉施特主编《史集》第二卷，第 346 页。关于颁布这项禁令的前后经过，参看前引刘迎胜《关于元代中国的犹太人》，第 204—206 页。

3　《元典章》卷一八《户部四》"婚姻·嫁娶·同姓不得为婚"条，引述元世祖忽必烈禁止同姓为婚的圣旨："不禁约呵，似回回家体例有。"第 627 页。可知当时回回人（包括术忽回回 / 犹太人）中同姓为婚的现象较为普遍。

4　《元史》卷四〇《顺帝纪三》，第 858 页。

义上泛指西域人时尤其如此。上引史料中的"答失蛮回回",回回一词应作广义理解,"答失蛮"则是限定语,合在一起的意思是"信仰伊斯兰教的回回人"。这种用法与元代文献中的"木速鲁蛮回回""兀忽回回""啰哩回回"性质是一样的。[1] 引文中的"主吾"与"兀忽"同。

元末律令汇编《至正条格》"断例"部分的"禁叔伯成婚"条对此事有详细记述:

> 至元六年十一月初五日,中书省奏:"御史台备着南台御史文书里呈:'普颜笃皇帝时分,答失蛮回回、主吾人等叔伯成亲的,教住罢了来。近年以来,答失蛮回回、主吾人等仍于叔伯自相成亲,理合禁止。'么道,与将文书来的上头,刑部与礼部议得:'夫妇乃人伦之本,兄弟实骨肉之亲。同姓尚不为婚,叔伯岂容配偶?今后似此成婚者,合比同姓为婚例加贰等,各杖陆拾柒下,并令离异。婚合人等,笞肆拾柒下。许诸人首告到官,于聘财内给中统钞壹拾定充赏。遍行为例遵守'的说有。依部家定拟来的行呵,怎生?"奏呵,奉圣旨:"那般者。"[2]

据此,早在元仁宗(即引文中的"普颜笃皇帝")时期,元朝就下达过禁止穆斯林、犹太人叔伯成亲的禁令,但直到元末,仍禁而不止,元朝加大了对叔伯婚相关者的惩罚力度,还鼓励告发:判决婚姻双方离异,各杖打 67 下,说媒之人笞 47 下,用断没的聘财奖励告发者中统钞 10 定(元代钞法规定,1 定等于 50 两)。

据明代文献,有的犹太人早在宋代就来到了中国。明弘治二年(1489)金钟为河南开封犹太人撰写的《重建清真寺记》记载了宋代犹

1　杨志玖:《回回一词的起源和演变》,《元史三论》,人民出版社,1985 年,第 147—155 页。
2　《至正条格》"断例"卷八"户婚·禁叔伯成婚","断例"总第 246 条,李玠奭等校注,首尔:Humanist 出版社,2007 年,第 243—244 页。按,标点有改动,原书校注者将"答失蛮"与"回回"点断。又,文中的"婚合人"或系"媒合人"之误。

太人来到中国，定居开封的历史。该文提到原建于宋隆兴元年（1163）的犹太教堂在元代重修，"元至元十六年己卯（1279），五思达重建古刹清真寺，坐落土市字街东南，四至三十五杖"。[1] 此处的古刹清真寺实际上是指犹太教堂。"五思达"是波斯语词 ustād，意为"教师""大师"。它不是人名，而是指犹太教教士。[2]

二 珠笏氏亦思哈

下文重点讨论元代方志中一条可能与犹太人相关的记录。

元人张铉编《（至正）金陵新志》卷六《官守志·题名·行御史台》记载了元朝江南行御史台官员的详细名单。在监察御史的名单中有一位至正元年（1341）上任的监察御史："亦思哈，珠笏氏，从仕，至正元年上。"[3]（参见图 11）这个珠笏氏亦思哈可能是犹太人。

先看亦思哈的族属。"珠笏"的读音与"朮忽"基本相同，都是 Djuhūd 或 Djahūd 的译音。与"朮忽"不同的是，"珠笏"这一译名刻意选取了汉字中两个象征富贵的字。"珠"指珠宝，表示富足；"笏"是官员上朝时手持的笏板，表示尊贵。亦思哈选用这两个字来译写自己的族称可能颇费了一番心思。

"亦思哈"这个人名或可以构拟为 Ishaq，词尾的 q 音脱落。Ishaq 是阿拉伯语中的男性用名 اسحاق，它对应的希伯来语名字是以撒（Isaac）。后者源于希伯来语动词"笑"，其含义为"他笑了"或"他将

1　此文的全文由陈垣先生刊布，见陈垣《开封一赐乐业教考》，《东方杂志》第 17 卷第 5—7 号，1920 年，后收入陈乐素、陈智超编校《陈垣史学论著选》，上海人民出版社，1981 年，第 66—67 页。该碑原件现藏河南省开封市博物馆。

2　Berthold Laufer, op. cit., p.192；前引刘迎胜《关于元代中国的犹太人》，第 208 页。

3　《（至正）金陵新志》卷六，第 64a 页。台湾成文出版社"中国方志丛书"影印元至正四年（1344）刊本，第 1835 页下栏。应当指出的是，《四库全书》中的《（至正）金陵新志》被大量错误改动。这部成书于至正三年的方志居然被改成《（至大）金陵新志》。前引关于亦思哈的文字被篡改为"伊苏布哈，珠赫氏"。见影印《文渊阁四库全书》本《（至正）金陵新志》卷六下，第 32a 页。

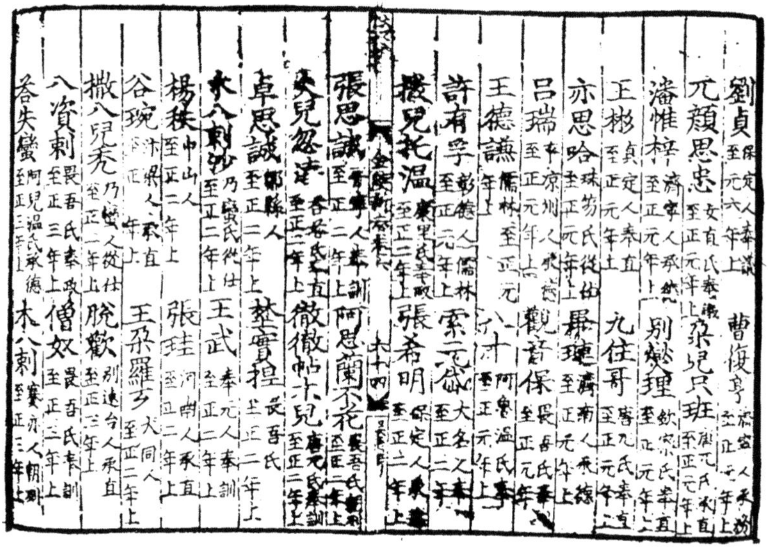

图 11　《（至正）金陵新志》记录的监察御史亦思哈

会笑"。该词的发音有时省略尾音 c。犹太人第二代祖先的名字就是以撒。[1] 同样道理，"亦思哈"之名应是 Ishaq 的尾音 q 被省略的结果。在中古时代，生活在伊斯兰世界的犹太人使用阿拉伯语人名是较为常见的，我们此处讨论的男性人名"亦思哈"亦在其列。

　　根据族属、人名这两条标准来判断，亦思哈应是犹太人。《（至正）金陵新志》中记载的"从仕"指的是亦思哈的文散官官阶从仕郎。在元朝，从仕郎为从七品。[2] 亦思哈在江南行御史台任监察御史，说明当时犹太人可能已经进入了元朝重要的官僚系统。

　　"监察御史"这一职务在一定程度上反映了亦思哈的工作能力。在元代，地方监察御史的重要职责是到各地巡视，检查地方工作。其办公

1　中国基督教协会编《圣经·旧约》"创世记"第 21 节"以撒的出生"。关于 Isaac 的词源和含义，见 George A. Buttrick ed., *The Interpreter's Dictionary of the Bible*, vol.2, Nashville: Abingdon Press, 1991, p.728。

2　《元史》卷九一《百官志七》，第 2320 页。

的主要方式是复查地方政府的公文,称为"刷卷"。[1] 这种工作方式要求监察御史有较高的文化素养。亦思哈任江南行台御史,至少应比较熟练地掌握汉文或蒙古文。从"珠笏"这一译名似可推测他有相当程度的汉文水平。

三 色目人亦思哈

以"亦思哈"这一人名为线索,笔者检索了一些元人的碑刻与文集。后至元五年(1339)欧阳玄撰《大元敕修曲阜宣圣庙碑》的碑阴刻有当时御史台官员的题名。在"管句[勾]"条下有官员"亦思哈"。[2] 元代御史台设有管勾两员,分别为正八品的承发管勾兼狱丞、正九品的架阁库管勾兼承发。[3] 在上引《大元敕修曲阜宣圣庙碑》中,亦思哈排在管勾的第二位,可能是官品稍低的架阁库管勾。他会不会是至正元年江南行御史台的监察御史亦思哈?由于资料不足,无法查考。

元人李士瞻《经济文集》卷一《再与普大夫书》中提到至正二十二年(1362)福建行省的一位官员名叫亦思哈。[4]

元人杨维祯《东维子文集》卷一三《吏部侍郎贡公平籴记》提到至正十三年(1353)江浙行省湖州路的达鲁花赤协助吏部侍郎贡师泰和籴米粮。在《四部丛刊》影印鸣野山房抄本中,原文写作"监郡亦思哈不与有劳焉";[5] 在《四库全书》本中则写作"监郡伊斯罕公与有劳焉"。[6] 所谓"监郡"是元人对"达鲁花赤"的别称。"伊斯罕"显然是乾隆时的四库馆臣从"亦思哈"改写的,但"公"字与"不"字

---

1 参看前引《元典章》卷六《台纲二》"照刷"诸条。
2 收入清人王昶编《金石萃编未刻稿》,收入国家图书馆善本金石组编《辽金元石刻文献全编》第二册,第 705 页。
3 《元史》卷八六《百官志二》"御史台",第 2178 页。
4 李士瞻:《经济文集》卷一,第 22b 页,《湖北先正遗书》本。
5 杨维祯:《东维子文集》卷一三,第 3a 页,《四部丛刊》影印清沈氏鸣野山房抄本。
6 杨维祯:《东维子文集》卷一三,第 4a 页,影印《文渊阁四库全书》本。

绝不对应。所以《东维子文集》的这段文字究竟是"亦思哈不"还是"亦思哈公"值得注意。如果是后者，那么，这位官员的名字应是亦思哈。

明代方志关于元朝地方官的记载中也提到了一些名叫亦思哈的官员。

王懋德等修《（万历）金华府志》卷一二"官师二"提到元末金华府义乌县主簿回回人亦思哈。[1] 上文已指出，犹太人在元代有时被笼统地称作回回人或"术忽回回"。所以此处的回回人不一定确指穆斯林。汪尚宁等修《（嘉靖）徽州府志》卷五"县职官"提到至正末年徽州黟县的达鲁花赤亦思哈，但没有提到他的族属。[2] 莫旦撰《（弘治）吴江志》卷一一"来宦"中提到后至元元年的吴江县同知亦思剌。[3] 这个人名不能勘同为亦思哈，而是源自另一个希伯来人名 Israel。元、明汉人读外来语时，有些词汇中的流音 r 会变为边音 l，如 Israel 在明代译写为"一赐乐业"。[4] 可惜的是，该书对此人没有更多的记载。

上述方志中提到的亦思哈都在南方的江浙行省、福建行省地区做官。不过，很难据此判断他们定居在南方，也没有理由认为他们中间的某一个是《（至正）金陵新志》中的监察御史亦思哈。

值得强调的是，虽然各种方志基本没有提到这些"亦思哈"的族属，但根据他们的官职，尤其是担任达鲁花赤，可以推测他们多为色目人中的回回人。这和 Ishaq 为阿拉伯语人名是基本一致的。由于方志记载简略，到目前为止，我们只能推断《（至正）金陵新志》中的江南行御史台监察御史珠笏人亦思哈是犹太人。如果以上推论不误，他是我们目前所知的唯一一个有明确人名和具体身份的元

1　王懋德等修纂《（万历）金华府志》卷一二，第57a页，《中国史学丛书》本，台北：学生书局，1965年。

2　汪尚宁等纂《（嘉靖）徽州府志》卷五，第33b页，前引《中国史学丛书》本。

3　莫旦纂《（弘治）吴江志》卷一一，第4b页，《中国史学丛书三编》本，台北：学生书局，1987年。

4　参看 Berthold Laufer, op. cit., p.193。

朝犹太人。

　　综上所述，在元代已有较多犹太人来华，在经济、法律、文化、礼俗等方面引起了政府和社会的关注。进一步利用元明碑刻、文集、方志等资料，或可增进我们对相关问题的认识。

第三章 西域、河西地区的文献 与商品

第一节 吐鲁番出土金藏考

金代大藏经的刊行，是我国大藏经雕印史上的重要事件。它由民间发起刊刻，以宋代《开宝藏》为底本，增以新译佛经与新作经论。它保存了北宋《开宝藏》的特点，用实物再现了我国第一部木刻大藏经《开宝藏》的基本面貌，同时保留了二十余种佛经孤本，反映了宋、辽、金时期佛教的新发展，为中国佛教史学研究提供了重要资料。同时它对后世佛经刊印也有深远影响，元代弘法藏就是在金藏的基础上增补而成的。[1]

1　参看蒋唯心《金藏雕印始末考》，《国风》第五卷第 12 号，1934 年，后收入张曼涛主编《大藏经研究汇编》上册，台北：大乘文化出版社，1977 年，第 215—270 页；宿白《赵城金藏与弘法藏》，《现代佛学》1964 年第 2 期，第 13—22 页，后收入宿白《藏传佛教寺院考古》，文物出版社，1997 年，第 222—233 页；李富华《〈赵城金藏〉研究》，《世界宗教研究》1991 年第 4 期，第 7—17 页。

现存的金藏并不完整。一般说来，我们通常所讲的金藏包括四种印本，即金代大定十三年（1173）前后印刷本：解州（今山西运城）静林山天宁寺本；金代大安元年（1209）印本：睢州考城县（今河南兰考、民权县境内）太平兴国禅院本；大蒙古国蒙哥汗丙辰年（1256）印本：燕京（今北京）大宝集寺本；元世祖中统三年（1262）印本：赵城（今山西洪洞县赵城镇）广胜寺本。[1]这四种印本加在一起，包括重出的经卷共有五千三百余卷。相当于原大藏经全帙七千卷的大部分。[2]

从 20 世纪 30 年代赵城金藏被发现以来，金藏成为公私收藏家们争相收罗的对象，经过半个多世纪，能够找寻到的金藏已经越来越少。可喜的是，我们在新疆吐鲁番出土的佛典残片中又发现了一些金藏残经，这堪称金藏残本新的组成部分。[3]下文以中、德、日三国藏品为中心，介绍其中的三十余件残片。

在进入正文之前，笔者要介绍一下比定的方法。第一，从残经中选取典型的佛教词语，然后利用《大正藏》及其索引，确定它属于何种佛经的哪一部分以及残片的每行字数。第二，直接查阅《中华大藏经》。从 1984 年开始，中华书局以赵城金藏为底本，附以金藏大宝集寺本、朝鲜高丽藏、明代北藏，陆续影印出版了《中华大藏经》。这就使一直藏于深阁秘馆中的金藏，得以与广大学者见面。这对于金藏研究无疑是个巨大的推动。笔者主要将吐鲁番佛典残片与《中华大藏经》所收的相应部分进行对勘，看《中华大藏经》收录的同种佛经是否为金藏。如果是，找到相同部分对勘，即可一目了然。如果不是，则用《中华大藏经》中收录的朝鲜高丽藏作为参照。因为高丽藏和金藏一样，都是以宋《开宝藏》为底本复刻的，这也就意味着，尽管高丽藏与金藏字迹不同，但版式一致。我们可以用高丽藏的版式，特别是各行、各字的相对

1　前引李富华《〈赵城金藏〉研究》，第 3、4、10 页。

2　据前引李富华《〈赵城金藏〉研究》第 2—3 页推算。

3　北京大学历史学系荣新江教授建议将其定名为"金藏高昌本"。按，这一定名是恰当的。在本节写作过程中，荣新江教授赐教良多，谨此致谢。

位置来推定吐鲁番佛经残片是否属于金藏。第三，金藏除了佛经经文以外，还包括卷前的扉画。今天我们知道的金藏扉画共有两种：大宝集寺本"护法神王像"和广胜寺本"释迦说法图"。扉画是金藏不可分割的一部分，笔者的比定工作也包括扉画的比定。最后需要指出的是，由于版片的变形、修版、印刷时纸墨和工匠技术的不同，同一部佛经因印刷年代的前后有别，字迹未必完全相同。所以，比定工作重点在于版式特征和绝大部分的文字。在金藏勘同的过程中，个别字的笔画和结构上的细微差异是应当允许的。当然，与《中华大藏经》所收金藏底本有差异的残经，文中均加注明。

一　中国收集品

1927—1935 年，黄文弼先生作为中、瑞西北科学考察团的成员，在吐鲁番地区进行了多次考古发掘和古物收集，在他刊布的印刷品中有两种佛经残片属于金藏。

《吐鲁番考古记》图版十二、图十四：[1]为"号"字号《大般若波罗蜜多经》卷四九一"第三分善现品第三之十"第十张，这是完整的一张，共二十三行，每行十四字。根据版式、字体，此张为金藏。据其版式当为卷轴装。[2]

同上书图版十三、图十五—十六：中村菊之进比定出此为"往"字号《大般若波罗蜜多经》卷一九七"初分难信解品"第三十四之十六。[3]

1　黄文弼:《吐鲁番考古记》，科学出版社，1954 年。

2　《中华大藏经》第五册，中华书局，1984 年，此卷为广胜寺本，但第 866 页此张缺，以高丽藏补。据同卷金藏对照，此为金藏无疑。张新鹰先生曾作比定，见《陈宁其人及回鹘文〈八阳经〉版刻地——读冯家昇先生一篇旧作赘言》，《世界宗教研究》1988 年第 1 期，第 131 页。

3　中村菊之進「トルファン出土の大藏經」『密教文化』第 172 期、1990、52 頁。小川貫弌误作《大般若波罗蜜多经》卷一九六"往"字号"初分难信解品"第三十四之十五，见「吐鲁番出土の印刷仏典」『印度学仏教学研究』第四卷第一号、1956、34 頁。

该残片为两个半页，四边均残，据边缘空白可判断为蝴蝶装，每半页六行，每行十四字，为"往"字号第三张第 12—17、18—23 行。从版式、书刻的特征来看，与现存金藏相同，当属金藏。[1]

同上书图版十六、图十九：中村菊之进比定此为"容"字号"佛说咸水喻经"。[2] 笔者把它与金藏赵城广胜寺本对照，两者相同。根据它的行数与没有折痕来判断，此为卷轴装。[3]

1980 年 10 月到 1981 年 7 月间，吐鲁番地区文管所对吐鲁番柏孜克里克石窟进行了整理和发掘，其发掘品中有两件金藏残片已公开发表。

80TBI: 491：[4] 该残片经柳洪亮先生比定为"阙"字号《大般若波罗蜜多经》卷五二○"第三分巧便品第二十三之四"，并初步判断为金藏。[5] 笔者据《中华大藏经》同卷大宝集寺本第一张对勘，二者完全相同。[6] 从现有的行数和页边看，当为经折装或蝴蝶装。

80TBI: 492：[7] 该残片经柳洪亮先生比定为"宙"字号《大般若波罗蜜多经》卷五一"初分大乘铠品第十四之三"，并初步判断为金藏。[8] 笔者据《中华大藏经》同卷广胜寺本第一张对勘，二者完全相同。据其版式为卷轴装。[9]

感谢柳洪亮先生和吐鲁番地区文物中心，把此次发掘获得的一部分印本佛典残片由笔者研究并发表。本小节处理其中的八件。

80TBI: 758a（参见图 12），可比定此为"珍"字号《大般若波罗蜜

1　《中华大藏经》第二册，中华书局，1984 年。第 867 页下栏相同部分为高丽藏，金藏缺。

2　中村菊之進「トルファン出土の大藏経」49 頁。

3　《中华大藏经》第三十四册，中华书局，1988 年，第 27 页中栏，最后 7 行。

4　吐鲁番地区文管所：《柏孜克里克千佛洞遗址清理简记》，《文物》1985 年第 8 期，图版一（2）。

5　吐鲁番地区文管所：《柏孜克里克千佛洞遗址清理简记》，《文物》1985 年第 8 期，第 55—56 页。

6　《中华大藏经》第六册，中华书局，1984 年，第 195 页中栏。

7　吐鲁番地区文管所：《柏孜克里克千佛洞遗址清理简记》，《文物》1985 年第 8 期，图版一（4）。

8　吐鲁番地区文管所：《柏孜克里克千佛洞遗址清理简记》，《文物》1985 年第 8 期，第 55—56 页。

9　《中华大藏经》第一册，中华书局，1984 年，第 505 页中栏。

多经》卷五七一"第六分无所得品第九"。笔者将其与《中华大藏经》大宝集寺本同卷第十七张对勘，二者相同。[1]

图 12　《大般若波罗蜜多经》金藏本残片一

80TBI: 791、793、795，这三件佛典残片均为佛经扉画，除边框纹样稍显简略之外，与金藏大宝集寺本"护法神王像"扉画基本一致，是同一构图的不同刻版。由于此种扉画为金藏大宝集寺本所独有，故此三片为金藏，当无疑义。

81TB10: 11a（参见图 13），此为"出"字号《大般若波罗蜜多经》卷四五三"第二分增上慢品第六十之二"。将其与金藏大宝集寺本同卷第四张对勘，二者完全相同。[2]

81TB10: 12a（参见图 14），此件与上件同卷，将其与金藏大宝集寺本同卷第十七张对勘，二者完全相同。[3]

81TB10: 13（参见图 15），此件与上件同卷，将其与金藏大宝集寺本同卷对勘，刻字笔画有差异，但版式、字体基本相同，应系金藏。[4]

1　《中华大藏经》第六册，第 700 页下栏。
2　《中华大藏经》第五册，第 495 页中栏。
3　《中华大藏经》第五册，第 499 页下栏。
4　《中华大藏经》第五册，第 498 页中栏。

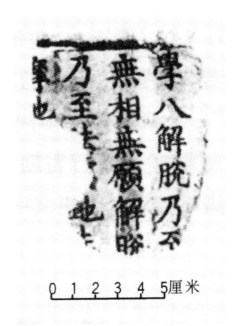

图 13　《大般若波罗蜜多经》金藏本残片二

图 14　《大般若波罗蜜多经》金藏本残片三

图 15　《大般若波罗蜜多经》金藏本残片四

81TB10: 14a（参见图 16），此片为"光"字号《大般若波罗蜜多
经》卷五五七"第五分窣堵波品第三"，金藏广胜寺本同卷第二十三张
缺，将其与同张高丽藏对勘，版式相近。[1] 残片字体与同卷广胜寺本其
他经文字体一致，当为金藏。

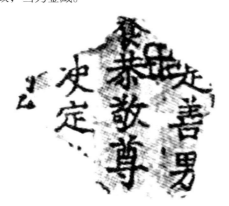

图 16　《大般若波罗蜜多经》金藏本残片五

---

1 《中华大藏经》第六册，第 567 页下栏。

二　德国收集品

在 20 世纪初，德国组织了四次吐鲁番探险，获得大量的吐鲁番古物，其古代印刷品中有金藏残片。本小节举四件为例。

Berlin Ch/B2：这是一件很小的残片，四边均残。经日本学者百济康义比定，属于大宝集寺本"维"字号《大般若波罗蜜多经》卷三七二"初分遍学道品第六十四之七"第五张。[1]

Ch/2098（原编号 T I I 4016）：[2] 经德国学者 Thomas Thilo 比定，此残片为"暑"字号《大般若波罗蜜多经》卷一八四"初分难信解品第三十四之三"。据《中华大藏经》同卷对勘，与该卷大宝集寺本第七张完全相同。[3] 分别为第 1—5 行、6—11 行，看其页边空白当为蝴蝶装。

MIK III 23 号佛经扉画背面黏附有"暑"字号《大般若波罗蜜多经》残片，为卷一八四"初分难信解品第三十四之三"的最初五行（参见图 17）。[4] 据《中华大藏经》同卷对勘，与该卷大宝集寺本第七张完全相同。[5] 根据扉画与佛经残片的粘连情况来看，扉画与佛经属于同一部经书。从扉画中间的折痕和边缘判断，该经应作蝴蝶装。该经的卷数、版本、装帧与 Ch/2098 相同。

1　百济康義「イスタンブール大学所藏の東トルキスタン出土文獻」『東方学』第 84 輯、1992、7 頁、11 頁。

2　图 版 见 Thomas Thilo, *Katalog chinesischer buddhistischer Textfragmente,* Band 2, Berlin, 1985, Tafel XIX。

3　《中华大藏经》第二册，第 756 页中栏。

4　图 版 见 Peter Zieme, "Donor and Colophon of an Uighur Blockprint", *Silk Road Art and Archaeology,* IV, 1995/1996, pl.4. Zieme 误作写本，见同文 p.410。此件现藏德国柏林印度艺术博物馆。

5　《中华大藏经》第二册，第 754 页中栏。

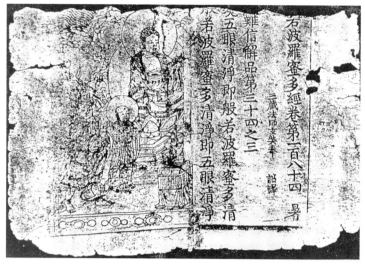

图 17 《大般若波罗蜜多经》金藏本残片六

伊斯坦布尔大学图书馆藏 I. U. No. 23b、e、f、h 四件残片，经百济康义比定，属于大宝集寺本"维"字号《大般若波罗蜜多经》卷三七二第五张。这四件残片由土耳其学者 R. R. Arat 在二战前自柏林携归，而他在德国从事的正是德国吐鲁番文书的研究工作，这几件残片也属于德国收集品。[1] 根据百济康义缀合后的状况来看，伊斯坦布尔大学所藏四件金藏佛经与柏林藏 Berlin Ch/B2 属于同一印张，整张佛经为卷轴装。

在中村菊之进的文章中，他还提到了旧藏东柏林科学院的两件佛经残片。一为编号 T Ⅲ M161, ch/2056 的《大般若波罗蜜多经》卷一八六残件，共八行，行十四字。另一为 T Ⅱ S32A1003 号《胜蔓师子吼一乘大方便广经》，存十三行，行十四字。[2] 笔者认为这两件德国收集品可能属于金藏，但因未见影本，只能略存推测于此。

1　百济康義「イスタンブール大学所藏の東トルキスタン出土文献」7、11 頁。

2　前引中村菊之進「トルファン出土の大藏経」52、54 頁。

三　日本收集品

　　日本的大谷光瑞在 21 世纪初组织了多次对我国新疆地区特别是对吐鲁番地区的考察与探险，获得了大量的古代遗物，据日本学者所说，其中几乎没有金藏残片。[1]笔者从中发现了六件金藏残片。

　　香川默识编《西域考古图谱》下函印本（1）b，[2]笔者比定此为"丽"字号《大般若波罗蜜多经》卷四二八"第二分窣堵波品第三十"，但这段文字在金藏中出现次数较多，不只见于此卷。笔者将其与金藏前后卷次对勘，字体与金藏相同，[3]据此可推定此件为金藏。

　　《西域考古图谱》下函印本（2）之2，[4]笔者比定此为"冬"字号《大般若波罗蜜多经》卷二二三"初分难信解品第三十四之二十四"。《中华大藏经》同卷金藏缺，以高丽藏本补，其版式，特别是字的相对位置与高丽藏本完全相同。将其与同册其他卷金藏比较，字体是一致的。属于金藏，当无疑义。[5]

　　杉村勇造等编《旅顺博物馆图录》图版 102：图 1、2、4，[6]目录称之为"新疆省发现纸本佛画断片，1、2、4纸本版画武士图断片，唐时代，原寸大"。[7]图版 103：图 7 目录称之为"新疆省发现纸本佛画断片，纸本版画，唐时代，原寸大"。[8]实际上，这些断片均为金藏大宝集寺本"护法神王像"扉画残片，并非唐代武士像。

1　前引小川贯弌「吐鲁番出土の印刷仏典」34 页。中村菊之进也对大谷收集品进行了研究，未有新发现，详见前引中村菊之進「トルファン出土の大藏経」。

2　香川默識編「西域考古図譜」東京：国華社、1915。

3　分见《大般若波罗蜜多经》卷四二八、四二九，参见《中华大藏经》第五册，第 269 页上栏、271 页中栏。

4　以上两幅图版亦见上原芳太郎編「新西域記」下巻、東京：有光社、1937、図 11。

5　《中华大藏经》第二册，第 198 页上栏。

6　杉村勇造等編「旅順博物館図録」東京：座右宝刊行会、1943。

7　杉村勇造等編「旅順博物館図録」目録、34 页。

8　杉村勇造等編「旅順博物館図録」目録、34 页。

　　除了大谷收集品以外，在日本还有一些重要的私家藏品，即大阪出口常顺藏品与东京静嘉堂文库藏品。从严格意义上说，这两家的藏品分属德国、中国收集品。出口常顺藏品系他本人 1933 年在柏林购自土耳其人 Arat 之手 ，这和伊斯坦布尔大学藏品一样，均为原德国探险队收集品。[1] 静嘉堂文库藏品本是中国新疆地方官梁素文所藏，梁氏的藏经是他任职新疆时从吐鲁番当地收集的，后辗转卖至日本。[2]

　　出口常顺于 1978 年委托藤枝晃教授整理刊布了他的藏品，以《高昌残影——出口常顺藏吐鲁番出土佛典断片图录》为书名，由京都法藏馆影印出版。该书为非卖品，只精印一百部，中国国内罕见。而静嘉堂文库则尚未公开出版有关藏品，亦难一见。北京大学历史学系荣新江教授惠借上述佛经残件影本，比定工作才得以完成。现简述如下。

　　《高昌残影》第 504 号"妙法莲华经"卷四"劝持品"残页。该页四边完整，存经文十一行，行十四字，边缘又有小字一行为"妙法莲华经卷第四 第三十四张 鸣字号"。笔者据《中华大藏经》鸠摩罗什译七卷本同卷对勘，此与金藏大宝集寺本完全相同。[3] 该片保存完整，有宽阔的版心和页边，版心处尚可见缝缀的痕迹，必为蝴蝶装。

　　《高昌残影》第 505 号"大般若波罗蜜多经"残片。经中村菊之进比定，此为"岁"字号卷二七六"初分难信解品第三十四之九十五"残经，[4] 与《中华大藏经》同卷金藏大宝集寺本完全相同。[5] 从残经边缘的齐整情况看，该经为蝴蝶装或经折装。

　　《高昌残影》第 506 号"拱"字号"大方广佛华严经"残片。经中村菊之进比定，此为卷一结尾的部分，每行十四字。[6]《中华大藏经》同

1　出口常順「高昌残影·序」藤枝晃編『高昌残影』京都：法藏館、1978。
2　荣新江：《海外敦煌吐鲁番文书知见录》，江西人民出版社，1996 年，第 183—191 页。
3　《中华大藏经》第十五册，中华书局，1985 年，第 556 页中栏。
4　前引中村菊之進「トルファン出土の大藏経」52 頁。
5　《中华大藏经》第三册，中华书局，1984 年，第 666 页下栏。
6　前引中村菊之進「トルファン出土の大藏経」54 頁。

卷金藏缺，但将其与卷二赵城广胜寺本对照，版式、书刻相同。[1] 因比较残破，装帧形式难以判断。

《高昌残影》第 507 号"大般若波罗蜜多经"残片。残片边缘存经题一行"大般若经卷一百五十（五）"，据此知其出处，将其与《中华大藏经》"张"字号金藏广胜寺本同卷比较，二者完全相同。[2] 又，残纸共存经文十三行，中无折痕，必为卷轴装。

静嘉堂文库藏经无论每行字数还是刻印风格，均与金藏迥异，为另一版本系统。但其中尚存金藏扉画残纸两件。这两件扉画分置于梁素文藏品第二本"六朝人写经残字"第十三纸和第四本"古高昌出土残经"第十三纸。经缀合，两件残片属于同一幅佛经扉画，描绘的是端坐的护法神及其侍者。虽然该图的边框纹样和细部与金藏大宝集寺本扉画稍有差异，但基本的构图和绘刻手法一致，当为金藏扉画。

另外，东京中村不折书道博物馆中收藏有清末新疆布政使王树枏在新疆收集的吐鲁番出土文献。其中的印刷佛典编入个人收藏专集《晋唐屑玉》之中。集中第 19 号附有扉画残片，上刻"护法神王"字样。[3] 笔者怀疑这是金藏大宝集寺本扉画残片。因未见原件，姑列于此，以待将来验证。

从上述考订中，我们不难发现，在中国、德国和日本收集品之间存在着密切的联系。它们均出土于我国吐鲁番地区，根据版式可分作两类：卷轴装和蝴蝶装。这就意味着吐鲁番地区拥有金藏本《大藏经》的多样性。

笔者按照《中华大藏经》入藏顺序，把上文比定出的金藏加以排列，制成"吐鲁番出土金藏残经一览"，置于文末，以备查检。由于个人学力和所见资料方面的限制，仍有大量已公布的印本佛经尚未比

1　《中华大藏经》第十二册，中华书局，1985 年，第 635 页上栏。

2　《中华大藏经》第二册，第 487 页中栏。

3　前引小川贯弌「吐魯番出土の印刷仏典」36 頁。

定。[1] 而且，中国、德国以及俄国的一些藏品还没能全面公布，我们可以肯定地说，其中必然有金藏残片。[2]

四 吐鲁番金藏的来源

由上文所列不同印本、不同装帧的金藏残片，我们注意到，吐鲁番地区先后出土了大量金藏残片，在金元时代这里金藏佛经的拥有量相当可观。那么这些佛经究竟是以什么样的形式存在呢？换言之，吐鲁番地区是否有过一部完整的金藏呢？

学界一般认为，这里曾有过完整的金藏，只是在金藏来源上有分歧。吐鲁番文管所的研究者们认为，金藏属于高昌回鹘时代王家寺院所藏；[3] 而张新鹰先生则指出，金藏初刻时为私人刻板，传布不广，直到元世祖忽必烈至元年间才声名显著，吐鲁番金藏应当是元世祖颁赐的。[4]

事实上，上述两种说法都只是推测，我们在文献上还不能找到高昌回鹘王室在金朝获得藏经或元世祖赐给畏兀儿王国大藏经的记载。北宋太平兴国六年（981）王延德出使高昌回鹘，在高昌佛寺中见到《大藏经》，[5] 但此藏只能是写本，因为彼时最早的印本大藏经《开宝藏》尚在雕造之中，还不能传到高昌。[6] 金朝末年，长春真人丘处机在北庭龙兴寺见到了佛经一藏，但是否为印本难以考实。[7]

在我们现在拥有的文献材料实在很有限的情况下，德国茨默（Peter

---

1 荣新江教授有专文介绍了德藏吐鲁番佛典，其中印本有近八十件。详见荣新江《王延德所见高昌回鹘大藏经及其他》，《庆祝邓广铭教授九十华诞论文集》，第267—272页。

2 详见前引荣新江《海外敦煌吐鲁番文献知见录》的第三、四章的相关介绍。

3 前引吐鲁番文管所《柏孜克里克千佛洞遗址清理简记》，第56页。

4 前引张新鹰《陈宁其人及回鹘文〈八阳经〉版刻地——读冯家昇先生一篇旧作赘言》，第131页。

5 《宋史》卷四九〇《外国传》"高昌"条，第14112页。

6 童玮：《北宋〈开宝大藏经〉雕印考释及目录还原》，书目文献出版社，1991年，第2页。

7 李志常：《长春真人西游记》，河北人民出版社，2001年，第47页。

Zieme）教授刊布的一件回鹘文的佛教徒印经发愿文就显得格外重要。[1]
这件编号为 TM36（U4791）的回鹘文残片由柏林勃兰登堡科学院收藏，
共两面二十行，保存基本完整。根据内容，茨默教授将其判断为供养人
发愿文，它包括供养人的姓名、印经原因、时间、地点、印经名称，还
表达了把印经功德施与父母、本人、亲属和所有生命的愿望。茨默教授
对全文做了准确的翻译和详细的注释，现转译如下：

> 我，俗人不颜绰黑·巴黑失（Buyančoγ Baxsi），对三宝怀着
> 真诚的信仰。首先，我想到了诸佛的美德；其次，我希望功德能
> 施与那些虔诚的信徒、我的母亲与父亲；第三，我希望能在现世
> 实现我对幸福的各种愿望，在后世通过佛的救度脱离轮回。由于
> 上述原因，在吉祥的斋戒之日，即十干的戊年、猴年的六月八日，
> 我发愿印造了这些佛藏宝典：《大般若经》、《华严经》、《法华经》、
> 《尊胜经》（Sosingki）、《慈悲忏》、《金刚经》。这些宝典用中都城
> （Čungdu balïq）弘法寺（Xungvasi）的印版印制完成。

> 通过这件功德之行的力量，祝愿我的父亲、导师与贤哲脱因
> 绰黑都统伯（Toyïnčoγ Tutung Bag）和我的母亲斡兀立·亦忐迷
> 失·腾格里木（Oγul Yetmiš Tngrim）能够转生良所并立成佛果。
> 愿我——不颜绰黑·巴黑失所有对现世幸福的愿望都能实现，并
> 在后世成就佛果。希望我亲爱的兄弟、姐妹、妻妾、子女、亲戚
> 都能够实现现世的各种愿望。另外，愿五道中我亲爱的朋友们能
> 够成佛并转生良所！愿将来持诵此佛法的虔诚的人们能够全心全
> 意地坚持善行。善哉！[2]

1　前引 Peter Zieme, "Donor and Colophon of an Uighur Blockprint", pp.415-416。Zieme 未将
　　《尊胜经》（Sosingki）辨出，此处用日本学者笠井幸代的观点，见 Y. Kasai, *Die uigurischen
　　buddhistischen Kolophone*, Brepols, 2008, p.243。
2　文中供养人人名的汉译皆为北京大学历史学系余大钧先生教示，谨致谢忱。

这篇典型的发愿文，反映了回鹘人对佛教的虔诚信仰。当我们把它和另外几件佛经残片联系起来分析时，我们发现它揭示了吐鲁番地区金藏的一个重要来源。

在上文对德国金藏收集品的比定中，我们曾提到过一件金藏《大般若波罗蜜多经》第一八四卷的残片，这件残片粘连在佛经扉画的后面，扉画的大小与佛经是一致的，二者的边缘完全吻合，而且从粘连的情况判断，正与蝴蝶装的顺序相同，这就排除了两件不同版本佛经偶然粘在一起的可能性。这件扉画当属此本金藏无疑。

这件编号为 MIK Ⅲ 23 的扉画现藏德国柏林的印度艺术博物馆，相同的藏品还有两件，分别编号为 MIK Ⅲ 4、MIK Ⅲ 6705，三件中以 MIK Ⅲ 4 最为完整，另两件均残。画的主体是高坐莲台之上的释迦牟尼佛，两边侍立着阿难、迦叶两弟子和两金刚，他们周围环绕着祥云。在莲台前摆放着供桌，佛的一位弟子跪在桌前问法。这件扉画的构图与金藏广胜寺本、大宝集寺本均不相同。出现这种差异的主要原因是这是由私人施刻的佛经，扉画由购经人另外设计、印制。在供养图的左侧是三位供养人，在供养人像的上方有回鹘文题记，据茨默教授的释读，题记是三位供养人的名字，分别是父脱因绰黑都统（Toyïnčoγ Tutung）、母斡兀立·亦忒迷失·腾格里木（Oγul Yetmiš Tngrim）、供养人不颜绰黑（Buyančoγ）。三人中手持香炉行香的应是供养人不颜绰黑（参见图 18）。

这样，我们就注意到这件金藏扉画中的三位供养人就是上文中 TM36（U4791）回鹘文发愿文的作者不颜绰黑及其父母。他们的人名完全一致，只是省略了一些烦琐的称号。茨默教授已经详细地指出了这一点。[1] 那么，不颜绰黑在中都弘法寺请印的六大部佛经当属金藏无疑，供养人扉画就是这些经书的一部分。《大般若波罗蜜多经》第一八四卷残片实即不颜绰黑所印《大般若经》残纸。

1　Peter Zieme, "Donor and Colophon of an Uighur Blockprint", pp.412-413.

图 18 畏兀儿人不颜绰黑（Buyančoγ）供养图

关于不颜绰黑请印佛经的年代"十干的戌年、猴年"，即戊申年，茨默教授做了专门的研究，认为是 1248 年或 1308 年。[1]

1308 年的说法肯定不能成立。尾题中的这句话"这些佛经用中都弘法寺印板印就"可以作为判定印本年代的依据。自雕版印刷术发明以来，我国以中都为地名而又是发达印刷业中心的城市只有金元时代的中都。[2] 金中都为今北京。元代先后有两个中都，前期即今北京，后期位于兴和路（今河北张北）的旺兀察都。[3] 旧中都在 1272 年（至元九年）

1 Peter Zieme, "Donor and Colophon of an Uighur Blockprint", pp.413-414. Zieme 教授在他 1992 年的著作中，将年代判定为 1248 年，见 Peter Zieme, *Religion und Gesellschaft im uigurischen Königreich von Qočo: Kolophone und Stifter des alttürkischen buddhistischen Schrifttums aus Zentralasien*, Opladen: Westdeutscher Verlag, 1992, pp.49, 51, 58-59。

2 唐代蒲州于开元九年（721）建号中都；南诏国都阳苴咩城于公元 859 年亦称中都。但当时上述两地的印刷水平均不能胜任大型佛经的印造，而且回鹘人的活动也到不了这些地区。明代的中都为今安徽凤阳，但该城建设时间很短即废，其印刷水平和异族居住状况均不具备印经条件。宋代无中都之设。以上详见《辞海》（历史地理分册），上海辞书出版社，1989 年，第 50—51 页；王剑英《明中都》，中华书局，1992 年。

3 参看陈高华《元大都》，北京出版社，1982 年，第 24 页；陈高华、史卫民《元上都》，吉林教育出版社，1988 年，第 26—32 页。

并入大都，成为大都城的一部分。1308 年时的中都即兴和路旺兀察都。这座中都在当时只是一座行宫。在 1307 年六月之前，这里还是一片原野，元武宗下令在此地建行宫。1308 年七月行宫落成，置中都留守司，此后又继续斥资建设。1311 年，武宗病死，仁宗秉政，很快下令停建中都，废罢中都留守司。这座中都的建制只有两年零十个月。[1] 在这塞北的荒原上，不会迅速出现一座藏有浩繁经版的弘法寺。1308 年之说没有考虑到中都的建设与发展水平，不足取。

笔者曾对大蒙古国时期"中都""燕京"地名的使用时间做过分析，试图否定茨默教授 1248 年的说法，认为此戊申年为 1188 年，即金大定二十八年，也就是金藏版片运至金中都的第八年。不颜绰黑可能是在中都经商的回鹘商人，斥资在当地请印了金藏中重要的六部经书。[2]

笔者认为不颜绰黑施印佛经可能是在金代的主要理由，是回鹘人与金朝存在着商贸往来。金朝前期，在金中都城有许多回鹘商贾，专门从事远途贸易，而且"奉释氏最甚"。[3] 而在金朝后期，"回鹘有田姓者，饶于财，商贩巨万，往来于山东河北，具言民物繁庶，与釳同说鞑人治兵入寇"。[4]

不过，随着对佛经扉画人物服饰的考察，笔者更倾向于认为不颜绰黑在中都弘法寺刊印佛经是在 1248 年（具体讨论详见本节后附记）。

不颜绰黑请印的金藏的残片及其发愿文的发现，为我们研究吐鲁番地区金藏的来源提供了重要依据。在上文中我们已经比定了三个国家收藏的金藏残片，这些残片分别属于《大般若经》《华严经》《法华经》，

---

1 前引陈高华、史卫民《元上都》，第 26—32 页。考古调查也证明，所谓"中都"在初建阶段就被废置。见李惠生、马迏《元中都的湮没与再现》，《中国文物报》1997 年 9 月 21 日第 4 版。1998 年夏笔者曾至此地作实地调查，元城残址规模有限，城中宫殿等大型建筑遗址并不多，更不用说寺院建筑了。

2 党宝海：《吐鲁番出土金藏考——兼论一组吐鲁番出土佛典的年代》，《敦煌吐鲁番研究》第四卷，北京大学出版社，1999 年，第 112—117 页。

3 洪皓：《松漠记闻》卷上，《丛书集成初编》本，第 3 页。

4 赵珙：《蒙鞑备录》，《王国维遗书》本，上海古籍书店，1983 年，第 14 页。

均在不颜绰黑施印的范围之内。它们分别装为卷轴装和蝴蝶装，其中蝴蝶装的经书与不颜绰黑施印的《大般若经》装法一致。笔者推测，可能一部分蝴蝶装的佛经为不颜绰黑请印的版本。

吐鲁番地区的佛典来源是复杂的，金藏也不例外。不颜绰黑在中都弘法寺请印佛经，并长途运至吐鲁番，这一史实本身无疑对金藏来源和版本的研究具有启发意义。我们不应把探索问题的视角局限在官方佛典的输入和元代版本上。实际上，吐鲁番的佛教史比我们想象的要更加丰富和深刻。

结　论

金藏的研究，可以增进我们对古代吐鲁番地区，特别是高昌回鹘时期佛教信仰的认识。同时，对吐鲁番金藏的研究可以把内地佛教史的研究推向深入。例如，约 1248 年畏兀儿人不颜绰黑在中都弘法寺印制金藏的佛经，进一步印证了中国佛经雕印与传播史上一个非常重要的问题，即弘法寺收藏金藏问题。金元时代中都弘法寺是佛经整理与雕印的中心。据《元一统志》记载："金大定十八年（1178）潞州崔进女法珍印经一藏进于朝，命圣安寺设坛为法珍受戒，为比丘尼。二十一年以经版达京师。二十三年赐紫衣弘教大师。以弘法寺收贮经版。"[1] 正是在崔法珍金藏雕版的基础上，才发展出元代的弘法藏。半个多世纪之后，畏兀儿人不颜绰黑斥资在这里施印了六部重要佛经，而后千里迢迢将其运回远方的家乡。不颜绰黑很可能是在中都经商的信佛富商，利用往来的便利，在中都弘法寺印造佛典。不颜绰黑施印佛经残片的发现为弘法寺藏贮金代经版提供了新的佐证。

吐鲁番金藏对于高昌回鹘王国文化史的研究也有重要意义。自西

1　缪荃孙抄《永乐大典·顺天府》引《元一统志》，见《顺天府志》，北京大学出版社，1983年，第 15 页。

汉设立西域都护府开始，西域诸族同中原汉族王朝在政治、经济、文化上的联系日益密切，汉字在西域各地的使用是相当普遍的。[1] 而自唐代起，中国佛教开始出现从中原向西域回流的趋势。由于汉文佛经的大量传入，许多西域僧人都以汉语念诵佛经，北庭、高昌、龟兹等地还出现了将汉文佛经翻译为民族语言的译经场，由当地高僧和内地汉族僧人合作，共同从事对汉文佛经的翻译。[2] 公元 840 年后，回鹘人大规模迁至西域地区，他们的宗教信仰受到西域原有佛教的强烈影响，大多数回鹘人改宗佛教，高昌回鹘王国成为名副其实的礼佛之国。而原来该地区大量的汉文著作，特别是浩如烟海的佛教经典，对回鹘人不可能不产生深刻影响。此时，西域地区原有的深厚汉语文基础为回鹘人学习和使用汉语文提供了良好的外部环境。因此，回鹘人对汉语文并不陌生，他们对汉语文的良好掌握并不亚于这个地区的先住民。在回鹘人中出现了许多精通汉语的佛教僧侣，将大量汉文典籍翻译成回鹘文。[3] 在虔诚信佛的高昌地区，僧侣具有极大的影响力，同时僧侣阶层本身也具有很强的世俗性，他们的文化对社会文化影响至深。[4] 通过对吐鲁番金藏的研究，我们更加肯定，以汉文佛经为中心，在高昌回鹘存在着一个熟练掌握汉语文的僧侣和世俗群体。汉文化在高昌地区不是微不足道的，而是占有相当重要的地位。认为畏兀儿人受汉文化影响不大的观点显然是片面的。汉传佛教在西域的传播实质上就是汉文化在西域传播的一个有机组成部分。

1　《北史》卷九七《高昌传》："（高昌）文字亦同华夏，兼用胡书。有《毛诗》《论语》《孝经》，置学官弟子以相教授。虽习读之，而皆为胡语。"中华书局，1974 年，第 3215 页。道宣《续高僧传》卷二提到高昌国僧侣多习汉言，见郭绍林点校本，中华书局，2014 年，第 44 页。

2　前引《宋史》卷四九〇《外国传》"高昌"条："佛寺五十余区，皆唐朝所赐额，寺中有《大藏经》《唐韵》《玉篇》《经音》等。"第 14112 页。

3　Peter Zieme、百济康义「ウイグル語の観無量壽経」29-35 頁；杨富学：《西域、敦煌文献所见回鹘之佛经翻译》，《敦煌研究》1995 年第 4 期，第 1—35 页；张铁山：《回鹘文佛教文献中夹写汉字的分类和读法》，《西域研究》1997 年 1 期，第 99—104 页。

4　小田壽典「ウィグルの稱號トゥトゥングとその周邊」57-73 頁。

表2　吐鲁番出土金藏残经一览

经名	卷数	印本类型	装帧	现藏地	图版出处	编号	《中华藏》中位置
大般若波罗蜜多经	51	赵城广胜寺本	卷轴装	中国新疆吐鲁番博物馆	文管所，图版1（2）	80TBI:492	第1册，第505页中
大般若波罗蜜多经	155	赵城广胜寺本	卷轴装	日本大阪四天王寺出口常顺藏	藤枝，图507		第2册，第487页中
大般若波罗蜜多经	184	燕京大宝集寺本	蝴蝶装	德国柏林印度艺术博物馆	Zieme，图版4	MIK Ⅲ 23	第2册，第754页中
大般若波罗蜜多经	184	燕京大宝集寺本	蝴蝶装	德国柏林德国国家图书馆	Thilo，图版3	Ch/2098	第2册，第756页中
大般若波罗蜜多经	197	疑大宝集寺本	蝴蝶装	中国国家博物馆	黄文弼，图版13		第2册，第867页下
大般若波罗蜜多经	223	疑广胜寺本		疑日本京都龙谷大学图书馆	《图谱》印本2（2）		第2册，第198页上
大般若波罗蜜多经	276	大宝集寺本		出口常顺藏	藤枝，图505		第3册，第666页中
大般若波罗蜜多经	372	大宝集寺本	卷轴装	德国国家图书馆	百济，图二	Ch/B2	第4册，第671页下
大般若波罗蜜多经	372	大宝集寺本	卷轴装	土耳其伊斯坦布尔大学图书馆	百济，图二	I.U.No.23b, e, f, h	第4册，第671页下
大般若波罗蜜多经	428			疑龙谷大学图书馆	《图谱》印本1（b）		第5册，第271页中

续表

经名	卷数	印本类型	装帧	现藏地	图版出处	编号	《中华藏》中位置
大般若波罗蜜多经	453	大宝集寺本		吐鲁番博物馆		81TB10:11a	第5册，第495页中
大般若波罗蜜多经	453	大宝集寺本		吐鲁番博物馆		81TB10:13	第5册，第498页下
大般若波罗蜜多经	453	大宝集寺本		吐鲁番博物馆		81TB10:12a	第5册，第499页下
大般若波罗蜜多经	491	疑广胜寺本		中国国家博物馆	黄文弼，图版12		第5册，第866页中
大般若波罗蜜多经	520	大宝集寺本		吐鲁番博物馆	文管所，图版1（4）	80TBI:491	第6册，第520页中
大般若波罗蜜多经	571	大宝集寺本		吐鲁番博物馆		80TBI:758a	第6册，第700页下
大方广佛华严经	1	疑广胜寺本		出口常顺藏	藤枝，图506		第12册，第635页上
妙法莲华经	4	大宝集寺本	蝴蝶装	出口常顺藏	藤枝，图504		第15册，第556页中
佛说咸水喻经	1	广胜寺本	卷轴装	中国国家博物馆	黄文弼，图版16		第34册，第27页中
佛经扉画		大宝集寺本		日本东京静嘉堂文库	梁素文，第2册，第13页；第4册，第13页		多见
佛经扉画		大宝集寺本		中国辽宁旅顺博物馆	《图录》102，103		多见

经名	卷数	印本类型	装帧	现藏地	图版出处	编号	《中华藏》中位置
佛经扉画		大宝集寺本		吐鲁番博物馆		80TBI:791, 793,795	多见
佛经扉画		私人供养图	蝴蝶装	德国柏林印度艺术博物馆	Zieme, 图版 4	MIK Ⅲ 4, 23,6705	无

本表使用以下简称：

1、梁素文 = 梁素文藏《六朝写经残字》《高昌出土残经》。

2、黄文弼 = 黄文弼：《吐鲁番考古记》，科学出版社，1954 年。

3、文管所 = 吐鲁番地区文管所：《柏孜克里克千佛洞遗址清理简记》，《文物》1985 年第 8 期。

4、《图谱》= 香川默識編「西域考古図譜」東京：国華社、1915。

5、《图录》= 杉村勇造等編「旅順博物館図録」東京：座右宝刊行会、1943。

6、藤枝 = 藤枝晃編「高昌残影」京都：法藏館、1978。

7、百济 = 百済康義「イスタンブール大学所蔵の東トルキスタン出土文献」『東方学』第 84 辑、1992。

8、Thilo=Thomas Thilo, *Katalog chinesischer buddhistischer Textfragmente,* Band 2，Berlin, 1985.

9、Zieme=Peter Zieme, "Donor and Colophon of an Uighur Blockprint", *Silk Road Art and Archaeology,* Ⅳ（1995/1996）.

附记：

关于不颜绰黑施印佛经的年代

一　关于"中都"

尽管不颜绰黑回鹘文题记中提到了刻经的时间为十干戊年的猴年（按，即戊申年），但判断其具体年代仍有困难，需要寻找旁证。

茨默教授根据佛经扉画服饰特征，将年限划至元代，进而判定戊申年应为元代的 1248 年或 1308 年。前文已经指出根据"中都"地名的使用情况，排除了 1308 年的可能性。下面仍以"中都"为依据，讨论

1248 年。

金代和元代早期的"中都"名称的使用具有阶段性。燕京改称中都始于金海陵王贞元元年（1153），1272 年中都并入大都，成为后者的一部分。从 1153 年到 1272 年选取戊申年，只有 1188 年和 1248 年。

1215 年蒙古占据中都，将其改称"燕京"，中统五年（1264）才又改回为"中都"。这意味着，在 1215 年到 1264 年近五十年间，该城的官方称谓是"燕京"而非"中都"。如果佛经印刷是在 1248 年，就与"中都弘法寺"的写法相矛盾，而应作"燕京弘法寺"。值得注意的是，中都改名燕京之后，这一规定执行较为严格。国家机构如燕京路、燕京总管府、燕京行中书省等均不用"中都"之名。在大量当时的公私文献中，"中都"之名基本消失。下面我们仅举四件当时的印刷品为例，其中的三件是佛经。

第一件，赵城金藏蒙古补雕本"鞠"字号《观无量寿佛经》序："岁丁丑九月十五日燕京大圣安寺晦堂和尚洪俊序。"[1] 按，此丁丑年为元太祖成吉思汗十二年（1217），即蒙古攻占金中都之后的第三年。此时"中都"已经改称"燕京"。[2]

第二件，赵城金藏大蒙古国补雕本"枝"字号《品类足论》卷五末跋："大朝国燕京弘法寺雕造僧普轮。"[3] 大蒙古国补雕藏经时在元太宗窝

1　见《中华大藏经》第十八册，中华书局，1986 年，第 661 页中栏、下栏。

2　蒋唯心先生认为，此丁丑年当为金正隆二年（1157），见前引《金藏雕印始末考》，第 231 页。蒋先生的意见值得商榷。一，当时金海陵王早已改燕京为都城，称中都。为何出现"燕京"字样？二，中都大圣安寺原名延圣寺，大定七年（1167）才改称大圣安寺，怎么会在十年之前就出现大圣安寺之名？三，蒋唯心先生对出现"大圣安寺"之名所作的解释缺乏说服力。他认为这段序文是大定年间刻经时加入的，那为什么改正了"延圣寺"却不改"燕京"呢？为什么潞州天宁寺的雕经一定要加入一位当时中都僧人的序文呢？笔者认为丁丑年为元太祖十二年理由如下：一，当时金中都已改称燕京，燕京大圣安寺之名与年代无矛盾；二，作为燕京高僧，晦堂和尚洪俊所作经序流传下来并被元太宗时耶律楚材主持的经版补雕所采用；三，查洪俊序文的书法、刻功均不似金代原雕。字体大小不一，书法稚拙，且多俗体字。刻工刀法生涩阻滞，常漏刻点划。序文雕版与经文第一、二、三、四纸同，而与第五纸以下迥异。序文显系大蒙古国时期补刻时加入。故丁丑年当为元太祖十二年（1217）。

3　见《中华大藏经》第四十四册，中华书局，1990 年，第 39 页上栏。

阔台与乃马真后监国时期。[1] 此时仍称"燕京"。

第三件，金藏大宝集寺本卷末戳记"蒙哥皇帝福荫里，燕京南卢龙坊居住奉佛弟子权府张从禄、妻王从惠泊女张氏感如来之咐嘱，贺圣朝之弘恩，发心施财，命工印造释迦遗法三乘贝叶灵文一大藏……丙辰年六月朔"。[2] 蒙哥帝丙辰年为 1256 年，此时仍通行"燕京"称谓。

第四件，耶律楚材《西游录》1229 年印本，书末有"燕京中书侍郎宅刊行"字样。[3]

笔者查阅到的同时期石刻资料也使用"燕京"地名。写刻于 1255 年的大蒙古国燕京大庆寿寺西堂海云禅师碑至今仍矗立在北京法源寺内。[4] 一些传世文献记录了大蒙古国时期的情况，如《大元马政记》、赵珙《蒙鞑备录》、丘处机《磻溪集》、李志常《长春真人西游记》、耶律楚材《湛然居士集》、郝经《陵川集》、王恽《秋涧先生大全文集》、熊梦祥《析津志》等。这些文献凡涉今日北京之地均称"燕京"，记载甚多，兹不枚举。

和畏兀儿人不颜绰黑印经一样，上文列出的赵城金藏、大宝集寺金藏的补雕、印刷，均出自燕京弘法寺。[5] 既然 1248 年前后"中都"这一地名已被官方停用，那么就要考虑不颜绰黑"中都弘法寺"印制佛经的时间不是 1248 年的可能性，同时，还要考虑 1188 年（金大定二十八年）的可能性。

不过，当时使用"中都"地名的材料尽管稀少，但还是有的。如1257 年鹿邑太清宫海都太子令旨碑，其中提到"中都城里住底掌教张

1　前引蒋唯心《金藏雕印始末考》，第 226—227 页。

2　《中华大藏经》所收金藏"大宝集寺本"经卷卷末多有此戳记。

3　耶律楚材：《西游录》，向达校注，中华书局，1981 年，第 20 页。

4　中国国家图书馆有此碑的拓片，编号京 1755 号。另外蔡美彪先生编《元代白话碑集录》中的几种碑刻也提到了燕京，如 1245 年汲县北极观懿旨碑、1252 年平遥崇圣宫给文碑、1258 年忽必烈圣旨，分见《元代白话碑集录》，科学出版社，1955 年，第 10、18、102 页。

5　前引蒋唯心《金藏雕印始末考》，第 229 页；宿白《赵城金藏与弘法藏》，《现代佛学》1964 年第 2 期，第 18 页。

真人"。[1] 当时窝阔台汗国的统治者海都远在中亚，不习汉地制度，错误使用了"中都"的名称。何启龙先生注意到这条材料，他结合其他域外文献记录汉地地名的例子，指出畏兀儿人不一定遵守汉地地名的使用规则，会沿用习以为常的旧称。不颜绰黑和蒙古诸王海都一样，也使用了畏兀儿人更为熟悉的"中都"旧称。[2]

综上，"中都"的地名不能成为判断戊申年具体年代的关键证据。

二 腰线袍

茨默教授根据佛经扉画中人物的服饰，将其年代判定为元代，进而将戊申年定为蒙元时代的 1248 年或 1308 年。其中 1248 年的看法得到了一些学者的赞同。[3]

画中最上方的供养人之父脱因绰黑剃发赤足，穿右衽僧袍。其母斡兀立·亦乞迷失穿右衽窄袖长袍，着便鞋。均不具备鲜明的时代特征。而其母戴圆形包头巾，在脑后结脚，不是蒙古统治时代已婚妇女通常所戴的固姑冠。[4]

茨默教授重点指出不颜绰黑的服装具有元代风格。该意见值得肯定。不颜绰黑所穿腰线袍是元代流行的男性袍服式样。这种服装特征明显，交领或右衽窄袖，下长过膝，以丝线扭结成辫，缝缀在腰间，形如一道道辫绳围在腰上，故名"腰线"或"辫线"。[5]

过去一些考古学家和服饰史学者认为金代就已经出现了腰线袍。在

1　前引蔡美彪编《元代白话碑集录》，第 20 页。

2　何启龙：《佛经回鹘文跋文的 čungdu "中都" 所指的时间与地点》，《元史及民族与边疆研究集刊》第二十一辑，2009 年，第 166—168 页。

3　前引何启龙《佛经回鹘文跋文的 čungdu "中都" 所指的时间与地点》，第 166—172 页。外国学者相关研究的综述见 Y. Kasai, *Die uigurischen buddhistischen Kolophone*, Brepols, 2008, p.244。

4　关于蒙元时代畏兀儿妇女戴顾姑冠的图像资料，参阅党宝海《十三世纪畏兀儿蒙速速家族供养图考》，《欧亚学刊》第二辑，中华书局，2000 年，第 146、151 页。

5　党宝海、杨玲：《腰线袍与辫线袄——关于古代蒙古文化史的个案研究》，《西域历史语言研究集刊》第二辑，科学出版社，2009 年，第 29—47 页。

河南焦作市郊西冯封村金墓中发现了一组陶俑。其中的舞蹈俑和吹笛俑头戴笠帽，身着方领窄袖短袍，袍的腰部结有布带四条。[1] 有的学者认为这种袍服就是腰线袍。[2] 另外，有考古学者将该墓葬的时代定为金代，进而认为金代已有腰线袍。

山西襄汾县南董金墓曾出土铜饰板，在这块高 11 厘米的饰板上刻着一幅男人坐像。虽然由于锈蚀严重有些地方看不清楚，但能分辨出图中的男人头戴多角笠帽，身着右衽窄袖辫线袍。细心的读者甚至能清晰地数出腰部的辫线共有六条。[3]

事实上，文物考古工作者关于上述金墓的断代并不准确。焦作市西冯封村古墓不是金墓而是元墓。[4] 近年来西冯封墓属于元代已成为学界的共识。该墓陶俑的服饰并非腰线袍，腰部乃至胸部系扎的布带只是为了表演的需要。有的研究者认为这些系扎在腰部的布带应称作“捍腰”或“浑腰”，目的是保护腰部。[5] 襄汾南董村墓葬中没有发现任何可以准确断代的实物资料。考古工作者根据墓葬形制所作的断代缺乏确凿证据。我们不能排除这座墓葬属于元代的可能性。总之，认为金代就有腰线袍的说法没有可靠的文献和实物证据，立论难以成立。

随着对腰线袍的深入研究，笔者认为这种袍服是一种典型的蒙古服饰。[6] 身着腰线袍的畏兀儿人不颜绰黑应当是蒙古统治时期在“中都/燕京”弘法寺施印佛经的。由于不颜绰黑使用回鹘文写作印经题记，他没

1 河南省博物馆、焦作市博物馆：《河南焦作金墓发掘简报》，《文物》1979 年第 8 期，第 7 页，图 13、14。

2 沈从文：《中国古代服饰研究（增订本）》，上海书店出版社，1997 年，第 429 页，图 203；周汛、高春明：《中国历代服饰》，学林出版社，1984 年，第 214—215 页；上海市戏曲学校中国戏装史研究组：《中国服饰五千年》，商务印书馆香港分馆，1984 年，第 140 页。

3 陶富海：《山西襄汾县南董金墓清理简报》，《文物》1979 年第 8 期，第 17 页，图 7。

4 孙传贤：《焦作市西冯封村雕砖墓几个有关问题的探讨》，《中原文物》1983 年第 1 期，第 51—54 页。

5 黄能馥、陈娟娟：《中华历代服饰艺术》，中国旅游出版社，1999 年，第 292—293 页。

6 Dang Baohai, "The Plait-line Robe, a Costume of Ancient Mongolia", *Central Asiatic Journal*, vol.47: 2 (2003), p.203；前引党宝海、杨玲《腰线袍与辫线袄——关于古代蒙古文化史的个案研究》，第 34 页。

有采用当时燕京的官方称谓，而是使用了它的旧称。这在非官方文献中无疑是可能的。

综上所述，虽然还不能完全否定戊申年为 1188 年的可能，但笔者更倾向于认为不颜绰黑在中都弘法寺印经的戊申年为 1248 年。

第二节　黄文弼先生所获元代汉文文书浅识

20 世纪 20 年代，黄文弼先生多次赴新疆吐鲁番地区、塔里木盆地进行考古发掘、学术考察和古物收集，获得了丰富的第一手历史资料。黄先生后来把这些资料陆续整理、刊布，其中有相当数量的元代汉文文书，集中发表于著名的《吐鲁番考古记》和《塔里木盆地考古记》。[1]他对这些文书的发现地点、内容、性质做了研究，为后人的学术工作打下了基础。

近几十年来，随着考古工作和元史研究的进展，我们对元代历史和文物的认识不断丰富。笔者拟结合新的资料和研究成果，进一步分析黄先生刊布的珍贵文书。以下按黄先生两部著作的原有顺序，略陈浅见。

一 《吐鲁番考古记》中的元代汉文文书

本小节讨论《吐鲁番考古记》刊布的元代汉文文书。

第 46 页，杨真宝奴残状（图版四七—四八，图 51）。这件文书出土于吐鲁番雅尔湖旧城，高 21.3 厘米，宽 19.5 厘米，两面书写。正面共 12 行，为草书残稿，钩乙涂抹殊甚，文义不可全识。对我们释读残状上的草书文字，黄先生的录文是重要提示。在此基础上，下面试做录文，每行前的数字序号为笔者所加：

1　黄文弼:《吐鲁番考古记》《塔里木盆地考古记》，科学出版社，1958 年。

1. □移三室家

2. 生和力见在耳八渠与使同

3. □为使人等谋赖陈达失

4. 居有□数来□厶人及之力□

5. □尔作鉴讹伊等羊口致礼何福寿

6. □元欠黄米什□□□出人□□相

7. 首先□官□□之□□□□□□□□支□

8. □□□□祖父□此邻人纳□□

9. 取状今来厶依守和责

10. □□守和□□拿抱于房内

11. 房□九件厶□□羊一口拴于厶项

12. 七某□□□以致厶□□。[1]

背面共 3 行：

1. 取状人杨真宝奴

2. 右真宝奴年卅一岁无病系狼心站户

3. 见在耳八渠住坐。[2]

　　黄先生认为，此残纸两面所书，疑同写一事，正面是状词草稿，背面为取状人姓名、年岁、地址。他判断狼心站、耳八渠为地名，但未进一步讨论。此纸不具年月日，黄先生根据大蒙古国和元朝的驿站制度，判断此纸写于窝阔台汗时代之后，即 13 世纪上半期以后。

　　黄先生判定这件文书属于元代，这是准确的。站户制度在中国历

1　黄先生录文第 3—5 行、6—8 行文字多有混杂。本段重新录文，增改文字颇多，但由于文字很难辨识，仅供参考而已。第 2 行"耳八渠"或为"耳卜渠"。此地名又见背面第 3 行。

2　住坐的"坐"字在原书的录文为依照文书描画，类似花押，当为"坐"字；"见"字为新增。

史上仅见于元代，据此可以确定文书的时代。[1] 根据 20 世纪 80 年代出土的黑城文书，我们了解到，狼心站是元朝甘肃行省亦集乃路（路总管府的治所在今内蒙古额济纳旗黑城遗址）的一处驿站。该路共有 8 所驿站，分别为在城站、盐池站、普竹站、狼心站、即的站、马兀木南子站、山口站、落卜剋站。狼心站位于亦集乃路总管府治所黑城（又称黑水城）的城南。[2] 杨真宝奴是亦集乃路狼心站的站户，他居住在耳八渠一带。耳八渠在黑城文书中写为"耳卜渠"，是亦集乃路一条比较重要的灌溉干渠。[3]

　　文书具体地点的确定，促使我们思考吐鲁番地区与亦集乃路地区在元代的交通联系。实际上，从内蒙古西部到吐鲁番地区，在元代一直保持着通畅的交通，既可以绕道河西走廊到哈密，也可以直接穿越戈壁大漠，进抵哈密。[4] 前者虽然绕远，但自然条件要好得多，可以由亦集乃路在城驿站向南，经过山口、狼心、普竹、即的、马兀木南子等站，出正义峡，顺黑河南行至甘州（甘肃张掖）。由甘州向西，走站道经肃州（酒泉）、瓜州，可到沙州（敦煌）。由此再西行即通西域。[5] 蒙古诸王的大量使臣在这条道路上往来。[6] 可能因为多条交通线的存在，狼心站站户杨真宝奴的取状才会在远离亦集乃路的吐鲁番地区被发现。

　　第 47 页，屠行哈三批示（图版四九，图 52）。文书出土于吐鲁番雅尔湖旧城，高 26.6 厘米，宽 16 厘米，共 6 行。这件文书后入藏中国历史博物馆（后合并为中国国家博物馆），清晰照片收入《中国历史博

1　党宝海：《蒙元驿站交通研究》第三章"元朝的站户"，昆仑出版社，2006 年。

2　李逸友编著《黑城出土文书（汉文文书卷）》，科学出版社，1991 年，第 30—31 页。

3　前引李逸友编著《黑城出土文书（汉文文书卷）》，第 18 页。

4　由内蒙古西部和河西地区走捷径，穿沙漠戈壁可以直通哈密，见李治安《元中叶西北"过川"及"过川军"新探》，《历史研究》2013 年第 2 期，第 39—43 页。

5　参看胡小鹏《元甘肃行省递驿道考》，《西北史地》1997 年第 4 期，第 40—46 页。

6　参看陈高华《黑城元代站赤登记簿初探》，《中国社会科学研究生院学报》2002 年第 5 期。

物馆藏法书大观》，定名为《税使司传唤哈三文书》并重新录文。[1] 其录文如下：

1. 仰唤下项人等依限到
2. 府如违治罪奉此
3. 税使司付使朱彦成
4. 屠行哈三
5. 右仰
6. 六月　　日批行。[2]

黄先生评述说，此纸不具年号，年代不详。所写疑为关于征收屠宰税事。哈三为人名，营屠宰业者。《中国历史博物馆藏法书大观》对这件《税使司传唤哈三文书》撰写以下说明："从元代诸县税使司之设及文字书法看，为元代人所写，哈三为人名，营屠业者。税使司付使朱彦成命令所属，通知哈三到府，不得有违。"这段解说对文书性质的判断是准确的。依文字内容，文书属元代。税使司是元朝征收税钱的地方机构，虽然在《元史》中没有提到这一机构，但元代地方志和出土文书显示，税使司多设于路、州、县等地方政府，长官多称提领，下设大使、副使。[3] 哈三应是一位穆斯林，名字可以复原为 Hasan，在《蒙古秘史》第182节提到一位在蒙古地区经商的回回商人阿三，[4] 两人的名字应是相

1　史树青主编《中国历史博物馆藏法书大观》第十二卷《战国秦汉唐宋元墨迹》，上海教育出版社，2001年，图版，第176页；说明与释文，第47页。该书承北京大学中国古代史研究中心朱玉麒教授惠借，谨致谢忱。

2　《中国历史博物馆藏法书大观》较黄文弼先生录文增加了第1行的"唤"字，改第2行第1字"行"为"府"，第3行识读出"税"字。这些增补和改正都是正确的。

3　参看元代方志，如俞希鲁《至顺镇江志》卷一七《司属》、冯福京《大德昌国州图志》卷五《叙官》"税使司"条，分见《宋元方志丛刊》，中华书局，1990年，第2830—2831、6093页。亦可见前引李逸友编著《黑城出土文书（汉文文书卷）》，第14—15、24、90页。

4　*The Secret History of the Mongols: A Mongolian Epic Chronicle of the Thirteenth Century*, trans. by Igor de Rachewiltz, Leiden: Brill, 2004, p.657.

同的。

文书中的"屠行"，可以指屠宰行当、屠宰业，在元代杂剧中有提到屠户们的"屠行"。[1] 不过，"屠行"也可能是指屠宰业的行会组织。

第 48 页，至元三年文书残片（图版五一，图 54）。文书出土于吐鲁番雅尔湖旧城，高 11 厘米，宽 9 厘米，共 4 行，上下残断，用粗麻纸写。文云：

1.……调牢狱至元三年三月初六日悉……

2.……□府指挥为首施行至当年十一月……

3. 纸壹拾贰张缝

4.……十一月　日狱（典）……。[2]

黄先生注意到，文书首行存"调牢狱"三字，疑为提控牢狱文书残纸。此纸出吐鲁番，在元时已属于畏兀儿王国，但仍奉元朝政令。故其官方文书，仍用汉文格式。

由于有准确纪年，这件文书无疑属于元代。大蒙古国成立伊始，高昌回鹘王国君主就向蒙古输诚归顺，得以继续维系在高昌地区的统治。但是，大蒙古国的势力不可避免地要介入当地事务。元朝建立以后，于至元前期在高昌地区增设了新的政府管理机构。但是，在至元三年前后，蒙古西北诸王并未降服元朝，西域尚处在战争状态。这件官文书所反映的元朝统治秩序与当时的形势并不吻合。[3] 文中提到的"指挥"即命令，是上级指令下级的一种下行文书。元人徐元瑞《吏学指南》对"指挥"的解释是："示意曰指，戒敕曰挥，犹以指披斥事务也。"[4] 根据

1　马致远：《马丹阳三度任风子》，收入臧晋叔编《元曲选》，中华书局，1958 年，第 1670、1674 页。

2　"典"下原录文有"血"字，不词，删。

3　参看刘迎胜《西北民族史与察合台汗国史研究》，南京大学出版社，1994 年，第 162—165 页；《察合台汗国史研究》，上海古籍出版社，2006 年，第 257—258 页。

4　徐元瑞：《吏学指南》"公式"条，杨讷点校，浙江古籍出版社，1988 年，第 36 页。

元代公文制度，路总管府对下级州县下达指令用"指挥"。据此，我们似可把文书中的"□府指挥"还原为"总府指挥"。文书中提到的"狱典"，是元朝路、府属下司狱司的负责吏员，而司狱司的职责就是监押罪犯。[1] 据黑城出土文书，路一级地方政府设有司狱司，负责吏员为司狱和狱典。[2] 这从另一侧面证明，至元三年文书残片应属于某个路总管府。然而，至元三年或稍后，高昌地区并没有设置路一级行政机构。这促使我们考虑另一种可能：由于元代吐鲁番地区和内地存在密切交往，这件文书是从内地传入的。

二　《塔里木盆地考古记》中的元代汉文文书

本小节讨论《塔里木盆地考古记》刊布的元代汉文文书。

第 96 页介绍了"杨□亨课程钱残纸"，照片见图版七二，图 5。据黄先生介绍，残纸出土于库木吐拉佛洞中。高 34 厘米，宽 18 厘米。现存下半段。汉文字两行，八思巴字三行。黄先生录文为：第一行汉文："……十年二月吏杨道亨廷。"第二行为八思巴字；第三行为汉文："……分课程钱。"四行、五行为八思巴字（原书所载照片参见本书图 19）。黄先生判断该文书属元代，理由是：此纸与古回鹘文土尔迷失的斤卖地契同出于库木吐拉佛洞中，必为同一时代之物。此地属于元朝，故一切公文程式悉遵元式。

按，文书第一行吏员的人名如黄先生所言，为杨道亨，"亨"字后面并非"廷"字，而是该吏员的花押，或称押字。元代官文书上各级官吏签名之后多辅以押字，这在黑城文书上很常见。

黄先生判断此文书属于元代，这无疑是准确的。文书上出现了两种文字：汉字和八思巴字。元朝在至元六年（1269）颁行八思巴字。这套

1　袁桷：《清容居士集》（《四部丛刊初编》本）卷一八《新修司狱司记》："国朝肇置司狱司，专以掌守囚禁，职卑而劳。"收入《袁桷集校注》卷二六，第 972 页。

2　前引李逸友编著《黑城出土文书（汉文文书卷）》，第 16 页。

图 19　元代官文书残尾

拼音字母由西藏高僧八思巴受元世祖委托创制。它是元朝的官方文字，又被称为"蒙古新字""国字""蒙古字"。作为拼音字母，八思巴字既可以拼写蒙古语，也可以拼写汉语、突厥语等语言。[1]元朝各级政府和官员的官印从至元八年（1271）开始用八思巴字拼写印文，一些政府公文也明令使用八思巴字书写。[2]这件文书上的八思巴字拼写的主要是汉语官名，还有一个源自梵语的人名。第二行可转写为 ti-k'uŋ-·n-du，即汉语"提控案牍"，第三行为? i-či̯i，这也是元代地方政府常见的首领官官名，第一个字母虽然残缺，但可以还原为 j，ji-či̯i 即"知事"，第五行为? iŋ-li-ja-ya-ši-ri，该行前面的字母也残缺，根据残存部分，可以还原为 ge，即 geiŋ-li，拼写的是汉语官名"经历"。后面为此经历的

1　罗常培、蔡美彪编著《八思巴字与元代汉语》，中国社会科学出版社，2004 年，第 8—13 页；照那斯图：《论八思巴字》，《民族语文》1980 年第 1 期，第 37—43 页。

2　《元典章》卷三一《礼部四》"学校一·蒙古学·蒙古学校"条，第 1082 页。本节采用的八思巴字转写方案见呼格吉勒图、萨如拉《八思巴字蒙古语文献汇编》，内蒙古教育出版社，2004 年，第 9—10 页。

名字 Jaya širi，可用汉字译写为"扎牙失里"。[1] 该人名源于两个梵文词语 jaya 和 śri，jaya 意为"胜利"，[2] śri 意为"吉祥、幸运"。在蒙古文中多写作 širi。[3] "扎牙失里"或可意译为"胜祥"。

提控案牍、知事是路、府、上州一级地方政府的首领官，而经历则是路一级地方政府的首领官。[4] 所谓首领官是元朝行政机构中位居正官以下、级别较低、统属吏员办理具体事务的幕职官。提控案牍，设于路、府、上中州，主管衙门文书，属流外职。知事，设于若干中央机构、廉访司、路，为经历副职。又设于行省理问所、散府、上州，为主要首领官，秩从八品以下。[5] 经历，设于枢密院、御史台、宣政院、宣徽院等重要中央官府，及行枢密院、行御史台、宣慰司、廉访司、路等高级地方官府，主管衙门案牍文书，统领吏员，秩从五品至从七品不等。[6]

在这件官文书上，吏员、提控案牍、知事、经历的署名押字按照职位由低到高的顺序排列，完全符合元朝官文书的书写制度。[7] 杨道亨是这件官文书的书写吏员，这类普通吏员通常负责掌案牍文书，是

1　《元史》中提到类似人名，如《元史》卷四四《顺帝纪七》"至正十五年正月"条，宗王扎牙失里守御兴元。第 922 页。

2　A. F. 斯坦茨勒：《梵文基础读本》，季羡林译，北京大学出版社，1996 年，第 140 页。

3　前引 A. F. 斯坦茨勒《梵文基础读本》，第 163 页。参见 Volker Rybatzki, *Die Personennamen und Titel der mittelmongolischen Dokumente: Eine lexikalische Untersuchung*, Helsinki: Universität Helsinki, 2006, pp.712-715.

4　前引《元史》卷九一《百官志七》，第 2316—2318 页。

5　杨维桢《东维子文集》卷四《送郭公知事还湖州序》述路知事："知事位在经历下，其识赞三尺平以左右二千石者也。"《四部丛刊初编》影印旧抄本，第 4b 页。

6　前引杨维桢《东维子文集》卷四《李经历治绩序》述路经历："经历，古郡功曹之官。……上以齐二千石长吏之异同，而下以内群吏佐于成执。"第 5a 页；谢端《送张文琰序》述廉访司经历："吏之治办与否，皆总于经历，经历固为之长，又吏所师也。日出出，即入幕府，督吏、书手，分曹局治文书。凡一司庶务，与分司出按部，郡邑行事有疑不决，官吏受贿及稽违当殿降，讯治民狱辞两造当论报，案既成，吏持来前，求予夺可否。经历为之析疑似，平向背，窜易审定，乃署以异吏。得其情义不戾于律，始可信大官、服僚佐，而吏亦不得一摇手以轻重法。"苏天爵《元文类》卷三六，第 704 页。

7　文书实物见前引李逸友编著《黑城出土文书（汉文文书卷）》，第 102、110—111、117、127、129、138—139、177—181 页。

文书的直接责任人，所以需要亲笔签名、押字。提控案牍、知事、经历负责审阅、检核，很多时候他们只要在文书上钤盖条形墨印即可，不需要亲笔签名、画押，甚至连条印上也不一定刻有具体人名。在这件文书上，只有职位最高的首领官扎牙失里经历的墨印上有具体人名。由于该文书上有经历的墨印，可以判断它很可能是某路总管府的公文。[1]

值得注意的是，我们在亦集乃路总管府至正十一年考较钱粮文卷（编号 F116：W554）上，找到了一位名叫扎牙失里的经历。这件官文书上下均残，在文书末端有总管府吏员、提控案牍、知事、经历的职衔和署名。[2] 与黄文弼先生刊布的文书相似，吏员用汉文书写："至正十一年二月吏张世雄。"然后是八思巴字拼写的三行文字，中日两国学者对此进行了释读，第一行为 [k'u] (ŋ)-·(n)-(t)u ɣan，译为"［控］案牍韩"。据文书内容，姓韩的提控案牍名为韩仲文；第二行为 či，按照元朝公文制度，此行为知事署押，či 即"事"。第三行为 geiŋ-li-ja-ya-ši-li，可译为"经历扎牙失里"。[3] 此处人名 Jaya šili 的拼写与上文杨道亨课程钱残纸 Jaya širi 稍有差异，šili 系采用汉语发音，而杨道亨课程钱残纸 širi 则更接近于梵文发音。杨道亨课程钱残纸第一行已残，但可以看到残存的部分纪年为"……十年"。元朝诸帝的年号有十年或十年以上的，只有元世祖至元、元成宗大德和元顺帝至正。这就注定了杨道亨课程钱残纸只能属于这三位皇帝统治时期。而我们看到的亦集乃路至正十一年考较钱粮文卷，也在这个范围之内，属于元顺帝时期。文卷上经历的名字与杨道亨课程钱残纸经历之名相同。这不能不令我们推测，杨

1　可参看甘肃行省亦集乃路的首领官设置，见前引李逸友编著《黑城出土文书（汉文文书卷）》，第 13 页。

2　汉文录文见前引李逸友编著《黑城出土文书（汉文文书卷）》，第 120 页，黑白照片见该书图版四。

3　八思巴字转写、释读与评述见吉田顺一、チメドドルジ（齐木德道尔吉）编著「ハラホト出土モンゴル文書の研究」第 48 号文书、東京：雄山閣、2008、120-121 頁。文书黑白照片见该书第 320 页。

道亨课程钱残纸很有可能来自甘肃行省亦集乃路总管府，书写时间为至正十年（1350）二月。[1]

三　《吐鲁番考古记》中几件汉文文书的年代

本小节对《吐鲁番考古记》中几件汉文文书的年代略做讨论。

第 29 页，观音奴别译文题识（图版——，图 13）。文书两面书写，正面为汉文佛经断片，经文上端有一行"观音奴都统所别译"。背面写回鹘文四行，另有汉文一行"别译文第一帙讫无安为"。黄先生认为，正背面所指一事。观音奴都统所指译经机关。据《元典章》判断，为元代管理僧侣的机构。观音奴为都统。

按，元朝前期设立了各级僧道管理机构，如总统所、都总统所、总摄所等，任命了大量僧官，如总摄、总统、都总统，但正式僧官中并没有"都统"。也许此处的"都统"是指"都总统"，但这样的省称颇为罕见。[2]

上文提及，元朝设置的正式僧官中没有都统，但是在高昌回鹘王国"都统"则是常见的僧官名称，写为 tutung 或 dutung。这一称号起源于汉地的"都僧统"，后被回鹘佛教徒长期用作高僧的称号。[3]我们能够检索到的元代僧官都统，基本都是畏兀儿人。元世祖忽必烈朝有一位重要

1　1927 年 9 月 26 日，黄文弼先生在黑城做实地调查，他在当天的日记中写道："余在城内又拾纸片一张，内有'课程己'数字，又有'十三年二月'诸字。惜朝代建元诸字缺失，无由查其年代。又有文书类梵，文字待考。"见黄文弼著，黄烈整理《黄文弼蒙新考察日记（1927—1930）》，文物出版社，1990 年，第 84 页。按，笔者怀疑日记录文"课程己"中的"己"字为草体简写的"钱"字之误，日记原文可能是"课程钱"。另外，"文书类梵"，或许是指八思巴字。录此备考。

2　笔者检索到 1366 年大都崇国寺圣旨碑，其中提到："大崇国寺空明圆证大师选公，释教都统名分里委付了有来。""依着他保来的文书，释教都总统澄慧国师选公名分封赠。"见蔡美彪编《元代白话碑集录》，第 98 页。

3　James R. Hamilton, "Les Titres šäli et tutung en ouïgour", *Journal Asiatique*, 272 (1984), pp.433-434；小田壽典「ウィグルの稱號トウトウングとその周邊」57-73 頁。小田寿典前引文第 62—63 页提到了《吐鲁番考古记》关于观音奴都统的这篇残文书。

的畏兀儿大臣蒙速思，他的父亲阿里息思，曾任畏兀儿僧官——都统。[1]
蒙速思的长子脱因，曾任元朝掌管全国佛教事务和统辖吐蕃地区的专门
机构宣政院的长官——宣政院使。脱因是一位佛学造诣很深的高僧。在
担任宣政院使之前，他参加了元世祖组织的翻译并勘定佛经、编制《大
藏经》目录的活动。元代《至元法宝勘同总录》提到"翰林学士、嘉议
大夫脱印都统奉诏译畏兀儿语"。[2] 这里的脱印即脱因，是用汉字对回鹘
文人名 Toyin 的不同译写。《通制条格》卷四"女多溺死"条收录的至
元十三年（1276）公文，提到火州城子一带的哈儿沙沙津爱忽赤旭烈都
统。[3] 在元代一些回鹘文佛经的翻译者中我们也可以找到一些具有都统
头衔的僧人。[4]

　　从经文来看，正面的文字题写在汉文佛经的边缘，属于非正式的题
写。回鹘文译文写在汉文佛经的背面，是废纸再利用。如果在元代，应
该不会出现用纸如此拮据的情况。

　　综上考量，观音奴都统很可能并非元代僧官，而是高昌回鹘王国的
一位僧官。由于语言能力强，主持了佛经的翻译工作。

　　《吐鲁番考古记》收录了几件印本佛经。第30页，图版一二，图
14 为"号"字号《大般若波罗蜜多经》卷四九一"第三分善现品第三
之十"第十张，这是完整的一张，版式为卷轴装，共23行，每行14字。
根据版式、字体，它属于金代大藏经（"金藏"）系统。[5]

1　程钜夫：《程雪楼文集》卷六《武都智敏王述德之碑》，《元代珍本文集汇刊》影印民国陶湘影
　　刻洪武二十八年刊本，第 278 页。

2　庆吉祥编《至元法宝勘同总录》卷一，《中华大藏经》第五十六册影印清藏本，中华书局，
　　1993 年，第 1 页。

3　《通制条格》，方龄贵《通制条格校注》本，中华书局，2001 年，第 202 页。

4　前引小田寿典「ウィグルの称号トゥトゥングとその周邊」收集了大量的例子，另外可参看杨富学
　　《西域、敦煌文献所见回鹘之佛经翻译》，《敦煌研究》1995 年第 4 期，第 17、21、25 页；Y.
　　Kasai, Die uigurischen buddhistischen Kolophone, Brepols, 2008.

5　《中华大藏经》第五册。此卷为金藏广胜寺本，但第 866 页此张缺，以高丽藏补。据同卷金藏
　　对照，此为金藏无疑。张新鹰《陈宁其人及回鹘文〈八阳经〉版刻地——读冯家昇先生一篇
　　旧作赘言》曾做比定，见《世界宗教研究》1988 年第 1 期，第 131 页。亦可参见党宝海《吐
　　鲁番出土金藏考——兼论一组吐鲁番出土佛典的年代》，《敦煌吐鲁番研究》第四卷，北京大
　　学出版社，1999 年，第 104 页。

同书第30页，图版一三，图15—16，日本学者中村菊之进比定为"往"字号《大般若波罗蜜多经》卷一九七"初分难信解品第三十四之十六"。该残片为两个半页，四边均残，据边缘空白可判断为蝴蝶装，每半页6行，每行14字，为"往"字号第三张第12—17、18—23行。从版式、书刻的特征来看，与现存"金藏"相同，当属"金藏"系统。[1]

同书第31页，图版一六，图19，中村菊之进比定为"容"字号"佛说咸水喻经"。它与"金藏"赵城广胜寺本完全相同，根据它的行数与没有折痕来判断，此为卷轴装。[2]

黄先生收集的这些属于金藏系统的佛经印本非常重要，为研究古代汉文大藏经的传播史提供了珍贵的实物资料。金代汉文大藏经是金朝大定年间由河东潞州（今山西长治）女子崔法珍等人发起刊刻印造的。经书完成后，影响很大。金朝政府不仅册封了崔法珍，还把经版运到首都——中都城的弘法寺保存、施印。这部大藏经被称为"金藏"。[3]在大蒙古国时期和元代，藏于弘法寺的经版继续校勘、补刻、印刷。于是出现了属于"金藏"系统的多个不同时代的印本。现存"金藏"多是在大蒙古国和元朝初期印造的，包括大蒙古国蒙哥汗丙辰年（1256）印本——燕京大宝集寺本、中统三年（1262）印本——赵城（今山西洪洞县赵城镇）广胜寺本。[4]通过黄先生的发现，我们了解到在吐鲁番地区

1　中村菊之進「トルファン出土の大藏経」52 頁。《中华大藏经》第二册，第867页下栏相同部分为高丽藏，金藏缺。可参看前引党宝海《吐鲁番出土金藏考——兼论一组吐鲁番出土佛典的年代》，第104页。

2　前引中村菊之進「トルファン出土の大藏経」49 頁。参见前引党宝海《吐鲁番出土金藏考——兼论一组吐鲁番出土佛典的年代》，第105页。可比较《中华大藏经》第三十四册，第27页中栏，最后7行。

3　参看蒋唯心《金藏雕印始末考》，《国风》第五卷第12号，1934年。后收入张曼涛主编《大藏经研究汇编》上册，台北：大乘文化出版社，1977年，第215—270页；宿白《赵城金藏与弘法藏》，《现代佛学》1964年第2期，第13—22页，后改题为《赵城金藏、弘法藏和萨迦寺发现的汉文大藏残本》，收入宿白《藏传佛教寺院考古》，文物出版社，1997年，第222—233页；李富华《〈赵城金藏〉研究》，《世界宗教研究》1991年第4期，第7—17页。

4　前引李富华《〈赵城金藏〉研究》，第3、4、10页。燕京大宝集寺本曾为西藏萨迦寺收藏，见前引宿白《赵城金藏、弘法藏和萨迦寺发现的汉文大藏残本》，《藏传佛教寺院考古》，第224—227页。

也有使用金代经版印制的汉文大藏经。这批经书传入吐鲁番地区的具体途径尚不清楚。

我们目前了解到，曾经在金元时期的某个戊申年，一位名叫不颜绰黑（Buyančoγ）的畏兀儿人在中都弘法寺印造了多种汉文佛经。回鹘文印经题记现藏德国柏林，德国著名突厥学家彼得·茨默最早刊布、翻译了印经题记，同时还发表了带有不颜绰黑及其父母图像的佛经扉画。其文略曰："……在吉祥的斋戒之日，即十干的戊年、猴年的六月八日，我发愿印造了这些佛藏宝典:《大般若经》《华严经》《法华经》《尊胜经》《慈悲忏》《金刚经》。这些宝典用中都城（Čungdu balïq）弘法寺（Xungvasi）的印版印制完成。……"[1]

笔者曾考释此处的戊申年为 1188 年，即金大定二十八年。不颜绰黑可能是在中都经商的回鹘商人，斥资在当地请印了"金藏"中重要的六部经书。[2] 但是，随着对不颜绰黑衣着服饰腰线袍的研究，笔者对原来的看法有所修正，认同茨默的看法，即戊申年很可能为 1248 年。[3] 正如上文所说，在大蒙古国时期，人们曾使用弘法寺的佛经版片印刷了"金藏"系统的大藏经，燕京大宝集寺本就是蒙哥汗丙辰年（1256）印刷的。其他学者多倾向于认为戊申年为 1248 年。[4]

内地的汉文大藏经传入高昌回鹘地区的途径不止一条，但是最清晰的记述就是不颜绰黑的印经题记，它明确记录了印经人的姓名、印经原

1　英译文见 Peter Zieme，"Donor and Colophon of an Uighur Blockprint", *Silk Road Art and Archaeology*, Ⅳ, 1995/1996, pp.415-416。根据 Zieme 英译文所作的汉译，见前引党宝海《吐鲁番出土金藏考——兼论一组吐鲁番出土佛典的年代》，第 110 页。Zieme 原作未将 Sosingki（尊胜经）辨出，此处用日本学者笠井幸代的观点，见 Y. Kasai, *Die uigurischen buddhistischen Kolophone*, Brepols, 2008, p.243。

2　前引党宝海《吐鲁番出土金藏考——兼论一组吐鲁番出土佛典的年代》，第 112—117 页。

3　Dang Baohai, "The Plait-line Robe, a Costume of Ancient Mongolia", *Central Asiatic Journal*, vol.47: 2 (2003)，p.203。

4　何启龙:《佛经回鹘文跋文的 čungdu "中都" 所指的时间与地点》,《元史及民族与边疆研究集刊》第二十一辑，2009 年，第 166—172 页。外国学者相关研究的综述见 Y. Kasai, *Die uigurischen buddhistischen Kolophone*, p.244。

因、时间、地点、印经名称。我们不能排除这样的可能性:《吐鲁番考古记》中"金藏"系统的《大般若波罗蜜多经》残片来自不颜绰黑在戊申年印刷的经卷。

四　钱币与散见文书

《塔里木盆地考古记》第 109 页，介绍了"至正通宝"当三钱。照片见图版一〇四，图 30。黄先生介绍说，此钱出土于沙雅西北喀拉马克沁一带。圆径 3.3 厘米，重 10.2 公分（1 公分即 1 克——引者）。正面镌楷书"至正通宝"四字，背面镌八思巴字，表明年代（原书所载照片参见本书图 20）。黄文弼先生据《东洋钱志》，释读八思巴字为汉文"辰"字，认为是至正十二年所铸，是年为壬辰。

图 20　至正通宝

至正通宝是元朝末期铸造的货币，内地多有发现。黄先生介绍这枚"至正通宝"为当三钱，但是从此钱正面、背面照片，我们看不到"三"字，不知何据。钱币背后铸有八思巴字，黄先生根据此类钱币的惯例，判定为货币铸造纪年，这是准确的。钱背八思巴字可转写为 šin，对应的汉字为"辰"。[1]因为不是数字，它应表示此钱铸造于某个辰年。

1　照那斯图、杨耐思编著《〈蒙古字韵〉校本》，民族出版社，1987 年，第 84 页。

丁福保先生编《历代古钱图说》收录了带有八思巴字的"至正通宝"钱拓本多种。这些八思巴字分别为：寅、卯、辰、巳、午。书中对此做出了解释："《元食货志》至正十年铸至正通宝钱。"至正十年为庚寅年（1350）。[1] 如果"寅"字对应的钱币铸造年份为至正十年，那么，"辰"字应表示至正十二年（壬辰年，1352）。

《塔里木盆地考古记》第109页，介绍了一枚压胜钱，照片见图版一〇四，图31。此钱的出土地与"至正通宝"钱相同。圆径5.4厘米，重48.6公分（原书所载照片参见本书图21）。黄先生评述说：钱正面穿旁镌新蒙古文（即八思巴字——引者），组成两串钱文图案，背面镌一人像及神仙云气等，显然是在内地制造。由内地人携带输入新疆，作佩带之用，不必流通市面。

图21　古代压胜钱

仔细观察两串钱文图案的照片和拓本，感觉组成钱串的并非八思巴字，或许根据实物方可做进一步的判断。

在前引《中国历史博物馆藏法书大观》第十二卷中收录了一件《至

1　丁福保编著，马定祥批注《历代古钱图说》，上海人民出版社，1992年，图片见第144—147页，说明文字见第144页。关于至正通宝的铸造，可参看《元史》卷九七《食货志五》"钞法"条：至正十年"铸至正通宝钱与历代铜钱并用，以实钞法"。此事又见《元史》卷四二《顺帝纪五》"至正十年十一月"条："己巳，诏天下以中统交钞壹贯文权铜钱壹千文，准至元宝钞贰贯，仍铸至正通宝钱并用，以实钞法。"分见第2484、889页。

元五年户杂房残文书》。[1]这件文书很可能是黄文弼先生在西北考察时收集到的，故本文一并讨论。该文书已残，正、背面均有文字。正面汉字5行：

　　1. 户杂房

　　2. 呈：今起置到钧旨文簿一扇

　　3. 印押者

　　4. 右附讫

　　5. 至元五年三月

文书的背面有汉字4行：

　　1. 收藏公议

　　2. 书

　　3. 顿放见行

　　4. 孔晒孔

　　文书背面另有押字4个，文书上方有八思巴字4个，第4个八思巴字只写了开头部分（原书所载照片参见本书图22、图23）。

　　《中国历史博物馆藏法书大观》的"说明与释文"写道，文书正面"为某处官衙户杂房起置上司文簿及使用印押呈文，词句简单，行字不等"。文书中的"户杂房"是地方政府吏员办公的机构，主要负责管理土地户籍和行政杂务。在元朝亦集乃路总管府之下，设有"户房"，属于类似机构。[2]"钧旨"通常是指一品政府机构和官员发布的命令，[3]此处

1　前引史树青主编《中国历史博物馆藏法书大观》第十二卷《战国秦汉唐宋元墨迹》，图版，第174、175页；说明与释文，第47页。

2　前引李逸友编著《黑城出土文书（汉文文书卷）》，第14页。

3　前引《元典章》中有大量的钧旨为中书省所发，也有行中书省下发的词例。兹不具引。

图22　至元五年户杂房残文书（正面）

图23　至元五年户杂房残文书（背面）

可能是指中书省或行中书省下达的指令。

《中国历史博物馆藏法书大观》对文书背面有如下说明："行字不等，字大墨浓。其余散乱不规整，并有八思巴字签押五个，当与呈文印押有关。"背面八思巴字的释读，有助于我们对该文书的认识。前3个八思巴字可以转写为 yi、ži、sam，分别对应汉字：一、二、三。[1]最后一个八思巴字没有写完，但从起始笔画来看，很可能是要写 s，全字当为"四"字。[2]从这几个拼写数字的八思巴字来看，它们不是押字，而应是练习书写的八思巴字。文书上有四个花押图案，第一个有汉字"王"，中间两个漫漶不清，最后一个押字由八思巴字组成，分别为 geu、sen，它们所拼写的应是汉字，能对应的汉字可参看《蒙古字韵》，或可拟为"居/先"。[3]耐人寻味的是，这个押字并不是用花押印押上的，而是出自毛笔描画，这从八思巴字的书写笔画可以看得很清楚。文书背面的大字楷书虽然书写工整，但元朝公文实物中很少见到这样的大字正楷体，它的内容也与文书正面的内容没有直接关系。笔者怀疑背面文字（包括汉字、八思巴字和押字）都是元代人练习书写所为，并不属于官方文书。

结　论

黄文弼先生在 20 世纪上半叶国难频仍的艰苦岁月，筚路蓝缕，数次西行考察，为祖国珍贵历史资料的保存和研究做出了不朽的贡献。黄先生所获元代文书为我们深入细致地认识元朝行政、经济、文化、语言文字等多个历史侧面提供了难得的第一手资料。

谨撰此文，表达笔者对先生的景仰与缅怀。

1　前引照那斯图、杨耐思编著《〈蒙古字韵〉校本》，第 54、55、122 页。

2　前引照那斯图、杨耐思编著《〈蒙古字韵〉校本》，第 57 页。

3　参照字见前引照那斯图、杨耐思编著《〈蒙古字韵〉校本》，第 69、100 页。

第三节　敦煌元代汉文官文书续考

本节旨在对敦煌莫高窟北区石窟出土的三件元代汉文官文书进行释读和分析。因所论文书曾由敦煌研究院的学者初步整理和研究，故名续考。

一　肃州路总管府残文书

1988—1995 年，甘肃省敦煌研究院对敦煌北区石窟进行了考古发掘，在 B53 窟发现了数件元代官文书。2000 年文物出版社出版的《敦煌莫高窟北区石窟》第一卷中刊布了这些文书的照片和录文。其中三件文书残片是从西夏文《金光明最胜王经》卷五的封皮上揭取的，编号分别为 B53:16-1、B53:16-2、B53:16-3。纸张都是白麻纸，泛黄，纤维交织不匀，有横帘纹，纸薄，质软。[1]

我们先看 B53:16-3，文书残宽 12 厘米，残高 18 厘米，上残存 1 行汉文，共 10 字，另有朱红色八思巴文印记一方。彩色图版见该书彩版一七（中）。由于钤盖的是八思巴字方形大印，这件文书属于元代无疑（参见本书图 24）。因印章文字残缺，研究者未能读出印文。以下依现存印文，试做转写，残缺的八思巴字用？表示：[2]

1）ʔu džiw lu　2）ʔŋ gon　3）ʔu jin

印文对应的汉字当为"？州路？管？印"。根据官印文字的读音和元代敦煌周边的状况，这方官印的完整印文可以构拟为：

1　文书的录文和图版都收入彭金章、王建军等《敦煌莫高窟北区石窟》第一卷，文物出版社，2000 年，录文见该卷第 191—192 页。

2　本节的八思巴字转写方案见照那斯图、薛磊《元国书官印汇释》，辽宁民族出版社，2011 年，第 282—283 页。

1）[se]u džiw lu　2）[dzu]ŋ gon　3）[hu̯]u jin

相应的汉文是"肃州路总管府印"。元代上述汉文的八思巴字与文书残印上的篆体八思巴字无论完整文字还是部分笔画，均能准确对应。[1]

据《元史》卷六〇《地理志三》："肃州路，下。唐为肃州，又为酒泉郡。宋初为西夏所据。元太祖二十一年，西征，攻肃州下之。世祖至元七年，置肃州路总管府。户一千二百六十二，口八千六百七十九。至元二十七年数。"[2]

虽然上述文书在敦煌莫高窟发现，但它并不属于敦煌所在的沙州路。据《元史》卷六〇《地理志三》："沙州路，下。唐为沙州，又为敦煌郡。宋仍为沙州，景祐初，西夏陷瓜、沙、肃三州，尽得河西故地。金因之。元太祖二十二年，破其城以隶八都大王。至元十四年，复立州。十七年，升为沙州路总管府，瓜州隶焉。"该书同卷对元代沙州与肃州的关系也有记载："沙州去肃州千五百里，内附贫民欲乞粮沙州，必须白之肃州，然后给与，朝廷以其不便，故升沙州为路。瓜州，下。唐改为晋昌郡，复为瓜州。宋初陷于西夏。夏亡，州废。元至元十四年复立。二十八年徙居民于肃州，但名存而已。"[3]

综上所述，元代肃州的地位要比沙州重要。这件钤盖八思巴字官印的文书，应是元朝甘肃行省肃州路的官文书。

文书上仅存一行文字：（上缺）[省?]中统钞壹阡陆佰定［有］（下缺）。

1　"肃州路总管府印"涉及的七个八思巴字，参见上引照那斯图、薛磊《元国书官印汇释》，肃，第300页；州，第307页；路，第296页；总，第307页；管，第292页；府，第292页；印，第305页。

2　《元史》卷六〇《地理志三》，第1450页。

3　前引《元史》卷六〇《地理志三》，第1450—1451页。

图24　元代钤印官文书残片

二　亦集乃路总管府籴粮文书

　　下面讨论第二件文书。文书编号 B53:16-1，残存 5 行 60 字，手写体。文书残宽 12.2 厘米，残高 18.5 厘米。彩色图版见《敦煌莫高窟北区石窟》第一卷彩版一七（右），亦参见本书图25。研究者的录文基本准确，但在关键人名的识读上存在错误。新的录文如下，补字写在方括号内：

　　第 1 行　（前缺）仰李异奴籴粮钱内与本路正官（后缺）

　　第 2 行　（前缺）可承此除外为本路同知小云赤［不］花元（后缺）

　　第 3 行　（前缺）中统钞陆佰定不留收籴移准

　　第 4 行　（前缺）该准同知小云赤不花□元（后缺）

第 5 行 （前缺）佰定见已收顿外有（后缺）

文书中的"小云赤不花"在原书中被读为"小云素不花"，不确。这个名字是元代常见的突厥语男性人名，可还原为 Sevinč Buqa，意为"快乐的牡牛"。[1] 文书第 4 行方框内有疑问的文字残缺，原书识读为"至"，并不肯定，后标问号。从笔画来看，这个字应该不是"至"，若是年号"至元"，那么"元"字后面的文字应该与这个年号有关，应为汉文数字，但从残缺的文字来看，"元"后面肯定不是数字。

从内容判断，文书与某路政府从民间收购粮食的经费有关，具体负责这项事务的是该路的同知小云赤不花。

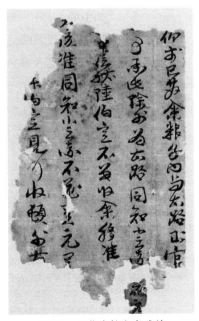

图 25　元代籴粮文书残片

1　Gerard Clauson, *An Etymological Dictionary of Pre-Thirteenth-Century Turkish*, Oxford: Oxford University Press, 1972, p.790, p.312; D. Cerensodnom and M. Taube, *Die Mongolica der Berliner Turfansammlung*, Berlin: Akademie Verlag, 1993, p.180.

　　值得注意的是，在内蒙古黑城元代亦集乃路政府文书中，我们发现了官职相同、人名相同的小云赤不花。提到此人的文书共有三件，都与亦集乃路的钱粮事务有关，它们分别是税粮文卷 F116:W463、F116:W465、F116:W610，李逸友先生将它们统一定名为《大德十一年税粮文卷》。[1]先看 F116:W463 号文书（参见图26），由两个断片组成，本节用 A、B 表示，录文各自按行编号，多字缺文用中空的方括号表示，单字缺文用方格表示。

A：

1. ［　　］拨定大德十一年人户合纳税粮□□

2. ［　　］吏赵震依限催征须要限内齐足具数

3. ［　　］考较大德十一年钱粮司吏徐友义

4. ［　　］陆合玖勺肆抄内除并免三分外实合征粮

5. ［　　］部粮官同知小云失不花等依限征纳齐

6. ［　　］到仓数粮并无不实得此省府合下

7. ［　　］坐实收各色粮数同开仓收足□

8. ［　　］者

B：

1. ［　　］见申到省府须合再下仰照验

2. ［　　　　］须议札付者[2]

1　李逸友编著《黑城出土文书（汉文文书卷）》，第115—116页。

2　上引李逸友编著《黑城出土文书（汉文文书卷）》，第115页。本段的录文有改动。彩色图版见塔拉、杜建录、高国祥《中国藏黑水城汉文文献》第二册，国家图书馆出版社，2008年，第291页。

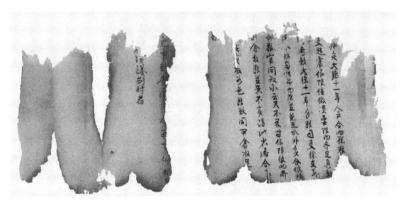

图 26　大德十一年税粮文卷

再看 Fll6:W465 号文书（参见图 27），也有两个断片：

A：

1.□训大夫亦集乃路总管府同知小云失卜花谨

B：

1. [　　　] 叁撮

2. 　大麦捌拾陆石伍斗捌升式合式勺八抄

3. 　　六撮

4. 　　　　押　　　押

5. 十二日

6. [　　] 札付

7. 税粮[1]

1　上引《黑城出土文书（汉文文书卷）》，第 115 页。彩色图版见上引《中国藏黑水城汉文文献》
　　第二册，第 292 页。

图27   亦集乃路总管府文书残尾

第三件相关的黑城文书编号 **F116:W610**，包括四个断片（参见图
28），分别用 A、B、C、D 表示。每一断片的文字行数单独编号。

A：

1. □□圣旨里亦集乃路总管府承奉

2. □肃等处行中书省札付云云承此

3. [   ] 奉训照得先奉

B：

1. [   ] 外今承前因当

2.   府除外合行移关请

3.   照验依奉

4.   省札内事理催并闭纳齐足缴

5.   连无欠通关违限的本招伏希

6.   公文发来待凭具申施行

7.   一下首领官提控案牍罗孝祥

8.   照得先奉

9.   甘肃行省札付该计拨定大德十

10. 一年税粮实征数目以下本职与

11. 本路同知小云赤卜花一同催部外

12. 今准前因总府除外合下仰照

13. 验依奉

C：

1. 〔　　〕秃曾都〔　　　　　〕关照验

2. 〔　　〕今准前因当职非敢违限今将实征

3. 〔　　〕各色粮数开坐前去请照验事准此□

4. 〔　　〕行开坐具申伏乞

5. 〔　　〕施行

6. 〔　　〕开

7. □肃等处行中书省

D：

1. 谨具

2. 　至大元年三月　吏赵震呈

3. 　　　　　押

4. 十六日　印 [1]

图28　至大元年亦集乃路总管府部粮文书

此外，在《中国藏黑水城汉文文献》第四册"其他律令与词讼文书"中有文书提到了这位同知小云赤不花。文书原始编号为

1　上引《黑城出土文书（汉文文书卷）》，第116页，本段的录文有改动。彩色图版见《中国藏黑水城汉文文献》第二册，第278—281页。文书的原始编号误写为 F116:W616。

84H·F117:W24/1816，拟题为"文书残件"，文书共四件残片，残片一、三各存文字 3 行，残片二、四各存文字 2 行，均有涂改痕迹。第三个断片（参见图 29）的第 1 行提到"同知小云赤不花"，第 2 行提到"以致收受入仓，在后不记日"等。[1] 这组文书在《黑城出土文书（汉文文书卷）》中漏收。

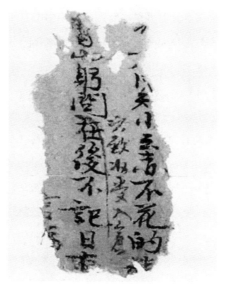

图 29　元代文书残片

　　上引第一件黑城文书提到的时间为大德十一年，第三件文书签署的时间为至大元年。由此可知，同知小云赤不花在亦集乃路任职的时间是元成宗大德年间的后期和元武宗时期。小云赤不花的官职为亦集乃路同知，但所有文书都显示他还具体负责与征收税粮有关的工作。F116:W463 号文书直接提到他是部粮官，"部"即置办、征集之意。F116:W610 号文书提到，他和本路其他官员"一同催部"税粮。

1　张重艳、杨淑红：《中国藏黑水城所出元代律令与词讼文书整理与研究》，知识产权出版社，2015 年，第 226 页。彩色图版见《中国藏黑水城汉文文献》第四册，国家图书馆出版社，2008 年，第 951 页。出版编号为 M1·0733。

F116:W465 号和 84H·F117:W24/1816 号文书也都显示他与税粮事务有关。根据元朝的制度，每年政府征收税粮，要由地方政府的正官，担任部粮官，具体负责当地税粮的征集和运输入仓。具体到亦集乃路，正官包括达鲁花赤、总管、同知、判官。小云赤不花作为同知兼任部粮官，完全符合元朝制度。元朝强调，部粮官由正官充当，"若本处不差正官，权官部税，将来若有失陷，或税石不足，各处达鲁花赤、管民官、部粮官不分首从，一同断罪"。[1]

　　至于小云赤不花，他的正式官职是同知。按照官职的属性，同知属于佐贰官，院、府、寺等中央官署、各类专职总管府、地方宣慰司、路、府、州均有设置，正式名称为同知某某机构事，路同知的全称为同知某某路总管府事。上路从四品，下路正五品。[2]据《元史》卷六〇《地理志三》："亦集乃路，下。在甘州北一千五百里，城东北有大泽，西北俱接沙碛，乃汉之西海郡居延故城，夏国尝立威福军。元太祖二十一年内附。至元二十三年，立总管府。"[3]亦集乃路为下路，路同知为正五品官。

　　部粮的工作并不属于专职，而是类似于临时差遣。征粮结束，部粮官的职任会相应解除。有些辖区广阔、人口众多的地区，部粮官还可细分为总部官、分部官等，但部粮任务结束，要各回本司。"诸税石，严禁官吏、势要人等，不得结揽。若近下户计，去仓地远，愿出脚钱，就令近民带纳者，听。其总部税官，斟酌各处地里，定立先后运次，约以点集处所，觑得别无轻赍揽纳之数，令分部官，管押入仓，依数交纳，得讫朱钞，即日发还。惟总部官，直须州县纳尽，方许还职。"[4]具体到本

1　《至正条格》"断例"卷一〇，"厩库·税粮限次"条，至元三十年四月，第275页；《元典章》卷二四《户部十》，"纳税·税粮违限官员科罪"条，至元三十年四月，第947页。

2　前引《元典章》卷七《吏部一》，"职品·内外文武职品"条，第201页。

3　前引《元史》卷六〇《地理志三》，第1451页。

4　《通制条格》卷一七《赋役·科差》，至元二十八年六月，中书省奏准《至元新格》，见方龄贵校注《通制条格校注》，中华书局，2001年，第495页。同一条又见前引《至正条格》"条格"卷二七，"赋役·科拨差税"条，至元二十八年六月，第71—72页；前引《元典章》卷二四《户部十》，"纳税·下户带纳者听"条，《至元新格》内一款，第945页。

小节而言，相对于路同知的官职，部粮官只是小云赤不花的临时兼职。

亦集乃路公文所示同知小云赤不花所管部粮事务与敦煌文书提到的同知小云赤不花籴粮之事有很强的相关性。籴粮是政府收购粮食，属于地方政府所承担的粮食事务之一。它与部粮一样，都涉及到地方粮食的收集与运输。

如果本小节讨论的这件敦煌元代文书中的同知小云赤不花与亦集乃路的同知小云赤不花为同一人，那么，文书中的"本路"当为亦集乃路，文书的时间也应当属于元成宗后期到武宗时期，比研究者推测的"至元三十年"晚。

这件文书若是亦集乃路的官文书，它流传到敦煌是不足为奇的。在当时的甘肃行省，亦集乃路与河西走廊地区存在着密切的联系。文书的流转较为频繁。在出土的亦集乃路文书中，不乏外地文书。俄藏 TK226号文书为肃州路官员名录，明显来自肃州路，是外地文书传入黑城地区的很好例证。[1] 另外，笔者曾在一篇旧作中指出，黄文弼先生在新疆吐鲁番、库车等地发现的汉文文书中，有至少两件来自元朝的亦集乃路地区。[2] 亦集乃路文书出现在敦煌的石窟中，是完全可能的。

若进一步推论，上文提到的钤印文书 B53:16-3 为肃州路总管府钱钞文书，而这件 B53:16-1 号文书为亦集乃路总管府籴粮钱钞文书，那么，它们显然不属于同一件文书。另外，这两个总管府虽然都隶属于甘肃行省，但文书本身不是甘肃行省下发的。《敦煌莫高窟北区石窟》的作者认为，这两件文书与 B53:16-2 可能是一体的，统一定名为"元某行省残牒为□路正官中统钞锭事"，似未安。

1　详见杜立晖《俄藏黑水城肃州路官员名录文书考释》，《西夏学》第五辑，2010 年；张笑峰《黑水城所出〈肃州路官员名录〉新考》，《元史及民族与边疆研究集刊》第二十九辑，2015年。原件影印本收入史金波等主编《俄藏黑水城文献》（汉文部分）第四册，上海古籍出版社，1997 年，第 228—229 页。

2　党宝海：《黄文弼先生所获元代汉文文书浅识》，荣新江、朱玉琪主编《西域考古·史地·语言研究新视野——黄文弼与中瑞西北科学考查团国际学术研讨会论文集》，科学出版社，2014年，第 312—323 页。

三　库官文书

在 B53 窟发现的元代文书中，有一件编号为 B53:15-3 的文书（参见图 30），残存汉字 2 行 15 字，手写体。文书残宽 6.2 厘米，残高 9.8 厘米。黑白照片见《敦煌莫高窟北区石窟》第一卷图版六二（2 左）。录文为：

第 1 行　（前缺）库官龚汝能
第 2 行　谨呈熙得至元三十年十（后缺）

录文第 2 行的"熙得"当读为"照得"，这是元朝政府公文的常用语。元人徐元瑞《吏学指南》"发端·照得"条释义为："谓明述元因者。"[1]朝鲜李朝时期编纂刊刻的《吏文辑览》卷二"照得"条解释说："具见始末曰照，谓照而得之也。凡文移发语，例曰照得。"[2]

在元代文献，尤其是《元典章》中，"照得"很常见，兹不列举。

图 30　元代库官残文书

1　徐元瑞：《吏学指南》，杨讷校点，浙江古籍出版社，1988 年，第 37 页。
2　崔世珍编《吏文辑览》，汉城：朝鲜印刷株式会社，1942 年，第 319 页。

第四节 古代丝绸之路上的杭州产品

一 元代杭州与丝绸之路上的国际贸易

13—14 世纪，随着蒙古帝国的建立，亚欧大陆的陆上贸易通道，即广为人知的"丝绸之路"，在和平时期得以全线贯通。远在欧洲的商人利用这一商路网到远东地区进行贸易。这时中国南方的经济中心之一——杭州在丝绸之路东段的经贸活动中占有重要地位。

14 世纪前期意大利佛罗伦萨商人弗兰西斯科·裴哥罗梯（Francesco Balducci Pegolotti）在他编写的《通商指南》（La pratica di mercatura）中记载了从俄罗斯地区的钦察汗国到中国的路线：[1] 先是从塔纳（Tana，今俄罗斯亚速海边的阿速夫）坐牛车到斤塔儿罕（Gintarcan，今俄罗斯伏尔加河下游阿斯特拉罕附近），然后从斤塔儿罕走 1 天水路到萨莱（Sara，阿斯特拉罕附近谢里特连诺耶镇）。从萨莱到小萨莱（Saracanco，今俄罗斯伏尔加格勒附近的察列甫）需 8 天时间，有水、陆两条路。从小萨莱向东行 50 天到讹打剌（Oltrarre，在哈萨克斯坦锡尔河右岸阿雷斯河口附近），从那里骑驴走 45 天可以到阿力麻里（Armalecco，今新疆霍城县境内），再行 70 天至甘州（Chamexu/Camesu）。[2] 从甘州骑马走 45 天，来到一条称为?（原文空

---

1 Francesco B. Pegolotti, *Notices of the Land Route to Cathay* (circa 1330–1340), trans. and ed. by Henry Yule, in Henry Yule ed., *Cathay and the Way Thither*, vol.2, London: Hakluyt Society, 1866, pp.287-289. 这份文献只有一个抄本传世，现代整理本见 Francesco Balducci Pegolotti, *La pratica della mercatura*, ed. Alan Evans, Cambridge (Mass.), 1936. 与引文相关内容见 p.21，文中附注的地名均见 Evans 整理本，若存在两种写法，前者为稿本原文，后者为 Evans 的校正。

2 关于 Chamexu/Camesu 为何地，尚有争议。英国学者裕尔（Henry Yule）判定此处为甘州，见 Henry Yule ed., *Cathay and the Way Thither*, op. cit., p.288, n.3. 中国学者周良霄、顾菊英释为哈密，见周良霄、顾菊英《元代史》，上海人民出版社，1993 年，第 837 页。本节从裕尔说，又见 Francesco B. Pegolotti, *La pratica della mercatura*, op. cit., p.398。

缺——引者）的河流。然后，顺流而下，可以到 Cassai，在那里，要处理掉随身携带的银锭（sommi），因为那里是商业最活跃的地方。在到达 Cassai 之后，携带卖掉银锭所换来的钱。这种钱是用纸做的，被称为巴里失（balisci）。在契丹（Gattaio）地区，四张这样的钱值一个银币（sommo）。从 Cassai 到契丹的首都汗八里（Gamalecco）是 30 天的路程。从塔纳到契丹整个行程共需二百余天。路上无论白天、黑夜都很安全。[1]

英国学者裕尔（Henry Yule）将 Cassai 判定为杭州。该词在中世纪欧洲文献中写为 Quinsai，Cansai，Kingszé，也有写为 Cassai，Cassay 的实例。[2]裕尔的这一观点得到美国学者埃文斯（Alan Evans）的赞同。[3]按，该词来自南宋时期杭州的别称"行在"。[4]

1955 年法国学者鲍狄埃（Robert-Henry Bautier）刊布了一个他在佛罗伦萨图书馆发现的 15 世纪抄本，据他研究，这份作者佚名的文献大约写成于 1315 年，其部分内容与裴哥罗梯之书相同，但一些词语的写法略有差异。在这个抄本中，甘州写为 Chamesu，汗八里写为 Chanbellochio，行在写为 Chamesia。鲍狄埃认为，Chamesia 就是裴哥罗梯书中的 Cassai，两词指的都是中世纪文献中更常见的 Quinsai，今

---

1 Francesco B. Pegolotti, *Notices of the Land Route to Cathay*, op. cit., p.292; Francesco B. Pegolotti, *La pratica della mercatura*, op. cit., p.22. 应当指出的是，裴哥罗梯本人没有到过中国。

2 Henry Yule ed., op. cit., p.288, n.4. 周良霄、顾菊英认为此地为马可·波罗所说的 Cacianfu，是今山西地区的某个城市，但未给出明确的说法。见前引周良霄、顾菊英《元代史》，第 837 页。本节从裕尔说。

3 Francesco B. Pegolotti, *La pratica della mercatura*, op. cit., p.398.

4 来中国传教的意大利耶稣会士卫匡国（Martino Martini, 1614—1661）较早地准确指出中世纪欧洲文献中的 Quinsai 是杭州城，但是他没能对 Quinsai 的含义做出正确的解释，他认为 Quinsai 来自汉语词语"京师"。这一观点曾长期被近代汉学家接受，直到 20 世纪初该词才被研究者正确解释为"行在"。见藤田豐八「ユール氏注マルコ·ポーロ紀行補正二則」中的「Kinsay は京師の對音に非ず」『東洋学報』第 3 卷第 3 期、1913、443-445 頁。关于此问题的学术回顾，见 Arthur C. Moule, *Quinsai with Other Notes on Marco Polo*, Cambridge University Press, 1957, pp.4-10。

杭州。[1]

在上引文中，裴哥罗梯说 Cassai 是商业最活跃的地方，这与当时杭州的实际经济地位相符。14 世纪来华的意大利天主教修道士鄂多立克（Odoric），把杭州称为"行在"（Cansay），而且说"它是全世界最大的城市，确实大到我简直不敢谈它，若不是我在威尼斯遇见很多曾到过那里的人"；"它是世上最大和最高贵的城市，并且是最好的通商地"。[2]这和裴哥罗梯的记述恰可对应。

据此，杭州是欧洲商人东方商贸活动的重要目的地。裴哥罗梯《通商指南》中记录了中国生丝、丝织品的价格，而这也是杭州所在地区最重要的产品之一。

杭州物产丰富，不但生产和出售大量优质的农产品、手工业品，也是各种文化产品的重要生产地和输出地。[3]下文分别从丝织品、金属制品、非汉文佛经、汉籍等四个方面加以讨论。

二　杭州丝织品

丝织品是杭州最负盛名的产品。意大利人马可·波罗特别提到，杭州人"多衣丝绸，盖行在全境产丝甚饶，而商贾由他州输入之数尤难胜记"。[4]

杭州丝绸质量优异，受到各地民众的欢迎。这在丝绸之路重镇敦煌

1　Robert-Henry Bautier, "Les relations économiques des Occidentaux avec les pays d'Orient au Moyen Âge: Points de vue et documents", in *Sociétés et compagnies de commerce en Orient et dans l'Océan indien*, ed. M. Mollat, Paris, 1970, reprinted in Robert-Henry Bautier, *Commerce méditerranéen et banquiers italiens au Moyen Âge*, Aldershot,1992, No. Ⅳ , pp.315-316.

2　鄂多立克：《鄂多立克东游录》，何高济译，中华书局，1981 年，第 67、69 页。

3　关于宋元时期杭州经济的繁荣，可参阅谢和耐《蒙元入侵前夜的中国日常生活》，刘东译，江苏人民出版社，1995 年。法文原著出版于 1959 年。周膺、吴晶《杭州经济史》，中国社会科学出版社，2015 年，关于南宋和元朝的论述，见该书第 108—167、183—193 页。

4　《马可波罗行纪》，第 535 页。

出土的回鹘文写本中也有所体现。法国学者伯希和（P. Pelliot）在敦煌莫高窟北区的第464窟（伯希和编号181窟）获得一批回鹘文文书残片，其中有两件提到杭州出产的丝织品"行在缎子"。日本学者森安孝夫对它们进行了释读和研究。[1]具体转写和释义如下。

193号正面：1）...///tayšingdu toɣma　2）...///WR atlïɣ bir aymaɣ　3）...///ʾäsän tämür atlïɣ bir　4）...///aymaɣ ilči alïp　5）...///WN-nïng qor bolmïš tavar-nïng　6）...///ilči-kä altï taš böz-kä　7）...///üč qap bor birlä ayaq　8）...///tidim-kä üč qïngsay tavar　9）...///taš böz birip. S'Y'///...　10）...qïngsay tavar iki torqu...　11）...Z tavar bir torqu////...　12）...//YWDY///ʾäsän tämür...

这件文书残缺严重，内容大意是：……大乘都秃麻……名字的1个爱马……名叫也先帖木儿的1个……爱马使者取了……的受损财产的……给使者6匹外用棉布……3皮囊葡萄酒和碗……给提点3匹行在缎子……给了外用棉布……行在缎子、2匹绢……缎子、1匹绢……也先帖木儿……

另一件194号文书正面文字为：1）T////P////...　2）iki taš böz birdim./...　3）taš bös bir ič böz bir///...　4）yana bir qï//l qïngsai tavar...　5）birmiš ča tavar torqu...　6）taš böz taypu-nïng ol...　7）bir stïr at mündür////...　8）-ta toɣma-qa iki...　9）mal tämür...

文书的大意是：给了我2匹外用棉布……外用棉布、1匹内用棉布给了我……另外，1 qï//l行在缎子……给了；茶、缎子、绢、外用棉布，太傅取了。……1两（stïr）置于马上……给秃麻2……所有之物帖木儿……[2]

根据森安孝夫研究，文中的qïngsai就是行在城杭州，在元代的不

1　森安孝夫「敦煌出土元代ウイグル文書中のキンサイ緞子」『榎博士頌壽記念東洋史論叢』東京：汲古書院、1988、417-441頁。后收入森安孝夫论文集『東西ウイグルと中央ユーラシア』名古屋：名古屋大学出版会、2015、490-510頁。汉译文参阅冯家兴、白玉冬译《敦煌出土元代回鹘文书中的行在缎子》，《中山大学学报》2021年第4期，第107—119页。
2　译文和词汇讨论见前引森安孝夫「敦煌出土元代ウイグル文書中のキンサイ緞子」492-498頁。

少中外文献中沿用了这个南宋时期的称呼。Tavar 意为"缎子"。森安孝夫判断，这两件回鹘文文书的时代属于元代，它们是杭州丝织品在西北地区回鹘/畏兀儿人中行销、使用的文献证据。

三　杭州金属制品

在新疆吐鲁番木头沟的柏孜克里克石窟出土了两种共五件文书，都与杭州的商品有关。已经有多位学者对这些文书做过研究。[1]它们的具体情况如下。

德国第二次吐鲁番考察队（1904—1905）在柏孜克里克石窟获得两件文书。它们属于商品包装纸，纸上钤盖商家的墨色戳记，具有广告性质。在学者们释读、研究的基础上，我们可以录出这些戳记上的汉文文字，单字缺文用方格□表示。一件文书编号为 Ch.1064（T Ⅱ M 1046），方形戳记内的文字是："信实徐铺打造/南柜佛金诸般/金箔不误使用/住□州官巷北/□□巷口开铺。"另一件文书编号 Ch.1875（T Ⅱ M 1047），文字是："□□□□□□/□□□金诸般/金箔不误使用/住杭州官巷北/□家巷口开铺。"

德国第三次吐鲁番考察队（1906—1907）在柏孜克里克石窟又获得一件基本相同的文书，编号为 Ch.1103（T Ⅲ M 137），文字内容为："□实徐铺打□/南柜佛金诸□/金箔不误使用/住杭州官巷北/崔家巷口开□。"

综合三件文书，我们可以得到一个完整的文本："信实徐铺打造/南柜佛金诸般/金箔不误使用/住杭州官巷北/崔家巷口开铺。"

1980 年，柏孜克里克石窟出土了两件性质相似的文书。其中一件较残，另一件编号 80TB1:508，文字是："□□□家打造南柜/佛金□

1　关于文书具体研究的主要成果参见陈国灿《吐鲁番出土元代杭州"裹贴纸"浅析》，《武汉大学学报》1995 年第 5 期，第 41—44 页；冯培红、马娟《从杭州到吐鲁番：柏孜克里克石窟所出元代商业广告的南北流传》，《杭州文史》第四辑，2015 年，第 6—17 页。

般／金箔见住／杭州泰和楼大街南／坐西面东开铺□□／辨认不误主顾使用。"（参见图31）[1] 根据德国发掘的三件文书，以上文书的文字可补充为："□□□家打造南柜／佛金诸般／金箔见住／杭州泰和楼大街南／坐西面东开铺□□[2]／辨认不误主顾使用。"

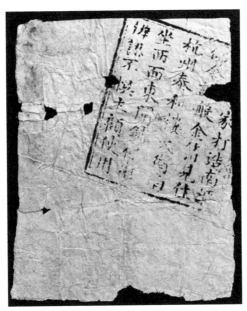

图31 杭州金箔裹贴纸

金箔，也可写为"金薄"，是用黄金捶成的薄片，常用以贴饰器物或佛像等。佛金则是金箔的一种，用真金拼入紫铜制成，颜色深赤，可

用来制造金泥。[1] 在柏孜克里克石窟出土这些文书正与使用金箔装饰石窟佛像、壁画有关。

研究者们指出，文书上面的文字具有广告性质。不过，对钤盖戳印的纸张有不同的认识。一种意见认为是裹贴纸，用来包裹商品，顺带钤盖广告。[2] 另一种意见是强调文书的广告功能。笔者赞同前说。这些钤盖广告戳印的纸张是用来包裹商品的，具体到吐鲁番柏孜克里克石窟发现的纸张，必定是用来包裹金箔的。在这些包装纸上钤印广告戳记，达到包装和宣传的双重目的。

这两种金箔裹贴纸，学者们一致判断属于元代。元代杭州的手工业技术，尤其是与佛教有关的造像和装饰工艺非常发达。元朝皇家寺院和蒙古贵族礼佛都倾向于使用杭州的产品。《永乐大典》卷一九四二〇《站赤五》记载：

> 皇庆二年十一月，浙江省咨："会福院为玉山普安寺、大护国仁王寺阙少供具，本院官安普就杭州给价，令两浙都运朵儿只置买。奏启圣旨、皇太后懿旨，令江浙行省应付站船递运。会福院径咨本省及朵儿只呈，索递运船三十只。本省照拟：为会福院不经都省，径直行移，于例未应。若候移文咨会，缘奉上命成造物件，应付船只事意。会福院差官守候起运，除下杭州路会计物数应付外，其事干系站赤通例，又有续起船数。移咨照详回示。"都省照得："皇庆二年九月三日，奏准圣旨：'但是干碍省（都）[部]公事，毋得径直移文各处。'今普安等寺供具什物，既奉上命成造起运赴都，别难议拟。所据会福院不经省部，径咨行省应付站船一节，若便取问，却系奏准以前事理。下兵部就行会福院，照会施行。"[3]

1　吴山主编《中国工艺美术大辞典》，江苏美术出版社，2011 年，第 1100—1101 页。

2　前引陈国灿《吐鲁番出土元代杭州"裹贴纸"浅析》，第 41 页。

3　《永乐大典》，中华书局，1986 年，第 7230 页上栏。亦可参阅周少川等辑校《经世大典辑校》，中华书局，2020 年，第 601 页。

《永乐大典》卷一九四二一《站赤六》记载：

> 延祐元年闰三月，江浙等处行中书省言："本省总摄两浙、江
> 东、福建四道，地广且重，使客频繁。近据杭州路照勘到在城马
> 站见在使臣五十三起，日支分例计中统钞八锭一十五两有余。皆
> 是各位下差来印经、盖寺、成造供器、催征田粮等事。"[1]

可见，在元代与佛教寺院有关的佛经印刷、供器制作，其采办中心
是杭州。因此，杭州的金箔销售到吐鲁番地区便不足为奇了。

四　杭州非汉文佛经

伯希和于 1908 年在敦煌莫高窟北区 464 窟（伯希和编号 181 号）
获取了一批西夏文文书。其中西夏文刻本《大智度论》卷八七的两件残
页上钤盖长方形牌记，内容为两行汉文："僧录广福大师管主八施大藏
经于 / 沙州文殊舍利塔寺永远流通供养。"（参见图 32）[2]

1941—1943 年，张大千在莫高窟北区洞窟中掘得百余件文书，其
中的一件西夏文佛经现藏日本天理图书馆，为《阿毗达磨大毗婆沙论》
卷二九将近末尾的一段文字，上有相同的管主八施经牌记。[3]

1988—1995 年敦煌研究院对莫高窟北区石窟进行发掘，在 B159
窟发现一些佛经残页，其中有一件西夏文佛经，编号为 B159:26。据
研究为《龙树菩萨为禅陀迦王说法要偈》，上面也钤盖有上述管主八

1　前引《永乐大典》，第 7231 页上栏；《经世大典辑校》，第 605 页。

2　王国维：《元刊本西夏文华严经残卷跋》，《观堂集林》卷二一《史林十三》，河北教育出版社，
　　2003 年，第 519—520 页。该文最初发表于 1923 年。段玉泉：《管主八施印〈河西字大藏经〉
　　新探》，《西夏学》第一辑，2006 年，第 102 页。李伟、郭恩主编《法藏敦煌西夏文文献》，
　　上海古籍出版社，2007 年，第 100、102 页。

3　前引段玉泉《管主八施印〈河西字大藏经〉新探》，第 103 页。

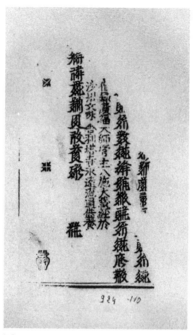

图 32　西夏文佛经附管主八施经牌记

施经牌记。[1]

　　管主八是元朝僧官，曾任松江府（治所在今上海市松江区）僧录，在元成宗大德年间利用"江南浙西道杭州路大万寿寺雕刊河西大藏经板"施印西夏文大藏经。[2] 其中布施给敦煌寺院的四件实物都出土于敦煌莫高窟北区洞窟。由刊印牌记可知，河西大藏经版是在杭州路大万寿寺雕刊的，印刷和装订也应在当时中国的出版业中心杭州。这批西夏文佛经由管主八敬施于沙州文殊舍利塔寺，虽然它们不是商品，但反映了杭州与西北丝路重镇的密切联系。[3]

1　史金波：《敦煌莫高窟北区出土西夏文文献初探》，《敦煌研究》2000 年第 3 期，第 9—10 页。

2　前引段玉泉《管主八施印〈河西字大藏经〉新探》，第 101—102 页。

3　参阅森安孝夫「ウイグル語文献」山口瑞鳳編『講座敦煌 6 敦煌胡語文献』東京：大東出版社、1985、89-90 頁、注釈 9。

　　除了杭州雕版印刷的西夏文佛经外，在丝路沿线还发现了杭州雕版印刷的回鹘文佛经《佛说天地八阳神咒经》。该经是 1929 年西北科学考察团从新疆吐鲁番获得的。1954 年出版的黄文弼《吐鲁番考古记》最早刊布。[1] 该书存扉画 2 折页，朱色印刷；回鹘文经文 5 折页，25 行，墨色印刷。另有扉画残叶一截，墨色印刷。扉画出自汉人刻工陈宁之手，经文用汉文标写页码（参见图 33）。据此判断，扉画和回鹘文经文都是在汉地刻写、印刷的。[2]

图 33　回鹘文佛经《佛说天地八阳神咒经》扉画、经文

　　扉画的刻工陈宁为杭州工匠，因此这部回鹘文佛经当在杭州刻印。据研究，陈宁曾经参与了多项影响深远的刻书活动，包括续刻汉文佛经《碛砂藏》；刊雕《至大重修宣和博古图》；刊刻元朝后期天历、至元年间的《元官藏》；等等。研究者推测，他生活的时代当在元武宗

1　黄文弼：《吐鲁番考古记》，第 112—113 页。

2　冯家昇：《刻本回鹘文〈佛说天地八阳神咒经〉研究——兼论回鹘人对于大藏经的贡献》，《考古学报》1955 年第 9 期，第 183—192 页。

（1308—1311 年在位）至元顺帝至元二年（1336）前后，卒于 14 世纪 30 年代之后。[1]

以刻工陈宁为线索，我们可以推定当时的杭州是汉文、回鹘文佛经的刊刻中心之一，对于佛教文化在丝绸之路沿途地区的传播曾发挥巨大作用。

元朝官书的记载也能证明这一点。《经世大典》"站赤"多次提到元朝政府和蒙古权贵在杭州印刷佛经。除了上文提到延祐元年闰三月的史料外，《永乐大典》卷一九四二一《站赤六》还有两条相关记载，其中第二条可能与西夏文大藏经有关。先看第一条：

> 延祐元年三月十五日，中书兵部准提调印经官关："钦奉圣旨，已印经文，选速古儿赤王安童、宝儿赤脱火赤等前去江西、江浙等处散施。请给驿"事。又，都功德使司关："奏准杭州所进《品次录》等经文，委毛法师徒弟二人送至李王朝汉、河西僧寺。合用站车铺马，省部应副。"[2]

再看第二条：

> 延祐元年五月八日……［中书省］又奏："杭州所进八藏经文，前者月鲁铁木儿奏令送至河西之地。移文省部，逐旋发去。今又奉旨，复送六藏经文前去。所虑大都迤西驿传，递送西番僧人舍利，往返频数，困乏莫甚。请停六藏经，俟秋收之后，徐议发去。"奉旨："今姑止之。后收量各站气力，逐旋遣送。"[3]

1　张新鹰：《陈宁其人及回鹘文〈八阳经〉版刻地——读冯家昇先生一篇旧作赘言》，《世界宗教研究》1988 年第 1 期，第 127—131 页。

2　前引《永乐大典》，第 7230 页下栏；《经世大典辑校》，第 603 页。

3　前引《永乐大典》，第 7231 页下栏；《经世大典辑校》，第 607 页。

由此可见杭州在元朝佛经刊刻、印刷、装订方面的重要地位。当时杭州经济、文化发达，出版印刷业繁荣，无论刻工、印工的技术水平，还是印书所需的纸、墨等材料均属上乘，这给图书的刻印提供了良好的条件。

五　杭州汉籍

杭州不仅是佛经出版的中心，更是汉族学者各种著作的刊行地。在古代丝绸之路沿线也发现了元代杭州出版的汉族士人的学术著作。

1992年内蒙古阿拉善盟额济纳旗绿城遗址出土四卷元代杭州西湖书院泰定元年刻本《文献通考》，出土时它的外面用习字纸包裹，纸上有"至正十三年五月"字样。同时出土的还有元代瓷器、经书、丝绸残片等。该书现藏阿拉善盟博物馆、额济纳旗博物馆。[1]

此书用较粗糙的入潢薄竹纸印制，完整一页纵32厘米，横47厘米，共4卷58个页面。卷四六共14面，卷四七共17面，原本当为18面，佚失第11面，卷四八共16面，卷四九共11面。从保存来看，除卷四六的1—5面和卷四九的最后1面即第11面残损外，其余均基本完整。文书每半页13行，满行26字，小字双行，左右双栏，上下单栏，细黑口，双鱼尾，版心宽阔，上鱼尾下方记书名、卷第、叶次，版心上方记字数，下方记刻工姓名（参见图34）。

元代《文献通考》有泰定初刻本和至元五年修补本。泰定本在中国国家图书馆存282卷，是现今保存最完整的版本，《中华再造善本》影印出版的《文献通考》即以此书为底本。另外有几种残本存山东省博物馆、北京市文物局、重庆市图书馆。该书刻印精良，字体工整优美，堪称元刻本的代表。额济纳旗出土的《文献通考》与存世泰定元年西湖书

---

[1] 巴戈那、李国庆：《元西湖书院刻本〈文献通考〉散叶跋》，中国文物研究所编《出土文献研究》第七辑，上海古籍出版社，2005年，第193—195页。图版见塔拉等主编《中国藏黑水城汉文文献》第七册，国家图书馆出版社，2008年，第1501—1558页。

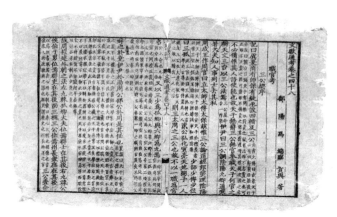

图 34　元西湖书院刻本《文献通考》散页

院刻本完全相同。[1]

　　马端临（约 1254—1323）是宋末元初著名史学家，他的《文献通考》是继唐杜佑《通典》后又一部专述典章制度的巨著，全书 348 卷，卷帙宏大。杭州西湖书院在《文献通考》成书不久就进行刊印，使这部重要文献迅速流传。《文献通考》初版本出现在偏远的额济纳旗，反映出该书在当时受到普遍的欢迎，即使在边疆地区也有人置备阅读。此外，它还为研究古代额济纳旗的文化教育提供了宝贵资料。

　　额济纳旗在元代为亦集乃路，在地方行政设置上为下路，属于边陲荒远之地，人口稀少，自然环境恶劣，主要产业是绿洲农业，经济、文化落后。当地出土的儒学文献，多为习字材料，书籍不多，以抄本为主，印本数量很有限，只有《孝经》《尚书》《孟子》《新编待问》《碎金》《通鉴节要》《薛仁贵征辽事迹》等书籍的残页出土。这些文献反映出当地儒学教育落后的基本情况。杭州西湖书院刻印的《文献通考》写刻精湛，纸墨优良，它出现在位置偏僻、远离文化中心的亦集乃路，揭示了元代中后期南书北运、汉文化扩大传播的迹象。

1　参阅前引巴戈那、李国庆《元西湖书院刻本〈文献通考〉散叶跋》，第 193 页。

结　论

在元代，杭州对外输出的产品既有丝织品、金属制品等传统商品，也有书籍等文化产品。在丝绸之路沿线的各种元代遗物中，来自杭州的产品时有发现。这些产品不只具有商业价值，它们也是文化的载体，将汉地物质文化、思想文化和先进工艺传播到遥远的西北地区。更有 14 世纪的欧洲文献显示，杭州是当时享有国际声誉的商业都市，欧洲商人沿着丝绸之路，从亚欧大陆的西部千里迢迢到杭州进行贸易。

唐代以后，中国经济、文化中心加速南移，丝绸之路的路线与商贸重镇也随之发生变化。13—14 世纪杭州各种产品的输出，反映了古代丝绸之路发展的新动向。

第五节　古代丝绸之路上的河西商品

"丝绸之路"是人们对古代中国与中亚、西亚、欧洲之间一组商业道路或道路网络的概称。严格说来，这个名称并不很准确——丝绸只是这一组商路或道路网络上最具代表性的商品而已，在古代东、西方贸易通道上交换的商品要更为丰富繁多。[1] 本节拟对古代丝绸之路上丝绸之外的商品做一个局部而微观的讨论，涉及的地域为中国古代的河西地区。

"河西"在不同时代所指的范围不同，本书的"河西"概念来自 13—14 世纪，地域包括今天的甘肃河西走廊、青海东部和宁夏。换言

1　参阅阿里·玛札海里（Aly Mazahéri）《丝绸之路：中国—波斯文化交流史》第三编 "丝绸之路和中国的物质文明的西传"，耿昇译，新疆人民出版社，2006 年。该书最早以法文于 1983 年出版。

之，其地理范围与西夏王朝的统治疆域大体相当。[1]

　　研究商品的第一手资料莫过于商人的记述。正因此，粟特商人古信札才会在丝路历史的研究中占有重要地位。[2] 研究古代丝路贸易中的河西商品，最重要的史料之一是意大利商人马可·波罗（Marco Polo，1254—1324）的记述。马可·波罗出生在威尼斯的商人家庭，波罗家族是威尼斯有影响力的经商世家，马可·波罗的父亲和叔叔都长年从事欧亚之间的长途贸易，而马可·波罗本人到元朝之后的身份很可能是为宫廷服务的斡脱商人。[3] 他和当时来华的欧洲传教士最大的不同之处在于，他对世俗社会尤其是各地商业活动和物产的浓厚兴趣。他的著作详细记述了河西地区的物产情况，提到了几种最著名的当地物产和它们在国际贸易中的地位。这将成为本节讨论的基本线索。

一　大黄

　　马可·波罗最先提到的河西地区享有国际声誉的产品是大黄。在谈到肃州（Succiu）地区时，他说：

> 　　肃州有众多城市和村庄，而且首府本身也 [R] 被称作肃州。……这个肃州 [VA] 大区和我较早之前告诉你的哈密力（Camul）、欣斤塔剌思（Ghinghin talas）[VA] 这两个其他大区 [VA] 所在的整个大区，被称作唐兀（Tangut）。在这几个大区（FB）的群山中，能找到很多 [Z] 最上乘 [VB] 的大黄，商人们在那里购买

1　李范文：《西夏国名辨》第四节"关于河西问题"，收入李范文《西夏研究论集》，宁夏人民出版社，1983 年，第 74—75 页。

2　Étienne de la Vaissière, *Sogdian Traders: a History*, Chapter Two, "about the ancient letters", Leiden: Brill, 2005, pp.43-70.

3　蔡美彪：《试论马可波罗在中国》，《中国社会科学》1992 年第 2 期，第 177—187 页。

　　它，然后将其带到全 [Z] 世界，这里找不到别的商品 [VB]。[1]

　　显然，大黄是当地物产中的翘楚。受马可·波罗著作的影响，1492 年贝海姆（Martin Behaim）制作的地球仪上标注了这样的文字"肃州盛产大黄"。[2]

　　在《中国伊朗编》中，劳费尔（Berthold Laufer）以其渊博的学识论述了中国大黄在古代亚洲、欧洲大陆的传播。他指出中国人早在汉代就已经知道大黄，该词出现在斯坦因（Marc A. Stein）于新疆所获汉代木简上。最迟在公元 10 世纪，大黄成为中国输出到西亚的商品。在古代，中国的大黄一直被认为是最好的，质量远优于其他地区的同类物品。由于贸易路线漫长，一些中国大黄的转售地区被错误地当成了大黄的原产地。关于中国大黄的销售，劳费尔正确地指出："中国的记载关于这物品的出口贸易讲得很少。""我们要想从中国书籍里寻找论述这问题而且把这问题看得和西方人对它一样重视的文章，恐怕是找不到的。"[3] 劳费尔征引了大量的欧洲、西亚文献来说明上述问题。不过，书中并未有针对性地讨论河西地区的大黄。[4] 关于中国大黄在古代东西方贸易中的一般情况，法国学者阿里·玛札海里（Aly Mazahéri）做了大量论述。[5] 中国学者潘志平集中讨论了 15 世纪后中国与中亚贸易活动中

1　*Marco Polo: The Description of the World*, trans. & ed. by A. C. Moule & Paul Pelliot, London, 1938; New York: AMS Press Inc. reprinted, 1976, § 61, "Here he tells of the province of Succiu", p. 158. 本节译文遵循原书的体例，插入的部分用斜体，并注出版本信息。版本缩写的详细信息，见该书第 509—516 页缩写表。本节的译文曾在北京大学"马可·波罗研究班"上共同研读过，其中第 72、73 节初稿是笔者翻译的，共同研读过程中研究班成员对译稿提出了修改意见，谨此致谢。

2　转引自巴德利（John F. Baddeley）《俄国·蒙古·中国》上卷第一册，吴持哲、吴有刚译，商务印书馆，1981 年，第 200 页。

3　劳费尔：《中国伊朗编》，林筠因译，商务印书馆，1964 年，第 379—383 页。

4　劳费尔提到，在 1154 年爱德里西（Edrīsī）提到大黄是中国的产品，出在布丁格群山中。劳费尔推测该地大概在西藏的东北部。见前引劳费尔《中国伊朗编》，第 381 页。该山具体为何地，待考。

5　前引阿里·玛札海里《丝绸之路：中国—波斯文化交流史》，第三编第八节"中国的大黄与丝绸之路"，第 449—461 页。

的大黄。[1]

　　河西地区的大黄作为当地名产，很早就为世人所知晓，[2]相关记载不仅见于汉文史料，[3]在西夏文文献也有体现。[4]关于 13 世纪河西地区的大黄，大蒙古国高官耶律楚材的神道碑有这样的记载："丙戌（1226）冬十一月，灵武下，诸将争掠子女财币，公独取书数部、大黄两驼而已。既而军士病疫，唯得大黄可愈，所活几万人。"[5]

　　笔者所能找到的有关河西大黄的外国记述基本都在马可·波罗之后。最接近马可·波罗的是意大利人鄂多立克（Odoric，1286—1331）的记述："我来到叫做甘肃（Kansan）的省份，它是世上第二个最好的省，人口众多。……此省也生产大黄，而产量极丰，你花不上六个银币便可把一头驴子驮满。此省是大汗帝国的十二个省之一。"[6]

　　在鄂多立克之后，我们应当提到的是马可·波罗的同乡、16 世纪威尼斯地理学家剌木学（Giovani B. Ramusio，1485—1557）的记载。剌木学研究工作的重点是欧洲东方行记的整理与刊布，尤其对马可·波罗及其《行纪》的研究，使他名垂青史。在整理《马可·波罗行纪》时，剌木学注意到该书提及肃州产大黄，从那里贩运到威尼斯及世界各地。当时威尼斯人生病，普遍以大黄治疗，但他说："我未曾见到有任何书籍对此物详加记载。"直到约 1550 年他遇到一位见识渊博的波斯商

1　潘志平：《从大黄、茶叶贸易看十五世纪后的中亚交通》，《新疆社会科学》1986 年第 2 期，第89—95 页。

2　综合的讨论见高晓山、陈馥馨《大黄》，中国医药科技出版社，1988 年，第 1—23 页。

3　《新唐书》卷四〇《地理志四》记载，廓州宁塞郡土贡：麩金、酥、大黄、戎盐、麝香。中华书局，1975 年，第 1040 页。参见《（顺治）肃镇志》卷一《物产》，台北成文出版社《中国方志丛书》影印顺治十四年抄本，1970 年，第 28 页上栏；关于"麝香"的记载亦在此页上栏。亦可看看《（乾隆）甘州府志》卷六《物产》"药之属"，麝香、大黄并见，台北成文出版社《中国方志丛书》影印乾隆四十四年刊本，1976 年，第 632 页。参见前引高晓山、陈馥馨《大黄》，第 1—23 页。

4　西夏《天盛律令》中提到大黄，详见杜建录《西夏经济史》，中国社会科学出版社，2002 年，第 59 页。

5　宋子贞：《中书令耶律公神道碑》，收入苏天爵《元文类》卷五七，第 1164 页。

6　鄂多立克：《鄂多立克东游录》，第 82 页。

人哈吉·马哈迈德（Hajji Mahomed），通过这位商人的讲述他才直接了解到有关肃州大黄的更多情况。剌木学写道：

> 哈吉·马哈迈德，里海海滨歧兰（Chilan）省陀拔斯（Tabas）城人。他曾亲至肃州，后返回。数年前，携大量大黄来威尼斯出售。……哈吉首先告诉我们他曾至肃州（Succuir）和甘州（Campion），这两座城市在大汗国边境的唐古特（Tangath）省内。大汗名大明汗（Daimir Can），大明汗派官员管理这两座城市。……肃州城位于平原，无数溪流纵贯于平原之上，物产丰饶。……哈吉告诉我们，唐古特省各地均产大黄，但最好的大黄出产于附近的高山峻岭中，山上泉水淙淙，树木参天，土呈红色。因雨水不断，泉水溢流，土壤总处于泥泞状态。关于大黄的根、叶形状，哈吉从口袋里取出从契丹带回的图画向我们展示，并告诉我们从图画上看到的是大黄的真实自然状态。图画绘制极为精巧。……哈吉又说，在契丹国，人们并不像我们一样用大黄作药，而是将它粉碎与其他香料混合，制成拜佛用的烧香。契丹的一些地区盛产大黄，以致人们充作燃料，有的地区以大黄医治病马；契丹国不珍惜大黄以至如此。[1]

在东方提到河西地区出产大黄的外国人有赛义德·阿里·阿克巴尔·哈塔伊（Seid Ali Akbar Khatai）。阿里·阿克巴尔于 1516 年（回历 922 年，明武宗正德十一年）在奥斯曼帝国首都伊斯坦布尔用波斯文写成《中国纪行》一书，书中提到陕西省和当地的物产："在中国的十二个省份中，第一个叫 Shaansi（陕西）。我们在其中旅行了三个月。这个

1　原文载 *Navigationi e Viaggi*, vol. Ⅱ, *The Travels of Marco Polo* 前附文 Esposition of M. Giov. Batt. Ramusio，转引自裕尔（Henry Yule）《东域纪程录丛：古代中国闻见录》，张绪山译，中华书局，2008 年，第 252—254 页。译名稍有改动。汉译本将作品的时代误排为 1500 年，英文本为 1550 年。见 *Cathay and the Way Thither*, trans. & ed. by Henry Yule, London, 1866, vol.1, *Supplementary Notes*, ⅩⅧ, Hajji Mahomed's account of Cathay, as delivered to Lamusio, p.ccxiv。

省中的城市有 Kinjanfu（京兆府，今西安）、Kanju（甘州，今张掖）、Sekchou（肃州，今酒泉）和 Dinkju。在这几个城中盛产麝香。Djulanfu（可能为兰州的误写）、Killanfu（古浪府）、Khunanfu，还有 Jandifu 和 Jindifu、Bilanfu（平凉府），这些地方盛产大黄，别处少见。"[1]

明代所谓的"陕西地区"包括陕西行都司，管辖甘肃、宁夏、青海等地。此处出产大黄的陕西诸地，无疑重点指河西地区。

1570 年，欧洲出版的亚伯拉罕·奥特利乌（Abraham Ortelius）《舆地大全》收录了《鞑靼或大汗帝国地图》，图上在唐古特地区标注："此处山中产大黄。"1657 年约翰·爱恩森（Jan Janssonius，或拼写为 Iansson）的《新地图集》所收《鞑靼或大汗帝国地图》上有如下标注："唐古特。据说这个地区所产的大黄全部运往欧洲。"[2]

明末清初来华的欧洲传教士在关于中国的记述中也提到河西地区的大黄。我们选择较早而有代表性的记载。葡萄牙传教士曾德昭（Alvaro Semedo，1585—1658）在 1613 年来华，历居南京、杭州、嘉定、上海、西安等地，1649 年至广州主持教务，卒葬澳门。1638 年，曾德昭在从澳门返欧途中，用葡萄牙文完成了《大中国志》的写作。该书以曾德昭的在华见闻和中外资料为基础写成。

在对陕西省的记述中，曾德昭也提到河西大黄："（陕西省）还有大黄和干大黄（Profumo，意指炮制过的干大黄），这些在其他地方未发现；对于当地来说，来自波斯的大黄，看来不是天然的，因为很多人旅行过波斯，却未报道说在那里看见这种药用植物。它比较高，叶子比白菜大，不是野生，而是人工在园圃里精细栽培的。"曾德昭注意到有来自中亚的商人到中国经商，他们采购回去的商品中包括大黄："作为商品交换，他们运回去的货物，有瓷器、红玉、麝香、生丝、丝绸，其他种种珍品及药材，如大黄，据我估计，从波斯运到这里（此处指欧

1　阿里·阿克巴尔：《中国纪行》，张至善、张铁伟、岳家明译，生活·读书·新知三联书店，1988 年，第 96 页。

2　转引自目前引巴德利《俄国·蒙古·中国》上卷第一册，第 224、228 页。

洲——引者）的，也是这一种。"[1]

1653 年，俄国派费奥多尔·伊萨科维奇·巴伊科夫（Theodor Isakovich Baikoff）出使中国。在他的出使报告中，有这样的文字："这道长城起自肃州以外的海［？］，即出产马蹄形大黄的中国大黄产区；经过中国的京城后，又伸延到大海。"[2]

1657 年，俄国又派遣尼·斯·米列斯库（N. Spataru Milescu, 1636—1708）出使中国，在他返俄后撰写的《中国漫记》中，列举了各地通往中国的道路，其中第二条道路从波斯到中国，"这条道路通向中国的边界城市肃州，此地盛产大黄，托博尔斯克人也曾和布哈拉人一起走过这条路，寻找大黄，并将大黄运往欧洲各国"。[3]另外，该书在关于陕西省的部分，提到肃州和当地的物产："这个省生长着很多药草，大黄尤其多。大黄不像许多人想象的那样为野生的，而是由人工在院子里精心培育的。中国人把它采集下来以后，一般挂在墙上阴干，因为一旦曝晒，药力就会减退。整个欧洲的大黄均来自本省和肃州，是商人经过阿斯特拉罕和波斯运到欧洲的，别处生长的大黄却不是这种样子，例如，安加拉河和色楞格河流域虽然也生长大黄，却不是马蹄形的。"[4]在具体谈及肃州时，米列斯库重复提到："来自托博尔斯克的俄国商人也到这里来购买大黄等物品。"[5]这次出使，米列斯库负有各种特殊使命，

1　曾德昭：《大中国志》，何高济译，上海古籍出版社，1998 年，第 20、22 页。

2　转引自前引巴德利《俄国·蒙古·中国》下卷第一册，第 1155 页。

3　尼·斯·米列斯库：《中国漫记》，蒋本良、柳凤运译，中华书局，1989 年，第 15—16 页。对米列斯库《中国漫记》的学术研究始于英国学者巴德利，他早就精辟地指出，《中国漫记》的很多记载抄自意大利来华传教士卫匡国《中国新地图集》（Novus Atlas Sinensis）的文字说明，尤其是介绍中国各省的章节。因此，我们也可以将《中国漫记》关于中国各地的介绍视为对卫匡国《中国新地图集》的编译。但是，前引文字出自《中国漫记》的第五章，这一章是米列斯库撰写的。译文亦可参看上引德利《俄国·蒙古·中国》下卷第二册，第 1295—1296 页。注意，该书中米列斯库的姓氏采用的是他因所任公职而取得的个人姓氏"斯帕法里"。

4　前引尼·斯·米列斯库《中国漫记》，第 77—78 页。

5　前引尼·斯·米列斯库《中国漫记》，第 85 页。对于米列斯库（即斯帕法里）关于肃州的记述，英国学者巴德利有这样的评论：他抄袭了卫匡国关于肃州的描写，只有本节引述的这一句是他新增加的。见上引巴德利《俄国·蒙古·中国》下卷第二册，第 1532 页，注释 1。

其中一项是寻找从阿斯特拉罕到中国的道路。由于清朝对俄国使团的行动很警惕，俄国使团便对自己的真实意图进行了伪装，以到肃州购买大黄作为借口，提出："沙皇曾要求派几名俄国人跟随布哈拉人去肃州采购大黄。"这一要求被清朝拒绝。[1]

与阿里·阿克巴尔《中国纪行》中所说的陕西相同，曾德昭、米列斯库笔下的"陕西"反映的都是明代和清初的地理概念，宽泛意义上的"陕西"包括今天的甘肃、宁夏、青海。他们所述出产大黄的地区，都包括河西一带。清朝官方档案显示，直到清中叶，仍有大量大黄从肃州销往准噶尔地区。[2]

在古代，河西地区出产的大黄一直是中外贸易的重要商品，直到印度洋商路开辟之后，它仍然大量销往欧洲，为商人带来丰厚利润。意大利来华传教士利玛窦（Mathew Ricci，1552—1610）在他的《中国札记》中记录了大黄在中国、欧洲的悬殊价格差："中国的药草丰富，而在别处则只有进口才行。大黄和麝香最初是撒拉逊人从西方带进来的，在传遍到整个亚洲以后，又以几乎难以置信的利润出口到欧洲。在这里买一磅大黄只要一角钱，而在欧洲却要花六、七倍之多的金块。"[3]

无疑，这些销往欧洲的中国大黄中，有大量是产自河西地区的。

二　麝香

与大黄相比，河西地区更重要的商品是麝香。这是一种价格远比黄金昂贵的商品。[4]由于体积小、重量轻、便于携带而售价高昂，麝香成

1　上引巴德利《俄国·蒙古·中国》下卷第二册，第1532—1533页。汉译本将"肃州"译为"松城"，根据巴德利的意见，此地就是肃州。见该书第1538页，注释3。

2　张羽新：《肃州贸易考略（下）》，《新疆大学学报》1987年第1期，第71—73页。

3　利玛窦、金尼阁：《利玛窦中国札记》上册第一卷第三章"中华帝国的富饶及其物产"，何高济、王遵仲、李申译，中华书局，1983年，第16页。

4　Volker Homes, *On the Scent: Conserving Musk Deer, the Uses of Musk and Europe's Role in its Trade*, Brussels: Traffic Europe, 1999, pp.vi, 1, 13-14.

为丝绸之路远途商贸的宠儿。[1]

马可·波罗在讲到 Ergiuul（额里折兀勒）地区时详细描述了麝香获取的方法和当地麝香的质量：

> 在这个地方出产最好的麝香，是世界上所能拥有的 [P] 最优质的。你应知道麝香是通过我将告诉你的这种方式获取的。你或许非常清楚，在这个地区 [FB] 有一种野生的 [FB] 小动物，它有 [Z] 一只瞪羚那样大，换言之大小如一只山羊 [Z]，而它的长相是这样的。它有鹿一般的毛，但 [L] 尤为 [L] 浓密，而 [V] 蹄子像瞪羚那样大 [TA]，它没有像瞪羚一样的 [R] 角，有瞪羚般的尾巴。它有四颗牙齿，两颗在下，两颗 [FB] 在上，足有三指长，非常 [VA] 细薄，白如象牙 [VB]，两颗朝上，两颗朝下。又 [V]，它看上去 [Z] 是一种非常 [V] 美丽的野兽。根据鞑靼人的语言，它被称作 gudderi[LT]。我曾把一头上述动物干制的头、蹄子、麝香囊中的一些麝香、几对小牙齿随身带到威尼斯这里 [VB]。另外 [V]，麝香是以这样的方式获取的。猎人在月圆时出发去捕捉上述动物 [VB]。当人们捉到它，在它腹部下方中央肚脐处的皮、肉之间找到一个血囊，月圆之时，它会在这种动物身上长出 [VB]。人们把它连同整块皮一起割下，取出来，在阳光下把它晒干 [VB]。那个血囊就是麝香，从中散发出浓郁的香味。自这个地区可以得到最好的麝香。这种动物的肉吃起来很好，它们被大量猎食 [VB]。你应知道，在这个地方，它非常 [L] 大量地存在，如我告诉你的那样好。[2]

1　关于麝香在古代丝绸之路上的贸易状况，可参阅以下论著。阿里·玛札海里：《丝绸之路：中国—波斯文化交流史》第三编第七节"中国的麝香与丝绸之路"，第437—460页；王一丹：《波斯、和田和中国的麝香》，《北京大学学报》1993年第2期，第78—88页；尹伟先：《青藏高原的麝香和麝香贸易》，《西藏研究》1995年第1期，第108—116页。

2　*Marco Polo: the Description of the World*, op. cit., § 72, "Here he tells of the great kingdom of Ergiuul", pp. 179-180.

Ergiuul（额里折兀勒）指凉州，今甘肃武威。研究者在这一问题上没有分歧。[1] 马可·波罗在《行纪》中还提到南方的阿克八里（Acbaliq Mangi）、吐蕃（Tebet）、建都（Caindu）等地也有麝和麝香。[2] 不过，我们注意到，马可·波罗只是在谈到河西地区的麝香时，才强调说那里的麝香是世上最好的。在这里，我们没有必要怀疑马可·波罗的判断力，因为即使在他返回欧洲之后，马可·波罗仍然在从事香料生意，其中包括麝香。留存至今的关于马可·波罗的一件法庭判决文书，清楚地表明他将自己的 1.5 磅麝香委托给合伙人出售。[3]

孤证不立。我们需要更多的证据来验证马可·波罗的说法。同上文对大黄的讨论一样，我们只处理直接提到河西地区麝和麝香的资料。中国史料的相关资料相当丰富。汉文《元和郡县图志》《新唐书·地理志》《续资治通鉴长编》《宋会要辑稿》《宋史·食货志》等，西夏文《番杂字》《天盛律令》等都提到了河西地区的麝、麝香（又称麝脐）。[4] 根据当代学者的统计研究，河西地区包括湟水流域，至今仍是麝香的产地。[5]

著名的粟特商人第 2 号古信札是来华的粟特商人那你盘陁（Nanai-vandak）从甘肃河西走廊发往撒马尔罕的，收信人是该城的拔槎迦（Varzakk）。信中提到了粟特商人在中国购买的麝香："温拉莫（Wan-razmak）为我往敦煌送了属于得屈（Takut）的三十二囊的麝香，他应该把它们转交给您（即收信人拔槎迦——引者）。当它们交至您手上时，您应该把它们分为五份，其中得悉盘陁（Takhsīch-vandak）应该拿走三

1 详见 Paul Pelliot, *Notes on Marco Polo*, vol.2, Paris, 1963, pp.646-647, "Ergiuul"。

2 *Marco Polo: the Description of the World*, op. cit., § 113, "Here he tells of the province of Acbaliq Mangi", § 115, "Here he speaks of the province of Tebet", § 117, "Here he tells of the province of Gaindu", p.266, p.271, p.275.

3 *The Book of Ser Marco Polo the Venetian concerning the Kingdoms and Marvels of the East*, trans. & ed. by Henry Yule, 3rd edition, London, 1903, *Introductory Notices*, VIII, §46, "His marriage and his daughters. Marco as a merchant", pp.69-70.

4 前引杜建录《西夏经济史》，第 51、52、54、59、254、262 页。

5 王一丹：《波斯、和田和中国的麝香》，《北京大学学报》1993 年第 2 期，第 78—81、84—85 页。

份，毕娑（Pēsakk）（应该拿走）一份，您（应该留有）一份。"[1] 那你盘陁可能是 4 世纪初期粟特人在华某个商业网络的负责人，他掌控的商业活动主要是在甘肃地区。信中提到了多个河西地区的城市：酒泉、姑臧（今武威）、敦煌、金城（今兰州）等。考虑到当地正是麝香的产地，得屈（Takut）的三十二囊麝香很可能就是在当地采购的。[2]

据笔者所见，域外文献最早明确提到河西地区出产麝香的是中亚萨曼王朝佚名作者撰写于 982 年的地理著作《世界境域志》。书中写道中国的肃州（Saukju）"是吐蕃的边境地区。其政府为中国所派。肃州山中发现有麝鹿（musk-deer）和牦牛（yaks）"。[3]12 世纪的阿拉伯学者马卫集（Sharaf al-Zamān Ṭāhir Marvazī）的著作摘录了前人关于安多地区出产麝香和牦牛的记载，米诺尔斯基（V. Minorsky）推测书中提到的山脉为青藏高原东北部的南山（祁连山）。[4]

正如上文所见，对河西地区的麝和麝香做出最全面描述的是意大利人马可·波罗。在他之后，亚洲、欧洲的文献都有简短的记述。如阿里·阿克巴尔的《中国纪行》写道，陕西省的城市"有 Kinjanfu（京兆府）、Kanju（甘州）、Sekchou（肃州）和 Dinkju。在这几个城中盛产麝香"。[5]

1　据英国学者 Nicholas Sims-Williams 译文，见 "The Sogdian Ancient Letter II", in M. G. Schmidt & W. Bisang ed., *Philologica et Linguistica. Historia, Pluralitas, Universitas. Festschrift für Helmut Humbach zum 80. Geburtstag am 4. Dezember 2001.* Trier: Wissenschaftlicher Verlag, 2001, pp.267-280。汉译文见毕波《粟特文古信札汉译与注译》，《文史》2004 年第 2 辑，第 86 页。麦超美《粟特文古信札的断代》，《魏晋南北朝隋唐史资料》第二十四辑，2008 年，第 220—223 页转录了 Sims-Williams 的英译文。

2　关于粟特商人的麝香贸易，参阅毕波《粟特人与晋唐时期陆上丝绸之路香药贸易》，《台湾东亚文明研究学刊》第十卷第二期，2013 年，第 306—308 页。

3　*Ḥudūd al-ʿĀlam: "The Regions of the World": a Persian Geography, 372 A.H.-982 A.D*, trans. and explained by V. Minorsky, London, 1937, §9 Discourse on the properties of the country of Chīnistān, p.85. 该书王治来汉译本误将 yak 译为犀牛，见《世界境域志》，上海古籍出版社，2010 年，第 52 页。

4　*Sharaf al-Zamān Ṭāhir Marvazī on China, the Turks, and India: Arabic Text (circa A.D. 1120)*, trans. and commented by V. Minorsky, London, 1942, pp.91-92.

5　前引阿里·阿克巴尔《中国纪行》，第 96 页。

　　随着大航海时代的来临，欧洲国家得以和中国建立直接的商业联系。1517 年，以多默·皮列士（Tomé Pirez）为首的葡萄牙使团抵达广州，他们于 1521 年初到达北京。由于葡萄牙武力夺取马六甲和在东南亚的杀掠行径，明朝君主拒绝接待葡使，并将其遣返广州，使团成员被投入监狱，使团首领皮列士大约在 1540 年死于狱中。皮列士最初是葡萄牙王子的药剂师，1511 年随葡萄牙船队来到亚洲，并成为马六甲的药物生意经纪人。1512—1515 年他撰写了一部《东方志》，其中提到从中国输出的主要商品中有陕西的麝香：

　　　　粉状和囊状的麝香，很丰富，而且肯定不错，绝不次于白古的麝香。……中国输出的东西，有的产在中国本土，有的产在国外，有名地方生产的比其他地方的要好。你可以花钱买到你想要的任何这类商品，例外的是难以找到许多麝香。据说每年所有船只从中国仅运来一巴哈尔麝香。……有个叫陕西（Xamcy）的地方产麝香，并不多但质量好。麝香来自叫作西安府（Xānbu）的城市，它在中国，他们说从身上取麝香的动物生长在陕西（Çancy）。[1]

　　在《大中国志》中，曾德昭提到陕西的特产包括优质香料麝香。[2]俄国派往清朝的使节米列斯库在《中国漫记》中也记载陕西出产麝香，在肃州部分他写道，当地"那些军事要塞都位于崇山峻岭之中，山里有大批的野马、毛鸡，麝香也不少"。[3]

　　曾德昭提到，无论在朝贡贸易还是正常的中葡海上贸易中，麝香都是重要的中国出口商品。在朝贡贸易方面，"摩尔人（指穆斯林——引者）的诸王派遣使节，随这些商队去朝见中国皇帝，按遣使的人数和贡礼多寡，每 3 年派出 1 次小使团，每 5 年 1 次大使团。使团大多在

1　多默·皮列士：《东方志》，何高济译，江苏教育出版社，2005 年，第 100 页。

2　前引曾德昭《大中国志》，第 19—20 页。

3　前引尼·斯·米列斯库《中国漫记》，第 85 页。

上述两城市驻留（即甘州、肃州——引者）进行商品交易。另一些人则去履行任务，以五位国王的名义进贡。……使者返回时，皇帝赐给他们每一骑 2 匹金料子、30 匹黄绸、30 磅茶、10 磅麝香、50 磅叫做天竹（Tienjo）的药材，及许多银子"。[1] 在正常的中葡贸易方面，曾德昭记录了广州一地数量可观的中国出口商品，其中包括大量的麝香："且不说6 个邻国的土著和异邦人运走的各种货物，仅葡萄牙人运往印度、日本和马尼拉的货物，每年约有 5300 箱各类丝绸，每箱装 100 匹真丝，如天鹅绒花缎（Velvet damask）和缎子、轻料如半花缎（halfe-damasks）、彩色单层线缎，还有 250 块金子，及每块重 12 盎司的 2200 块金锭；有7 皮切（Pichi）麝香，重量超过 35 亚洛瓦（Arrova），每亚洛瓦重 25 磅，每 6 盎司合 1 磅。"[2]

　　无论陆路的朝贡贸易还是海路的远洋贸易，麝香都是中国出口商品的重要组成部分。考虑到河西麝香的质量和声誉，必定有大量用于出口的中国麝香出自河西地区。

三　毛纺织品

　　大黄、麝香都是人类从自然界中直接获取的商品。虽然中间也有人类的加工、保存，但毕竟和人造产品不可相提并论。在古代，河西地区的人工产品也不容小觑。

　　马可·波罗提到了河西地区哈拉善（Calacian）城的著名物产：

1　前引曾德昭《大中国志》，第 21—22 页。
2　前引曾德昭《大中国志》第二章 "诸省详述，先谈南方的省份"，第 10—11 页。亚洛瓦（Arrova），或作 Arroba，古重量名，约合今 15 公斤。按照这个数值换算，每年从广州一地由葡萄牙商人贩运的中国麝香就达到 525 公斤，即 1050 市斤。俄国来华使者米列斯库的《中国漫记》在记述广州时也提到中国的麝香出口，具体内容为：只有葡萄牙人才被允许一年两度到广州参加交易会，"他们每次购买 1300 箱各种绸缎，每箱可装 150 匹。黄金每买都是 25 两，每两相当于十个金币；麝香七十斤"。前引尼·斯·米列斯库《中国漫记》，第 85 页。

在这座哈拉善（*Calacian*）[P] 城中，生产很多 [FB] 织物，被称为 [P] 驼毛呢（camlet），是世界上能找到的 [Z] 最美丽、最好的。还有白色的毛线，因为他们有白色的骆驼 [FB]，他们以其制造的白色驼毛呢非常美丽、优良，他们生产的数量权为 [R] 众多。因此，很多上述驼毛呢被运送到别的地区出售，或者 [VB] 商人们携带着经行各地贩卖 [VB]，尤其是 [Z] 到契丹（Catai）和 [FB] 经过世界的中部到其它地区。[1]

哈拉善（Calacian）源于"贺兰"，该词在《蒙古秘史》中写作"阿剌筛"，旁译"贺兰山"。[2] 作为城市的名称，所指应是兴庆府（今宁夏银川）。[3]

13—14 世纪的河西地区盛产优质的驼毛织物，可以得到当时史料的印证。西夏的骆驼和驼毛制品很著名，曾作为贡品献给异国君主。例如，《蒙古秘史》记载，当西夏遭到蒙古入侵时，该国君主向成吉思汗乞降，提出："若蒙成吉思汗降恩，我们唐兀惕百姓愿把席棘草丛中饲养长大的众多骆驼献给您做贡赋，愿把亲手织好的毛织物（毾子）、缎匹献给您。"在成吉思汗允和后，西夏履行诺言，"从唐兀惕百姓中征集了许许多多骆驼，尽力驱赶来献给了（蒙古军）"。[4] 毛织物在上引《蒙古秘史》中写作"斡舌儿篾格"（örmege），汉文对译为"毾子"。[5] 该词指织有花纹的毛织物，亦称毛缎。[6] 从织有花纹和被称为"缎"这两点判断，毾子应是一种高档的毛织品。

---

1 *Marco Polo: the Description of the World*, op. cit., § 73, "Here he tells of the kingdom of the province of Egrigaia", p.181. 按，《马可波罗行纪》冯承钧译本将 camlet 译为驼毛毡、毡，不确。毡并非纺织品。见冯承钧译《马可波罗行纪》第 72 章"额里哈牙国"，第 256 页。

2 详见《蒙古秘史》第 265 节，余大钧译，河北人民出版社，2001 年，第 460—461 页。

3 Paul Pelliot, *Notes on Marco Polo*, vol.1, Paris, 1959, pp.132-137, "Calacian".

4 详见前引《蒙古秘史》第 249 节，第 420 页。

5 《元朝秘史（校勘本）》，乌兰校勘，中华书局，2012 年，第 343 页下栏。

6 《汉语大词典简编》，汉语大词典出版社，1998 年，第 2511 页。

质量精良的白色驼毛、驼绒成为河西地区高档毛织物的原料保障。

还是回到马可·波罗。在《行纪》中，他提到商人们携带着这种优质的驼毛织物，"经行各地贩卖，尤其是到契丹和经过世界的中部（through the midst of the world）到其它地区"。此处"世界的中部"颇令人费解，或许指蒙古察合台汗国统治的地区。在 14 世纪的蒙古语文献中，它被称为"中间的兀鲁思""中央兀鲁思"。[1]无论是否特指这一地区，这种毛织物都毫无疑问是当时国际贸易中出自河西的重要商品。

除了驼毛织物之外，河西地区的匠人们还能用牦牛毛纺织。马可·波罗提到在西宁州（Silingiu）盛产牦牛，其毛质之好给他留下了深刻印象：

> 在这条东南通向契丹诸地的路上，会看到一座名为 Silingiu（西宁州）[FB] 的城市，该大区 [Z] 被称为 Silingiu（西宁州），在它之下 [VB] 有大量市镇和城市，它本身也 [L] 是上述 [Z] 唐兀（Tangut）省 [Z] 的一部分。……那里有大量的 [V] 野生公牛和母牛 [VB]，它们仿佛如 [L] 象一般大，它们看上去优良 [VA]、美观，因为它们除了背部以外全身多毛，它们是白色和黑色的。又 [L]，毛大约 [L] 三掌长，人们说它们的毛是极好的，是非常细的白色毛，并且所说的毛比丝还细得多。我马可·波罗把它们当作珍品带了一些来到威尼斯，而所有人也都这么认为 [VB]。它们如此美丽，看上去令人叹为观止。[2]

遗憾的是，马可·波罗没有提到河西地区的牦牛毛纺织。实际上，

1　详 见 Dai Matsui, "Dumdadu Mongɣol Ulus, 'the Middle Mongolian Empire'", in *The Early Mongols: Language, Culture and History. Studies in Honor of Igor de Rachewiltz on the Occasion of His 80th Birthday*, Bloomington: Indiana University Press, 2009, pp.111-119。

2　*Marco Polo: the Description of the World*, op. cit., § 72, "Here he tells of the great kingdom of Ergiuul", p.179.

这是当地一种很有特色的工艺。在西夏立国之前，党项人过着游牧生活，"织牦牛尾及羖羺毛以为屋，服裘褐，披毡为上饰"；"俗皆土著，居有栋宇，其屋织牦牛尾及羊毛覆之，每年一易"。[1]西夏法典《天盛律令》规定牦牛的牧放者每年都要向政府交纳一定数量的绒毛，[2]其用途应主要是纺织。也许驼毛织物的光辉掩盖了牦牛毛织物，我们现在还无法知晓后者在古代丝路贸易中的地位。

　　可以肯定，当时的河西地区是中国纺织业的重镇之一。马可·波罗记述 Ergiuul（额里折兀勒）地区时提到：

> 这个大区的人们 [V] 靠贸易和织金、丝织 [FB] 手艺维生，拥有充足的各种 [V] 谷物。这个地区大小有二十五日程，非常富饶 [P]。[3]

　　精湛的纺织技术造就了当地一流的驼毛织物，它远销各地并成为西夏给蒙古的贡品不是偶然的。根据汉文、西夏文文献的记载，河西地区的毛织业在 13 世纪之前的唐代和西夏时就相当发达，而且品种丰富。[4]美国学者谢弗（Edward H. Schafer，汉名薛爱华）很早就根据《新唐书》，论述了甘肃等地进贡朝廷的优质毛织物正是驼毛织品——"驼毛褐"。[5]在西夏与宋朝的贸易中，毛织物占有一定的比例。[6]据陈炳应研

1　《隋书》卷八三《西域传》"党项"条，中华书局，1973 年，第 1845 页；《旧唐书》卷一九八《西戎传》"党项羌"条，中华书局，1975 年，第 5290 页。

2　史金波：《西夏社会》上册，上海人民出版社，2007 年，第 102 页。

3　*Marco Polo: the Description of the World*, op. cit., § 72, "Here he tells of the great kingdom of Ergiuul", p.180.

4　前引杜建录《西夏经济史》，第 49、52、61、62 页。

5　谢弗：《唐代的外来文明》，吴玉贵译自 *The Golden Peaches of Samarkand*，中国社会科学出版社，1995 年，第 433 页。《新唐书》卷三七《地理志一》记为："会州会宁郡土贡：驼毛褐、野马革、覆鞍毡、鹿舌、鹿尾；丰州九原郡（地属灵州），土贡：白麦、印盐、野马胯革、驼毛褐、毡。"第 970、973 页。

6　前引杜建录《西夏经济史》，第 254、261 页。

究，西夏出产一种高级毛织物"毛锦"，类似丝织物织锦那样精细富丽。此外，还能生产棉、毛、金线合织而成的棉褐，技术水准和精美程度与宋朝的金线袍段相似。[1] 当地优良的毛织工艺传统得到后世统治者的高度重视。至元十八年（1281）十月，元朝政府在河西"置织毛段匠提举司"，[2] 这与当地深厚的毛纺织业基础直接相关。值得注意的是，上文征引《蒙古秘史》所述西夏向成吉思汗进献的毽子（örmege）即毛段。

即使到 17 世纪，河西地区仍以毛织业闻名于世。曾德昭《大中国志》记载了当时的羊毛纺织业："这里输出的羊毛，都在该省（原文指陕西——引者）或其他地方制作毡或别的有用之物。他们在当地不织布，除用山羊毛外不纺线。他们用山羊毛织成一种供房间挂帘使用的材料，工艺精美，普通的也比我们的好，最好的比丝绸更贵重。他们还用羊毛织成极细的毡，叫做毯（Tum），当作衣服。但这不是任何一种山羊毛都可制作，而是用表层内极细的毛。他们小心地把细毛取出，用它制成大如普通饼子的球，再用特殊的工艺加工制作。"[3] 俄国来华使者米列斯库也记载陕西地区"羊毛织品十分精美，还产各种地毯"。[4]

尽管曾德昭、米列斯库叙述的是羊毛纺织，但我们仍能感受到西北地区悠久的毛纺织传统和高超技艺。

结　论

"丝绸之路"的名称作为对中外重要商业道路网络的概括，一方面

1　陈炳应主编《中国少数民族科学技术史丛书·纺织卷》，广西科学技术出版社，1996 年，第707 页。同页以甘肃武威西夏遗址出土的毛毡为例做了具体论证。2014 年 8 月，笔者参观甘肃武威西夏博物馆，看到馆中陈列的一帧文物照片与西夏毛织品有关，那是宁夏贺兰县宏佛塔出土的蓝花绣袋，长 10 厘米，宽 7.5 厘米，是麻毛混纺织锦，在土黄色衬底上织出蓝色花卉图案，工艺精美。原件现藏宁夏贺兰县文物管理所。
2　《元史》卷一一《世祖纪八》，第 234 页。
3　前引曾德昭《大中国志》，第 19 页。
4　前引尼·斯·米列斯库《中国漫记》，第 79 页。

为学界和大众提供了名词使用上的便利，但另一方面似乎简化了人们对这个道路系统的认识。在这组商路上，仅就中国输出的商品而言，就远比一般人的认识丰富得多。

河西地区不仅是古代丝绸之路所通行的重要地区，同时它也是对外贸易商品的重要提供者，大黄、麝香、驼毛织物是其中长销不衰的重要代表。除了质量优良外，原产地的价格相对低廉，产地又地处交通要道，这都为外来商旅在河西采购上述商品提供了优越条件。就商路的研究而言，我们通常会设置一个起点，而商人的购销活动其实并不受这一假定的限制，他们会在最方便的地区采购最有利可图的商品。马可·波罗记述了商人在河西地区的采购活动，无疑是相当准确的。

河西地区的自然条件远谈不上优越，但这里独特的地理环境却造就了大黄、麝香这两种优质的物产。除了上文所征引的文献，我们还可以用葡萄牙第一个来华使团携带返国的物品来加以说明。上文提到，1521年，以多默·皮列士为首的葡萄牙来华使者在广州被投入监狱关押。使团中一个名叫克利斯多弗·维埃拉（Cristóvão Vieira）的人，设法从狱中送出一封信，记述葡人在狱中的遭遇，同时谈到使团在华的活动。这封大约写于 1524 年的信记载了葡萄牙使团从中国获取而后被广州地方政府没收的各种物品："从我们那里取走的财物：20 京塔（quintal）大黄，1500 或 600 华丽丝料，4000 丝手绢制品，中国人称之为手帕（xopas），南京产，及许多扇子（avanos），还有三阿洛巴麝香粉，3000及若干麝香袋（原文如此——引者），4500 两银子，70 或 80 两金子，还有其他银器及各种值钱的衣料。……这些（东西）被当做强盗的财物送往广州府（Canchefo）的牙行。"[1] 大黄和麝香都赫然列在 16 世纪葡萄牙使团的物品清单中。

---

1 克利斯多弗·维埃拉：《广州葡囚书简（1524?）——葡中首次交往的见证》，何高济译，《国际汉学》第十辑，大象出版社，2004 年，第 50—51 页。中葡贸易的商品名录，也见于 1515 年意大利航海家安德鲁·科萨利（Andrew Corsali）的书信，见前引裕尔《东域纪程录丛：古代中国闻见录》，第 141 页，注释 2。

如上所述，除了河西地区产自天然的大黄、麝香，当地的能工巧匠利用本地的优质原料，织就了精巧的毛织品。拥有这些优异的商品，河西地区在古代丝绸之路上的地位是不言而喻的。

陈炳应先生曾撰文研究西夏时期对外贸易，得出这样的结论："关于西夏的商业贸易在社会经济生活中的地位，史学界有不同看法。有的认为'占有重要地位'。有的则认为'占不了多大的比重'。我历来主张前一种意见。……西夏的存在并未阻绝东西方的丝路贸易，相反，在某种程度上，还起着维系和中继的作用，作出过一定的贡献。"[1]这无疑提醒我们，对历史的认识总有不断深入的空间。

到 17 世纪，由于国际争端导致的道路安全缺乏保障、沿途诸国高额关税科征、主要商品输出国的闭关政策、世界经济重心的变动等复杂的原因，陆上丝绸之路最辉煌的时代基本结束，但它在河西地区的余晖依然存续。[2]以下我们用米列斯库《中国漫记》、曾德昭《大中国志》关于河西地区对外贸易的记述作为本节的结束："突厥人和布哈拉人每年都要组织马帮到中国经商，但却伪装成国王的使者，并从中选出一人装成国王的使臣，这样更便于经商。不过，中国人仍对他们百般防范，不让马帮进入中国，更不让进北京，而只让使臣带少数人进来，其余的人均挡在甘州府和肃州府。……这些商人从中国买回大黄或麝香。中国商人只要闻讯他们到来，便带着马帮赶到肃州和甘州来同他们作生意。""这个省（原文指陕西——引者）是大批商货汇集之地；它的西境有两个城市，甘州（Gaucheu）和肃州（Sucheu）（如广东省南端的澳门），各国各地成千的商旅，从那里到来。"[3]

1　陈炳应：《西夏的丝路贸易与钱币法》，《中国钱币》1991 年第 3 期，第 27—30 页。

2　日本学者榎一雄《明末的肃州》研究了明代肃州的对外贸易和外国居民状况，收入《日本学者研究中国史论著选译》第九卷《民族交通》，中华书局，1993 年，第 581—605 页。原文发表于 1974 年。关于肃州在清代远途商贸中的重要地位，可参阅张羽新《肃州贸易考略》（上、中、下），《新疆大学学报》1986 年第 3、4 期，1987 年第 1 期。

3　前引尼·斯·米列斯库《中国漫记》，第 78 页。本节将原文的"土耳其人"改为突厥人；曾德昭《大中国志》，第 20 页。

下 编

第四章　元朝、安南的战争与和平

第一节　13 世纪后期元朝与安南的
外交文书

在 13—14 世纪，随着蒙古政权的对外扩张，蒙古与周边国家之间的外交活动日趋频繁，外交文书随使节往来而被大量使用。

自 19 世纪以来，学界日益重视这些外交文书。大蒙古国贵由汗写给欧洲教皇的书信、[1]伊利汗国君主

1　伯希和:《蒙古与教廷》第一卷《大汗贵由致因诺曾爵四世书》，冯承钧译，中华书局，1994 年，第 5—32 页。该文最初发表于 1923 年。

写给教皇和法国国王的外交信件、[1]大蒙古国－元朝与高丽之间、[2]元朝与日本之间的外交文书，[3]都得到了不同程度的研究。

值得注意的是，在元朝和安南之间也有密切的外交往来，留下较多外交文书。目前学界对它们的研究相对薄弱。本节拟对 13 世纪后期元朝与安南的外交文书试做探讨。

1257 年，灭亡大理的蒙古大将兀良合台指挥大军侵入安南。安南陈朝太宗陈日煚在发兵抵抗之后最终选择了入贡请和，[4]"陈太王遣使陪臣院学士表贡方物"。[5]1258 年夏，兀良合台派讷剌丁出使安南，明确要求："如尔等矢心内附，则国主亲来，若犹不悛，明以报我。"陈太宗承诺"俟降德音，即遣子弟为质"。[6]同年，安南"遣黎辅陈、周博览如元。时元使来索岁币，增其职贡，纷纭不定。帝命辅陈往，以博览副之。卒定三年一贡为常例"。[7]在此期间，双方应使用了正式的官方文书，但文书的具体内容无存。本节所讨论的外交文书以 1260 年忽必烈称帝为起点。

1　Antoine Mostaert et Francis W. Cleaves, "Trois Documents Mongols des Archives Secrètes Vaticanes", *Harvard Journal of Asiatic Studies*, vol. 15, No.3/4, 1952; Antoine Mostaert et Francis W. Cleaves, *Les lettres de 1289 et 1305 des ilkhan Aryun et Öljeitü à Philippe le Bel*, Cambridge: Harvard University Press, 1962. 相关文书的研究状况，在这两种论著中有详细征引，不再一一列出。

2　乌云高娃：《13 世纪元朝与高丽的外交文书》，《隋唐辽宋金元史论丛》第十辑，上海古籍出版社，2020 年。日本学者植松正的多篇论文也涉及这一领域，参见下注。

3　張東翼「一二六九年『大蒙古国』中書省の牒と日本側の対応」『史学雑誌』第 114 卷第 8 号、2005；植松正「モンゴル国国書の周辺」『史窓』第 64 号、2007；「第二次日本遠征後の元・麗・日關係外交文書について」京都大学人文科学研究所『東方学報』第 90 册、2015。

4　陈日煚即安南陈朝的太宗，在安南史籍中又称陈太王。相关研究见山本达郎《安南史研究 I：元明两朝的安南征略》，毕世鸿等译，商务印书馆，2020 年，第 31 页。该书日文原著出版于 1950 年。

5　黎崱：《安南志略》卷一四《历代遣使》之"陈氏遣使"，武尚清点校，中华书局，1995 年，第 332 页。

6　《元史》卷二〇九《安南传》，第 4634 页。

7　吴士连：《大越史记全书》本纪卷五《陈纪》，孙晓等标点校勘，西南师范大学出版社、人民出版社，2015 年，第 273 页。

一 "六事"之制的提出与搁置

在安南臣服之初，大蒙古国就向安南强调它应承担的义务。这些义务在元世祖时期被概括为"六事"。所谓"六事"是自成吉思汗以来逐渐形成的、蒙古政权对臣属国家所施加的六项要求，分别是：一，君长亲朝；二，子弟入质；三，编民数；四，出军役；五，输纳税赋；六，置达鲁花赤。[1]其内容可分为三组：第一、二项旨在控制降国的统治者；第三至五项是对降国的经济和军事资源进行控制；第六项是由蒙古 – 元朝的代理人就近对臣服国家实施监管和控制。从统治的角度而言，制度设计者的心思可谓细密。[2]

需要注意的是，元朝对臣服国家的要求不是一成不变的，并非固定的"六事"。与安南相比，元朝对高丽的要求略有差异。中统三年（1262）元世祖在颁给高丽的诏书中说："凡远迩诸新附之国，我祖宗有已定之规则，必纳质而籍民编，置邮而出师旅，转输粮饷，补助军储。"[3]只有五项内容。至元五年（1268），元世祖诏谕高丽："太祖（即成吉思汗——引者）法制：凡内属之国，纳质、助军、输粮、设驿、编户籍、置长官"。[4]要求变为六项，但没有"君长亲朝"，多了"设驿"。这是因为此前高丽国王王禃（即高丽元宗）已经朝见了元世祖。[5]由此可知，"六事"不是无可变更的铁律。元朝会根据形势的发展、自身实

---

1 《元史》卷二〇九《安南传》，第 4635 页。
2 相关讨论，参阅温海清《臣服或毁灭：使臣见杀、遭囚视阈下的蒙元对外政策再检讨》，《文史》2021 年第 3 辑，第 201、205、214—215 页。
3 郑麟趾：《高丽史》卷二五《元宗世家一》"三年（壬戌）十二月"条。类似记载又见元宗"四年（癸亥）三月"条，高汭还自蒙古，言中书省云："帝怒尔国，前降诏书内置邮、籍民、出师、输粮等事置而不奏，故不赐回诏。"孙晓等标点校勘，西南师范大学出版社、人民出版社，2014 年，第 800、802 页。
4 《元史》卷二〇八《高丽传》，第 4614 页。
5 高丽国王曾在至元元年十月来朝，见《元史》卷五《世祖纪二》、卷二〇八《高丽传》，第 100、4613 页。

力和外在环境而调整对不同臣服国家的具体政策。

上文提到 1258 年大蒙古国和安南的交涉，其中已经涉及"六事"的两项内容。一是"君长亲朝"，兀良合台所派使者要求："如尔等矢心内附，则国主亲来。"二是"子弟入质"。陈太宗对"国主亲来"未置可否，但承诺"俟降德音，即遣子弟为质。"不过，当时大蒙古国战略进攻的重心是南宋，并未具体落实"国主亲来""子弟为质"，而是"定三年一贡为常例"，暂时约定，按照传统的朝贡制度行事。

在元世祖、元成宗统治时期，元朝对安南的"六事"要求有很大变化。以元朝灭宋和元世祖去世为转折点，大体可分为三个阶段。

从忽必烈称帝到元朝灭南宋的大局确定，是第一阶段。在此期间，元朝并未强调安南必须全面履行"六事"义务，甚至在元朝立国之初，表现出对安南很大程度的宽容。中统元年十二月，元世祖给安南的诏书中写道：

> 念卿在先朝已归款臣附，远贡方物，故颁诏旨……谕本国官僚士庶：凡衣冠典礼风俗百事，一依本国旧例，不须更改。况高丽国比遣使来请，已经下诏，悉依此例。除戒云南等处边将，不得擅兴兵甲，侵掠疆场，挠乱人民，卿国官僚士民，各宜安治如故。[1]

诏书中没有对安南提出具体要求，反而加以安抚，一切以维持"安治"为目的，满足于安南的"归款臣附，远贡方物"。这是由于当时忽必烈正和他的弟弟阿里不哥争夺汗位，国家战略重心在北方草原，对远在南方边陲的安南采取了怀柔策略。

中统二年，安南太宗（陈日煚，又名光昺、光晊）派使者"诣阙献书，乞三年一贡。帝从其请，遂封光昺为安南国王"。不晚于中统三年，

1　黎崱：《安南志略》卷二《大元诏制》，第 46 页。

元朝向安南派遣了达鲁花赤，这属于"六事"的最后一项。这一年元朝"授安南国王陈光昺及达鲁花赤讷剌丁虎符"。达鲁花赤是元朝驻安南的特派员、联络员，也有监督进奉贡物之责，"以讷剌丁充达鲁花赤，佩虎符，往来安南国中"。讷剌丁在安南的时间不长，中统四年十一月就返回元朝。元世祖还向安南降诏："卿既委质为臣，其自中统四年为始，每三年一贡，可选儒士、医人及通阴阳卜筮、诸色人匠，各三人，及苏合油、光香、金、银、朱砂、沉香、檀香、犀角、玳瑁、珍珠、象牙、绵、白磁盏等物同至。"至元三年十二月，陈太宗遣使者上表三通，"其一进献方物，其二免所索秀才、工匠人，其三愿请讷剌丁长为本国达鲁花赤"。[1]

至元四年七月，元朝诏书开始提出在安南行"六事"的要求：

> 太祖皇帝圣制：凡有归附之国，君长亲朝，子弟入质，编民数，出军役，输纳税赋，仍置达鲁花赤统治之。以数事以表来附之深诚也。卿今来贡，不逾三年之期，其诚足知，故告以我祖宗之法，亦以诚谕。且君长来朝，子弟入质，籍民定赋，出军相助，古亦有之；岂今日创为之哉！卿能备行数事，朕复何言。彼卒未能，朕亦不责卿行而全之也。[2]

这份诏书的内容在《元史》中被压缩为："诏谕安南国，俾其君长来朝、子弟入质、编民、出军役、纳赋税、置达鲁花赤统治之。"[3] 元世祖虽然提到"六事"，但没有刻意要求安南全面执行。其后数年间，元朝除了命安南接受元朝派遣的达鲁花赤、提供军事协助外，多为"六事"之外的其他要求，如索要大象、回鹘商人等。世祖下诏"征商贾回鹘人"，"以其国有回鹘商贾，欲访以西域事，令发遣以来"。至元五年，元朝

1　引文俱见《元史》卷二〇九《安南传》，第4635页。
2　黎崱：《安南志略》卷二《大元诏制》，第47页。
3　《元史》卷六《世祖纪三》，第116页，时间在至元四年九月。标点略有改动。

以忽笼海牙代替讷剌丁为达鲁花赤，张庭珍任副职。至元六年十一月，陈太宗上书说："商旅回鹘，一名伊温，死已日久，一名婆婆，寻亦病死。又据忽笼海牙谓陛下须索巨象数头。此兽躯体甚大，步行甚迟，不如上国之马，伏候敕旨，于后贡之年当进献也。"至元九年，元朝向安南派出了新的达鲁花赤，"以叶式捏为安南达鲁花赤，李元副之"。第二年正月，叶式捏卒，命李元继任，以合撒儿海牙为其副手。[1]

与此前安南欢迎讷剌丁并请求他长期为本国达鲁花赤不同，至元十二年正月，陈太宗上表请罢本国达鲁花赤：

> 乞念臣自降附上国，十有余年，虽奉三年一贡，然迭遣使臣，疲于往来，未尝一日休息。至天朝所遣达鲁花赤，辱临臣境，安能空回，况其行人，动有所恃，凌轹小国。……且达鲁花赤可施于边蛮小丑，岂有臣既席王封为一方藩屏，而反立达鲁花赤以监临之，宁不见笑于诸侯之国乎？与其畏监临而修贡，孰若中心悦服而修贡哉。……凡天朝所遣官，乞易为引进使，庶免达鲁花赤之弊，不但微臣之幸，实一国苍生之幸也。[2]

二 "六事"之制的重提与落实

对于安南至元十二年的请求，元朝明确拒绝。实际上，在此之前，随着元朝对南宋战争的节节胜利，元世祖对安南的态度已经越发强硬，由宽容变为严苛。至元十二年正月，"安南国使者还，敕以旧制籍户、设达鲁花赤、签军、立站、输租及岁贡等事谕之"。二月，"诏安南国王

---

[1] 引文俱见《元史》卷二〇九《安南传》，第4635—4636页。关于安南向元朝贡象，参阅王颋《马可波罗所记大汗乘象史实补释》，《元史论丛》第八辑，江西教育出版社，2001年，第24—32页。

[2] 《元史》卷二〇九《安南传》，第4637—4638页。

陈光昞，仍以旧制六事谕之，趣其来朝"。[1] 这道诏书的主要内容如下：

> 祖宗定制，凡内附之国，君长亲朝、子弟纳质、籍户口、输
> 税赋、调民助兵、仍置达鲁花赤统治之。此六事往年已谕卿矣。
> 归附逾十五年，未尝躬自来觐，数事竟未举行。虽云三年一贡，
> 所贡之物皆无补于用。谓卿久当自悟，遂略而不问。何为迄今犹
> 未知省。故复遣合撒儿海牙往尔之国，谕卿来朝。倘有他故，必
> 不果来，可令子弟入朝。此外，本国户口若未有定籍，输赋、调
> 兵何由斟酌？苟尔民实少，或多取之，力将不及，今籍尔户口，
> 盖欲量其多寡以定兵赋之数，其所调兵，亦不令远适他所，止从
> 云南戍兵相与协力。[2]

上引至元十二年正月、二月的两则史料在"六事"上略有差异。前者有
"立站""岁贡"而无"君长亲朝""子弟纳质"。当以诏书所记"六事"
为准。

尽管元朝此前要求安南行"六事"，但并未坚持，结果安南"归附
逾十五年，未尝躬自来觐，数事竟未举行"。在这道诏书中，元朝再次
明确提出臣附之国的"六事"义务，要求安南上报户籍。不过，元朝对
安南履行"六事"仍留有余地，例如"君长亲朝"亦可通融，即"倘有
他故，必不果来，可令子弟入朝"。

至元十三年二月，陈太宗遣使入贡，"乞免六事"。次年，陈太宗去

---

1 《元史》卷八《世祖纪五》，第 160、163 页。《元史》卷二〇九《安南传》的相关记载是："二
　月，复降诏，以所贡之物无补于用，谕以六事，且遣合撒儿海牙充达鲁花赤，仍令子弟入
　侍。"第 4638 页。
2 黎崱：《安南志略》卷二《大元诏制》，第 48 页。标点有改动，以下不再一一注明。吴士连
　《大越史记全书》本纪卷五《陈纪》记载，至元十三年四月，"元世祖平江南，遣合散儿海牙
　来，谕以调民、助兵等六事。帝皆不（咱）[听]"。第 283 页，标点有改动。这里提到的时
　间，是元朝使者到达安南的时间。合散儿海牙即至元十二年世祖诏书中提到的合撒儿海牙。

世，"国人立其世子日烜"，遣使来朝。[1] 至元十五年八月，元世祖派柴椿等使安南，"诏切责之，仍俾其来朝"。[2] 诏书写道：

> 　　曩者尔国内附之初，凡有所请，皆赐允从，意谓事大之礼，久当自知，能举而行也。历年滋远，礼意浸薄，故于至元十二年复降诏旨，责以亲朝、助兵等事。顷黎克复等至，省所上表，藐涉诞妄。……至谓地远不克入觐，黎克复等安能至哉？……向以尔父衰老，不任跋涉，犹云可也。今尔年方强壮，入朝受命，此正其时。况彼境土接我邕、钦，莫惮一来也。尔或不思安全，固拒朕命，则修尔城隍，缮尔兵甲以待。祸福转移之机在此一举，宜审图之。[3]

同年十二月，柴椿到达安南，向陈圣宗传旨："汝国内附二十余年，向者六事犹未见从。汝若弗朝，则修尔城，整尔军，以待我师。""汝父受命为王，汝不请命而自立，今复不朝，异日朝廷加罪，将何以逃其责。请熟虑之。"面对元朝的要求，陈圣宗回应说："若亲朝之礼，予生长深宫，不习乘骑，不谙风土，恐死于道路。子弟太尉以下亦皆然。天使回，谨上表达诚，兼献异物。"柴椿反驳："宋主年未十岁，亦生长深宫，如何亦至京师？但诏旨之外，不敢闻命。且我四人实来召汝，非取物也。"[4]

　　面对元朝的威胁，陈圣宗像他的父亲一样，借口有病，拒绝赴元，"以疾不行；遣其大夫郑廷瓒、杜国计入贡"。[5] 圣宗所进表章的主要内

---

1 《元史》卷二〇九《安南传》，第 4638 页。陈日烜即陈圣宗，详见山本达郎《安南史研究 I 》，第 31 页。

2 《元史》卷一〇《世祖纪七》，第 203 页。

3 黎崱：《安南志略》卷二《大元诏制》，第 48—49 页。

4 《元史》卷二〇九《安南传》，第 4639 页。

5 黎崱：《安南志略》卷一四《历代遣使》之"陈氏遣使"，第 333 页。郑廷瓒，《元史》记为郑国瓒。

容是：

> 伏见诏书，谕以入朝，臣不胜惊惧。而举国生灵，博闻斯语，
> 啾啾然失其永。盖缘臣生长越裳，秉气软弱，水土不谐，暑润不
> 奈，虽观上国之光，充王庭之宾，恐道上有妨，徒暴白骨，致陛
> 下仁心亦自哀伤之耳，而无益于天朝之万一也。……陛下政善于
> 周，仁深于汉，伏望陛下哀孤臣之单弱，怜小国之辽远，令臣得
> 与鳏寡孤独，保其性命，以终事陛下。此孤臣之至幸，抑亦小国
> 生灵之大福也。[1]

柴椿此次出使，未能促成安南执行"六事"，特别是君主亲朝，可谓无功而返。

至元十六年三月，柴椿等回到京师，把安南使者郑国瓒留在邕州。枢密院提出，应以武力施压，迫使安南就范："以日烜不朝，但遣使臣报命，饰辞托故，延引岁时，巧佞虽多，终违诏旨，可进兵境上，遣官问罪。"世祖允许安南使者入觐，随后扣留正使郑国瓒。十一月，元朝又派柴椿等四人赴安南，再次要求陈圣宗来朝，"若果不能自觐，则积金以代其身，两珠以代其目，副以贤士、方技、子女、工匠各二，以代其土民。不然，修尔城池，以待其审处焉"。[2]

面对元朝的要求，"世子以疾辞。柴公以理诘难之，世子惧。遣族叔陈遗爱代觐。上以（世子）有疾，封陈遗爱为安南国王"。[3]与陈遗爱一同出使元朝的黎目、黎荀也被元朝分别授以翰林学士、尚书之职。[4]

至元十八年十月，元世祖降诏安南，"以光昺既殁，其子日烜不请

1　黎崱：《安南志略》卷六《表章》，第133—134页。节略文字见《元史》卷二○九《安南传》，第4639页。

2　《元史》卷二○九《安南传》，第4639—4640页。

3　黎崱：《安南志略》卷三《大元奉使》，第67页。

4　吴士连：《大越史记全书》本纪卷五《陈纪》，第288页。

命而自立，遣使往召，又以疾为辞，止令其叔遗爱入觐，故立遗爱代为安南国王"。[1] 世祖还计划在安南设置宣慰司，以加强对安南的控制，"以北京路达鲁花赤字颜帖木儿参知政事，行安南国宣慰使、都元帅，佩虎符。柴椿、忽哥儿副之"。[2] 随后，元世祖调动新附军千人护送新册立的安南国王陈遗爱回国。

　　元朝另立安南国王，武装护送其返国，遭到安南的抵制。被立为安南国王的陈遗爱也不积极配合。陈遗爱、柴椿等人"至永平界，国人弗纳。遗爱惧，夜先逃归"。[3] 关于他回国后的结局，元朝和安南的记载不同。元朝方面记载陈遗爱被杀，"因彼叔父陈遗爱来，以安南事委之。至则以为戕害"。[4] 元世祖的诏书责问陈圣宗："及命尔叔摄守彼疆，公然拒违，敢行专杀。"陈圣宗则在表文中辩解："往者国叔遗爱的是境外逃亡，反诬指以为专杀。"[5] 按，所谓"境外逃亡"当是谎言。根据越南官修史籍《大越史记全书》，陈遗爱并未逃亡境外，而是在回国之初就被安南拘捕惩处，至元十八年六月，"治判首陈隘（即陈遗爱——引者）等罪，徙隘天长犒甲兵，黎苟徒宋兵"。[6] 此后两国关系逐渐走向战争并

1　《元史》卷二〇九《安南传》，第4640页。又见《元史》卷一一《世祖纪八》，第234页。

2　《元史》卷一一《世祖纪八》，第234页，标点有改动。《元史·安南传》的相应记载是："（至元）十八年十月，立安南宣慰司，以卜颜铁木儿为参知政事、行宣慰使都元帅，别设僚佐有差。"第4640页。关于此事，黎崱《安南志略》卷三《大元奉使》的记载有异言："至元十八年，加授柴椿行安南宣慰都元帅，李振副之。领兵送遗爱就国。命不眼帖木儿为达鲁花赤。"第67页。本节以《元史》为准。

3　黎崱：《安南志略》卷三《大元奉使》，第67页。

4　黎崱：《安南志略》卷二《大元诏制》至元二十三年四月诏，第50页。又见同卷至元二十八年诏，第52页。并见《元史》卷二〇九《安南传》，第4646页，元世祖指责安南国王"戕害叔父陈遗爱"。

5　此处引用的元朝与安南的外交文书收入元朝使臣徐明善所著《天南行记》。此行记收入陶宗仪编《说郛》一百二十卷本，见卷五六。另以《安南行记》为题，收入《说郛》一百卷本，见卷五一。这两种《说郛》后都编入上海古籍出版社1990年出版的《说郛三种》，分见第五册，第2603—2607页；第二册，第812—814页。其底本分别是明刻宛委山堂本、上海商务印书馆据明抄本排印本（又称涵芬楼百卷本）。本节的引文主要据一百二十卷本《说郛》的《天南行记》，个别文字据一百卷本《说郛》的《安南行记》校改。此处引文见《说郛三种》本，第五册，第2604页上栏、2605页上栏。

6　吴士连：《大越史记全书》本纪卷五《陈纪》，第289页。

爆发两次大战，如果元朝册立的安南国王留在国内，对安南始终是隐患，最有利的做法就是找借口将陈遗爱处死。无论被杀、被徙，陈遗爱的政治生命都已结束。

如果说处置陈遗爱是安南的内部事务，那么，对待柴椿的方式则必须遵循外交规则。安南国王派大臣迎接柴椿等人。使团携带的诏书是这样写的：

> 曩安南国陈（光昺，即日瞁更名）生存之日，尝以祖宗收抚诸蛮旧例六事谕之，彼未尝奉行。既殁，其子又不请命而自立，遣使远召，托故不至。今又以疾为辞，故违朕命，止令其叔父遗爱入觐，即欲兴师致讨，缘尔内附入贡有年矣，其可效尔无知之人，枉害众命！尔既称疾不朝，今听汝以医药自持，故立汝之叔父遗爱，代汝为安南国王，抚治尔众。境内官吏士庶，其各安生业，毋自惊惧。其或与汝百姓辄有异图，大兵深入，戕害性命，无或怨怼，实乃与汝百姓之咎。右谕安南宗族官吏。[1]

事实上，安南不但拒绝承认陈遗爱的国王地位，而且对陈遗爱绳之以法。元朝强行扶立傀儡的计划落空，开始采用恐吓和军事手段来解决安南问题。

元朝的军事打击最初不是正面进攻，而是以出兵安南南方邻国占城为借口，向安南借道。实则试图"假途灭虢"，先欺骗安南，当深入安南国境后再发起攻击。降元的安南官员黎崱在他编著的《安南志略》中记载："至元二十年，以世子累召不朝，上未忍加兵，命荆湖占城等处行中书省谕安南假道，助右丞唆都征占城之役。仍令鄂州路达鲁花赤赵翥往谕之。世子不听。"[2]

1　黎崱：《安南志略》卷二《大元诏制》，第49—50页。圆括号内有补充文字，原文如此。

2　黎崱：《安南志略》卷三《大元奉使》，第67页。

三 聚焦"一事"的斗争

安南根本不信任元朝，积极备战。[1] 至元二十一年十二月，元世祖之子镇南王脱欢率军从湖广行省南下攻入安南，大将唆都从占城北上，对安南形成南北夹击之势。安南一些地位显赫的贵族投降了元朝，包括陈圣宗的兄弟陈益稷、贵族陈秀嵘等。安南一度有政权倾覆的危险，不过，经过顽强抗战，最终赢得了胜利。[2]

元世祖不能接受这次战败，很快准备发动新的进攻。至元二十三年二月，命荆湖占城行省组织湖广、江西、江浙三个行省军队六万余人以攻打安南。[3] 在这年四月元世祖给安南国王和官吏百姓的诏书中写道：

> 曩以尔国陈，既称臣服，岁输贡献而不躬亲入朝，因彼叔父陈遗爱来，以安南事委之，至则已为戕害，所遣达鲁花赤不眼帖木儿又却之弗纳，至于出师占城，宜相馈饷而略不供给，以致镇南王脱欢、行省阿里海牙进兵。彼兵交之际，互有杀伤，今因尔国近亲陈益稷、陈秀嵘虑宗国覆灭，殃及无辜，屡劝尔来庭，终不见从，自投来归。朕悯其忠孝，特封陈益稷为安南国王，陈秀嵘为辅义公，以奉陈祀。申命镇南王脱欢、平章政事奥鲁赤，兴兵平定其国。前此罪戾，止于尔之身，吏民无有所预。诏书到日，其各复归田里，安生乐业。故兹诏示。右谕安南国官吏百姓。[4]

---

1 吴士连：《大越史记全书》本纪卷五《陈纪》，第 289 页。
2 详见山本达郎《安南史研究 I》，第 118—159 页。
3 《元史》卷一四《世祖纪十一》，第 287 页。
4 黎崱：《安南志略》卷二《大元诏制》，第 50—51 页。诏书内容在《元史·安南传》中有摘要："诏谕安南官吏百姓，数日垣罪恶，言其戕害叔父陈遗爱及弗纳达鲁花赤不颜铁木儿等事。以陈益稷等自拔来归，封益稷为安南国王，赐符印，秀嵘为辅义公，以奉陈祀。"前引《元史》卷二〇九《安南传》，第 4646 页。

元世祖的意图非常明确，以镇南王脱欢为首，统兵征服安南，用武力扶植陈益稷为安南统治者。与上引至元十八年诏书相同，这道诏书预想的接受对象既有安南国王，也包括安南的官吏百姓。

至元二十四年十一月，镇南王统军进攻安南，再次惨败而归。[1]安南虽然取得了胜利，但由于两国实力相差悬殊，迅速采取措施，向元朝示好。

至元二十五年三月，陈圣宗"遣使来谢，进金人代己罪"。[2]此外，还送回被俘的蒙哥汗之子、元世祖之侄昔里吉大王。这年四月陈圣宗向元朝所上的表文写道：

> 微臣父子，归顺天朝三十有余年矣。……纳贡方物，使臣进献，岁月未曾欠缺。……微臣谨具行路礼物，差人前就界首，迎送（昔庚机）大王归国。伏望陛下德配乾坤，恩过父母，智可以烛幽显，辨可以识情伪，愿垂矜察，曲加宽宥，庶令微臣免于罪戾。[3]

至元二十五年十一月，元朝命李思衍为礼部侍郎，充国信使，以万奴为兵部郎中，任副使，同往安南，诏谕陈日烜亲身入朝，否则必再加兵。元世祖给安南的诏书措辞严厉：

> 朕君临万邦，诲威并用，岂于尔国独忍加兵？盖自混一以来，屡讲会同之礼，尔名为向化，实未造朝，累示征书，辄辞以疾。及命尔叔摄守彼疆，公然拒违，敢行专杀。至若阿里海牙占城之役，就尔假途，俾之缮治津梁，飞挽蒭粟，不惟失信，乃复抗师。此而不征，王宪何在？民残国破，实自取之。今尔表称伏辜，似

1　详见山本达郎《安南史研究Ⅰ》，第170—200页。

2　《元史》卷一五《世祖纪十二》，第310页。

3　徐明善：《天南行记》，《说郛三种》本，第五册，第2603页。

已知悔。据来人代奏，谓尔自责者三……若蒙赦宥，当遣质子、进美姬，且岁贡方物。凡兹缪敬，将焉用此？若使果出诚悃，何不来此面陈？安有闻遣将则惟事遁逃，见班师则声言入贡？以此奉上，情伪可知。尔试思：与其岭海偷生，日虞兵至，曷若阙庭皈命，被宠荣迁？二策之间，孰得孰失？尔今一念迷悟，系彼一方存亡。……尔能趣装一来，足明臣节，朕当悉宥前过，复尔旧封。或更迟疑，决难但已。宜修尔城郭，砺尔甲兵，听尔所为，候朕此举。尔尝臣事亡宋，自度气力何如？合早知机，无贻后悔。[1]

诏书的要求非常明确，安南君主必须亲自入元朝见。对此，安南是这样回复的：

　　至于趣装一来，一同来见，微臣神魂俱丧，心胆如摧，所谓乐未及而悲来，喜未终而惧至也。微臣僻处海隅，久婴病疾，道途辽远，水土艰难，虽命由天数之所付，而死乃人情之最怕。加以大军屡伐，杀伐尤多，兄弟无良，构谮不少。往者国叔遗爱的是境外逃亡，反诬指以为专杀。继而仲弟益稷将使者军前投拜，乃先去以为己功。又况来人代奏，辄为诋言。微臣十死殆无一生。……倘蒙宽宥，曲赐矜察，谅亦明见微臣怕死贪生之意，除外别无敢行悖逆事也。……伏望陛下山海包含，污垢藏纳，毓其目明，扩其耳聪，一一宽宥，置之度外。[2]

至元二十六年三月，陈圣宗派使者携带丰厚的贡物献给元世祖和皇后。在"进方物状"中，他再次为自己不能亲朝辩解："微臣久婴疾病，惧

1　徐明善：《天南行记》，《说郛三种》本，第五册，第 2604 页。需要注意的是，黎崱《安南志略》卷二《大元诏制》也收录了这篇诏书，但错漏甚多，见第 51—52 页。
2　徐明善：《天南行记》，《说郛三种》本，第五册，第 2605—2606 页。此表写作时间在至元二十六年三月二日至六日之间。

罪，谨具菲物。"差陪臣进献。[1]

陈圣宗以身体虚弱，害怕死于道途为由，拒绝亲朝，但他更担心、疑虑的应是遭谗言构陷，被元朝扣留不归。

至元二十七年五月陈圣宗去世，其子陈日燇即位，即陈仁宗。八月，"使吴廷介讣于元"。[2]世祖一再要求安南国王亲自来朝，而安南始终拒绝，这对世祖来说是一种难以忍受的冒犯，他计划发动对安南新的战争。对此安南统治者心知肚明。至元二十八年九月，陈仁宗遣使上表贡方物，且谢不朝之罪。[3]

同年，元世祖命礼部尚书张立道、兵部郎中不眼帖木儿赴安南，谕陈仁宗入见。诏书的核心要求是安南国王亲朝：

> 祖宗立法，凡诸国归附，亲来朝者，俾人民安堵如故，抗拒不服者，无不殄灭。汝所具知。故遣使召汝父来庭，竟不听命，止令其叔父入觐。以其不庭，遂封其叔父，遣不眼帖木儿同往。汝父杀其叔，逐我使，以致兴师问罪。……汝能亲赴阙庭，其王爵符印，朕所不惜，土地人民庶永保之。[4]

元朝使团的首要任务是敦促即位不久的陈仁宗入元朝见，因此，正使张立道致书陈仁宗力劝其行：

> 古之诸侯，或朝觐于京师，或会同于邦岳。因军旅之事，逾时越境不以为难。子何惮山高水阔之劳，而成祸结兵连之衅？正所谓差之毫厘，失之千里者也。今之急务，在于悔过自新，趋朝

1　徐明善：《天南行记》，《说郛三种》本，第五册，第 2606 页。
2　吴士连：《大越史记全书》本纪卷五《陈纪》，第 304 页。
3　《元史》卷一六《世祖纪十三》，第 350 页，按，此处记为安南王陈日烜，误，当为陈仁宗日燇。
4　黎崱：《安南志略》卷二《大元诏制》，第 52 页。

谢罪，圣天子为万邦之君，并尧舜之德，焉肯食言，必赦小过而加大恩，安南永享千年之国，犹子与父母之相亲乐，计无以加于此者。[1]

至元二十九年，陈仁宗上表，请求元朝免其亲朝，文中说：

> 臣生长遐陬，水土不服，寒暑不谙。小国诸使往来，为瘴死者六七。设不能自量，徒死于道路，终无益于事。且小国一蛮夷尔，风俗浇恶，一日生离，昆弟不能相容。圣天子育物为心，字孤为念，小国之臣尚不忍遗，况臣之祖、父世世事君，而遽一日忍使骸骨暴露，社稷丘墟者乎！夫世之人，苟有得面圣者，在佛书云为生大福；儒书云千载一遇。臣岂不欲观上国，躬沐圣恩，而遽乃违命，以速祸者哉！天日在上，诚以常情贪生畏死，臣去天辽远，得罪一隅。其庇护宽容者，恃有陛下。……伏惟陛下哀此茕独，念其困穷，察微臣之苦衷，原微臣之重罪；俾微臣得以苟延残喘，以竭事大之诚；百姓各保性命，以享好生之德。[2]

在表文中，陈仁宗详细讲述了他不能亲朝的原因。此外，父亲新丧也成为他拒绝亲朝的理由，"以父丧，遣其令公阮代乏来贡"。[3]

四　督促"君长亲朝"的最后努力与朝贡制的复归

至元二十九年六月，张立道等人返回元朝。九月，元世祖派湖南

1　黎崱：《安南志略》卷五《大元名臣往复书问》，第106—107页。

2　黎崱：《安南志略》卷六《表章》，第136—137页。

3　黎崱：《安南志略》卷三《大元奉使》，第67页；吴士连《大越史记全书》本纪卷五《陈纪》记载，至元二十八年，元遣礼部尚书张立道谕帝入觐。明年遣阮代乏往，辞以丧。见第305页。

道宣慰副使梁曾、翰林国史院编修官陈孚同使安南，再次诏谕陈仁宗，
"使亲入朝"。[1] 诏书斥责陈仁宗：

> 今汝国罪愆既已自陈，朕复何言。若曰孤子在制及畏死道路，
> 不敢来朝，且有生之类，宁有长久安全者乎？天下亦复有不死之
> 地乎？朕所示谕，汝当具闻，徒以虚文岁币，巧饰见欺，于义安
> 在？[2]

为了达到"国王亲朝"的目的，梁曾、陈孚在到达安南后，多次写信力
劝陈仁宗。至元三十年二月二十日两人的信文这样劝说：

> 君臣之尊卑，天下之大经也。安南亦既知之。数世以来，修
> 贡弗缺，可嘉也已。然事上以实不以文，若不束身入朝，徒恃区
> 区之币，迁延粉饰，求保其国，是以豚蹄斗酒祈污邪瓯窭之满，
> 不亦难乎？……惟远考三代两汉征伐胜败之验，近鉴宋之所以亡，
> 高丽之所以存，上遵天子之诏，下察行人之辞，绝去多疑，一以
> 诚敬，乘此自新之路，趋造于朝，瞻觐天威，剖符而还，以奠南
> 服，则带砺山河，永垂苗裔，令闻长世，辉耀竹帛，将自兹始。
> 男耕妇织，桴鼓晏然，无复昔之惊窜骇伏，越在草莽，岂惟宗祧
> 之庆，诸大夫、国人实嘉赖之。[3]

梁曾、陈孚不仅晓以利害，还展示了仁宗亲朝后的良好远景。不过，仁
宗明确拒绝，他在回书中说：

1　《元史》卷一七《世祖纪十四》，第 366 页。
2　黎崱：《安南志略》卷二《大元诏制》，第 53 页。
3　陈孚：《元奉使与安南国往复书》，收入陈孚《陈刚中诗集》附录，明天顺四年（1460）沈琮
　　刻本，中国国家图书馆藏，善本书号 09078。引文见附录，第 8a—8b 页。另外，《全元文》据
　　影印《文渊阁四库全书》本《陈刚中诗集》也收录了这些书信，引文见《全元文》第二十册，
　　江苏古籍出版社，2000 年，第 566 页。

孤臣事天朝，自祖至今，三十余年，岁贡不绝。虽两遭兵火，终始一心。所得罪者，独不能造朝耳。孤岂不知礼有"君命召，不俟驾"，然其如常情贪生畏死何？鸟高飞，鱼深逝，犹且惟生是怀，况人乎？若夫天下无不死之地，古今无不死之人，达此理者，惟有佛也，人谁能之？敝邑之去天朝间关万里，相公谅已备知。设若孤以区区弱质，强为是行，其不死亡于道路者鲜矣。孤之死亡，固不足恤，得不伤乎圣朝爱人及物之仁也乎？[1]

仁宗的回信引经据典，而且将逼迫他的元朝置于"伤乎爱人及物"的不仁境地。这样一来，梁曾、陈孚必须反驳，以扭转元朝在道义上的不利地位。二月二十一日他们的回书首先强调仁宗亲朝的必要性：

身亲入朝，臣子之职分也。……夫死生有命，大期将至，不出户庭死矣，岂独道途之远能死人哉？如其未也，惠徼天子之福，道途虽远，又何患焉？且以民人为念，而惮一己之跋涉，不思有以济之，非善于谋国者也。事固有一劳而可以永逸者。今趣严入朝，计道途往来，不过一岁，而永守其国，安若磐石，此策之上者也。[2]

在这封信中，梁、陈两位使者还谈到了"子弟入质"的问题。他们似乎在暗示，如果仁宗不能亲朝的话，至少要考虑派遣王室子弟入元为人质：

1　陈孚：《元奉使与安南国往复书》所附安南国王复信，明天顺刻本《陈刚中诗集》附录，第8b—9a 页；《全元文》第二十册，第 567 页。

2　陈孚：《元奉使与安南国往复书》，明天顺刻本《陈刚中诗集》附录，第 10a—10b 页；《全元文》第二十册，第 568 页。

子者，身之贰也。昔南越在汉，曾遣子婴齐入觐矣，旋踵而还，绍父之绪，为贤诸侯。盖生于遐方而见中华衣冠礼乐之盛，所益多矣。今闻世子之长子年几弱冠，与其居于深宫，长于妇人之手，孰若使之跃马万里，观上国光乎？尝读世子所上表，有曰："人有得面圣者，为千载一遇。"善哉言乎！夫身所以未往者，以国不可以无主故也。至于子，则又何辞焉。且人之有子，将以干父之蛊也。国有大事，身既未往，惟子可以代之。不以子代之，区区一介陪臣，可以回圣天子之意乎？否也。人孰不爱其子？世子思国之大事，则不可以姑息为爱。能遣其子亲诣阙下……祈哀请罪，天其或矜，朝廷从而矜之。必因其子以封其父，亦必不使其子久淹恤在外。毕事反命，父子皆受宠荣而国定矣。此其次也。若夫奉琛饰币，从事虚文之末，不以骨肉近臣而使异姓之卿备员以往，是欺天也。[1]

然而，陈仁宗对梁曾、陈孚的观点并不认同。他的回信首先表示，已经不想再就亲朝的问题做更多的辩解，"如造朝一节，孤伏其辜矣。盖恃圣朝如天之仁，故每每陈情哀请。相公谅已知之，兹不复赘"。其厌烦不满的情绪已见于言表。接下来他明确回绝了王子入质的建议：

且如入朝，臣子之荣事也。孤岂不欲以子往，奈其口尚乳臭，筋骨未壮，不习鞍马，不惯风霜，将如道路何？孤年逾而立，尚虑不保此身，况小子乎？若其视之以婴齐故事，则是又重孤之罪也。[2]

1　陈孚：《元奉使与安南国往复书》，明天顺刻本《陈刚中诗集》附录，第 10b—11a 页；《全元文》第二十册，第 568 页。

2　陈孚：《元奉使与安南国往复书》所附安南国王复信，明天顺刻本《陈刚中诗集》附录，第 11b—12a 页；《全元文》第二十册，第 569 页。

元朝使臣的信中以南越王婴齐（卒于公元前 113 年）为例劝说安南国王以王子入质，举例并不恰当。南越质子婴齐回国即位后，一直拒绝朝见汉武帝。而且，他废长立幼，造成南越国内部的深刻矛盾，南越之亡与他不无关系。[1]以婴齐为例，反映出元朝使臣思虑欠周。陈仁宗信中所说"若其视之以婴齐故事，则又重孤之罪也"显然是有感而发。在这封信的最后，他提出了安南可以接受的方案——派遣大臣朝见元世祖：

> 窃惟孤之身既不能造朝，孤之子又不能入朝，举国惊惶，莫知所措。惟有尽其心力，托其性命，强遣一介心腹老臣，代诣天阙陈罪。今相公所谕，且有骨肉近臣之语，孤未审何若人，抑兄弟耶？抑宗族耶？抑心腹老臣耶？孤不肖，皇天不恤，凡兄弟宗族皆无知之人，不通古今，不达时事，设以一人强为此行，不惟获罪于天朝，抑又恐贻祸于小国。往辈是也，相公岂不知之？孤以为兄弟宗族，名虽至亲，或为仇雠；心腹老臣，名虽人臣，实则父子。孤未审相公之意，将用名耶，用实耶？苟欲用虚名而不用实，不惟孤自负不能尽情之罪，而相公亦有弃实取虚之累也。[2]

尽管梁曾、陈孚数次写信，从多个方面陈述利害，可陈仁宗始终找种种理由拒绝。作为对元朝诏书的正式答复，仁宗向元世祖上表，讲述不能亲朝的理由。表文写道：

> 跪读天诏……中间谕以"有生之类，宁有长久安全者乎？天下有不死之地乎？"臣与一国生灵惊惧失望，莫知所措。臣固知古今无不死之人、天下无不死之地，而所恃者有好生之天，圣天子以天为心，临孤字小，一视同仁，则小国可以长久，可以安全，

---

1 《史记》卷一一三《南越传》，中华书局，1982 年，第 2971—2972 页。
2 陈孚：《元奉使与安南国往复书》所附安南国王复信，明天顺刻本《陈刚中诗集》附录，第 13a—13b 页；《全元文》第二十册，第 570 页。

可以不死，否则何往而非死地也。天诏又曰："徒以岁币虚文，巧
饰见欺，于义安在？"臣伏读至此，精神遐漂，肝胆堕落，虽生若
死，虽存若亡，臣此身不幸莫大，既不能生于天子之朝，又不能
造于天子之庭，其所以表诚者在乎土宜而已。臣岂不知圣朝天覆
地载，梯航万方，奇货珍宝靡所不有，何以臣小国进献为哉。然
臣犹不顾其罪而复为是冒昧者，诚为事君之义不可废也。在天诏
虽以为于义安在，在臣下安敢废职耶。伏望皇帝陛下父母其心，
乾坤其量，包荒含秽，曲赐矜存。[1]

除这道表文外，仁宗还向年届八十的元世祖上了一道贺寿表，即所谓
"万寿颂"。他"谨斋沐，亲自撰写万寿颂一章，填以金册，封以金函，
差陪臣陶子奇等奉表称贺以闻"。[2] 表文极尽歌功颂德之能事，旨在取悦
世祖，避免或拖延第三次战争的爆发。

从实际效果来看，梁曾使团的出使完全失败。

元世祖无法接受对安南的两次战败，安南国王柔中带刚的政治
姿态、拒绝执行"六事"命令的坚定立场，更激起元世祖的憎恶。他
决定对安南发动新的战争。至元三十年八月，梁曾、陈孚带安南贡使
陶子奇、梁文藻等回到元朝。[3] "廷臣以日燇终不入朝，又议征之。遂
拘留子奇于江陵，命刘国杰与诸侯王亦吉里带等同征安南，敕至鄂
州与陈益稷议。"八月，立湖广安南行省，"市蜑船百斛者千艘，用军
五万六千五百七十人、粮三十五万石、马料二万石、盐二十一万斤，预
给军官俸，津遣军人水手人钞二锭，器仗凡七十余万事。国杰设幕官
十一人，水陆分道并进。又以江西行枢密院副使彻里蛮为右丞，从征安
南，陈岩、赵修己、云从龙、张文虎、岑雄等亦令共事。益稷随军至长

1　黎崱:《安南志略》卷六《表章》，第140—141页。
2　黎崱:《安南志略》卷六《表章》，第145页。
3　《元史》卷一七《世祖纪十四》，第373页。

沙"。¹十二月，世祖"遣使督思、播二州及镇远、黄平，发宋旧军八千人，从征安南"。²一场大战即将打响。

至元三十一年正月，元世祖病逝。这为安南问题的解决提供了新的可能。事实上，世祖去世标志着元朝与安南的关系进入第三阶段。其主要特征是元朝彻底放弃了对安南的"六事"要求，基本上承认安南的独立地位，安南所需要履行的基本义务仅仅是"三年一贡"。

三十一年四月，成宗即位，五月"命罢征。遣陶子奇归国。日燇遣使上表慰国哀，并献方物。六月，遣礼部侍郎李衎、兵部郎中萧泰登持诏往抚绥之"。³诏书内容如下：

> 先皇帝新弃天下，朕嗣奉大统，践祚之始，大肆赦宥，恩沛所及，无内外远迩之间。惟尔安南，亦从宽贷，已敕有司罢兵，陪臣陶子奇即与放还。兹命礼部侍郎李衎、兵部郎中萧泰登，赍诏往谕，自今以往，所以畏天事大者，其审思之。故兹诏示，念宜知悉。⁴

诏书未提"六事"，甚至没有重申其中的部分要求，特别是元世祖一直执着要求并不惜发动战争的"君长亲朝"。实际上，安南对元朝臣服的义务，重归于原来的"三年一贡"。这一原则在大德五年（1301）被再次确认。这一年，元朝遣尚书麻合麻、兵部侍郎乔宗亮赍诏谕安南，依前三岁一贡。⁵

1　《元史》卷二〇九《安南传》，第 4650 页。同事又见《元史》卷一七《世祖纪十四》，至元三十年七月，命刘国杰从诸王亦吉里台督诸军征交趾，第 373 页。吴士连《大越史记全书》本纪卷五《陈纪》记载，元朝立安南行省，以平章事刘二拔都（即刘国杰）等总兵，屯静江，候征进。第 307 页。

2　《元史》卷一七《世祖纪十四》，第 375 页。

3　《元史》卷二〇九《安南传》，第 4650 页。

4　黎崱：《安南志略》卷二《大元诏制》，第 53 页。《元史·安南传》也收录了这篇诏书的大部分文字，文字稍有差异，见第 4650 页。

5　黎崱：《安南志略》卷三《大元奉使》，第 76 页。

此后，除了偶尔出现的边界、边民纠纷外，这种状态一直持续到元朝灭亡。

中统元年、至元十五年、至元三十一年是元朝对安南政策发生变化的重要年份，在双方的外交文书中，政策转变及其影响有清晰的体现。

结　论

外交文书显示，蒙古在最初的征服活动中，逐渐对臣服的国家提出全面要求，"六事"之制是集中的体现。在处理对外关系时，这一原则并非不可改变，统治者会根据具体的时机与条件，对"六事"做适当调整。由于统治趋于稳固以及灭宋后国力增强，元朝的外交策略有较大转变。灭宋后，元世祖对外征服的计划在东、南两个主要方向上继续展开，对原来臣服的国家提出更严苛的要求。这是在安南行"六事"之制的历史背景。忽必烈固执地要求安南履行"六事"之责，尤其是坚持安南国王亲朝。这一要求始终被安南拒绝。为了大汗的尊严，元世祖直到去世都没有放弃通过战争迫使安南屈服的执念。这就使元朝对安南的战略调整走入困境，直到世祖去世元朝才有调整策略的可能。

安南国王对元朝的"六事"要求总是找各种理由加以拒绝，未履行"六事"所规定的绝大部分要求。这在两国的外交文书中有反复博弈，双方争论的焦点在"君长亲朝"上。综合本节征引的资料分析，安南国王拒绝亲朝的原因有以下几个方面：路途遥远，担心中途生病亡殁；惧怕被元朝扣留，不能回国；往返耗时长久，忧虑国内政情变化，失去政权。安南国王被元朝扣留不能返国的畏惧心理在甲申之战击败元朝后应更为严重。其最终结果是，在获得了两次战争的胜利之后，安南国王始终没有亲自入元觐见元世祖，甚至连派王室子弟入质也未执行。不仅如此，原来由元朝委派驻在安南的达鲁花赤也完全废罢。安南对元朝的态度和策略，体现了蒙古帝国时代力量相对弱小国家的一种独特的生存之道。

相对于元朝，安南虽然国力弱小，但是充分利用各种有利条件，赢得了两次战争的胜利。根据两国外交文书的具体内容可知，在外交方面，安南以守为攻，对元朝的各项要求，在文书中常以绵里藏针的方式进行抵制和批评。文书的内容和表达方式都说明，安南文臣的文字修养和写作技巧有很高水平，既不失臣服之国的恭谨，又不退让屈从，能够引经据典，据理力争。在某种意义上，这或许可以称得上是两国外交文书的"战斗"。

通过研究元朝与安南的外交文书，可以增进我们对 13 世纪后期两国关系和政治文化的了解。

第二节　甲申元越战争中的安南汉人与张显汉军

至元二十一年（甲申年，1284）十二月，元朝军队以世祖忽必烈之子镇南王脱欢为统帅，侵入安南北方。二十二年（1285）正月，已经攻取占城部分地区的元军以唆都为首，自南向北由海路进攻安南，形成南北夹击之势。

大蒙古国、元朝大规模侵略安南的战争共有三次，以此次甲申、乙酉之役规模最大，对安南形成的威胁最巨。是役两年之后，安南兴道王陈国峻对此次战争有如下评论："我国太平日久，民不知兵。""元人入寇，或有降避。赖祖宗威灵，陛下神武，克清胡尘。"[1]

学界对宋末元初流寓安南的汉人有较多探讨，[2]但对甲申战争中汉人的降元、抗元、叛元等具体行动还有进一步深入探究的余地。本节拟就

1　吴士连：《大越史记全书》本纪卷五《陈纪》"丙戌重兴二年（元至元二十三年）夏六月"条，第 297 页。
2　陈学霖：《宋遗民流寓安南占城考实》，最初发表于《香港大学史学年刊》1961 年刊，后收入陈学霖《宋史论集》，台北：东大图书公司，1993 年，第 339—363 页；苏尔梦（Claudine Salmon）：《试探元初流寓东南亚的宋朝遗民》，《海洋史研究》第二辑，2011 年，第 260—266 页。

此次战争中安南汉人的活动略做探讨，并考述唆都军队中的汉军张显部的情况，这支部队的阵前倒戈对南线战局有直接影响。

一　战前流寓安南的汉人

南宋和安南有密切的交往，特别是南宋后期，随着蒙古的威胁日益加剧，不少宋人从海上、陆路来到安南。在宋末战乱中，逃难而来的平民人数颇多。[1]南宋灭亡前夕，宋人的南逃规模最大。安南史籍记载："甲戌二年（南宋咸淳十年，元至元十一年，1274）冬十月，宋人来附。先是，宋国偏居江南，元人往往侵伐，至是以海船三十艘装载财物及妻子浮海来萝葛源。至十二月，引赴京，安置于街姁坊。自号回鸡，盖我国呼宋国为鸡国。以宋有段子、药材等物置卖为市故也。"[2]本小节要重点讨论的福建道士许宗道于两年后逃到安南。[3]

在陈朝明宗大庆八年（1321）所作的《白鹤通圣观钟铭》中，许宗道讲述了南逃的往事：

> 向者陈朝第二帝太宗皇帝丙子年间（1276），治道太平，四方向化。时有大宋国福建路福州福清县太平乡海坛里道士许宗道，同流附舶，乘兴入南。时太宗皇帝第六子昭文王，今入内检校太尉、平章事、清化府路都元帅、赐紫金鱼袋、上柱国、开国王，心怀大道，性重宋人，相留宗道于门墙，期以阐扬道教。[4]

1　详见上引陈学霖《宋遗民流寓安南占城考实》、苏尔梦《试探元初流寓东南亚的宋朝遗民》。按，南宋人进入安南有陆路、海路两种途径。走陆路的多为宋朝南徼边民，如景定四年（即中统四年，1263），宋思明州土官黄炳向安南进方物，率领部属一千二百人归附。见《大越史记全书》本纪卷五《陈纪》，第297页。

2　吴士连：《大越史记全书》本纪卷五《陈纪》，第282页。

3　上引苏尔梦《试探元初流寓东南亚的宋朝遗民》对许宗道事迹有所论及，见第264—265页。

4　耿慧玲、黄文楼主编《越南汉喃铭文汇编》第二集《陈朝（1226—1400）》，台北：新文丰出版公司，2002年，第151页。按，陈朝第二帝太宗皇帝丙子年为1276年。太宗（1218—1277）当政在1225—1258年，此期间并无丙子年，该年当为太宗为太上皇之丙子年。

许宗道本是南宋道士，居住在福州福清县太平乡海坛里。据《（淳熙）三山志》卷三《地里类三·叙县》，福清县有太平乡，在县东五里，下辖永东、永西、海坛三里。海坛里位于海中，人口不少，"海中间八百里，户三千"。[1] 在元朝灭宋那年，许宗道从海路乘船逃到安南。《大越史记全书》记载，壬寅十年（元大德六年，1302），"时有北方道士许宗道随商舶来，居之安华江津。符水、斋醮、科仪兴行，自此始"。[2] 该书将许宗道去安南之事系年于元成宗大德六年，当时南宋已经灭亡将近三十年。这和前引许宗道所铸《白鹤通圣观钟铭》铭文的纪年相差悬殊，是完全错误的。

随着宋元战争的展开，南宋地方社会的局势变得动荡不安，像许宗道这样"附舶入南"的宋人数量很多。从航海路程和行船条件来看，避难安南对于那些打算逃亡海外的宋人来说不失为理性的选择。

许宗道并未在安南沿海地区做长时间的驻留，而是进入安南的内陆，到了宣光地区（今越南永富省一带）。这并不是偶然的。因为当地的安南贵族昭文王陈日燏"心怀大道，性重宋人"，[3] 他一直热心与流寓安南的南宋人交往。"日燏喜宋人游"；"游祥符寺，与宋僧谈语，信宿乃回。凡外国人来京者，往往杂至其家。如宋客则对坐交床，讲话竟日"。陈日燏"既入相，每过宋人陈道诏家，对坐清谈，移时不倦。英宗闻之曰：'祖父为宰相，道诏虽宋人，既有翰林奉旨，岂可对坐。'"[4] 陈日燏对道教有浓厚的兴趣和深入的修习，"涉猎史籍，笃慕玄教，通于冲典，时以该博称"。[5] 他除了与南来的宋朝僧人、文士交往外，还乐于接纳南宋道士。前文提到他和许宗道的交往就是最突出的事例。在与宋人、元人的交谈中，陈日燏不需要借助翻译人员，而是直接对话。《大

1 《（淳熙）三山志》，《宋元方志丛刊》影印明崇祯十一年刻本，中华书局，1990 年，第 7806—7807 页。

2 吴士连：《大越史记全书》本纪卷六《陈纪》，第 322 页。

3 前引耿慧玲、黄文楼主编《越南汉喃铭文汇编》第二集，《白鹤通圣观钟铭》，第 151 页。

4 吴士连：《大越史记全书》本纪卷七《陈纪》，第 352、353 页。

5 吴士连：《大越史记全书》本纪卷七《陈纪》，第 353 页。

越史记全书》记录了昭文王出众的汉语水平，他的口语之佳令到访的元朝使者误认为他是中国人：

> 故事，元使至，必使通语者传译，宰相不可与语，虑或有失，必诿之通语者。日燏则不然，其接元使，每与之语，不假传译。及使就歌次，乃携手，俱入饮酒，如平生欢。使曰："君乃真定人，来仕此耳？"日燏深拒之，而彼终不之信。盖其容貌言语，皆似真定人。[1]

陈日燏了解宋朝，积极延揽流亡的宋朝人士为其所用，包括流散至安南的宋朝军队。据《大越史记全书》，"初，宋亡，其人归我，日燏纳之。有赵忠者，为家将"；"诸军咸在，惟昭文王日燏军有宋人，衣宋衣，执弓矢以战"。[2]

　　厓山之战标志着南宋的最终灭亡。安南史籍对这次战役有简单的记述：绍宝元年（南宋祥兴二年，元至元十六年，1279）"元人袭宋军于厓山，败之。宋左丞相陆秀夫负宋帝入海死，后宫诸臣从死者甚众。越七日，尸浮海上者十余万人，宋帝尸在焉"。[3]在厓山战役前后，一些南宋大臣避居安南，如原吏部尚书陈仲微、广西宣慰使兼知雷州曾渊子等。[4]也有叛杀主帅的南宋军官流亡安南，如司文杰等人，"厓山之败，广王葬鱼腹"，王复、马旺等杀检校少保、殿前都指挥使苏刘义，"共推司文杰为长"，"文杰即领众归安南"。[5]

1　吴士连：《大越史记全书》本纪卷七《陈纪》，第352页。
2　吴士连：《大越史记全书》本纪卷七《陈纪》，第359—360页。上引苏尔梦《试探元初流寓东南亚的宋朝遗民》认为赵忠是《宋史》卷四六《度宗纪》咸淳九年（1273）六月条提到的驻兵眉州（今四川眉山）的南宋统制赵忠，可备一说。见第264页。这个赵忠也可能另有其人，因带兵流亡安南，特为此名，待考。
3　吴士连：《大越史记全书》本纪卷五《陈纪》，第287页。
4　黎崱：《安南志略》卷一○《历代羁臣》，第267—268页；《宋史》卷四二二《陈仲微传》，第12620页。上引陈学霖《宋遗民流寓安南占城考实》对陈仲微、曾渊子事迹有详细考订。
5　黎崱：《安南志略》卷一○《历代羁臣》，第267—269页。苏刘义被害事，亦见黄溍《金华黄先生文集》卷三《陆君实传后叙》引邓光荐《填海录》，收入《黄溍全集》，第222页。

二　甲申之役中安南汉人的抉择

上文提及，元朝军队入侵安南分为南、北两路。北路军以镇南王脱欢为统帅，于至元二十一年（1284）末攻入安南。第二年正月十三日，元军占领了安南首都升龙城（今越南河内），安南国王和太上皇出走天长府（今越南南定省东部）。[1] 与此同时，大将唆都率军从占城攻入安南南方，与镇南王北路军形成夹击之势。此时，安南的局势已岌岌可危。

在战争之前就有安南汉人投降元朝，并成为元军进攻安南的向导。南宋史部尚书陈仲微流亡安南数年后卒，他的儿子陈文孙定居下来，投到安南国王之弟陈璀门下，陈璀"坐罪，阴遣仲微子陈文孙诣北，乞师伐安南。甲申冬，大兵南讨，镇南王权授陈文孙为千户引导"。陈文孙的背叛行为引起了安南君主的极大愤慨，"圣王怒，斧仲微之棺"。[2]《元史·安南传》提到在战争中投降元朝的汉人有陈尚书（即陈仲微）子陈丁孙。[3] 他与陈文孙是同一人还是兄弟关系，尚不明确，待考。

随着战事扩大，元朝一度占据优势，大量安南王室成员投降元朝，包括安南国王弟昭国王陈益稷、安南王室成员彰宪侯、文义侯、武道侯、明智侯、彰怀侯等。暗中向元军投递降书以表输诚之意的安南权贵，数量应更多。"元人入寇，王侯臣僚多送款虏营。及贼败，获降表一箧。上皇命焚之，以安反侧。"[4] 不少寓居安南的南宋旧臣也在降人之列。原南宋广西宣慰使曾渊子"率众归服，后不知所终"。[5]《元史》亦载其投降事，谓"亡宋官曾参政"率众来降。[6] 曾参政即曾渊子，他在南宋末曾任临安府尹，就参政府。在降元之前，曾渊子已有思乡之情，

1　黎崱：《安南志略》卷四《征讨运饷》，第 88 页。
2　黎崱：《安南志略》卷一〇《历代羁臣》，第 267 页。
3　《元史》卷二〇九《安南传》，第 4645 页。
4　吴士连：《大越史记全书》本纪卷五《陈纪》，第 302 页。
5　黎崱：《安南志略》卷一〇《历代羁臣》，第 268 页。
6　《元史》卷二〇九《安南传》，第 4645 页。

他见到从元朝返回的安南进奉使，写下这样的诗句："安南莫道是天涯，岁岁人从蓟北回。江北江南亲故满，三年不寄一书来。"[1] 他在元军大兵压境的情况下选择投降北还，看来并非偶然。与曾渊子一同流亡安南的福建人朱凯随安南彰宪侯降元，他的友人黎崱记述其事："闽中士友朱凯，初偕宋臣曾渊子投安南，从彰宪侯归顺，朝廷授爵秩、赐钱帛，从军出力。"[2]

参与厓山之战的宋人司文杰战后率残众逃至安南，元军一到即降，"至元甲申冬，官兵入安南，文杰举众降"。上文提到，宋兵王复、马旺等杀宋检校少保、殿前都指挥使苏刘义，推司文杰为长，司文杰娶苏刘义之妻，携苏刘义之子苏景由投安南。到安南后，"景由以父冤白陈圣王，王令检法官丁拱垣推问。文杰厚赂之，拱垣曰：'是未附我时事，不必诘问。'"事情不了了之。苏景由也在甲申之役降元，向元军控诉父亲被杀的冤情，"景由复以其事诉镇南王，王悯之，令人廉问得实，斩文杰。景由从师北还，遣归故里"。[3] 苏景由在《元史·安南传》中写作"苏少保子苏宝章"。[4] "宝章"并非本名，由于他曾入值宋宝章阁，故有此称。降元后，他回到安徽故乡，成为地方政府的一名低级吏员。元朝中叶，著名文士黄溍曾在宣城（今属安徽）遇到他，在了解到他的身世后黄溍想向他探询宋末史事，以印证从前友人关于厓山战事的追叙，而苏宝章则保持沉默，讳莫如深。黄溍写道："游宣城，有苏宝章者，县小吏也。仆邂逅见之，戏谓曰：'前朝贴职，乃有宝章，谁以是字汝？县吏亦带职耶？'其人无所对。旁一人曰：'是人乃苏刘义之子，以恩补官，尝直宝章阁，人习呼之，而莫能变，非字也。'（刘义次子景由，直宝章阁，见《填海录》）仆为之蹙然起，将以向所记客语质之。其人故为不闻者，径去。仆嗟惋久之。"[5] 通过黄溍的笔墨，一个乱世将门子弟

1　黎崱：《安南志略》卷一六《历朝名贤杂题》，第390页。

2　黎崱：《安南志略》卷一九《叙事》，第437页。

3　黎崱：《安南志略》卷一〇《历代羁臣》，第269页。

4　《元史》卷二〇九《安南传》，第4645页。

5　前引黄溍《金华黄先生文集》卷三《陆君实传后叙》，《黄溍全集》，第222—223页。上引陈学霖《宋遗民流寓安南占城考实》已注意到这条史料。

的曲折命运跃然纸上。

投降元朝的汉人固然不少，然而，有大量的汉人则与安南军民同仇敌忾，共同抵抗元军。其中发挥重要作用的是昭文王招揽的汉人、汉军。

从元军北路军的进攻路线来看，他们没有把安南西南方的宣光地区列入重点攻击的范围。[1] 当时这里的镇守者正是拥有亡宋兵将的昭文王。[2]

面对国家危急的形势，偏安一隅的昭文王决定率军入援。在出师之前，来自宋朝的道士许宗道与昭文王等在当地的白鹤祠举行了祈神誓师仪式。白鹤祠位于洮江与泸江交汇之处的白鹤江，在今越南永富省白鹤县白鹤社，是唐永徽年间由当地峰州都督阮常明所建的道观。阮常明"睹其地方千里，江山襟带，于白鹤处建通圣观，置三清像，以为奇伟，别开前后二庑"，塑护观神灵土令的神像。这位护观神以神通、灵异著称。道人许宗道提到："自唐至今千百余载，其地杰神灵，祈祷报应，古今一也。"正是由于白鹤祠护观神的灵应，昭文王在起兵之前，特意祷神誓师，"与许宗道曾于乙酉（1285）上元在白鹤江剪发立誓，与神为盟，尽以心忠期报君上"。此后，昭文王率军出发，拟与圣宗、仁宗等合兵一处，共抗元军。行军路上与蒙古未发生遭遇战，"遂率左右，单骑前驱，才历蛮、獠，鞑军后至，八刻之内，彼此不逢，直至御前，随侍驾右"。[3]

这支军队成为安南抵御元朝的主力之一，在很大程度上扭转了安南的南线战局。昭文王与国王会师之后，率军队投入南线作战。上文提到，在昭文王的军队中，有相当数量的宋军。"诸军咸在，惟昭文王日燇军有宋人。"据《大越史记全书》，这些宋军仍"衣宋衣，执弓矢以战"，"上皇（陈圣宗）恐诸军或不能辨，使人谕之曰：'此昭文鞑也，

1　黎崱：《安南志略》卷四《征讨运饷》，第 88 页。

2　前引耿慧玲、黄文楼主编《越南汉喃铭文汇编》第二集，第 151 页，《白鹤通圣观钟铭》："甲申冬季，北寇来侵，时开国王镇守宣光诸路。"

3　前引《白鹤通圣观钟铭》。

当审识之.'盖宋与鞑声音、衣服相似"。[1] 由于我们可以想见的灭国之恨，这支宋军的士气和战斗力是不容低估的。当他们出现在战场上的时候，元朝军队感到震惊，"元人见之，皆惊曰：'有宋人来助！'因此败北"；"故败元之功，日燏居多"。五月二十日，安南在西结（今越南兴安省快州县附近）击败唆都率领的南路元军，"杀伤甚众，斩元帅唆都首"。与唆都对阵的安南军队，就包括昭文王陈日燏部。《白鹤通圣观钟铭》记载，陈日燏"率集军士，斩馘唆都"。

对元军构成巨大冲击的，除了宋军的战斗力外，更重要的应是他们给元军造成严重的误判，使之无法了解安南军队的虚实，从而军心动摇。

综上，在元越甲申之战中，安南汉人面对强大的元军做出了不同的抉择。一部分原南宋官员，甚至包括经历了厓山之战的宋臣，选择投降元朝。投降的原因也许是由于对安南抗战丧失了信心，也有可能出于思乡之情，或与安南社会存在隔阂。这些流亡的南宋臣民虽然得到了安南的容留和庇护，但他们在短时间内恐怕很难融入安南社会，产生失望思归的情绪也是很自然的。另外，陈朝昭文王率领的宋朝流亡军队则给元军南线部队以沉重的打击，成为扭转战局的重要力量之一。

三　总管张显及其汉军

上文论及，击败南路元军的安南主力部队是昭文王所部，其中包括逃徙到安南的宋军。除此之外，另一支汉人武装也在战争中扮演了重要角色，那就是唆都军中的汉军总管张显部。

据《大越史记全书》，绍宝七年（乙酉）"五月三日，二帝败贼于长安府，斩馘无算。七日，谍报云'唆都自清化来'。……十七日，唆都与乌马儿自海再来犯天幕江，欲会兵京师相为援，游兵至扶宁县，本

1　吴士连：《大越史记全书》本纪卷五《陈纪》，第359—360页。

县辅导子何特上峙山固守。……二十日，二帝进次大忙步，元总管张显降。是日，败贼于西结，杀伤甚众，斩元帅唆都首。夜半，乌马儿遁过清化江口，二帝追之不及，获其余党五万以归。乌马儿仅以单舸驾海得脱"。[1]

另据《安南事略》，乙酉年三月，"唆都复入清化招来附者。夏四月，安南乘势攻复罗城。五月五日丁丑，咬奇与万户伏弩兵其宫，击散，至泸江，会镇南王。翌日班师。安南兵追至南栅江，右丞李恒殿，击退之，斩兴道王义勇陈绍。时唆都闻大兵既还，始自清化回军，沿途日夜与彼战，擒其将陈佗乏、阮盛等，至拜卿，唆都部将礼脚张叛，率彼众与我战，唆都跃马堕水死，军遂陷，惟乌马儿、万户刘珪以轻舟脱。独小李战抚单舸于后，战不胜，自刎"。[2]

两书分别提到的元总管"张显"和唆都部将"礼脚张"应是同一人。因为两则史料都清楚地表明，总管张显的叛降安南，"率彼众与我战"，彻底打乱了元军的阵脚，使元军陷入一片混乱，以至将领落荒而逃，"唆都跃马堕水死""乌马儿、万户刘珪以轻舟脱"。如果说，当时的整体形势决定了唆都军队的失败，那么，张显的叛降便直接导致了唆都的败亡。总管是元朝的高级武官，在万户之下，千户之上。《经世大典》"政典"记载："国朝起龙朔，制度简古，典军之官视军数为名，设万户、千户……外此，则万户之下置总管，千户之下置总把，百户之下置弹压。"[3] 元人文集也记载："国朝兵制尚质，其将帅皆以所统户数名，故有百、千、万户三等，其符节有金、银、虎符，亦三等。又于百、千

1　吴士连：《大越史记全书》本纪卷五《陈纪》，第 360 页。

2　黎崱：《安南志略》卷四《征讨运饷》，第 88—89 页。据黎崱的记载，唆都很可能是落马溺水而死。另外，文中的"礼脚"一词颇难索解，或为"总管"之误。

3　苏天爵编《元文类》卷四一《政典·军制》，第 842 页。可参看《经世大典辑校》卷八《政典·军制》，第 369 页。相关记载亦见《元史》卷九八《兵志一》："世祖时，颇修官制，内立五卫，以总宿卫诸军，卫设亲军都指挥使；外则万户之下置总管，千户之下置总把，百户之下置弹压，立枢密院以总之。"第 2507—2508 页。

之间置总把，千、万之间置总管，以为迁拜旌赏之渐。"[1] 作为总管，张显能够指挥调动的兵力是相当可观的，正因如此，他的率部叛降才能对元军产生巨大影响。

由于元朝军队统帅镇南王指挥无方，军队对朝廷的怨怒情绪很强。唆都率征讨占城的军队从海路进攻安南南方，"败交趾兵于清化府，夺义安关，降其臣彰宪、昭显。脱欢命唆都屯天长以就食，与大营相距二百余里"。五月，镇南王等人决定班师，由于事出仓促，竟然没有通知唆都，"俄有旨班师，脱欢引兵还，唆都不知也，交趾使人告之，弗信。及至大营，则空矣"。由于失去策应，唆都军陷入非常不利的境地，"交趾遮之于乾满江，唆都战死"。[2] 这段《元史》中的记述并未厚诬镇南王等人，因为上引《安南志略》也记载，五月五日，咬奇等渡泸江，会镇南王，"翌日班师。……时唆都闻大兵既还，始自清化回军，沿途日夜与彼战"。此处的"唆都闻大兵既还"足以印证《元史》的记述不误。在这种统帅指挥无方，军队近乎被抛弃的情境下，唆都部下将士的心情不难想见。促使张显阵前倒戈的外部条件是存在的。

在与安南军的作战中，特别是在和昭文王部宋军的对阵中，张显及其军队究竟受到怎样的影响，我们已无从了解。身在异国，连月苦战，又置身于危局之中的元朝汉军，受到周围安南宋军的影响而临阵倒戈，这样类似楚汉战争中"四面楚歌"的可能性无疑是存在的。

率部投降的总管张显，在甲申之役后肯定得到了安南的奖赏，但文献对此并无记载。从时代稍晚的记载可知，投降安南后，张显仍隶属军旅，继续他的戎马生涯。《大越史记全书》简略记载了张显在陈英宗兴隆六年（戊戌，元大德二年，1298）战死的情况。"冬十月，伐哀牢，元降将张显阵前战死，赠明字，给太常祀。"[3] 张显的追赠官职"明

1　刘因：《静修先生文集》卷一六《怀孟万户刘公先茔碑铭》，《四部丛刊初编》影印宗文堂元刻本，第 6a 页。

2　《元史》卷一二九《唆都传》，第 3153 页。

3　吴士连：《大越史记全书》本纪卷五《陈纪》，第 376 页。

字"和享有的哀荣"给太常祀"显示出安南对他的肯定和褒扬。据《安南志略》,"明字"在安南官制中,次于王、嗣王、上侯、侯、接侯、内明字,属于高级文官阶。[1]

元朝的文献没有提到这位总管张显。据《大越史记全书》《安南事略》,我们知道他隶属于唆都部,而且是相当重要的武官。唆都率领的军队是他进攻占城的主力军,在这支军队中,有一位名叫张颙的汉军万户,在侵略占城的战事中发挥了一定的作用。

《经世大典·政典》记载,至元二十年二月,元朝"官军获谍者曰:'(占城)国主实在鸦候山,立寨聚兵,约二万余,遣使交趾、真腊、阇婆等国借兵,及征宾多龙、旧州等军未至。'十六日,遣万户张颙等领兵赴国主所栖之境。十九日,颙兵近木城二十里,贼浚濠堑,拒以大木。我军斩刈超距奋击,破其二千余众,转战至木城下。山林阻隘,不能进。贼旁出截归路,军皆殊死战,遂得解还营。行省遂整军聚粮,创木城,遣总管刘金、千户刘涓、岳荣守御。三月六日,唆都领军回"。[2]《元史·占城传》也有相同的记载,当是明初史臣直接抄录《经世大典》所致。[3]

《经世大典》和《元史》中提到的张颙头衔为万户,而在安南西结前线投降安南的则是总管张显。从表面来看,两者应不是一人。但是,万户与总管职位接近,张颙和张显(顯)字形近似。或许我们不能完全排除两者为同一人的可能性。

尽管元朝降将(汉军总管张显、唆都部将礼脚张)的身份尚难确定,但确凿无疑的是,攻入安南的一支元朝汉军在战争后期发动了兵变——唆都军中的汉军总管张显在战争的关键时刻投降安南,反戈一击,打乱了唆都的战役部署,使本来就已经陷入被动的元军迅速溃败。

1　黎崱:《安南志略》卷一四《历代遣使》,第324—325页。
2　苏天爵编《元文类》卷四一《政典·征伐·占城》,第817页。
3　《元史》卷二一○《占城传》,第4663页。

张显的部队是唆都的下属。在唆都的军队中，还有一位名叫李元吉的汉人，在甲申之战中，他被安南俘虏。虽然他只是元军中的一个小人物，却对安南的文化做出了特殊的贡献。《大越史记全书》记载，李元吉把汉地的戏剧艺术传到了安南，受到安南君民的喜爱和传习：

> 壬寅五年（元至正二十二年，1362），春正月，令王侯公主诸家献诸杂戏，帝阅定其优者赏之。先是破唆都时，获优人李元吉，善歌，诸势家少年、婢子从习北唱。元吉作古传戏，有西方王母献蟠桃等传。其戏有官人、朱子、旦娘、拘奴等号，凡十二人。着锦袍绣衣，击鼓吹箫，弹琴抚掌，闹以檀槽。更出迭入，为戏感人，令悲则悲，令欢则欢。我国有传戏始此。[1]

这一事例反映了中华文化传播的特殊途径，应是甲申战役的双方所始料不及的。

第三节　关于元越白藤江之战的三个问题

至元二十五年三月元朝与安南的白藤江之战（战场遗址在今越南广宁省广安市社安江坊一带）是元越第二次战争（1287—1288）中的重要战役。有的越南史学家把它的重要性上升到"战略决战"的高度。[2] 中、越、日本等国的学者对白藤江之战做过不同程度的研究，其中较早对整个战役进行全面研究的是日本学者山本达郎，[3] 结合实地调查深入揭

1　吴士连：《大越史记全书》本纪卷七《陈纪》，第 371 页。
2　潘辉黎等：《越南民族历史上的几次战略决战》，戴可来译，世界知识出版社，1980 年，第 46—85 页。
3　山本达郎：《安南史研究 I：元明两朝的安南征略》，第 170—199 页。

示战役过程的是越南学者潘辉黎等。[1] 不过，由于史料尚有进一步发掘的余地，关于白藤江之战仍有待发之覆。

本节拟重点讨论三个问题：一，白藤江战役之前元、越军队的比较；二，白藤江战役的背景和过程，尤其是元朝参战人员的情况；三，白藤江战役后安南对元军战俘的处置。

一　战前元、越军队的比较

此次元朝参战军队大多参加过灭宋战争，将士作战经验比较丰富。但是，最高统帅仍是 1284—1285 年的败军之将、忽必烈之子镇南王脱欢。他实战历练不足，军事才能平庸，对战场形势的整体把握、对将领的指挥调度都很不成熟。

参战的大部分元朝将领是 1284—1285 年元越战争的参加者，其中没有伯颜、阿术、阿里海牙等灭宋战争中的方面军统帅。越南阮朝嗣德帝在《越史通鉴纲目》中有这样的批注："元人二次来侵，所遣皆非名将，亦陈家之幸也。"[2] 实际上，这不是偶然的。这与当时元朝所面临的战略形势有关。在 1285—1286 年，海都、笃哇等窝阔台汗国、察合台汗国诸王在西北发动了对元朝的进攻，占领了北庭、高昌等天山北路地区。而且，蒙古东北藩王乃颜与海都暗中联络，发动了大规模叛乱。1287 年上半年，忽必烈亲征乃颜，迅速平定叛乱，消灭了海都在东方的战略盟友，使元朝避免了西北、北方、东北的大规模战乱。[3] 当时元

1　前引潘辉黎等《越南民族历史上的几次战略决战》，第 46—85 页。国内有两种汉译越南学者的通史著作，对白藤江之战都有论述，但不及潘辉黎等人的著作详细。可参阅陈重金《越南通史》，戴可来译，商务印书馆，1992 年，第 106—111 页。越南文原著为西贡 1954 年第 5 次修订版；明峥《越南史略（初稿）》，范宏科、吕谷译，生活·读书·新知三联书店，1958 年，第 98—101 页。越南文原著为河内 1954—1955 年版。

2　潘清简等：《越史通鉴纲目》正编卷八"陈仁宗重兴四年"条，1884 年刻本，第 6a 页。

3　党宝海：《元代火州之战年代辨正》，《欧亚学刊》第三辑，中华书局，2002 年，第 217—229 页；李治安：《忽必烈传》，人民出版社，2004 年，第 462—474 页。

朝的国防重心在北方，伯颜、阿术等重要将领和大量精锐部队也调派到漠北、西北地区。参加过元越战争的大将阿里海牙已于 1286 年亡故。[1]总之，忽必烈难以对进攻安南的军事指挥层和参战部队做出大的调整，仍旧以其子镇南王脱欢为统帅。

另外，此次参战的元朝主要将领存在自大轻敌思想。忽必烈在至元二十四年八月"谕镇南王脱欢，禁戢从征诸王及省官奥鲁赤等，毋纵军士焚掠，毋以交趾小国而易之"。[2]

从白藤江战后安南披露的资料看，这次参战的重要将领参知政事乌马儿、樊楫都携带了家属和仆人。

至元二十六年元朝派使团赴安南，主要任务是对 1288 年元越战争后的两国关系做必要的处理，索还战俘。使团成员徐明善撰有《天南行记》，抄录了多篇元朝、安南的外交文书，特别是安南国王表文和元世祖圣旨，这些外交文书是研究当时元越关系的第一手史料。[3]《天南行记》收录至元二十六年三月安南国王陈日烜给元朝的表文，其中写道：

> 去年小国百姓送遗军，微臣亲问只得昔庆机大王、乌马儿参政、樊参政三名……微臣深自芘护，厚加给养，妻妾完全，衣食充到，先备行物，特差使臣从义郎阮盛，随昔庆机大王同唐兀歹等赴阙。……樊参政忽遭热病……渐致身亡。微臣火葬修功德讫，

1　《元史》卷一二七《伯颜传》、卷一二八《阿术传》《阿里海牙传》，第 3113—3114、3124、3128 页。

2　《元史》卷一四《世祖纪十一》，第 300 页。

3　徐明善：《天南行记》。本节的引文主要据一百二十卷本《说郛》的《天南行记》，个别文字据一百卷本《说郛》的《安南行记》改。著名学者张宗祥利用其他抄本对一百卷本《说郛》做的校勘记，见《说郛三种》第二册，关于《安南行记》的部分见校勘记第 60 页。本节个别文字也参考了张宗祥校勘记。《全元文》第十七册徐明善部分漏收这篇重要文献。据笔者所见，最早利用徐明善《天南行记》《安南行记》考史的是《越史通鉴纲目》，见该书正编卷八，第 10b—12a 页。

因给马匹付他妻妾，驮其香骨。千户梅世英、薛文正等为之护送，一并还家。乌马儿参政期当续后回去……舟为水漏，参政身材长大，难于拯援，遂致溺亡。小国人夫寻亦俱死。他之妻妾、小僮几陷没，赖乎轻小，救之得免。微臣火葬，修之功德。天使郎中眼所亲见。其或不恭，有妻妾在，难可掩藏。微臣谨具还礼，亦付之妻妾。一同舍人郎中，续后回国。[1]

携带女眷、家仆参战，是蒙古的旧俗。在成吉思汗时期，蒙古军队就有这样的做法。[2] 到元世祖统治时期，这一传统依然存在。这在元朝进攻南宋和日本的战争中有所体现。蒙古军官马马其，先后参加了对南宋、日本的战争，每次都带他的汉族妻子张氏同行：

> 方南征时，诏军将各以其家从行，故公自江上之战，县君获与之俱，持身以严，侍公以谨，而饮食衣服之奉无少阙。虽居军伍之中，悯其夫之劳苦，未尝以惊惧为辞。及征日本，大风之夕，公方以王事为重，奚恤其家，而县君独在舟中，身绾印章，未尝舍去。及舟坏，乃抱折樯得达于岸。是岂寻常者所能及哉！[3]

蒙古将领马马其带妻子张氏参加攻打南宋、日本之战。我们可以据此判定，"军将各以其家从行"的做法在元军进攻安南时同样存在，否则难以解释为何樊楫和乌马儿的妻妾、小僮都成了安南的俘虏。

尽管"军将各以其家从行"是蒙古军事制度的遗存，但到 13 世纪后期，带家属参战已经不合时宜。这些非战斗人员的存在，不仅妨碍军

1　前引徐明善《天南行记》，《说郛三种》第五册，第 2605 页下栏—2606 页上栏。
2　赵珙《蒙鞑备录》记载："其俗出师不以贵贱，多带妻孥而行，自云用以管行李、衣服、钱物之类。其妇人专管张立毡帐、收卸鞍马、辎重、车驮等物事，极能走马。"王国维校注本，见《王国维遗书》第十三册，上海古籍书店，1983 年，第 17b 页。
3　苏天爵：《滋溪文稿》卷二一《元故赠长葛县君张氏墓志铭》，第 359—360 页。

队的快速行动，而且不利于将领专注于战场局势的研判和指挥作战。此外，元朝将领携带女眷、家仆参战，本身就是"以交趾小国而易之"、自大轻敌的表现。

另据战后安南国王表文，元朝将领没有重视世祖忽必烈"毋纵军士焚掠"的警告，烧杀抢掠，军纪很差。徐明善《天南行记》录至元二十五年四月安南国王表文，其中控诉元朝将领的暴行："至元二十四年冬，又见大军水陆进伐，焚烧国内寺宇，开掘祖先坟墓，掳杀民家老小，摧破百姓产业，诸残负行，无所不为。时臣怕死，先已逃去。……乌马儿参政又领船军，别出海外，尽捕海道边民，大者杀之，小者虏去，至于悬缚解剐，身首异处，百姓逼死，辄兴穷兽之祸。"为了证明表文所述为真，安南国王还提出可以让送归的被俘蒙古宗王做证："百姓送到昔庚机大王一名，称系大国贵戚，臣于是日平礼相待，极加尊重。……若乌马儿所行酷虐，大王眼见，微臣不敢妄道。"[1] 至元二十六年三月的安南国王表文提到："大军屡伐，杀伐尤多。"[2] 我们不能排除安南统治者夸大元军暴行的可能性，但是，从蒙古—元朝军队在战争中的一贯表现来看，安南表文中的记载恐怕并非厚诬之辞。

与元朝军队相比，陈朝将领和军队具有很多优势。

第一，军民保家卫国，士气很高。早在1284年元越第一次战争之前，陈圣宗曾调查民间对战争的态度，甲申年（至元二十一年，1284）"十二月，陈甫自元回，言元帝遣太子镇南王脱欢、平章阿剌及阿里海牙等领兵，托以假道征占城，分道入寇。上皇召天下父老，会于延洪阶，赐食问计。皆曰战，万人同辞，如出一口"。[3]

第二，经过1284—1285年战争，安南军队的整体作战水平有较大提高。丙戌年（至元二十三年）六月，陈圣宗"命王侯宗室各募兵，统领其属。帝问兴道王国峻曰：'今年贼势如何？'对曰：'我国太平日久，

---

1 徐明善：《天南行记》，《说郛三种》第五册，第2603页。

2 徐明善：《天南行记》，《说郛三种》第五册，第2605页上栏。

3 吴士连：《大越史记全书》本纪卷五《陈纪》，第291页。

民不知兵。是以前年元人入寇，或有降避。赖祖宗威灵，陛下神武，克
清胡尘。彼若又来，我士习于攻战，彼军惮于远行，且惩恒、璀之败，
无有斗心。以臣观之，破彼必矣。'"[1]

第三，以兴道王陈国峻为首的安南将领对元军的军情判断准确。
1287 年（丁亥，至元二十四年）二月，安南得到元军大举进攻的准确
情报，"执政请选壮充军，增多其数。兴道王曰：'兵贵精，不贵多。纵
如苻坚百万，亦何为哉。'"十一月十四日，安南富良关受到元军攻击，
"帝问兴道王：'贼至如何？'对曰：'今年贼闲。'"[2]安南君主和将领的斗
志顽强，有克敌的信心。兴道王等将领善于指挥，这在白藤江之战中得
到充分体现。

第四，安南制定了正确的战略，将元军放进来打，切断元军的粮食
供应线，对进犯之敌不断袭扰。从战争进程来看，元军从一开始就陷入
被动。

元军攻安南分陆、水两路。黎崱《安南志略》记载："至元丙戌春
三月，制封陈益稷为安南国王……至元丁亥，朝廷复兴师送安南国王就
国。上命平章奥鲁赤等将江淮、江西、湖广、云南四省蒙古、汉军，广
西峒兵，海南黎兵，海道运粮万户张文虎等十万师，受镇南王节制。冬
九月，师兴自鄂。十月二十八日乙酉，至来宾，分道：参政乌马儿、樊
楫率万八千人；乌未及张玉、刘珪等统兵数万、战船五百、运船七十
艘，由钦州进。"[3]

首先与安南军队交战并出现重大失误的是水军。黎崱《安南志略》
记载："十一月十一日戊戌，舟师先进，经万宁水口，彼将仁德侯陈椰，
伏兵浪山，将断我后。觉之，即夜围山，迟明击走，溺死者众数百人，
获船数十艘。乌马儿乘胜前驱，不顾粮船居后，失援粮陷。"[4]

1　吴士连：《大越史记全书》本纪卷五《陈纪》，第 297 页。
2　吴士连：《大越史记全书》本纪卷五《陈纪》，第 298 页。该书自注："闲，犹言易也。"
3　黎崱：《安南志略》卷四《征讨运饷》，第 90 页。
4　黎崱：《安南志略》卷四《征讨运饷》，第 90 页。标点稍有改动。

安南军队采取节节防御、诱敌深入、坚壁清野打持久战的策略。时间一长，元军陷入困境，军队断粮，不断遭到袭击，疲于应战。对当地气候、环境不熟悉，天气日益炎热，疾病和瘟疫增多。军队统帅镇南王没有坚定的战斗意志，决定撤退。《安南志略》记载："神弩总管贾若愚献言曰：'师可还，不可守。'王亦曰：'地热水湿，粮匮兵疲。'遂班师。"傅若金撰《江浙等处行中书省参知政事樊公行状》（以下简称《樊公行状》）也记载："粮匮，王命退师。"[1]《元史》记载："诸将因言：'交趾无城池可守、仓庾可食，张文虎等粮船不至，且天时已热，恐粮尽师老，无以支久，为朝廷羞，宜全师而还。'镇南王从之。"[2]

到此时即使没有白藤江之战，元朝也业已战败。

二 战役过程与参战元军

究其实质，白藤江之战是元军撤退过程中水军遭遇的一次惨败。此役可分为两个阶段。

第一阶段，由水、陆军队协同撤离变为水军孤军奋战、陷入困境的阶段。元朝水军将领弃船陆行的方案未获批准。元军用骑兵部队在岸上掩护水军撤退，但中途不断遇到安南袭击，水、陆协同的撤退战术失败。

《安南志略》记载，在决定班师之后，"水道将校告曰：'粮艘两入俱陷，不若毁舟从陆，为上计。'王欲听，左右阻之。三月三日丁亥，右丞程鹏[飞]、金省达木[3]，率骑兵逆舟师[4]，过东湖市[5]，阻水，乃还。故桥

1　傅若金：《傅与砺文集》卷九，《北京图书馆古籍珍本丛刊》影印洪武十七年刻本，第 727 页上栏。此外，该文收入《全元文》第四十九册，第 318 页，底本为《嘉业堂丛书》本。

2　《元史》二〇九《安南传》，第 4648 页。

3　《元史》二〇九《安南传》，第 4648 页作"塔出"，则"达木"当为"达尤"。

4　据前引傅若金《傅与砺文集》卷九《樊公行状》，第 727 页上栏，"逆"当为"送"。

5　据前引《樊公行状》，当为"东潮"。按越南今地名，仍有东潮市。

梁皆为彼断，以俟我战。程右丞即询所获乡老，夜引从他地道及¹”。²

傅若金《樊公行状》记载："粮匮，王命退师，众以海道险绝，请弃舟，俱陆行以还，王不果听。于是，舟师自排滩分道出内傍关。贼伏兵断关口，公与万户塔剌赤、刘世英击溃之，斩其二将。右丞程鹏飞别以兵并江送舟师至东潮，阻水，乃夜自他道驰及镇南王军。"³

《元史·安南传》记载，在决定撤军之后，镇南王"命乌马儿、樊楫将水兵先还，程鹏飞、塔出将兵护送之"。⁴

显然，元军原计划是水陆协同，由程鹏飞、塔出率军掩护水军撤退，但是，途中不断遇险，桥梁被安南军队破坏，骑兵无法顺利渡河，还有被安南军队伏击的危险。程鹏飞率军在夜晚快速返回镇南王军中，从陆路成功撤回元朝境内。⁵ 程鹏飞率军脱离沿河战场，意味着元朝水军失去了陆军的保护和策应，被置于更加危险的境地。

第二阶段，战役展开和结束阶段。关于这一阶段，值得研究的最大问题是元朝参战军队的构成情况。元朝和安南的史料，提到了元朝昔戾机大王，参知政事乌马儿、樊楫，保定水军上万户张玉，万户刘珪、答剌赤、刘世英，平章政事奥鲁赤，海道运粮万户张文虎，参政岑段、田元帅等将领以及他们指挥的水军。但是，奥鲁赤、张文虎是否参加了白藤江之战大有疑问。我们先看有关史料。

《安南志略》记载："七日辛卯，舟师至竹洞，彼兵进战，刘珪击退，获二十艘。乌马儿不由海还，却由白藤江。遇敌，乌马儿自领（粮）〔精〕兵逆战。樊参政获峰为应，潮退军陷。"⁶

1　据前引《樊公行状》："自他道驰及镇南王军。"义较长。
2　这段引文见黎崱《安南志略》卷四《征讨运饷》，第 91 页。
3　前引傅若金《傅与砺文集》卷九《樊公行状》，第 727 页上栏；又见《全元文》第四十九册，第 318—319 页。
4　《元史》二〇九《安南传》，第 4648 页。
5　黎崱：《安南志略》卷四《征讨运饷》，第 91—92 页。
6　黎崱：《安南志略》卷四《征讨运饷》，第 92 页。按，引文中"粮兵"当为"精兵"之误，据影印《文渊阁四库全书》本改。

　　傅若金《樊公行状》记:"贼追至,公力战却之。至竹洞,贼复大至,公又与万户刘珪击走之。三月壬辰,至白藤江,闻日烜以精兵数千出我后,公呕会将士逆战。天忽大风,潮水遽落,舟不得进退,贼乘风以小舟数百合步卒翼两岸击我军。四面矢下如雨,公被大创十余,犹奋臂督将士力战,而贼益滋,军陷,公遂执。"[1]

　　《元史》卷一六六《樊楫传》:"楫与乌马儿将舟师还,为贼邀遮白藤江。潮下,楫舟胶,贼舟大集,矢下如雨,力战,自卯至酉,楫被创,投水中,贼钩执。"[2]

　　《元史·张玉传》记载,保定水军上万户张玉,至元十五年"袭父职,为怀远大将军、诸路水军万户",后历任都元帅兼水军万户、保定水军上万户。至元二十四年,他"从参知政事乌马儿征交趾,累战有功。二十五年,师还,安南以兵迎战,大战连日,水涸舟不能行,玉死焉"。[3]

　　苏天爵《故承事郎象山县尹李侯墓碑》记载,参加白藤江之战的还有湖广行省的水军部队。李天祐曾任荆湖行省水军招讨司知事,后升为湖广行省掾。"至元二十四年,又诏湖广省臣将兵征之。侯(李天祐——引者)掌文书从行。是冬,兵会廉州,泛舟于海,次安邦,与交人遇,斩首二千余级,获船六十余艘。……明年春,兵次塔山洋,与世子战,败之。……三月,次白藤港,交人横战舰江中,以拒我师。值潮退,舟不能进,兵溃。侯等被执。"[4]

　　越南官修史籍《大越史记全书》记载了战争经过,与汉文史料多有差异。重兴四年(戊子,1288)三月八日:

1　前引傅若金《傅与砺文集》卷九《樊公行状》,第 727 页上栏;又见《全元文》第四十九册,第 319 页。万户刘珪曾经参加元朝第一次安南战争。当时就是万户,与乌马儿同军。战争中接应从占城方向北上会师的唆都。后唆都战死,乌马儿、刘珪从水路逃回。见黎崱《安南志略》卷四《征讨运饷》,第 89 页;《元史》二〇九《安南传》,第 4645 页。
2　《元史》卷一六六《樊楫传》,第 3909 页,标点稍有改动。
3　《元史》卷一六六《张荣实附张玉传》,第 3906 页。
4　前引苏天爵《滋溪文稿》卷一八《故承事郎象山县尹李侯墓碑》,第 298 页。

元军会白藤江，迎张文虎等粮船，不遇。兴道王击败之。先是，王已植桩于白藤，覆丛草其上。是日乘潮涨时挑战佯北，贼众来追，我军力战，水落，贼船尽胶。阮蒯领圣翊勇义军与贼战，擒平章奥鲁赤。二帝将军继至，纵兵大战，元人溺死不可胜计，江水为之尽赤。及文虎至，两岸伏兵奋击，又败之。潮退甚急，文虎粮船阁桩上，倾覆殆尽，元人溺死甚众，获哨船四百余艘。内明字杜衡获乌马儿、昔戾基（玉）[王]献于上皇。上皇命引登御舶，同坐与语，欢饮卮酒。……十七日，俘贼将昔戾基（玉）[王]、元帅乌马儿、参政岑段、樊楫、田元帅、万户、千户，献捷于昭陵。[1]

《大越史记全书》这段记述的疑点颇多。

首先，文中提到"阮蒯领圣翊勇义军与贼战，擒平章奥鲁赤"不确。奥鲁赤从陆路撤回元朝，并未被俘。[2]据奥鲁赤碑传资料，他"征交趾，贼惧避匿，乃梗我归路，转战全师而出，驲召面筹者三，慰劳温至，锡赉优渥"。[3]《元史》也记载："二十三年春，（奥鲁赤）拜湖广等处行中书省平章政事。夏四月，赴召上都，命佐镇南王征交趾。……至交趾，启王分军为三，因险制变，蛮不能支，窜匿海岛，余寇扼师归路，

1　吴士连：《大越史记全书》本纪卷五《陈纪》，第 299 页。原文昔戾基王写作"昔戾基玉"，整理者未校出。日本学者山本达郎已怀疑"昔戾基玉"当为"昔戾基王"，见山本达郎《安南史研究Ⅰ》，第 199 页。在前引明峥《越南史略（初稿）》的汉译本中，范宏科、吕谷指出，昔戾基玉为昔戾基王，见该书第 100 页。前引陈重金《越南通史》汉译本，译者戴可来也作纠正，见该书第 110—111 页。前引潘辉黎等《越南民族历史上的几次战略决战》第 80 页不误。

2　最早质疑《大越史记全书》的是《越史通鉴纲目》，书中说："奥鲁赤乃步将，与脱欢以兵陆还，何曾一至白藤而为阮蒯所擒？"见前引《越史通鉴纲目》正编卷八"陈仁宗重兴四年"条，第 8a 页。

3　许有壬：《至正集》卷四七《有元扎剌尔氏三世功臣碑铭》，《元人文集珍本丛刊》影印清宣统三年石印本，第 230 页下栏。

奥鲁赤转战以出。改江西行省平章政事。"[1]

其次，是元朝海道运粮万户张文虎是否参加了白藤江之战的问题。[2]最早质疑《大越史记全书》的是《越史通鉴纲目》，书中说："今查之《元史类编》，张文虎粮船既没，脱欢以乏食始谋引还，则文虎之败乃在云屯之战而是役则邀击元军之还也。"[3]《大越史记全书》记载"元军会白藤江，迎张文虎等粮船"。元军已经做出了撤军的决策，而撤军的重要原因就是因为粮食匮乏。为什么已经决定撤军，还要迎接张文虎的粮船呢？如果元军已经接到张文虎运粮船即将到达的情报，元军至少不必仓促撤军，相应的军事安排也会从容得多。《大越史记全书》又说："及文虎至，两岸伏兵奋击，又败之。潮退甚急，文虎粮船阁桩上，倾覆殆尽，元人溺死甚众，获哨船四百余艘。"显然，越南史家认为张文虎是参加了白藤江之战的。然而，实际情况并非如此。

检读史料可知，元朝原计划由三位万户指挥船队运粮："海道运粮万户张文虎、费拱辰、陶大明运粮十七万石，分道以进。"[4]从战争的具体过程来看，元朝曾两次从海上向安南运粮。第一次在至元二十四年十一月，"乌马儿、樊楫以兵由海道，经玉山、双门、安邦口，遇交趾船四百余艘，击之，斩首四千余级，生擒百余人，夺其舟百艘，遂趋交趾"。[5]据《安南志略》，乌马儿、樊楫率水师在十一月十一日出发，后接运粮船队，他们在途中与安南仁德侯陈椰交战，"获船数十艘"。此后乌

1 《元史》卷一三一《奥鲁赤传》，第3192页。
2 日本学者山本达郎、华裔学者罗荣邦都采信《大越史记全书》。见山本达郎《安南史研究Ⅰ》，第195页；Lo Jung-pang, *China as a Sea Power, 1127–1368 : A Preliminary Survey of the Maritime Expansion and Naval Exploits of the Chinese People during the Southern Song and Yuan Periods*, edited, and with commentary by Bruce A. Elleman, Singapore and Hong Kong: NUS Press and Hong Kong University Press, 2012, pp.300-302. 前引陈重金《越南通史》、明峥《越南史略（初稿）》、潘辉黎等《越南民族历史上的几次战略决战》均未采信张文虎参战的记载。
3 前引《越史通鉴纲目》正编卷八"陈仁宗重兴四年"条，第8a页。
4 《元史》二○九《安南传》，第4647页。
5 《元史》二○九《安南传》，第4647页。

马儿等冒进，"乘胜前驱，不顾粮船居后，失援粮陷"。[1]《大越史记全书》
也记载了元朝军粮被劫之事：

> 时元舟师犯云屯，兴道王一以边务委云屯副将仁惠王庆余。
> 庆余战失利。上皇闻之，遣中使锁庆余回阙。庆余谓中使曰："以
> 军宪论，甘受罪谴。愿假二三日，以图后效，归伏斧椹未晚。"中
> 使从其请。庆余料知虏师已过，运船必在后，乃收集残卒待之。
> 少顷，运船果至。击败之，获虏军粮器械不可胜计，俘虏亦甚
> 多。即驰书以闻，上皇释前罪不问，曰："元兵所资者，粮草器械。今
> 既为我获，恐彼未知，犹或陆梁。"乃纵其所获人至元营具告。元
> 人果退。故是年百姓疮痍非前年之惨，庆余预有功焉。[2]

粮船被劫，元军粮食短缺。在至元二十四年十二月，元朝第二次派出
船队送粮，这次由海道运粮万户张文虎等负责。运粮船队和元朝远征
军在海边的会合时间当在至元二十五年的正月。据《元史》，张文虎的
船队在至元二十四年十二月到达安南附近海域。而镇南王则于二十五
年正月命令乌马儿"将水兵由大滂口迓张文虎等粮船"。可是，张文虎
的船队遭到安南水军的袭击，丢弃粮食，逃归海南岛。"张文虎粮船以
去年十二月次屯山，遇交趾船三十艘，文虎击之，所杀略相当。至绿水
洋，贼船益多，度不能敌，又船重不可行，乃沉米于海，趋琼州。"其
他两位运粮万户的船队遇到大风天气，运粮任务也未完成："费拱辰粮

1　黎崱：《安南志略》卷四《征讨运饷》，第 90 页。十一月第一阶段的海上作战有其他史料可资
　　印证。傅若金《樊公行状》："公与参政乌马儿以舟师出钦州，十一月戊戌次绿水口，遇贼船
　　五百艘，公分兵击走之。明日复战，又败之，俘百余人，获船数十艘，斩首千级，溺死者甚
　　众。"《元史》卷一六六《樊楫传》，第 3908 页："楫与参政乌马儿将舟师入海，与贼舟遇安邦
　　口，楫击之，斩首四千余级，及生擒百余人，获船百余艘、兵仗无算。"
2　吴士连：《大越史记全书》本纪卷五《陈纪》，第 298—299 页。该书所记陈庆余两个阶段的
　　作战情况和黎崱《安南志略》的记载基本相同，应是海上截击元军第一批次运粮船队的战斗。
　　前引山本达郎《安南史研究 I》第 189—190 页、陈重金《越南通史》第 107—108 页、明峥
　　《越南史略（初稿）》第 99 页，均将其视为劫夺元军第二批次运粮船队。恐不确。

船以十一月次惠州，风不得进，漂至琼州，与张文虎合。徐庆粮船漂至占城，亦至琼州。凡亡士卒二百二十人、船十一艘、粮万四千三百石有奇。"由于运粮船队的失败，乌马儿未能接到粮船，"乌马儿由大滂口趋塔山，遇贼船千余，击破之；至安邦口，不见张文虎船，复还万劫"。[1]乌马儿、张文虎两军未能会合，在《安南志略》中也有明确记载："至元戊子正月四日己丑，王还旧屯，乌马儿由海道出迎张文虎续进粮舰。十一日丙申，与彼战于多鱼口，潮落而散。张文虎先遇敌于安邦口，粮陷，乘单舸走还钦州。"[2]

综上，元朝向安南元军海道运粮前后共有两次，分别在至元二十四年十一月和二十五年正月。《安南志略》除上引文"张文虎续进粮舰"的说法外，还有一处明确提及这两次运粮的情况：在镇南王决定班师后，水道将校告曰：<u>粮舰两入俱陷，不若毁舟从陆，为上计。</u>[3]据《元史·安南传》，张文虎在至元二十五年正月遭安南伏击、运粮失败之后再未出战。他根本没有参加白藤江之战。

值得一提的是，《大越史记全书》所记参政岑段、田元帅等事迹不详，元越外交文书也未提及此二人，具体情况待考。

三　陈朝对元朝战俘的处置

徐明善《天南行记》收录至元二十五年四月安南国王陈日烜写给元世祖的表文，表文对战争经过没有具体涉及，重点讲到优待战俘的情

1　《元史》二〇九《安南传》，第 4648 页。《元史》卷一五《世祖纪十二》，第 307—308 页也记载：二十五年春正月，镇南王"命乌马儿将水兵迎张文虎等粮船"。二月，"乌马儿迎张文虎等粮船不至，诸将以粮尽师老，宜全师而还，镇南王从之"。《元史》卷一六六《樊楫传》，第 3908 页：二十五年正月，"交人皆匿其粟而逃，张文虎馈饷不至。二月，天暑，食且尽，于是王命班师"。潘辉黎等《越南民族历史上的几次战略决战》第 50 页认为张文虎参加了元军第一批次运粮。恐不确。

2　黎崱：《安南志略》卷四《征讨运饷》，第 91 页。

3　黎崱：《安南志略》卷四《征讨运饷》，第 91 页。

况。文中说:"闻见百姓送到昔庆机大王一名,称系大国贵戚。臣于是日平礼相待,极加尊重。敬与不敬,大王必知。……小国水土甚恶,炎瘴实繁。臣虑住坐久淹,或生疾病。虽微臣尽于奉养,亦不免贪利边功诬奏流言之罪也。微臣谨具行路礼物,差人前就界首,迎送大王归国。"[1]

　　安南国王期望通过优待"大国贵戚"昔庆机大王,缓和两国关系。但是,事情并非如他所期待的那样。至元二十五年十一月,元世祖回复了一道措辞强硬的诏书,其中写道:"昔庆机忝为族属,以被遣还。彼乃有过谪戍之人,譬如以此饰情。合将乌马儿拔都军府官等发送回来,方表忠顺。诏书到日,乌马儿拔都军官等一同来见。"[2]

　　这番文书往来,使昔庆机大王的身份逐渐清晰。他虽然是"大国贵戚",但在世祖看来,"忝为族属""乃有过谪戍之人"。比起大将乌马儿来,他的重要性相差甚远。结合这些情况,我们推定此处的昔庆机大王就是蒙哥汗之子昔里吉。[3]他长期反叛元朝,后被元朝擒获,流放到南方,又受命到前线作战赎罪。在第二次元越战争之前,元世祖曾命令有罪的蒙古诸王参加镇南王脱欢的军队,至军前作战抵罪。[4]这些"从军自效"的叛王中就有昔里吉。昔里吉没有死于残酷的战争,他被俘后,凭借黄金家族的高贵血统,得到安南国王的优待。由于战败,元世祖对昔里吉的命运并不关注,他要求安南尽快送回被俘的大将乌马儿等人。

　　事情并未就此结束。善待昔里吉成为安南向元朝示好的一个重要说辞,在此后的外交文书中再次提及。至元二十九年,元朝兵部尚书梁曾、侍郎陈孚等人出使安南。至元三十年二月二十一日他们致书安南国王仁宗陈日燇,要求全部送还被俘的元朝官兵,"就帅往者落南官军将

1　徐明善:《天南行记》,《说郛三种》第五册,第 2603 页下栏。

2　徐明善:《天南行记》,《说郛三种》第五册,第 2604 页下栏。这道诏书又收入黎崱《安南志略》卷一二《大元诏制》,第 51—52 页,多有误字、缺文。

3　具体论证见党宝海《昔里吉大王与元越战争》,《西部蒙古论坛》2013 年第 4 期,第 3—8 页。

4　《元史》卷一四《世祖纪十一》,至元二十四年八月"己巳,谪从叛诸王赴江南诸省从军自效"。第 300 页。

佐及奉所侵疆土，祈哀请罪，天其或矜，朝廷从而矜之"。[1] 随后，他们接到陈仁宗写于至元三十年二月二十五日的回信：

> 官军将佐或有遗落乎敝邑者，孤父在日，已尽搜索。如昔庆机大王部属乌马 [儿]、樊参政老少、孙路蛮、何奉御、唐兀 [歹]、瓮吉㩋（氏）[歹]、唐万户、胡英、郭全及万户、千户头目官军等辈，并已随次送还讫。其余或瘴死，或逃归者，则孤所不知也。张尚书至日，已尝言之。孤寻问村落诸处，至今未有所得。[2]

值得注意的是，由于昔里吉的特殊身份，他在安南国王书信中的排序仍在乌马儿等将领之前。这反映了安南国王对昔里吉地位的错误认识，对元朝谪戍出军制度缺乏了解。

元朝史料对昔里吉被送回后的下落没有记载。不过，依外交文书，元世祖对这位昔日叛王、安南俘虏的看法并没有什么大的转变。根据至元二十五年四月安南国王的表文，昔里吉是由元朝战俘唐兀歹等人陪同，先期返回元朝的，"特差使臣从义郎阮盛，随昔庆机大王同唐兀歹等赴阙"。但是，从至元二十五年十一月元世祖回复安南国王的诏书来看，忽必烈接见了返回的唐兀歹等人，而并未提及召见昔里吉，诏书写道："省所上表，已尽来情。又唐兀歹、哈散剌、瓮吉剌歹口奏事，亦以听悉。"[3] 我们据此推测，元世祖仍未改变对昔里吉的态度，拒绝和他见面。蒙古伊利汗国的历史巨著《史集》讲述了昔里吉的最后结局："他谪居于一座空气十分恶劣的岛上。他在那里度过残生，最后死掉

1　陈孚：《陈刚中诗集》附录"元奉使与安南国往复书"，明天顺四年（1460）沈琮刻本，中国国家图书馆藏，善本书号 09078。引文见附录，第 11a 页。亦可参看《全元文》第二十册，江苏古籍出版社，2000 年，第 568 页。底本为影印《文渊阁四库全书》本。

2　陈孚：《陈刚中诗集》附录"元奉使与安南国往复书"，第 12a 页。《全元文》本，第 569 页，"昔庆机大王"录为"昔庆机夫王"，唐兀 [歹]、瓮吉㩋（氏）[歹]，据徐明善《天南行记》所收元世祖回复安南国王诏书校补。

3　徐明善：《天南行记》，《说郛三种》第五册，第 2604 页上栏。

了。"[1] 据毛海明的研究，这座岛可能是高丽的人物岛（又名仁物岛）。[2]

参知政事兼水军统帅乌马儿是地位最高的元军战俘。至元二十五年四月安南国王的表文控诉了乌马儿的暴行，已见前文征引。由于安南深恨乌马儿，最终将他暗杀。

徐明善《天南行记》记载，至元二十六年三月二日，"世子（即安南陈朝圣宗陈日烜——引者）遣翰林等来言：乌马儿参政将北归，往辞兴道（世子之弟），夜卧舟中，为风涛所溺"。稍后，陈圣宗上表提到："去年小国百姓送遗军，微臣亲问只得昔戾机大王、乌马儿参政、樊参政三名。……先备行物，特差使臣从义郎阮盛，随昔戾机大王同唐兀歹等赴阙。其间，二参政落后，缘于大军才退，意恐参政未息怒心，必兴祸害，是以慢留。方行津遣，岂期微臣无福，事与愿违。……乌马儿参政期当续后回去，彼以归路经由万佃，因请先就兴道资其行具。水土程中，夜困火融，舟为水漏，参政身材长大，难于拯援，遂致溺亡。小国人夫寻亦俱死。他之妻妾、小僮几陷没，赖乎轻小，救之得免。微臣火葬，修之功德。"[3]

从表文来看，乌马儿由于中途船只漏水，没能得到及时援救而被淹死。安南救出了乌马儿家属，隆重安葬了乌马儿。天灾难避，礼数周到，安南似乎没有任何过失。可事实并非如此。据越南官修史籍《大越史记全书》，乌马儿是被安南暗杀的。重兴五年（己丑，至元二十六年）春二月，"遣内书家黄佐寸送乌马儿等还国，用兴道王计，以善水者充船夫，夜钻船沉水，乌马儿等溺死"。[4]

1　拉施特主编《史集》第二卷，第317页。

2　毛海明：《元初诸王昔里吉的最终结局》，《元史及民族与边疆研究集刊》第三十四辑，上海古籍出版社，2017年，第117—120页。

3　徐明善：《天南行记》，《说郛三种》第五册，第2605—2606页。

4　吴士连：《大越史记全书》本纪卷五《陈纪》，第301页。王德毅等编《元人传记资料索引》收录一位乌马儿，以万户伐宋，积功擢总管、都元帅，宋平，领泉府、市舶两司，又以水军从征安南，授安南行省参政。桑哥用事，奏授江淮行省参政，至元二十八年桑哥败，被诛。见《元人传记资料索引》第四册，中华书局，1987年，第2518页。此处明显有误。作者把两个乌马儿的事迹混淆。参加安南战争的乌马儿已经死于至元二十六年。

大将樊楫也死于安南，该国官方给出的原因是病故。安南国王表文中写道："樊参政忽遭热病，微臣尽其所有药物，购彼部下医人疗之不可，渐致身亡。微臣火葬修功德讫，因给马匹付他妻妾，驮其香骨。千户梅世英、薛文正等为之护送，一并还家。"[1]

然而，根据元朝文献，樊楫是被安南杀害的，并非病亡。傅若金《樊公行状》记载："军陷，公遂执，念不死必灭安南。明年使者至，求公等。会公已被毒，既见使者，言状，即北面拜，稽首语使者，且必归吾尸，遂趣装倚马而死。使者以其丧还，时年四十有九。事闻，上惊悼久之。"[2]《元史》卷一六六《樊楫传》所记近似："楫被创，投水中，贼钩执。毒杀之。"[3]

从昔里吉的生和乌马儿、樊楫的死，我们不难理解三人在元朝军中的不同地位，乌马儿和樊楫是统率大军的主将，给安南造成了巨大破坏，被俘遇害。昔里吉是前线赎罪的谪戍叛王，虽然在军队中属于非常次要的角色，但由于血统高贵，得到了安南的优待。

安南俘虏了大量元朝军官、军人。安南国王给出了两个数据。一个见于至元二十五年四月安南国王写给元世祖的表文："大军遗亡者殆千余人，臣已发令归了，或后别有见之，臣亦寻教回去。"[4]另一处见于至元二十六年三月安南国王表文："在前数陷微臣所军人通计八千余人，其间或有头目，皆不知之。今蒙诏谕，微臣更行搜索，所得军人头目若干名，军人若干名，并从天使回者。别后尚有遗亡犹未尽到，微臣亦当发遣，不敢一留。"[5]

由此可知，在多次战争和冲突中，有大量元朝普通军官、军人被俘。在 1288 年之后，这些战俘被安南送回元朝。但是，从被俘到被遣

1　徐明善：《天南行记》，《说郛三种》第五册，第 2605 页下栏。

2　前引傅若金《傅与砺文集》卷九《樊公行状》，第 727 页上栏；《全元文》第四十九册，第319 页。

3　前引《元史》卷一六六《樊楫传》，第 3909 页，标点稍有改动。

4　徐明善：《天南行记》，《说郛三种》第五册，第 2603 页下栏。

5　徐明善：《天南行记》，《说郛三种》第五册，第 2606 页上栏。

返之间，他们的境况是悲惨的。这些战俘中至少有一位留下了姓名。

前引苏天爵《故承事郎象山县尹李侯墓碑》记载，白藤江之战，李天祐被俘，"乃断其发，或绝其食，凌辱困苦万方。侯执守益坚，不少慑屈。久之，防禁少弛，侯脱身拔归，昼伏夜行，掇草木实食之，数日始达吾境"。[1]

有的元朝战俘在被释回国的路上，遭到安南军队的袭击。《大越史记全书》记载，重兴五年（己丑，1289）四月，定平元之功。"兴智王不许进秩，以有诏'元人归，诸将勿遏'，而犹邀击之也。"[2]

有的返国战俘最初并未受到元朝的优待，后来经过被俘人员的申诉，才获得了较好待遇。李天祐就有这样的经历。他从安南历险逃回之后：

> 行省以其事闻，时朝廷初改钞法，重其职守，以侯提领绍兴路平准库，阶将仕郎。凡再考，代者始至。元贞初，调衢州录事。民讼于庭，立决遣之。满考赴调入京。侯以向陷交趾，备极艰苦，至是吏部止积月日，与从七品。先时行省郎官有以从征升一官者，掾之同被陷者亦受从七品官，独侯循序而进，众为之不平。乃自陈于政府，于是即与正七品，阶承事郎，庆元路象山县尹兼劝农事。[3]

对参战官兵予以适当的优待，是古今通例。虽然在执行过程中有所疏漏，元朝毕竟也施行了这样的政策。

由于战争中真实信息难以获取，有参加白藤江之战的元朝将领下落不明。在很久以后，仍有元朝使节向安南询问有关将领的下落。如大德

1　苏天爵：《滋溪文稿》卷一八《故承事郎象山县尹李侯墓碑》，第 298 页。山本达郎已经注意到这条史料，见《安南史研究Ⅰ》，第 199 页。
2　吴士连：《大越史记全书》本纪卷五《陈纪》，第 302 页。
3　苏天爵：《滋溪文稿》卷一八《故承事郎象山县尹李侯墓碑》，第 298 页。

五年三月，元朝"遣礼部尚书马合马、礼部侍郎乔宗亮持诏谕日燇"，利用这次通使，中书省通过使者"复移牒取万户张荣实等二人，与去使偕还"。[1] 按，"万户张荣实"记述不确，因为张荣实已经于至元十五年卒于元朝国内。此处所指应是张荣实之子、保定水军上万户张玉。他早在至元二十五年已经战殁于白藤江。《元史》记载，保定水军上万户张玉"二十五年，师还，安南以兵迎战，大战连日，水涸，舟不能行，玉死焉"。[2] 而在成宗时元朝并不了解这一情况，仍向安南索要。据《元史》，元朝后来应是通过调查知晓了张玉已战死。此事后被载入张玉的传记资料并影响了《元史·张玉传》的编写。

由于路途遥远，信息阻滞，元朝要了解战俘存亡的情况和将领死亡的真实原因相当困难，正所谓"道里辽远，情辞虚诞，终莫得其要领"。[3] 不过，陈仁宗给元朝使臣的书信中有这样的自辩之辞："孤自先父去后，茹素持经，放生物命，犹虑不足以报父恩之万一，况复有囚杀天朝之将佐以累先父于地下者哉。"[4] 依此判断，元朝对安南"囚杀"将佐之事应该不是懵然无知的。

结　论

受限于当时蒙古帝国内部矛盾激化的战略态势，元朝第二次进攻安南的战争准备仓促，统帅平庸，将领轻敌，而安南的战争策略正确，军民斗志顽强，将领指挥得法，在白藤江战役之前，元军已经处于败退状态。

白藤江之战是元朝水军的一次惨败，水军失去陆军的掩护和策应是

1　《元史》卷二〇九《安南传》，第 4650 页。
2　《元史》卷一六六《张荣实附张玉传》，第 3906 页。
3　《元史》卷二〇九《安南传》，第 4651 页。
4　陈孚：《陈刚中诗集》附录"元奉使与安南国往复书"，第 12a、12b 页；《全元文》第二十册，第 569 页。

战败的原因之一。元朝向安南元军运送粮食共有两次，第一次在战争之初就被安南截获，第二次运粮以海道运粮万户张文虎的船队为主，但遭到安南水军的攻击而粮、船尽失。张文虎并没有参加白藤江之战。

在战争中，安南俘虏了大量元朝军官和士兵。战后，安南礼送蒙哥汗之子昔里吉返回元朝，但谋杀了主要将领乌马儿和樊楫。为了改善与元朝的关系，安南比较重视遣返元军战俘，也有战俘越狱逃归。按照元朝的制度，被俘虏而返回的元朝官员在官职升迁方面可以得到一定的优待。

第五章 古代中国与印度洋地区的 海上交往

第一节 元朝与伊利汗国的海路联系

在蒙古帝国各个政权之间存在着亲疏远近之别。元朝与伊利汗国的关系最为紧密。[1]在窝阔台系、察合台系诸王看来，虽然都是成吉思汗的子孙，但元朝和伊利汗国的君主同为拖雷的后裔，具有更近的血缘，因而两者更容易达成一致或结为联盟。在《拜住元帅出使事实》中，这一点得到清楚的表述：

> 皇庆二年（1313），仁宗以金印赐丞相孛罗，且俾（拜住——引者）往哈儿班答王所议事，至

---

1 韩儒林主编《元朝史》下册，第395—401页；四日市康博：《从〈奉使波斯碑〉看元朝同伊利汗国使臣往来》，赵莹波译，《元史及民族与边疆研究集刊》第三十辑，2015年，第57—71页。

中途，遇也先不花王，疑有间谍，执以问，答曰："今上所遣，不过通岁时问礼，曷有他意？"王左右曰："使者往来，皆言有启边生事形迹，汝此行，宜得要领，可实言，否则拷掠，汝亦必言。"遂命跪大雪以问，且搜其衣，中无所有，公曰："王所问，实不知，且王从何所得是议？"王曰："阿必失哈至是，尝言之。且曰，<u>哈儿班答王，上近支也，吾等族属，存与留不可知</u>，后使者至，必有处分。今汝往彼，必生事，速吐情以告我。"[1]

察合台汗也先不花的话反映出他对东、西侧两个蒙古政权的戒备和不信任。在广义的蒙古帝国之内，实际上存在着两个集团，其中之一是由拖雷后裔掌控的元朝－伊利汗国集团，它比起尤赤系、察合台系以及较早退出历史舞台的窝阔台系，在血缘和战略利益上更为亲近，结合得更为紧密。换言之，剖析所谓"蒙古帝国"的内部构造，可以分为两部分，其中之一是元朝－伊利汗国拖雷家族势力集团，另一个是尤赤－察合台－窝阔台家族势力集团。不幸的是，拖雷家族势力集团的两国分别处于亚洲大陆的东端和西端。夹在中间、分隔了两国的则是尤赤－察合台－窝阔台家族势力集团，后一势力集团的国家经常与前一势力集团的国家处在战争与和平交替的复杂状态中。尤赤－察合台－窝阔台家族势力集团（前期主要是窝阔台汗国，后期主要是察合台汗国）对拖雷家族势力集团的戒备心态甚至敌对行为，是亚洲大陆陆路交通被阻断的重要原因，因为窝阔台汗国（亡于 14 世纪前期）、察合台汗国控制着从元朝到伊利汗国的陆上交通线。

不断爆发的蒙古各汗国之间的战争常常阻断元朝与伊利汗国交往的陆上通道，这就使两国官方、民间都有利用海路往来的强烈需求。本节旨在讨论这两个国家之间利用海路交往的具体状况及其历史影响。

1　袁桷：《清容居士集》卷三四《拜住元帅出使事实》，《四部丛刊初编》影印元刻本，第 22 页。亦见《袁桷集校注》卷三四，第 1571—1572 页。

一　官方海路交往

元朝与伊利汗国之间的官方交往时常利用海上交通来完成。

元朝的海洋贸易政策、航海技术都是继承南宋。[1]但是，南宋的商人一般不会直接航海去波斯湾地区。从宋代的情况来看，中国船只尽管具备了驶往波斯湾的能力，但大部分航船到印度西海岸的故临（今奎隆，Quilon）、古里（今卡里卡特，Calicut）就停下来，若去波斯和阿拉伯半岛，中国商人或使节就要换乘当地小型船只。波斯人和阿拉伯商人一般也从本地港口乘坐小船，然后在印度沿海换乘大船到东南亚和中国。南宋周去非（1134—1189）《岭外代答》记载："广舶四十日到蓝里住冬，次年再发舶，约一月始达（故临国）。""中国舶商欲往大食，必自故临易小舟而往，虽以一月南风至之，然往返经二年矣。"[2]"大食国之来也，以小舟运而南行，至故临国易大舟而东行，至三佛齐国，乃复如三佛齐之入中国。"[3]

由于元朝和伊利汗国的特殊关系，比起宋代，更多的中国船只直航波斯湾。[4]尽管相关的记载分散、琐碎，但我们仍能通过几处零星记载，揭示大致的面貌。

第一，元朝著名的孛罗使团很可能是从海路去伊利汗国的。俄国汉

1　详见《元典章》卷二二《户部八·课程·市舶》"市舶则法二十三条"，第874—875页。相关研究见陈高华、吴泰《宋元时期的海外贸易》，天津人民出版社，1981年，第86—93、165—173页；高荣盛《元代海外贸易研究》，四川人民出版社，1998年，第198页；小野裕子「『元典章』市舶则法前文訳注」『東アジアと日本—交流と変容』第3号，2006、1-9頁。

2　周去非撰，杨武泉校注《岭外代答校注》卷二《故临国》，中华书局，1999年，第90—91页。

3　周去非撰，杨武泉校注《岭外代答校注》卷三《航海外夷》，第126页。

4　陈得芝已经指出两国的密切关系对航海事业的推动。见陈得芝《元代海外交通的发展与明初郑和下西洋》，《郑和下西洋论文集》第二集，南京大学出版社，1985年，后收入陈得芝《蒙元史研究丛稿》，人民出版社，2005年，第417—418页。另可参阅 Roderich Ptak and Ralph Kauz, "Hormuz in Yuan and Ming sources", *Bulletin de l'École Française d'Extrême-Orient*, vol.88, 2001, pp.27-75。

学家薄乃德（Bretschneider）注意到，汉文史料记载："阿儿思兰，阿速氏……（其孙）忽儿都答，充管军百户。世祖命从不罗那颜使哈儿马某之地。以疾卒。"[1] 薄乃德认为，"某"可能是"自"的误写，并假定"哈儿马自"即忽里模子（Hormuz）。他认为"不罗那颜"就是元朝著名的大臣孛罗。[2] 余大钧先生采纳了这一观点。[3] 事实上，"某"字更可能是"其"字的误刻。[4]

至元二十年（1283）夏，孛罗、爱薛等使臣奉旨出使伊利汗国。由于当时窝阔台系、察合台系西北藩王对抗元廷，切断了通往西方的陆路交通线，当时孛罗、爱薛等人很可能经海路抵达波斯南部的霍尔木兹，然后北上，于伊斯兰历 683 年夏冬之际（相当于 1284 年末—1285 年初），在波斯西北部阿儿兰（今阿塞拜疆南部）的撒莱·满速里牙见到阿鲁浑汗。[5] 考虑到蒙古帝国时代驿站的运行效率较高，孛罗等人从霍尔木兹登岸后北上，不久以后与阿鲁浑汗见面是可能的。

伯希和认为，忽必烈时代的"不罗那颜"应是孛罗（Pulād），但他对哈儿马某可能是霍尔木兹持保留意见。他认为，除了第二音节中的 r，两者没有任何相似处；"马某"有时译作 Mahmūd。他指出，没有办法确定"哈儿马某"所指，但它不可能是霍尔木兹。[6]

元代霍尔木兹的汉字译音包括忽鲁模斯、阔里抹思、虎六母思、忽

1　《元史》卷一二三《阿儿思兰传》，第 3038 页。

2　Emil Bretschneider, *Mediaeval Researches from Eastern Asiatic Sources*, vol.2, London: K. Paul, 1888, p.89, n.850; p.132.

3　余大钧：《蒙古朵儿边氏孛罗事辑》，《元史论丛》第一辑，1982 年，第 188—189 页。

4　苏继庼先生已提出此说。见《〈岛夷志略〉校释》，中华书局，1981 年，第 367 页。

5　拉施特主编《史集》第三卷，余大钧译，商务印书馆，1986 年，第 193 页。王一丹教授在研究孛罗的论文中列举了其他学者关于孛罗到达伊朗时间的不同观点，如 1285 年末到伊朗说、1286 年 4 月见阿鲁浑汗说等。这些观点均不能成立。详见王一丹《孛罗丞相伊利汗国事迹探赜——基于波斯语文献的再考察》，《民族研究》2015 年第 4 期，第 71 页，注释 3。关于孛罗到达伊朗时间的更多论述，见金浩东《蒙元帝国时期的一位色目官吏爱薛怯里马赤（Isa Kelemechi，1227—1308）的生涯与活动》，李花子译，《欧亚译丛》第一辑，2015 年，第 235、251 页。

6　Paul Pelliot, *Notes on Marco Polo*, vol.1, Paris: Imprimerie Nationale, 1959, No.194, p.581.

里模子等；[1] 在大德年间的石刻资料中写为"火鲁没思"。[2] 从零散资料来看，霍尔木兹存在多种拼写方式，第一音节的元音为 a 的现象是存在的。[3] 那么，"哈儿马（某）[其]"中"马"的元音 a 不过是阿尔泰语言元音顺同化的结果；"其"字元代读音为 gi，是 z/s 发音颚化的结果。《元史》中的"哈儿马某"若可校正为"哈儿马自"或"哈儿马其"，那它很可能指霍尔木兹。从当时中亚错综复杂的政治形势、孛罗行程的时间长度以及"哈儿马某"（哈儿马其？）的地名三方面来分析，孛罗使团从海路到伊利汗国的可能性不能排除。

第二，根据来华马八儿重臣不阿里的碑传资料，在至元二十八年（1291）不阿里弃家投元之前，元朝与伊利汗国存在着海上遣使活动。据《不阿里神道碑铭》：

> 圣朝之平宋也，公（不阿里）闻之，喜曰："中国大圣人混一区宇，天下太平矣。盍往归之？"独遣使以方物入贡，极诸瑰异。自是踵岁不绝，复通好亲王阿八合、哈散二邸，凡朝廷、二邸之使涉海道，恒预为具舟筏，必济乃已。[4]

研究者已经指出，阿八合为伊利汗阿八哈（1265—1282 年在位），哈散为阿八哈之孙合赞（1295—1304 年为伊利汗），朝廷指元朝，二邸指上文提到的亲王阿八合、哈散。[5] "朝廷、二邸之使涉海道"而途经印度东海岸的马八儿，显然是指元朝的使者西行，伊利汗国的使者东来。

1　前引苏继庼《〈岛夷志略〉校释》，第 367 页。

2　杨钦章：《元代奉使波斯碑初考》，《文史》第三十辑，1988 年，第 137 页。

3　前引苏继庼《〈岛夷志略〉校释》，第 367 页。

4　刘敏中：《中庵先生刘文简公文集》卷四《敕赐资德大夫中书右丞商议福建等处行中书省事不阿里神道碑铭》，《北京图书馆古籍珍本丛刊》影印清抄本，第 302 页。

5　陈高华：《印度马八儿王子孛哈里来华新考》，《南开大学学报》1980 年第 4 期，后收入陈高华《陈高华文集》，上海辞书出版社，2005 年，第 362—364 页；刘迎胜：《从〈不阿里神道碑铭〉看南印度与元朝及波斯湾的交通》，载《历史地理》第七辑，1990 年，后收入刘迎胜《海路与陆路：中古时代东西交流研究》，北京大学出版社，2011 年，第 20—31 页。

这段文字清楚地说明，在至元十五年（1278）忽必烈攻南宋、派遣使者"招谕"海外诸国到至元二十八年之间，元朝和伊利汗国之间存在着海路通使。

第三，马可·波罗等人从海路护送阿鲁浑汗的未婚妻阔阔真去伊利汗国。《马可波罗行纪》写道："复命备船十二艘，每艘具四桅，可张十二帆。""船舶预备以后，使者三人、赐妃、波罗弟兄同马可阁下，遂拜别大汗，携带不少随从及大汗所赐之两年粮食，登船出发。航行有三月，抵南方之一岛，其名曰爪哇（Java）。岛上奇物甚众，后再详细言之。已而从此岛解维，航行印度海十八月，抵其应至之地。"[1] 据后文，他们的登陆地点为霍尔木兹。[2] 根据汉文史料，这个船队"取道马八儿往阿鲁浑大王位下"，与兀鲁䚟、阿必失呵、火者同行的有一百六十人，其中的九十人，由元朝支给分例口粮，余下的七十人"是诸官所赠遗及买得者"，元朝"不给分例口粮"。[3] 此外，我们还应提到，马可·波罗和父亲、叔叔最初是打算走海路从伊朗到元朝的。他们到达霍尔木兹，但最终放弃了海路，选择由陆路来华。[4]

第四，合赞汗时期那怀、法合鲁丁使团航海来元朝。这是关于元朝和伊利汗国海路交通方面资料最全的一次遣使活动。[5] 邱轶皓对此次出使有全新的研究。[6] 据邱轶皓文，《瓦萨甫史》有如下记载：

---

1 《马可波罗行纪》第 18 章 "波罗弟兄同马可别大汗西还"，第 61 页。
2 前引《马可波罗行纪》第 198 章 "前已叙述之忽鲁模思城"，第 698 页。
3 《经世大典》"站赤三"，收入《永乐大典》卷一九四一八，第 7211 页下栏。参阅《经世大典辑校》，第 525—526 页。
4 前引《马可波罗行纪》第 36 章 "又下坡至忽鲁模思城"，第 114 页。
5 国外学者的近期研究，参阅四日市康博「元朝とイルーハン朝の外交・通商関係における国際貿易商人」森川哲雄、佐伯弘次編『内陸圏・海域圏交流ネットワークとイスラム』福岡：櫂歌书房、2006、79-91 页。
6 邱轶皓：《大德二年（1298）伊利汗国遣使元考：法合鲁丁・阿合马・惕必的出使及其背景》，《中央研究院历史语言研究所集刊》第 87 本第 1 分册，2016 年，第 67—124 页。后收入邱轶皓《蒙古帝国视野下的元史与东西文化交流》，上海古籍出版社，2019 年，第 255—303 页。

　　［大］蔑力·法合鲁丁·阿合马（Fakhr al-Dīn Aḥmad）遵从"公正的君王"合赞汗的令旨于 697 年（公元 1297—1298），受命陛见铁穆耳合罕。被安排和他一起［出使］的，是携有君王口谕以及如群星闪亮、似木星般耀眼的纯净无瑕的宝石、［绘有］御制花样的织金袍服、用于狩鹿的猎豹以及其他许多珍宝和货物等等诸如此类和富有万方的皇帝（指元成宗铁穆耳）的威仪及其辉煌壮丽的宫室相匹配［的贡品］的那怀额勒赤（Nuqāy īlchī）。……蔑力·法合鲁丁为他的这次远航准备了船只（jahāzāt）与远洋航行的"鲸船"（jūng-hā-yi gasht）。……他们登船［出发］。因为海上航行的危险，各种痛苦的磨难，以及［长途旅行造成的］虚弱，眼看着他们的财富和生命时常悬于一线。[1]

　　法合鲁丁、那怀使团乘坐两种船只：普通船只（jahāzāt）和"鲸船"（jūng）。普通船只应指法合鲁丁家族所拥有的海船，"鲸船"则很可能是航行到波斯湾地区的中国大海船。[2]

　　和法合鲁丁一起来元朝的合赞汗使者那怀（Nuqāy）额勒赤也见于汉文史料。据黄溍《松江嘉定等处海运千户杨君墓志铭》："大德五年（1301），君（杨枢）年甫十九，致用院俾以官本船浮海至西洋，遇亲王合赞所遣使臣那怀等如京师，遂载之以来。"[3]

　　那怀和法合鲁丁使团在中国停留了四年，然后返回伊利汗国。《瓦萨甫史》记载：

1　前引邱轶皓《大德二年（1298）伊利汗国遣使元朝考》，第 81—82 页，《蒙古帝国视野下的元史与东西文化交流》，第 269—270 页。

2　邱轶皓：《鲸（Jūng）船考：13 至 15 世纪西方文献中所见之"Jūng"》，《国际汉学研究通讯》第五期，2012 年，第 329—338 页。后收入邱轶皓《蒙古帝国视野下的元史与东西文化交流》，第 331—341 页。

3　黄溍：《金华黄先生文集》卷三五《松江嘉定等处海运千户杨君墓志铭》，收入《黄溍全集》，第 513 页。

在居留了四年之久后，因为考虑到［使臣］的意愿，返回的时刻来到了。合罕给了那怀额勒赤许多特殊的礼物，又下令赐予法合鲁丁敕书、牌符和珍贵的礼物；并将一名出身御前贵妇亲族的女子赏赐给了他。在回复合赞大王的诚挚敕书中，表达了在成吉思汗氏族中达成真诚一致的意旨，以及加强友谊的圣谕。因此将原属"赛因·额毡"旭烈兀所有，但自蒙哥汗时代起就留在［汉地］的那部分王室工坊的收入，折算成完全等值的汉地丝绸与袍服，在一名使节的陪伴下用一艘鯮船送回去，并照着蒙古人礼节那样，用成吉思汗箴言的语句以真挚的言辞赠别。……法合鲁丁怀着欣悦之情与使臣们一起坐着二十三艘配有坚固的航海风帆的鯮船，以及另一些装满财宝的私舶（jahāzat-i khāṣṣ）动身驶向世界的新国土。不久合罕的使节去世，驶向了逝者的国度。在"如野马般飞驰的风涛间像大山般飞驰"的、被叫作"鯮船"［的大船］沉没了，那怀和他的伴当亦随之而去。在离马八儿两天路程的地方，死神将宿命之轮投向箴力·法合鲁丁生命的殿堂，由其命运之委付者收回了那匆匆度过虚幻一生的、新制哀痛之衣的主人。……他的墓穴被安排在其叔父的葬地之侧。……其时为704年（1304—1305）年末。[1]

《松江嘉定等处海运千户杨君墓志铭》记载："那怀等朝贡事毕，请仍以君护送西还，丞相哈剌哈孙答剌罕如其请，奏授君忠显校尉、海运副千户，佩金符，与俱行。以八年发京师，十一年，乃至其登陆处曰忽鲁模思云。是役也，君往来长风巨浪中，历五星霜，凡舟楫、糗粮、物器之须，一出于君，不以烦有司。既又用私钱市其土物、白马、黑犬、琥珀、蒲萄酒、蕃盐之属以进，平章政事察那等引见宸庆殿而退。"[2]据此可知，杨枢去波斯湾，由于遇到海难用了四年时间，而返航则只用了

1　前引邱轶皓《大德二年（1298）伊利汗国遣使元朝考》，第101—102、104—105页。
2　前引黄溍《金华黄先生文集》卷三五《松江嘉定等处海运千户杨君墓志铭》。

约一年。

第五，在法合鲁丁使团来华前后，元朝曾委托商人出使合赞汗廷。一位佚名的泉州穆斯林商人曾多次前往伊利汗国。1953年福建省泉州市南较场出土一方记事墓碑，首尾不全。它应是一组石刻中间的部分，残留石刻上的文字是："大元进贡宝货，蒙圣恩赐赉，至于大德三年内，悬带金字海青牌面，奉使火鲁没思田地勾当。蒙哈赞大王特赐七宝货物，呈献朝廷，再蒙旌赏。自后回归泉州本家居住，不幸于大德八年十。"当事人可能是海商，他先是受波斯国之托向元朝呈送贡品，因此受赏，又于大德三年（1299）被委派为元朝使者出使波斯。[1] 在他的墓碑上，伊朗地区或伊利汗国被称为"火鲁没思田地"。（参见图35）

图35　元代奉使波斯使者的墓碑

二　民间海路交往

元朝与伊利汗国之间的海路联系，不限于官方交往，还体现在伊利汗国统治下的宗教人士与商人从海路来到元朝的现象。已经有学者利用

1　杨钦章：《元代奉使波斯碑初考》，《文史》第三十辑，1988年，第137—145页。该文的讨论有参考价值，但对墓主身份的推测不确。由于卒年不同，这位充当使者的商人不可能是马八儿巨商不阿里。参阅前引陈高华《印度马八儿王子孛哈里来华新考》；刘迎胜《从〈不阿里神道碑铭〉看南印度与元朝及波斯湾的交通》；前引四日市康博《从〈奉使波斯碑〉看元朝同伊利汗国使臣往来》。石刻图片见吴文良原著，吴幼雄增订《泉州宗教石刻》，科学出版社，2005年，第643页。

中国东南沿海地区出土的元代阿拉伯文、波斯文墓志，研究元代穆斯林移民的社会网络问题。[1]

在 13—14 世纪，福建泉州是世界最大的海港。当地出土了属于这一时期的大量阿拉伯文、波斯文墓志。这些墓志的主人中有相当一部分来自伊利汗国统治下的伊朗地区。我们根据《泉州伊斯兰教石刻》，[2] 列表 3 说明（仅收入有明确纪年者）。

表 3 元代泉州伊朗人简况

人名	拉丁转写	祖居地	卒年	页码
艾哈玛德·本·穆罕默德·贾德斯	Ahmad b. Muhammad Quds	设拉子	不详，1310—1311 年在世	第 3 页；p.4
曼苏尔·本·哈吉·葛斯姆·贾杰鲁米	Mansur b. Haji al-Qasim al-Jajarm	贾杰鲁米	1277	第 15 页；p.30
赡思丁·本·努尔丁·本·易斯哈格·谢赫尔纳撒	Shams al-Din b. Nur al-Din b. Ishaq Shahr-Nasa	谢赫尔纳撒	1325	第 22 页；p.40
纳鲁旺·巴那·本·葛希姆·伊斯法罕尼	Naluwan Banan b. Ghasim Isfahani	伊斯法罕	1358	第 23 页；p.43
比哈丁·奥姆尔·伊木·艾哈玛德·阿米·塔布里兹	Biha al-Din Umar b. Ahmad al-Ami Tabrizi	大不里士	1363	第 24 页；p.44
古吐不拉·耶阿孤白·本·凯里姆拉·本·哈基·贾杰鲁米	Ghutub Allah Ya'qub b. al-krm Allah b. Haji Jajarm	贾杰鲁米	1310	第 31 页；p.56
马哈穆德·本·穆罕默德·本·艾卜·伯设里·吉兰尼	Muhammad b. Abu al-Basli Gilani	吉兰	1351	第 32 页；p.57

1 向正树：《元代中国沿海地区伊斯兰教网络的研究——根据伊斯兰教石刻年代、地理的分析》，《元史及民族与边疆研究集刊》第三十辑，2015 年，第 81—94 页。
2 福建省泉州海外交通史博物馆编《泉州伊斯兰教石刻》，陈达生主撰，陈恩明英文翻译，宁夏人民出版社、福建人民出版社，1984 年。表格中的页码以"页"标为该书汉文部分，以"p"标为该书的英文部分。

杭州虽然不是海港城市，但它通过杭州湾连接东海，上文提到的航海巨商杨枢家族进行航海活动的基地——澉浦（在今浙江海盐县），就是杭州的外港。在13—14世纪，也有来自伊利汗国的移民在这里居住。我们利用英国学者莫尔顿（A. H. Morton）的最新研究《杭州凤凰寺藏阿拉伯文、波斯文碑铭释读译注》列表4说明。[1]

表4 元代杭州伊朗人简况

人名	拉丁转写	祖居地	卒年	页码
赡思丁·马合麻·宾·阿合马·宾·阿比·纳速鲁·亦思法杭	Shams al-Dīn Muhammad b. Ahmad b. Abi Nasr al-Isfahānī	Isfahān/伊斯法罕	1316	p.28；第35页
火者·阿老丁·宾·火者·赡思丁·亦思法杭	Khawāja 'Ala' al-Dīn b. Khawāja Shams al-Dīn Isfahānī	Isfahān/伊斯法罕	1327	p.57；第61—62页
火者·马合木·宾·马合麻·宾·札马剌丁·哈希姆·呼罗珊	Khawāja Mahmūd b. Muhammad b. Jamāl al-Dīn Qāsim (?) al-Khurasānī	Khurasān/呼罗珊	1351	p.85；第89页
马合木·宾·马合麻·宾·阿合马·西模娘，又称塔只·麻里	Mahmūd b. Muhammad b. Ahmad known as Tāj Malih, al-Simnānī	Simnān/西模娘	不详，据墓志风格属元代	p.100；第105页

除了这些第一手的石刻资料外，传世的文献史料也说明，在元朝中后期有来自伊利汗国的移民活跃在泉州和广州。摩洛哥大旅行家伊

---

1 莫尔顿（A. H. Morton）释读英译《杭州凤凰寺藏阿拉伯文、波斯文碑铭释读译注》，周思成校注中译，中华书局，2015年。表格中的页码以"p"标为该书英文译本，以"页"标为该书汉译本。

本·白图泰在他的行记中记载，他遇到了一些来自伊利汗国统治地域的
穆斯林。这些伊朗地区移民的名字和身份列为表 5。[1]

表 5　伊本·白图泰所述元朝伊朗人简况

人名	拉丁转写	祖居地	地点	身份	页码
塔准丁·艾尔代威里	Tāj al-Dīn	阿达比勒 / Ardabīl	泉州	穆斯林法官	p.894；第 546 页
哈马鲁丁·阿卜杜拉	Kamāl al-Dīn ‘Abdallāh	伊斯法罕	泉州	谢赫	p.894；马金鹏本缺
赛洛奋丁	Sharaf al-Dīn	大不里士	泉州	商人	p.894；第 546 页
不鲁罕丁	Burhān al-Dīn	卡泽龙 / Kāzarūn	泉州	谢赫	p.895；第 546 页
阿卜·伊斯哈格	Abū Ishāq	卡泽龙	泉州	谢赫	p.895；第 546 页
敖哈顿丁·希札雷	Auhad al-Dīn	希札雷 / Sīnjar	广州	谢赫	p.896；第 547 页

这些来自伊利汗国统治区、移居到元朝海港城市并最终在这
里长眠的人们，至少他们中间的一部分人，应是从海路来到中
国的。

前文提到，作为伊利汗国合赞汗使者到元朝的法合鲁丁实际上是海
洋贸易的巨商。另外，波斯著名诗人萨迪（Sa‘dī）在他的作品《花园》
"故事 22"中提到了一位商人："他有一百五十头骆驼，四十名奴仆和伙
计。一天晚上，在怯失岛，他把我请到自己的屋子里。""他说：'我要
把波斯的硫磺贩卖到中国（Chīn），再从那儿把瓷器带到鲁木，把鲁木
的锦缎卖到印度，再把印度钢运到阿勒颇，把阿勒颇的玻璃卖到也门，

1　*The Travels of Ibn Battuta, A.D. 1325–1354*, trans. with annotations by H. A. R. Gibb and C. F.
　　Beckingham, London: the Hakluyt Society, 1994, vol.4. 汉译本见伊本·白图泰《伊本·白图泰游
　　记》，马金鹏译，宁夏人民出版社，1985 年。表格中的页码以 "p" 标为英文译本，以 "页"
　　标为汉译本。

把也门花布卖到波斯。'"[1] 这位商人在怯失岛活动，很可能是一位海商。

综上所述，在 13—14 世纪，有数量可观的伊利汗国商人和宗教职业者，从海路到达中国，有的甚至在中国定居并终老于此。这从民间层面反映了伊利汗国统治区与元代中国海路联系的加强。

三　欧洲传教士的记述

在古代，宗教人士掌握书写技能并有良好的文化素养，他们的著作往往保存了丰富的历史信息。关于 13—14 世纪元朝与伊利汗国之间的海路交往，在欧洲传教士的著作中有一些间接的记录。

第一，罗马教廷在元朝的大主教约翰·孟帖·科儿维诺来中国，是走海路。[2] 他在写给罗马教廷的第二封信中说："我——小教友会的教友约翰——于耶稣纪元 1291 年离开波斯的帖兀力思城（Tauris，今伊朗大不里士），并进入印度。我居留印度使徒圣托马斯（St. Thomas the Apostle）教堂十三个月。在那里，我对来自各地的大约一百个人施行了洗礼。……我从印度出发，继续前行，抵达契丹。这是鞑靼皇帝的王国，鞑靼皇帝被称为大汗。"在这封信中，孟帖·科儿维诺提到了到大汗之国的道路："至于前来的道路，我向你们报告，以取道陆路，经过北鞑靼的皇帝阔丹（Cothay）的领土较为安全可靠，如与使者们同行，在五、六个月内即可到达这里。但是，如取道海路，则是最为遥远和危险的，因为这样须航行两段海路，第一段，约相当于阿克儿（Acre）至普罗文思省（Provence）的距离，而第二段约相当于阿克儿至英格兰（England）的距离，而且，很可能在两年以内还不能走毕全程。然而，由于战争之故，长期以来，陆路已不安全，我没有接到罗马教廷（the

---

1　前引邱轶皓《大德二年（1298）伊利汗国遣使元朝考》，第 108 页。

2　John Larner, *Marco Polo and the Discovery of the World*, New Haven: Yale University Press, 1999, p.120；约翰·拉纳：《马可·波罗与世界的发现》，姬庆红译，上海三联书店，2015 年，第 127 页。

Roman Curia)、我们的小教友会和西方国家的消息，已有十二年了。"[1]
孟帖·科儿维诺就是选择上述海路来中国的。

第二，意大利修道士鄂多立克来中国也走海路。他经过波斯，到
达距离大陆约五英里远的忽里模子岛（Ormez，即今霍尔木兹岛，
Hurmuz）。从那里乘船到塔纳（Tana，在今印度孟买的北部），然后乘
船到披郎布城（Polumbum，即故临，Kulam，今印度西海岸的奎隆）。
鄂多立克从这里登上一艘叫作容克（junk）的船，驶向上印度（Upper
India），到一个叫刺桐（Zaiton）的城市，"船上足有七百人，连同船员
和商人在内"。[2] 刺桐城即福建泉州。

第三，教皇使者马黎诺里离开中国，走的是海路。"初，离别大
可汗时，得其颁赐诸物及旅费甚多。陆路因有战争，闭塞不通，行旅
裹足。故拟取道印度西归。大可汗乃令吾等经蛮子国（Manzi）。蛮子
国昔时名曰大印度（India Maxima）。"1345 年，"吾等于圣斯德芬祭日
（St. Stephen's day，12 月 26 日）离刺桐港（Zaiton）。于圣星期（Holy
Week，复活节前的一周，一般在 3 月中旬）之礼拜三日，抵科伦伯姆
城（Columbum，今印度奎隆）"。此后，马黎诺里等人经历多种变故，
最终乘船到达波斯湾，登陆后经伊朗、伊拉克、叙利亚、耶路撒冷等
地，辗转返回欧洲。[3]

第四，1320 年，天主教多明我会传教士茹尔丹·卡塔拉（Jurdan
Catala）和四名方济各会教徒、一位热那亚商人打算乘船前往中国。茹尔
丹的目的地是刺桐城。在途中他们驻留在萨勒特岛的塔纳，茹尔丹决定
留在印度，他南下马拉巴尔（Malabar）和奎隆（Columbum），顺利地开
展传教活动。1328 年，茹尔丹返回欧洲，撰写了《奇迹》（*Mirabilia*）

---

1 《约翰·孟帖·科儿维诺的第二封信》，收入道森（C. Dawson）编《出使蒙古记》，吕浦译，
　中国社会科学出版社，1983 年，第 262、264 页。
2 鄂多立克:《鄂多立克东游录》，第 37—38、48—50 页。
3 《马黎诺里游记》摘录，收入张星烺编著，朱杰勤校订《中西交通史料汇编》第一册，中华书
　局，1977 年，第 253—254 页。原文见 *Cathay and the Way Thither*, trans. & ed. by Henry Yule,
　vol.2, "*Recollections of Travel in the East, by John de' Marignolli*", London, 1866, pp.354, 356。

一书讲述自己的经历。两年后，他以奎隆主教的身份再次返回印度，并计划将中国纳入新的布道区。茹尔丹虽然并未到达中国，但他的旅行计划说明，当时从西南亚前往中国的海路依然畅通。[1]

以上这些欧洲传教士，尽管不是元朝和伊利汗国的臣民，但他们作为两国间海上航线的利用者，为我们从一个外来者的侧面展现了13—14世纪这条航线的面貌。此外，伊本·白图泰也对这条航线做了详细叙述，由于他不是从伊利汗国出发的，兹从略。

四　间接证据

元朝与伊利汗国之间的民间海路交流必然是双向的。然而，由于史料缺乏，对海路前往伊利汗国地区的元朝民间人士的情况，我们很难开展研究。只能从一些史料进行间接论证。在《元典章》中记载了这样一则资料：

> 大德元年八月，福建行省准中书省咨：江浙行省咨："杭州税课提举司申：'马合谋行象府司折到降真、象牙等香货官物，付价三千定，该纳税钞一百定。本人赍擎圣旨，不该纳税。'咨请定夺"事。准此。于大德元年五月初七日奏过事内一件："也速答儿等江浙省官人每说将来有：'阿老瓦丁、马合谋、亦速福等斡脱每，做买卖呵休与税钱么道，执把着圣旨行有来。怎生？'么道，说将来有。赛典赤等奏将来，拔赤拔的儿哈是税钱防送，回回田地里的体例。到回回田地里呵，依圣旨体例，休与者。这里做买卖呵，依着这里体例里，教纳税钱呵，怎生？"奏呵，奉圣旨："那般者。"钦此。[2]

1　Friar Jordanus, *Mirabilia Descripta: the Wonders of the East*, translated by Henry Yule, London, 1863, Preface, pp.vi-ix. 又见 John Larner, *Marco Polo and the Discovery of the World*, op. cit., pp.121-122; 前引约翰·拉纳《马可·波罗与世界的发现》，第128—129页。

2　《元典章》卷二二《户部八》"杂课"之"斡脱每货物纳税钱"，第906页。

从名字分析，文中提到的几位商人马合谋、阿老瓦丁、亦速福等都是穆斯林。他们持有元朝皇帝颁发的免税圣旨，在"回回地面"享有免税的权利，是元朝的官商——斡脱商人。所谓"回回地面"要遵从元朝的旨令，无疑包括当时的伊利汗国。[1]这些具有官方背景的斡脱商人，持元朝圣旨，在"回回田地"享有免税的优待。对于"拔赤拔的儿哈"，四日市康博解释为波斯语 bāj badraqah 的汉字音写。bāj 为"税金、岁入、料金"之意；badraqah 有"护卫、护送"之意。"拔赤拔的儿哈"直译为"税钱防送"。考虑到波斯语特有的耶扎非结构（bāj-i badraqah），它的意思是"防送的税钱"，即保护费、过路钱。[2]邱轶皓援引 14 世纪波斯文史料《书记规范》指出，在伊利汗国，管理乘驿秩序的官员也负责为过往商旅提供保护，并因此收取一定数额的税金。这在伊利汗国已成为驿站管理制度的一部分。商人或商队按收税官所规定的金额交付税金给管理乘驿秩序的官员，并从后者那里取得票证交财政部门。[3]

上引文书说明，征收道路保护费是回回田地（至少包括伊利汗国）的法令，到回回地区经商，依元朝皇帝圣旨，不必缴纳保护费。此事表明，当时必定有一定数量的元朝商人在伊利汗国统治地区进行贸易，而他们选择的应是海路，因为文件提到的政府机构分别是杭州税课提举司、行泉府司、江浙行省。

此外，没有官方背景的民间商人也有可能到伊利汗国地区进行贸易。这方面的资料更为稀少。从元朝海外贸易的盛况来看，中国商人从事远洋贸易的应大有人在。元末明初的王彝记述元朝安定时期的海上贸易说："方是时，中国无事，干戈包武库中，礼乐之化焕如也。诸国之

1　前引高荣盛《元代海外贸易》，第 177 页。

2　四日市康博「元朝斡脱政策にみる交易活動と宗教活動の諸相―附『元典章』斡脱関連条文訳注一」『東アジアと日本―交流と変容』第 3 号、2006、24 頁。

3　前引邱轶皓《大德二年（1298）伊利汗国遣使元朝考》，第 89—91 页。

来王者，且帆蔽海上而未已，中国之至彼者，如东西家然。"[1]具体到元朝通过波斯湾港口与伊利汗国的商贸往来，我们可以从当时中国人所具有的有关西亚、西南亚地区的地理知识、商品知识进行推测。在民间层面，元代中国人对上述地区的了解有显著提高。《（大德）南海志》提到了"西洋"与中国贸易的国家、地区和物产的名称。[2]商人汪大渊在他的著作中记载了波斯湾沿岸的港口和物产。[3]泉州两位海商孙天富、陈宝生因从事远洋贸易而致富，他们"所涉异国，自高句骊外，若阇婆、罗斛与凡东西诸夷，去中国亡虑数十万里。其人父子、君臣、男女、衣裳、饮食、居止、嗜好之物，各有其俗，与中国殊"。[4]可惜的是，他们没有像汪大渊那样，留下自己的行记。但可以肯定，元人所能了解到的有关"西洋"地区的地理知识、商品知识，不完全来自穆斯林商人，必有一部分得自远航中国人的亲身经历。

随着考古工作的开展，一些主要销往西亚、西南亚地区的元朝产品得以重见天日，这为我们具体讨论元朝与伊利汗国的商品贸易提供了珍贵资料。

2009 年在景德镇红卫影院工地出土了一批有波斯文字的早期青花瓷器。研究者认为，这批瓷器的烧造时间在 14 世纪，应是目前所见最早的元代青花瓷器。其器形、纹饰都与伊斯兰世界有密切关系，而且在制作上可能有波斯陶工亲自参与。这批青花瓷的发现地位于元代窑业堆积的密集区。在考古文化层的最下层（第六层）出土了较破碎的青花瓷器残片，经拼接、复原，有 15 件高圈足碗，均为圆唇，敞口微敛，弧腹，竹节状高圈足。它们在形制、大小、纹饰方面与西亚地区调酒杯相

1　王彝：《王常宗集》续补遗卷《泉州两义士传》，影印《文渊阁四库全书》本，第 1229 册，第 439 页。

2　陈大震、吕桂孙编《（大德）南海志》，《宋元方志丛刊》影印元大德刻本，中华书局，1990 年，第 8430—8432 页。

3　汪大渊：《岛夷志略》，见前引苏继廎《〈岛夷志略〉校释》，第 364 页。

4　前引王彝《王常宗集》续补遗卷《泉州两义士传》。相关研究见陈高华《元代泉州舶商》，《中国史研究》1985 年第 1 期；王颋《义充市井——〈泉南两义士〉卷内涵探微》，收入王颋《西域南海史地探索》，中国人民大学出版社，2010 年。

似，应是为波斯贵族调酒而烧造的。这些瓷器的主体装饰为青花，局部点缀釉里红。青花料中铁的含量较高而锰的含量较低。釉里红的铜红釉色料中含有砷，明显不同于宋代钧窑和明清时期大部分瓷器的铜红釉色料，其成分与波斯砷铜矿、斜方砷钴矿等混合矿物接近。这些瓷器所用色料应来自西亚地区。它们的外壁纹饰主要是缠枝花纹，内壁纹饰有缠枝花纹、莲池纹、莲池芦雁纹，另有 7 件在外壁口沿有文字。这些瓷器上青花的画法与至正型元青花不同，均为线描，甚至在缠枝叶片的浓厚处也是多次用线加工而成；釉里红亦为线描。内壁和外壁口沿的圈线是青花和釉里红的混合装饰，由于烧成温度偏高，多数口沿的圈线只显示青花的颜色。与至正型元青花瓷器相比，这些瓷器青花发色总体较浅淡，但在笔触聚集的部位显得浓艳。纹饰线条均为侧锋用笔，运笔速度慢，所用绘画工具与坯体之间有较大摩擦力，线条多断续而重新连接，没有连笔的痕迹。从用笔的着力点、力度以及起笔、收笔的效果看，纹饰不是用软笔而是用硬笔所画，应出自使用硬笔绘纹饰的波斯陶工之手。其中有 7 件的外壁口沿一周青花文字和釉里红小花朵装饰，这在元青花瓷器中未曾出现过，而以文字和小花朵作为装饰的样式在 11—15 世纪的《古兰经》经卷上却常见，属于伊斯兰艺术特有的风格。这些波斯文被确认为是与饮酒有关的四行诗，文字书写流畅优美，其书法风格主要流行于 14 世纪，最晚不晚于 15 世纪早期。从文字书写的流畅程度以及书法水平推测，书写者不仅通晓波斯语、懂得抄写波斯文，而且受过良好的教育。这种情况明显不同于后世明代永乐官窑瓷器上的青花波斯文，以及正德官窑瓷器上的青花阿拉伯文，后者系中国工匠临摹而成，用笔生硬，书写多有谬误。研究者认为，这些波斯文可能是波斯陶工亲自书写的。总之，这些青花瓷器与波斯地区有密切关系，是以伊斯兰釉下蓝彩陶器为范本，色料来自波斯，生产过程很可能有来自波斯地区的陶工参与。[1]

---

[1] 黄薇、黄清华:《元青花瓷器早期类型的新发现——从实证角度论元青花瓷器的起源》,《文物》2012 年第 11 期, 第 79—88 页。

如果研究者的以上分析无误，我们不禁要问，这些波斯的陶工、绘图的色料是怎样来到中国的？那些烧成后的西亚型调酒高足碗又销往何处，通过怎样的途径销售？

景德镇通过密集的河网，与沿海港口相连，而海路运销瓷器比起陆路有天然的优势。[1]保守地估计，至少有一部分波斯陶工、绘图色料通过海路到达中国，烧成的青花瓷器通过海路销往西南亚和西亚。汪大渊在讲述"甘埋里"等地时提到中国出口当地的货物中有"青白花器"，应当就是此类产品。[2]值得注意是，汪大渊从海外旅行归来是在1339年，《岛夷志略》的撰写是在1349。[3]这说明青花瓷器从创制、烧造到量产、出口，是在不长的时间内完成的。

上述内容都还停留在民间交往的层面，事实上，元朝政府在官方层面上也积累了丰富的信息与资料。政府学术机构中地理类的书籍，包括地图得到了很大扩充，其中包括伊斯兰世界的图籍，这为元代中国人地理知识的拓展创造了条件。

元世祖曾下令编纂国家地理总志："至元乙酉（二十二年，1285），欲实著作之职，乃命大集万方图志而一之，以表皇元疆理无外之大，诏大臣近侍提其纲，聘鸿生硕士立局置属庀其事，凡九年而成书。续得云南、辽阳等书，又纂修九年而始就，今秘府所藏《大一统志》是也。"[4]这是一项浩大的文化工程。关于地图的绘制过程，有这样一则重要史料：

> 至元二十三年二月十一日嘉议大夫、秘书监扎马剌丁上奏："在先汉儿田地些小有来，那地里的文字册子四五十册有来，如今日头

1　经典研究见三上次男『陶磁の道：東西文明の接点をたずねて』東京：岩波书店、1969。晚近研究见森达也《伊朗波斯湾北岸几个海港遗址发现的中国瓷器》，收入中国古陶瓷学会编《中国古陶瓷研究》第十四辑，2008 年，第419—429 页。

2　前引汪大渊《岛夷志略》，第364 页。

3　前引汪大渊《岛夷志略》"叙论"，第10—11 页。

4　王士点、商企翁编《秘书监志》卷四《纂修》，高荣盛点校，浙江古籍出版社，1992年，第72 页。

出来处、日头没处都是咱每的，有的图子有也者，那远的他每怎生
般理会的？回回图子我根底有，都总做一个图子呵，怎生？"[1]

扎马剌丁的提案得到了忽必烈的赞同。目前我们虽然无法看到《大元一
统志》中连缀东、西的总图，但从《经世大典地图》的抄绘本仍能看到
两种地理学传统交汇融合后给地图绘制带来的新面貌。[2]

以上资料说明，元代官方有可靠的渠道获得伊斯兰世界的地图学
著作和地理知识。朝鲜李朝初期绘制的《混一疆理历代国都之图》以元
朝民间人士李泽民、清濬等绘制的地图为基础。这幅地图直观地反映了
元人地理知识较前代有了巨大进步。考其基本方法，就是将不同地区的
地图斟酌损益，进行拼合改绘。[3]这与元世祖时期扎马剌丁所说的方法
基本相同。元代民间人士尚能绘制这样的地图，更何况元朝的官方学术
机构。

具体到航海知识，元朝政府也有针对性地进行搜集："至元二十四
年二月十六日，奉秘书监台旨，福建道（骗）[遍]海行船回回每有
知海道回回文剌那麻，具呈中书省，行下合属取索者。"[4]"剌那麻"是
波斯语 rāh nāma 的音译，意为"指路书"，也包括地图、海图。"海道
回回文剌那麻"应是用于航海的阿拉伯文或波斯文海道指南或海道图

---

1 前引王士点、商企翁编《秘书监志》卷四《纂修》，第 74 页。对这则史料的较早讨论，见前
   引韩儒林主编《元朝史》，第 405 页。晚近研究见马建春《元代东传回回地理学考述》，《回族
   研究》2002 年第 1 期，第 15 页；Hyunhee Park, *Mapping the Chinese and Islamic Worlds: Cross-
   Cultural Exchange in Pre-Modern Asia*, Cambridge and New York: Cambridge University Press,
   2012, pp.103-104。

2 近期研究见前引马建春《元代东传回回地理学考述》，第 15—16 页；林梅村《〈元经世大典
   图〉考》，收入林梅村《松漠之间：考古新发现所见中外文化交流》，生活·读书·新知三联
   书店，2007 年，第 279—304 页；Hyunhee Park, *Mapping the Chinese and Islamic Worlds*, op.
   cit., pp.100-103。

3 参见刘迎胜主编《〈大明混一图〉与〈混一疆理图〉研究——中古时代后期东亚的寰宇图与世
   界地理知识》，凤凰出版社，2010 年，第 6—50 页；Hyunhee Park, *Mapping the Chinese and
   Islamic Worlds*, pp.104-107。

4 前引王士点、商企翁编《秘书监志》卷四《纂修》，第 76 页。

经。[1]早在 12 世纪时剌那麻已经用于航海。14 世纪初在地中海地区已被广泛使用的航海图，其内容与剌那麻近似。[2]元朝的这则文件说明，具有较高航海技术的穆斯林所掌握的回回文（阿拉伯或波斯文）"航海指南"已经引起了元朝政府的重视，特意下令福建道着力搜集这方面的书籍并上报朝廷。

比起宋代，元代中国的远洋航海知识，与西亚、西南亚的直接商贸往来，对当地状况的了解，无疑都有了新的进步。

结　论

由于蒙古各汗国的战争，中亚的陆路交通经常被阻断。这就促使元朝和伊利汗国更多地利用海路。本节讨论了两国的官方遣使，来华的伊利汗国商人及移民，欧洲宗教人士对两国间海上航线的利用，元朝斡脱商人在伊利汗国的活动，元朝销往伊利汗国地区的特殊商品，元朝民间与官方地理知识的进步，等等。以此说明，在 13—14 世纪，中国与波斯湾地区的海上交往比 13 世纪之前有了更大的发展。

早在 20 世纪 80 年代，陈得芝先生就撰文指出：研究郑和下西洋，必须了解元代海外交通的发展。[3]毫无疑问，在船舶制造、船队编组与组织协同、航海技术、对远洋航线的熟悉程度等方面，15 世纪初的郑和下西洋是中国古代航海事业的巅峰。我们无意否认宋朝对中国古代航海与海外贸易事业的积极贡献，但是，应该看到，元朝与伊利汗国的海路联系所积累的经验、技术、知识，为郑和下西洋在各个方面做了更为直接的准备。

1　前引陈得芝《元代海外交通的发展与明初郑和下西洋》，第 422 页；前引马建春《元代东传回回地理学考述》，第 17 页。

2　前引马建春《元代东传回回地理学考述》，第 17—18 页。

3　前引陈得芝《元代海外交通的发展与明初郑和下西洋》，第 423 页。

第二节　13—14 世纪欧洲与中国之间的
印度洋航路

　　随着蒙古帝国的建立，在 13—14 世纪欧洲与中国之间出现了前所未有的直接交往，两者间的交通线可分为陆路和海路。通常情况下，陆路需要穿越中亚，海路则要经过印度洋。欧洲的旅行者如果走海路，一般从波斯湾出发，经过印度西南部、马六甲海峡、中南半岛东侧，到中国的东南沿海。我们可以称陆路为北道，海路为南道。本节所要讨论的欧洲、中国之间的印度洋之路即此南道。[1]

　　为人熟知的是，罗马教皇英诺森四世（Innocent Ⅳ）的使者普兰诺·加宾尼（Plano Carpini，约 1182—1252）和法国国王路易九世（Louis Ⅸ）的使者鲁不鲁乞（Rubruck，约 1215—1270）通过陆路完成了欧洲与蒙古地区之间的往返旅程。[2] 其他的旅行者，如马可·波罗（Marco Polo，1254？—1324）一家、[3] 教皇本笃十二世（Benedict Ⅻ）的使节马黎诺里（Marignolli，卒年不早于 1354 年）都从中亚经陆路来中国。[4] 天主教修道士鄂多立克（Odoric，？—1331）从中国返回欧洲也

1　欧美学界的相关研究较多，综述文献可参阅 Folker Reichert, *Begegnungen mit China: die Entdeckung Ostasiens im Mittelalter*, Sigmaringen: Jan Thorbecke, 1992, pp.75-88；Peter Jackson, *The Mongols and the West, 1221–1410*, New York: Pearson Longman, 2005, pp.295-304。较早的专题论文见 Robert S. Lopez, "European Merchants in the Medieval Indies: The Evidence of Commercial Documents", *The Journal of Economic History*, vol.3, No.2, 1943, pp.164-184；Jean Richard, "European Voyages in the Indian Ocean and Caspian Sea (12th–15th Centuries)", *Iran*, vol.6 (1968), pp.45-52。

2　两人的出使报告曾多次刊行，仅汉译本就有多种。可参阅道森（Christopher Dawson）编《出使蒙古记》（*The Mongol Mission: Narratives and Letters of the Franciscan Missionaries in Mongolia and China in the Thirteenth and Fourteenth Centuries*），吕浦译，中国社会科学出版社，1983 年。

3　《马可波罗行纪》，第 113—115 页。

4　《马黎诺里游记》摘录，收入张星烺编著，朱杰勤校订《中西交通史料汇编》第一册，第 249—251 页。原文见 *Cathay and the Way Thither*, trans. & ed. by Henry Yule, vol.2, "*Recollections of Travel in the East, by John de' Marignolli*", London: Hakluyt Society, 1866, pp.337-339。

是先从华北、河西经中亚走陆路到西亚，再从那里返回欧洲。[1]

不过，有一些欧洲的旅行者从海路前往中国或从中国返回欧洲。此外，有欧洲传教士或商人最初试图走海路来中国，但后来由于种种原因放弃了海路行程甚至整个来华计划。

本节对这些旅行者和他们留下的文献略做介绍，并简单讨论印度洋之路对欧洲的影响。

一　通过印度洋之路到达中国

第一，罗马教廷派驻元朝的大主教约翰·孟帖·科儿维诺（John of Monte Corvino，？—1328）来中国，是走海路。他在写给欧洲教会的第二封信中说：

> 我——小教友会（the Order of Friars Minor）的教友约翰——于耶稣纪元 1291 年离开波斯的帖兀力思城（Tauris [Tabriz]，今伊朗大不里士），并进入印度。我居留印度使徒圣托马斯（St. Thomas the Apostle）教堂十三个月。在那里，我对来自各地的大约一百个人施行了洗礼。……我从印度出发，继续前行，抵达契丹（Cathay）。这是鞑靼（Tartars）皇帝的王国，鞑靼皇帝被称为大汗。[2]

大汗之国即中国的元朝。在这封信中，孟帖·科儿维诺提到了到大汗之国的道路：

1　鄂多立克：《鄂多立克东游录》，第 81—85 页。

2　《约翰·孟帖·科儿维诺的第二封信》，收入道森编《出使蒙古记》，第 262 页。按，小教友会即天主教修会方济各会（Franciscan）。契丹（Cathay）在当时的欧洲指中国，这种称呼中国的方式至今仍保留在俄语中。

　　至于前来的道路，我向你们报告，以取道陆路，经过北鞑靼的皇帝阔丹（Cothay）的领土较为安全可靠，如与使者们同行，在五、六个月内即可到达这里。但是，如取道海路，则是最为遥远和危险的，因为这样须航行两段海路，第一段，约相当于阿克儿（Acre）至普罗文思省（Provence）的距离，而第二段约相当于阿克儿至英格兰（England）的距离，而且，很可能在两年以内还不能走毕全程。然而，由于战争之故，长期以来，陆路已不安全，我没有接到罗马教廷（the Roman Curia）、我们的小教友会和西方国家的消息，已有十二年了。[1]

孟帖·科儿维诺就是选择上述海路来中国的。与他同行的还有一位名叫彼得·卢卡隆戈（Peter Lucalongo）的欧洲商人。孟帖·科儿维诺在写给教会的第三封信中提到了他："彼得·卢卡隆戈先生是一位虔诚的基督教徒，并且是一个大商人。我从帖兀力思启程东行以来，一路上他是我的旅伴。"[2] 显然，他陪伴孟帖·科儿维诺共同经历了漫长的印度洋航行。在他们到达大都之后，彼得的商业活动非常成功，他购置了一块土地捐献给天主教会，孟帖·科儿维诺在那里建造了一座教堂。

　　第二，意大利方济各会修道士鄂多立克来中国也走海路。他经过波斯，到达距离大陆约五英里远的忽里模子岛。从那里乘船到塔纳，然后乘船到披郎布城。鄂多立克从这里登上一艘叫作容克的船，驶向上印度，目的地是一个叫刺桐的城市，"船上足有七百人，

1　《约翰·孟帖·科儿维诺的第二封信》，道森编《出使蒙古记》，第 264 页。按，引文中的北鞑靼皇帝阔丹（Cothay）指的是蒙古金帐汗国的脱脱汗，1291—1313 年在位。道森的译注本已经将 Cothay 校正为 Toctay，即脱脱之名 Tokhta。其说可从。

2　道森编《出使蒙古记》，第 267 页。译名有改动，吕浦汉译本把卢卡隆戈（Lucalongo）视为地名，不确，实为威尼斯的一个较有名的姓氏。见 Luciano Petech, "Les marchands italiens dans l'empire mongol", in his *Selected Papers on Asian History*, Rome: Istituto Italiano per il Medio ed Estremo Oriente, 1988, p.165。该文最早发表于 *Journal Asiatique*, 250 (1962)。

连同船员和商人在内"。[1] 容克船在当时特指大型的中国海船。[2] 鄂多立克在中国的广州上岸，在他的行记中，此地被称为"辛迦兰"（Censcalan）。[3]

二　通过印度洋之路返回欧洲

意大利威尼斯人马可·波罗一家 1291 年从泉州出发，走海路护送阿鲁浑汗的未婚妻阔阔真去伊利汗国。[4]《马可波罗行纪》写道："复命备船十二艘，每艘具四桅，可张十二帆。""船舶预备以后，使者三人、赐妃、波罗弟兄同马可阁下，遂拜别大汗，携带不少随从及大汗所赐之两年粮食，登船出发。航行有三月，抵南方之一岛，其名曰爪哇（Java）。岛上奇物甚众，后再详细言之。已而从此岛解维，航行印度海十八月，抵其应至之地。"[5] 据后文，他们的登陆地点为忽鲁模思（今译霍尔木兹）。[6] 汉文史料记载，这个船队"取道马八儿往阿鲁浑大王位下"，与伊利汗国使者兀鲁𤥚、阿必失呵、火者同行的有一百六十人，其中的九十人，由元朝支给分例口粮，余下的七十人"是诸官所赠遗及

1　鄂多立克：《鄂多立克东游录》，第 37—38、48—50 页。

2　邱轶皓：《艎（Jūng）船考：13 至 15 世纪西方文献中所见之"Jūng"》，《国际汉学研究通讯》第五期，2012 年，第 329—338 页。后收入邱轶皓《蒙古帝国视野下的元史与东西文化交流》，第 331—341 页。

3　鄂多立克：《鄂多立克东游录》，第 64 页。这个地名曾被马黎诺里、伊本·白图泰、拉施特、瓦萨甫所提及。有研究者将此名还原为波斯文 Čīn-kalan，阿拉伯文 Ṣīn-kalan，意为"大中国"（grand Chine），见 Alvise Andreose and Philippe Ménard ed., *Le Voyage en Asie d'Odoric de Pordenone: Traduit par Jean le Long OSB - Itinéraire de la peregrinacion et du voyaige (1351)*, Genève: Droz, 2010, p.155, note for XII 24.

4　马可·波罗一行启航的时间为 1291 年，详见杨志玖《关于马可波罗离华的一段汉文记载》，最初发表于《文史杂志》第一卷第 12 期，1941 年，重刊于《南开大学学报》1979 年第 3 期，后收入杨志玖《元史三论》，人民出版社，1985 年，第 89—96 页。

5　《马可波罗行纪》第 18 章"波罗弟兄同马可别大汗西还"，第 61 页。

6　前引《马可波罗行纪》第 198 章"前已叙述之忽鲁模思城"，第 698 页。

买得者"，元朝"不给分例口粮"。[1] 关于此次航行的东西方文献，以马可·波罗的记述最为详细。

教皇本笃十二世的使者马黎诺里在至正五年（1345）离开中国，走的是印度洋海路，扬帆之港也是泉州。"初，离别大可汗时，得其颁赐诸物及旅费甚多。陆路因有战争，闭塞不通，行旅裹足。故拟取道印度西归。大可汗乃令吾等经蛮子国。蛮子国昔时名曰大印度。"1345 年，"吾等于圣斯德芬祭日离剌桐港。于圣星期之礼拜三日，抵科伦伯姆城"。此后，马黎诺里等人又乘船到波斯湾，登陆后经伊朗、伊拉克、叙利亚、耶路撒冷等地，辗转返回欧洲。[2]

三 放弃印度洋航路未能来华

有些欧洲旅行者本来打算走印度洋之路来中国，但中途放弃了原计划，未能抵达中国。这样的旅行者既包括天主教传教士，也包括欧洲商人。下文各举一例。

传教士的例子是天主教多明我会修道士茹尔丹·卡塔拉（Jordan Catala）。[3] 1320 年，茹尔丹·卡塔拉和四名方济各会教徒、一位热那亚商人打算乘船前往中国。茹尔丹的目的地是剌桐城。在途中他们驻留在萨勒特岛的塔纳，茹尔丹决定留在印度，他南下马拉巴尔和奎隆，顺利地开展传教活动。1328 年，茹尔丹返回欧洲，撰写了《奇迹》（Mirabilia）一书讲述自己的经历。两年后，他以奎隆主教的身份再次返回印度，并计划将中国纳入新的布道区。茹尔丹虽然并未到达中国，但他的旅行计划说明，当时从西南亚前往中国的海

---

1 《经世大典》"站赤三"，收入《永乐大典》卷一九四一八，第 7211 页下栏。参见《经世大典辑校》，第 525—526 页。

2 前引《马黎诺里游记》摘录，《中西交通史料汇编》第一册，第 253—254 页。

3 此人的名字过去常被写为 Jourdain Cathala。有研究者主张，其名字的正确形式当为 Jordan Catala，见 Christine Gadrat, *Une image de l'Orient au XIVe siècle. Les《Mirabilia descripta》de Jordan Catala de Sévérac*, édition, traduction et commentaire, Paris: École des Chartes, 2005, pp.39-40.

路依然畅通。[1]

　　计划走印度洋航路来中国经商但未能成行的欧洲人是意大利热那亚商人托马西诺·詹蒂勒（Tommasino Gentile）。著名的欧洲中世纪经济史学者罗伯特·洛佩斯（Robert S. Lopez）在热那亚档案馆的 14 世纪文书中发现了相关资料。这是一份书写于 1343 年或 1344 年年初的热那亚政府拉丁文文件。[2] 约 1343 年，托马西诺和几个同伴一起前往中国（Cathay）经商，他们已经到达了霍尔木兹（Ormuz），显然是要走印度洋海路。不幸的是，托马西诺在当地患上重病，无法承受接下来漫长而艰苦的海上旅行。同伴们把他留下，继续他们的中国之行。托马西诺很可能把他的货物全部交给了同伴，自己未携带任何商品返回热那亚。考虑到自己的健康状况，托马西诺需要选取经由大不里士（Tabriz）的捷径尽快返乡，而在当时，蒙古伊利汗国已经解体，大不里士所在的阿塞拜疆地区被出班家族（Chobanid）的封建君主阿失拉夫（al-Ashraf）所控制。由于这位统治者残暴贪婪的商业政策严重损害了热那亚在该地区的经济利益，热那亚发起了对出班王朝的经济制裁。任何热那亚公民不得在阿失拉夫统治的区域经商。一般说来，热那亚商人到波斯湾距离最短的路线是先到黑海沿岸的克里米亚，然后经过大不里士南行，到霍尔木兹。由于热那亚对出班王朝的商业禁令，托马西诺到波斯湾显然不能走这条路。洛佩斯教授推测，托马西诺在当时只能先到地中海东岸的港口刺牙思（有 Lajazzo、Laias、Ayās 等写法，在今土耳其亚历山大勒塔），当时此港被以基督教为国教的小亚美尼亚王国所控制，然后由那里穿过马穆鲁克埃及与出班王朝之间的地带，去霍尔木兹。因患病不能去中国，托马西诺没有从原路返回，而是经大不里士回国。为了使托马西诺途经大不里士而不受热那亚政府的惩罚，托马西诺的父亲温弗雷多（Unfredo）向热那亚负责航海与海外殖民事务的管理

1　Friar Jordanus, *Mirabilia Descripta: the Wonders of the East*, translated by Henry Yule, London, 1863, Preface, pp.vi-ix. 关于他的印度之行，参见 Christine Gadrat, op. cit., pp.44-69。

2　Robert S. Lopez, "European Merchants in the Medieval Indies", pp.182-183.

机构八贤者办事处（the office of the Eight Wisemen）提出了无罪通行的申请。八贤者办事处对此进行了调查与核实。由于托马西诺返乡是病情所迫，而且他经过大不里士的时候未携带任何商品，所以热那亚官方批准了温弗雷多的请求。[1]托马西诺的商业伙伴是否平安到达中国，不得而知。但这个事例足以说明，当时的印度洋航线被欧洲商人所熟知和利用。

四　放弃印度洋航路走陆路来华

有些欧洲旅行者虽然在途中放弃了印度洋航路，但并没有改变来华的目标，改由陆路到达中国。以下从商人和天主教传教士中各举一例。

马可·波罗和他的父亲、叔叔来中国，先走到波斯湾岸边的忽鲁模思，当时的航运中心还没有移到附近的哲朗岛（Jerun，后常被称为霍尔木兹岛），而是在波斯湾北岸的米纳卜（Minab）。[2]他们最初打算从这里乘船，走海路去元朝。可是，当地简陋的航船，使他们失去了远航的勇气：

> 其船舶极劣，常见沉没，盖国无铁钉，用线缝系船舶所致。取"印度胡桃"（椰子）树皮捣之成线，如同马鬃，即以此线缝船，海水浸之不烂，然不能御风暴。船上有一桅、一帆、一舵，无甲板。装货时，则以皮革覆之，复以贩售印度之马置于革上。既无铁作钉，乃以木钉钉其船。用上述之线缝系船板，所以乘此

1　前引 Robert S. Lopez, "European Merchants in the Medieval Indies: the Evidence of Commercial Documents", pp.182-183。这件公文的英译文，见 Robert S. Lopez and Irving W. Raymond, *Medieval Trade in the Mediterranean World: Illustrative Documents*, New York: Columbia University Press, 1955, pp.325-326。

2　穆罕默德·博格尔·乌苏吉：《忽鲁模思古代港口探源——马可·波罗与忽鲁模思》，收入荣新江等编《马可·波罗与10—14世纪的丝绸之路》，北京大学出版社，2019年，第264—277页。

船者危险堪虞，沉没之数甚多。盖在此印度海中，有时风暴极大也。[1]

马可·波罗等人不敢冒船只失事的风险，最终放弃海路，而由陆路来华。

另一个例子是天主教高级教士安德鲁（Andrew，卒于 1332 年）等人。他们是 1307 年由教皇克力门五世（Clement V，1305—1314 年在位）派往中国传教的，本来试图走海路，当他们到达印度之后，被迫放弃海路，改走陆路，经克什米尔地区去中国。最早发现并证明这一史事的是南京大学的陈得芝教授。[2]他注意到元人朱德润《存复斋文集》卷五《异域说》的一段记载：

> 至正丁亥冬，寓京口乾元宫之宝俭斋，适毗陵监郡岳忽难、平阳同知散竺台偕来访。自言在延祐间（1314—1320），忝宿卫近侍时，有佛㷍国使来朝，备言其域当日没之处，土地甚广，有七十二酋长。……至正壬午间，献黑马高九尺余，鬃尾垂地七尺，即其地所产。来使四年至乞失密，又四年至中州，过七度海，方抵京师焉。岳监郡、竺同知既别去，仆书而记其说。是岁十一月十九日也。[3]

至正丁亥为至正七年（1347），至正壬午年为至正二年。陈得芝指出，延祐年间来元的"佛㷍国使"是教皇克力门五世所遣安德鲁等教士。克力门五世命方济各会会长挑选七名德行高尚、精通教理的

1　前引《马可波罗行纪》第 36 章"又下坡至忽鲁模思城"，第 114 页。
2　陈得芝：《元仁宗时教皇使者来华的一条汉文资料》，原载《中国史论集：祝贺杨志玖教授八十寿辰》，天津古籍出版社，1994 年，后收入陈得芝《蒙元史研究丛稿》，第 524—528 页。
3　朱德润：《存复斋文集》卷五，《四部丛刊续编》影印常熟瞿氏铁琴铜剑楼藏明刊本，第 14b—15b 页。

教士前往中国襄助孟帖·科儿维诺大主教，继续扩大东方的传教事业。被选中的七名教士包括安德鲁、裴列格林（Peregrine）、哲拉德（Gerard）等。他们被任命为主教或副主教，携带着教皇给孟帖·科儿维诺的褒扬和任命训谕，以及致蒙古大汗的书信（写于1307 年 7 月 23 日），从当时教皇的驻地——法国西部普瓦提埃出发东行。[1]

《异域说》中所记"毗陵监郡"即常州路达鲁花赤，"岳忽难"是常见的基督教人名 Johanan 的音写。岳忽难和散竺台能向朱德润讲述有关教皇使节的往事，一方面是他们当时担任元仁宗的"宿卫近侍"，有机会知晓当时的情况；另一方面，可能与岳忽难本人的宗教信仰有关，虽然我们仅靠名字还不能断定岳忽难是基督徒，但这种可能性无疑是存在的。假如他是基督徒的话，必然会对教皇使者来华之事格外留意并留下深刻的记忆。

据安德鲁于 1326 年从泉州写给故乡佩鲁贾教友的信，他们一行取道海路和陆路，旅途中备受艰难困苦和饥饿劳累，几经生命危险，又遭强盗洗劫，连僧衣也被抢走。到达下印度（Lower India）之后，有多位同伴不幸去世，最后只有安德鲁、裴列格林和哲拉德三人到达了中国。[2]

安德鲁信中写有他们"终于抵达大汗帝国都城汗八里"的年代，现存多种手稿都作 1318 年。这个年代和信中写的其他活动年代相矛盾，显然有误。方济各会史家瓦丁（Luke Wadding，1588—1657）在编刊此信于《方济各会年鉴》中时，把年代校正为 1308 年（M.C.C.C. XVIII > M.C.C.C. VIII）。这一观点长期为后世学者所采用。不过，如

1　详情参阅 Arthur C. Moule, *Christians in China before the Year 1550*, London: Society for Promoting Christian Knowledge, 1930, pp.182-190。该书有汉译本，即阿·克·穆尔《1550 年前的中国基督教史》，郝镇华译，中华书局，1984 年，第 208—217 页。

2　穆尔：《1550 年前的中国基督教史》，第 220—221 页。可参阅《佩鲁贾人安德鲁的信》，收入道森编《出使蒙古记》，第 275 页。

果按照这个校正的年代，安德鲁一行从法国到大都只用了一年时间，这
显然不可能，而且和信中所述其他年代矛盾。因为安德鲁说，他到达汗
八里后，在此居住了近五年。他的教友裴列格林被任命为泉州主教，在
裴列格林去世之前大约四年到泉州。信中说裴列格林是 1322 年 7 月 7
日去世的，[1] 那么，安德鲁离开大都到泉州的年代应在 1318 年或 1319 年
左右。

　　因此，穆尔（Arthur C. Moule，汉名慕阿德）认为瓦丁校正的 1308
年不准确，应当校正为 1313 年（M. C C C. XIII）才说得通，因为这就
和安德鲁自述的在大都居住和到泉州的时间基本符合。[2] 据此，安德鲁
一行从法国到大都的旅行时间约为七年。

　　安德鲁等人抵达大都的 1313 年为元仁宗皇庆二年，而朱德润《异
域说》记载的时间是"延祐间"，相当于 1314—1320 年。两者并不一
致。陈得芝先生认为，岳忽难、散术台是在至正七年（1347），即事隔
二十多年后回忆此事的，来使到达的具体年代大概已记不准，所以笼统
说"延祐间"。如果是延祐元年，则相差只有一年；也可能他们记得的
只是仁宗朝时期（仁宗两个年号，皇庆 2 年，延祐 7 年）。同时，安德
鲁信中讲到抵达汗八里的年代，用的是不肯定口气。从他在大都住了五
年，于 1318 年末到泉州的经历看，更可能是 1314 年即延祐元年抵达大
都的。

　　实际上，此处的年代应该就是 1314 年。拉丁文本的 1318 年（M.
C C C. XVIII）应是 1314 的误写（M. C C C. XIV 或写为 M. C C C.
XIIII）。如果年代调整为 1314 年，则中外文献的纪年将会全部理
顺。裴列格林死于 1322 年 7 月 7 日，前推约四年，大约 1318 年上

1　《佩鲁贾人安德鲁的信》，收入道森编《出使蒙古记》，第 274 页，日期的换算见第 261 页。
　　穆尔《1550 年前的中国基督教史》第 218 页写为 1323 年，但在第 223 页注释 5 中特别注出，
　　有两种抄本写为 1322 年，他列出了两种年代的换算，未作结论。本小节依道森书，取 1322
　　年说。

2　Arthur C. Moule, op.cit., pp.191-192, note 48；穆尔：《1550 年前的中国基督教史》，第 222 页，
　　注释 1。

半年。安德鲁等人在大都居住了大约五年，前推五年，约当 1313 年
或 1314 年。安德鲁等人从法国出发是 1307 年，来中国走了约八年，
即"来使四年至乞失密，又四年至中州，过七度海，方抵京师焉"。
他们到中国的时间依此计算，正是延祐元年（1314）。如果要协调
中外史料的记载，那么安德鲁一行最合理的时间是 1314 年到达中原
汉地。

1307 年安德鲁一行从欧洲出发。此时中亚地区察合台汗国与元朝
的关系日益恶化，双方剑拔弩张，给旅行带来很多困难。因此，安德
鲁等人没有选择穿越中亚的陆路（即北道），而是前往印度。可是，根
据朱德润《异域说》，这些佛菻国使"四年至乞失密，又四年至中州"，
乞失密成为他们旅途的关键节点，此地即今印度和巴基斯坦分治的克什
米尔地区。他们到这里再来中国，显然是走陆路。在安德鲁写给教友的
信中明确提到，他们先到了印度，在那里遭遇很多困难。正是在印度的
挫折和磨难，使他们放弃了海路，改为经克什米尔地区来华。陈得芝
先生认为，旅行计划的改变很可能是由于印度形势的动荡。1306 年以
后数年，德里算端国（Delhi Sultanate）的执政者灭里·卡富尔（Malik
Kafur）多次领兵南下侵掠，征服了南部许多王国。这个地区的战乱可
能是安德鲁一行旅途改道的原因。

结　论

上述欧洲旅行者作为欧洲与中国之间印度洋航线的利用者，为我们
从一个侧面展现了 13—14 世纪这条航线的面貌。

在这一时期欧洲来华旅行者的记述中，提到有一些欧洲人在中国海
港和近海内河港口居住。20 世纪的出土碑铭更提供了直接的证据。如
果按照城市列举，可以看到以下情况。

泉州是当时世界上最大的港口。鄂多立克记载："吾人小级僧侣在
该地有两所房屋，我把为信仰耶稣基督而殉教的僧侣的骨骸寄放在那

里。"[1] 所谓"小级僧侣"是天主教方济各会的别称。上文提到教皇克力门五世派遣的传教士安德鲁约于 1314 年到达元朝，他后来担任泉州主教。在写给欧洲教友的信中，他说："我就在这里（即泉州——引者）住了下来。我依靠上述皇帝的补助金为生。按照热那亚商人们的估计，这笔补助金大约相当于一百个金佛罗林（florin）的价值。"[2] 显然，为安德鲁估算元朝补助金价值的热那亚商人是居住在泉州的。

　　对杭州欧洲人的记述主要来自鄂多立克，他写道："它是全世界最大的城市，确实大到我简直不敢谈它，若不是我在威尼斯遇见很多曾到过那里的人。""这是蛮子国王从前居住的皇城。该城中四名吾人之僧侣曾使那里的一个当权者皈依吾教。"[3]

　　扬州并非海港，而是近海的内河港口城市，是元代大运河的枢纽。鄂多立克记载："吾人小级僧侣在那里有所房屋。"[4] 在扬州曾出土两方意大利热那亚人的哥特体拉丁文墓志（参见图 36、图 37）。[5] 女性墓主卡特琳娜（Caterina）卒于 1342 年，男性墓主安东尼奥（Antonio）卒于 1344 年，他们都是来华商人多米尼克·伊利欧尼（Dominico Ilioni）的子女。有学者把这个商人的姓氏错误地释读为维力欧尼（Vilioni），又据此判断他是威尼斯人，后洛佩斯教授将其更正为伊利欧尼（Yilioni，即 Ilioni）。他的姓名不仅刻写在两方墓志上，还记录在热那亚 14 世纪的法律文书中，后者明确说他侨居中国。[6]

1　鄂多立克：《鄂多立克东游录》，第 65 页。

2　《佩鲁贾人安德鲁的信》，收入道森编《出使蒙古记》，第 274 页。穆尔：《1550 年前的中国基督教史》，第 220 页，译文为："据一热那亚商人估计，我每年俸金约值一百金佛罗林。"按，此处翻译有误，在原文中，热那亚商人为复数"the Genoese merchants"，见 Arthur C. Moule, op.cit., p.190。

3　鄂多立克：《鄂多立克东游录》，第 67、68 页。

4　鄂多立克：《鄂多立克东游录》，第 70 页。

5　耿鉴庭：《扬州城根里的元代拉丁文墓碑》，《考古》1963 年第 8 期，第 449—450 页。

6　Robert S. Lopez, "Nouveaux documents sur les marchands italiens en Chine à l'époque mongole", Comptes-rendus des séances de l'Académie des inscriptions et belles-lettres, année 1977, vol.121, No.2, pp.455- 456. 在中国较早介绍这一研究成果的是意大利学者 L. Petech，见 L. 培式克《扬州拉丁文墓碑考证》，夏鼐译，《考古》1983 年第 7 期，第 672 页。

图 36　1342 年意大利热那亚人卡特琳娜·伊利欧尼墓志

图 37　1344 年意大利热那亚人安东尼奥·伊利欧尼墓志

　　虽然不能因为这些欧洲人居住在海港城市或近海内河港口城市就断言他们从海上来中国，但至少可以推测，这些欧洲人中必定有一部分是走印度洋海路来华的。欧洲人定居在这些港口城市，便于传教和经商。

　　现当代研究显示，13—14世纪到中国经商、传教的欧洲人数量相当可观。[1]上文列举的那些欧洲传教士和商人来华，在不同程度上利用了印度洋航路，马可·波罗、鄂多立克等人留下了内容丰富的记述，其中以马可·波罗的《行纪》最为翔实。这些现存的资料说明，在13—14世纪，欧洲关于印度洋航路的认识水平获得了极大的提升。虽然这些知识不能指导具体的海上航行，但它大大丰富了欧洲探险者的地理知识，从而重新塑造了他们的世界观念。在寻找东方财富的强烈渴望的推动下，欧洲航海家积极地探索从欧洲通往印度和中国的航路。[2]应当说，13—14世纪欧洲人对印度洋航线的利用，为15世纪大航海时代的来临，打下了重要的知识基础。

第三节　8—15世纪的中国与也门[3]

　　位于阿拉伯半岛西南部的也门，拥有漫长的海岸线和优良的海港。它的南部城市亚丁（Aden）地处西印度洋和红海的连接点，地理位置重要，海湾条件优越，是该国最负盛名的大港。

　　随着古代中外交往的发展，特别是海上贸易规模的不断扩大，中国

1　Folker Reichert, *Begegnungen mit China: die Entdeckung Ostasiens im Mittelalter*, pp.288-293.

2　John Larner, *Marco Polo and the Discovery of the World*, New Haven: Yale University Press, 1999, pp.133-170；约翰·拉纳：《马可·波罗与世界的发现》，第142—186页。

3　本节关于元代中国与也门的部分曾于2012年5月提交北京大学国际汉学家研修基地及中国古代史研究中心主办的"马可·波罗与伊朗"国际学术工作坊。论文提要见于月等整理《"马可·波罗与伊朗"国际学术工作坊纪要》，《国际汉学研究通讯》第六期，2012年，第269—270页。本节使用的部分资料是笔者在美国印第安纳大学伯明顿分校（Bloomington）访学时收集的，谨此感谢唐研究基金会（the Tang Research Foundation）"印第安纳大学—北京大学 Denis Sinor 内亚研究计划"的研究资助。

对也门的了解日渐增多，两国商品的交易，乃至人员的直接往来从无到有。由于也门远在印度洋西岸，中国与也门关系的发展，在一定程度上反映了中国与印度洋地区经贸、政治、文化交往的水平。本节拟对 8—15 世纪中国、也门的相互认知、经贸和政治往来试做讨论。

一　唐代中国关于也门的记述

8 世纪前半期，中国的唐朝处于全盛阶段，与海外的交往达到前所未有的广度。即使在安史之乱后，唐朝与东南亚、西亚的海上往来仍维持和发展。[1] 这些中外交往，促进了中国关于域外地理知识的增长。《新唐书·地理志》记载了从广州出发到黑衣大食（阿拉伯阿拔斯王朝）首都的航路，行程的后段从南印度的没来国（Male，又称 Kulam Malay，今印度奎隆），到乌剌国（今伊朗西南之乌布剌，Al-Ubullah），然后经弗利剌河（今幼发拉底河）、末罗国（今伊拉克巴士拉，Basra）至大食国茂门王（Amīr al-Mu'minīn）的都城缚达城（今巴格达，Baghdad）。[2]

紧接这条路线，《新唐书》记载了另一条路线，因与本节主旨有关，全文录出：

> 自婆罗门南境，从没来国至乌剌国，皆缘海东岸行；其西岸之西，皆大食国，其西最南谓之三兰国。自三兰国正北二十日行，经小国十余，至设国。又十日行，经小国六七，至萨伊瞿和竭国，当海西岸。又西六七日行，经小国六七，至没巽国。又西北十日

---

1 《杨良瑶神道碑》表明，唐朝曾于贞元元年（785）派宦官杨良瑶由海路出使黑衣大食，到达今伊拉克巴格达。关于此碑的研究论著，参看荣新江《唐朝与黑衣大食关系史新证——记贞元初年杨良瑶的聘使大食》，《文史》2012 年第 3 辑，第 232 页。
2 《新唐书》卷四三下《地理志七下》，第 1153—1154 页。各地的地理位置，参阅上引荣新江《唐朝与黑衣大食关系史新证》，第 240—241 页。

行，经小国十余，至拔离歌磨难国。又一日行，至乌剌国，与东
岸路合。[1]

这里讲述的，是沿西印度洋的阿拉伯海西岸至波斯湾的路线。它最南面
的起点是三兰国。这一地点具体位置的确定，对判定路上其他地点至关
重要。在众多研究者中，日本学者家岛彦一提出的看法最为合理。据
古代阿拉伯地理家法吉赫（Ibn al-Faqīh al-Ḥamadhānī）、穆卡达昔（al-
Muqaddasī）等人的著作，也门大港亚丁（'Aden）古名Samrān。这是一
个源自波斯的古老名称。在伊斯兰教兴起前，其地受波斯萨珊王朝统
治，波斯人把它作为印度洋贸易的重要基地，称之为Samrān。此城规
模大、人口多，是周围各国香料、宝石、黄金、珍珠的集散地，去印
度、中国进行贸易的波斯、阿拉伯商人，多以该城为出发地，穆卡达昔
称之为"中国之门户"（Dihlīz aṣ-Ṣin）。直到10世纪，当地的波斯语名
Samrān仍和阿拉伯语名'Aden并用，后来才逐渐废弃，独用'Aden。
Samrān与《新唐书》所记"三兰"，不仅在读音上完全可以勘同，而且
它所指的具体地点正在阿拉伯半岛的最南端，与《新唐书》所载契合。[2]

　　确定三兰的位置后，就有了明确的地理坐标。家岛彦一考证了《新
唐书》所记其他地点的位置：设国当为也门哈德拉毛（Hadramawt）地
区的希赫尔（al-Shihr），文中涉及的海港若按里程推算，可能在祖法尔
（Ḍufar）；萨伊瞿和竭国当在阿曼（Oman）的马斯喀特（Masqat）；没
巽国当为阿曼的苏哈尔（Ṣuhār），该地古波斯语名为Mazūn，与汉文所
记读音相合。家岛彦一推测，拔离謂磨难国当在底格里斯河下游运河一

1　前引《新唐书》卷四三下《地理志七下》，第1154页。

2　家岛彦一「南アラビアの東洋貿易港について——賈耽の道里記にみるインド洋の西岸航路」日
　　本東方学会編『東方学』第31期，1965、145-148頁。关于"三兰"的位置，学界尚多有分
　　歧，可参阅陈佳荣、谢方、陆峻岭《古代南海地名汇释》，中华书局，1986年，第125、935
　　页；沈福伟《中国与非洲——中非关系二千年》，中华书局，1990年，第208—213页；艾周
　　昌、沐涛《中非关系史》，华东师范大学出版社，1996年，第30—33页。

带或阿巴丹附近。[1]

《新唐书》所记"广州通海夷道"，学界公认取自唐贞元年间宰相贾耽编写的《皇华四达记》。关于三兰国、设国的内容，当为汉文典籍对也门的明确记录。唐人关于也门的了解，可能依靠唐朝使节收集的信息，[2]也可能通过来中国的波斯、阿拉伯商人的讲述。9世纪阿拉伯文著作《中国印度见闻录》提到："去中国或来自中国的船只经常遇难，或者船上的人被抢劫，或者船只被迫作长期停留，因此他们不得不把货物在别处销售，而运不到阿拉伯地区。有时还会出现这种情况：即风使船只偏离航向去到也门或其他地区，货物便在那里出售。有时他们不得不长期停留，以便修理船只。"[3]对该书提到的往来于波斯湾和中国之间的船只是否为中国船，学界尚有不同看法。[4]不过，这并不影响本节的讨论。值得注意的是，波斯商人并非偏离航向时才去也门。家岛彦一指出，也门，尤其是亚丁港，是印度洋贸易的重要枢纽。有些波斯商人会从印度乘船到亚丁，在那里售卖、采购，然后再回波斯湾地区，反之亦然。这样就形成了西印度、也门、波斯湾之间的三角贸易航线。[5]那些到中国贸易的波斯、阿拉伯商人对也门并不陌生，他们会把与也门相关的知识带到中国，把中国的产品，尤其是瓷器，贩运到也门。[6]

1　上引家岛彦一「南アラビアの東洋貿易港について——賈耽の道里記にみるインド洋の西岸航路」136-144頁。

2　有学者指出，贾耽撰写《皇华四达记》，很可能从出使黑衣大食的杨良瑶那里获取的广州至巴格达的路程信息。见前引荣新江《唐朝与黑衣大食关系史新证》，第241—242页。

3　《中国印度见闻录》，穆根来等译，中华书局，1983年，正文第11节，第7页。Tim Mackintosh-Smith 的最新英译本题为 Accounts of China and India，收入 Two Arabic Travel Books, New York and London: New York University Press, 2014，相关记述见 p.29。

4　关于中国船（sufun al-Sīn）的性质，美国学者胡剌尼（Hourani）认为，它们并非中国的船，而是从事与中国贸易的阿拉伯-波斯船。见 G. F. Hourani, Arab Seafaring in the Indian Ocean in Ancient and Early Medieval Times, with new introduction and notes, Princeton: Princeton University Press, 1995, pp.46-50。

5　上引家岛彦一「南アラビアの東洋貿易港について——賈耽の道里記にみるインド洋の西岸航路」134-136頁。

6　在也门的多个古代遗址出土了唐代中国瓷片。详见阿卜杜拉·马文宽《伊斯兰世界文物在中国的发现与研究》，宗教文化出版社，2006年，第76—77页。

二　宋代中国与也门

随着海外贸易规模的进一步扩大，宋人对阿拉伯半岛的了解超过了唐人。在南宋市舶官员赵汝适的《诸蕃志》中，明确提到也门的"施曷"。施曷为希赫尔（al-Shihr）之省译，当地是著名的乳香产地和贸易中心。另外，该书还提到当时隶属于也门拉苏勒王朝（Rasulid Dynasty，1229—1454）的"奴发"，该地即祖法尔（Zufar），也写为佐法儿（Dhofar），今属阿曼，是古代阿拉伯香料贸易的大集市之一。《诸蕃志》中的"麻啰抹"，有学者认为是 Murbat 之对音，比定为也门的重要香料市场马里卜（Márib）。[1]因尚无定论，本节不做讨论。

宋朝对也门商品的需求主要是香料，而在也门最常见的中国商品是瓷器。在亚丁和其附近的加乌德·阿姆·塞拉（Kaud am Saila）遗址、阿尔·哈比尔（Al-Habil）遗址，还有位于亚丁东北的海港阿比扬（Abyan）遗址都出土了大量中国瓷器碎片。阿比扬遗址方圆三公里，繁荣期在 12 世纪至 15 世纪之间，15 世纪末开始萧条。这个遗址所出中国瓷片大多属于 12—15 世纪。[2]

也门的舍尔迈（Sharmah）古城是近年来考古工作开展较多的古港口遗址。它位于哈德拉毛省穆卡拉城以东 120 公里的舍尔迈角（Ras-Sharmah）北端，是 9—12 世纪的港口城市。在它西面 30 公里就是著名的希赫尔遗址，即上引《新唐书》提到的"设国"。

法国考古学家在舍尔迈遗址表层采集到三百五十余块中国瓷片。2001 年、2002 年、2004 年和 2005 年四次发掘，共出土 1592 块中国瓷片。研究者按胎质釉色把它们划分八大类：青白瓷、乳白釉瓷、青瓷、灰青釉瓷、釉下彩绘瓷、酱黑釉瓷、绿铅釉瓷和素胎瓷，以前四种单色

1　赵汝适著，杨博文校释《〈诸蕃志〉校释》，中华书局，2000 年，第 90、93—94 页。

2　三上次男：《陶瓷之路》，李锡经、高喜美译，文物出版社，1984 年，第 44—48 页。地名的译名稍有改动。

釉瓷为主。按时代划分，它们绝大部分属于宋代。从器形来看，以碗和大型运输瓷罐为主，其次是盘，还有少量注壶、瓶、盒等日用器物。这些瓷器基本来自中国南方窑场，包括湖南、浙江、福建等地的瓷窑，尤以广东、江西所产者为多。

研究者指出，11世纪是西印度洋贸易的转折点。大量波斯湾商人向阿拉伯半岛南岸和东非沿海发展，出现了一批新的商贸中转港口。舍尔迈遗址宋代瓷器的发现为研究也门与中国之间的贸易史提供了新的考古资料。[1]

随着宋代海外贸易的兴盛，在印度洋贸易中扮演重要角色的也门商人来到中国，甚至在中国资助建造清真寺。

1940年福建泉州拆除通淮门时发现了也门人奈纳·奥姆尔建寺碑。石碑现存厦门大学博物馆。碑为辉绿岩石琢成，高50.5厘米、宽96厘米、厚9厘米。双面浮雕阿拉伯文，正面刻一行古老的库法体阿拉伯文（参见图38），意为："一切清真寺，都是真主的，故你们应当祈祷真主，不要祈祷任何物。"碑的背面分成四横格，刻四行小楷阿拉伯文（参见图39），意为："一位虔信、纯洁的长者，也门人奈纳·奥姆尔·本·艾哈玛德·本·曼苏尔·本·奥姆尔·艾比奈（al-Abyanī）建筑了这座吉祥的清真寺的大门和围墙。乞求真主恩赐他，宽恕他。"[2] 研究者指出，铭文中提到的奈纳·奥姆尔是也门人，通过名字最后的"艾比奈"（al-Abyanī）可知，他来自亚丁东北方的阿比扬（Abyan）城。[3] 碑的造型、双面雕刻及阿拉伯文的内容，证明这是一座清真寺的门楣石刻。该寺的大门、围墙为也门阿比扬人奈纳·奥姆尔所建，并因此立碑纪念。这块石碑阿拉伯文的书写字体特殊，采用了古老的库法体。这种字体因发源于

1　赵冰：《中世纪时期贸易中转港——也门舍尔迈遗址出土的中国瓷片》，《法国汉学》第十一辑"考古发掘与历史复原"，中华书局，2006年，第79—105页。

2　福建省泉州海外交通史博物馆编《泉州伊斯兰教石刻》，第13页。

3　Chen Da-sheng et Ludvik Kalus, *Corpus d'inscriptions arabes et persanes en Chine*, vol. 1, Province de Fu-Jian, Paris: Libr. orientaliste P. Geuthner, 1991, p.89; Robert B. Serjeant, "Yemenis in Mediaeval Quanzhou (Canton)", *New Arabian Studies*, I, 1993, p.231.

伊拉克库法城而得名，又称古体书法，流行于公元 8、9 世纪。在 8 世纪后，伍麦叶王朝末期出现了易写、易认的正楷体"纳斯赫体"，逐渐取代了库法体。由于泉州发现的元代阿拉伯文碑刻未见库法体文字，研究者指出，这件碑刻的年代可能早于当地发现的元代阿拉伯文碑刻。[1] 如果这一推论无误，那么，也门人奈纳·奥姆尔建造清真寺很可能是在宋代。

图 38　也门阿比扬人奈纳·奥姆尔泉州造寺碑碑阳

图 39　也门阿比扬人奈纳·奥姆尔泉州造寺碑碑阴

1　前引福建省泉州海外交通史博物馆编《泉州伊斯兰教石刻》，第 14 页。

三　元代中国与也门拉苏勒王朝

　　蒙元王朝的崛起改变了 13 世纪的欧亚政治版图，1279 年元朝完成了中国的大一统。而在 13 世纪上半期，也门也出现了一个强大的拉苏勒王朝。它不仅在阿拉伯半岛开疆拓土，而且通过印度洋与红海地区的贸易，积累了巨大财富。从印度和波斯方向来的绝大部分船舶要进入亚丁港纳税后才能进入红海，或者将货物在该港出售。亚丁港的商品交易和税收成为也门经济的重要支柱。[1]

　　意大利商人马可·波罗对这一时期的也门有较多记述。他依次谈及也门的三大港口。关于亚丁港，他明确指出途经此港的商路是印度至埃及贸易的重要通道："亚历山大之回教徒用此阿丹一道输入胡椒及其他香料，盖供给亚历山大物品之道途，别无便利稳妥于此者也。"对于印度而言，这里是重要的市场或中转站："阿丹有海港，多有船舶自印度装载货物而抵于此。……阿丹算端对于运输种种货物往来印度之船舶，征收赋税甚巨。对于输出货物亦征赋税，盖从阿丹运往印度之战马、常马及配以双鞍之巨马，为数甚众也。……由是此阿丹算端对于其海港运输之一切货物征取一种重大收入，人谓其为世界最富君主之一。"关于也门的爱舍儿（Escier）港，他写道："境内有一良港，由是自印度运载不少商货之船舶咸莅于此。饶有白色乳香，国主获利甚巨。"关于当时隶属也门的祖法儿（Dufar/Zhafar），马可·波罗谈道："城在海上，有一良港，位置甚佳，颇有船舶往来印度。商人运输多数战马于印度而获大利。"[2]

　　元朝沿袭南宋的市舶政策，积极开展海外贸易。也门的考古调查证明元朝商品曾远销该国。在也门北部靠近红海的扎哈兰（Zahlan）曾出

1　*The Encyclopaedia of Islam*, new edition, vol.8, ed. by C. E. Bosworth et al., Leiden: Brill, 1995, "Rasūlid" by G. R. Smith, pp.455-457.

2　《马可波罗行纪》，第 688、691、693 页。爱舍儿当即也门哈德拉毛海岸的希赫尔。

土龙泉窑青瓷和元代青花瓷碎片。[1] 数年前，一艘古代沉船在毗邻也门的红海海域被发现，船上打捞出水的中国瓷器，包括元代景德镇青花瓷53 件和元代龙泉窑青瓷菱花口大碗 1 件，其中一些青花瓷片与英国大维德中国艺术基金会（Percival David Foundation of Chinese Art）所藏元代青花象耳瓶非常相似。研究者推测，该船的沉没年代在 1351 年前后。它经过也门海域，可能是运送货物到埃及或叙利亚的。[2]

元代汉文文献对也门有零星记载。如元代广州的地方志提到了亚丁港，称其为"哑轭"。[3] 汪大渊《岛夷志略》记载了"居辽西之界、国王海之滨"的哩伽塔，它"地产青琅玕、珊瑚树"。研究者认为此地就是也门的亚丁。[4] 在集中反映元朝人域外地理知识的 1402 年朝鲜地图《混一疆理历代国都之图》中，亚丁被标写为"哈丹"。[5]

与汉文文献相比，也门拉苏勒王朝的阿拉伯文文献对元代中国的记述更为丰富。《珍珠串》（*The Pearl-Strings*，原书名 *Kitāb al-'Uqūd al-Lu'lu'iyyah fī Tārīkh al-Dawlah al-Rasūliyyah*）是 14 世纪后期也门拉苏勒王朝史学家阿里·哈桑·哈兹拉吉（'Alī b. al-Hasan al-Khazrajī，卒于 1409 年）撰写的编年史。[6] 该书有三个段落记录了中国与也门的政治、

1　前引三上次男《陶瓷之路》，第 46 页。

2　康蕊君（Regina Krahl）：《西亚与南亚发现的元青花瓷器：以红海沉船为中心》，收入《幽蓝神采：2012 上海元青花国际学术研讨会论文集》第一辑，上海古籍出版社，2015 年，第 196—206 页。此文的英文本见该论文集第 208—212 页。

3　陈大震、吕桂孙编《（大德）南海志》卷七《物产·舶货·诸番国》，《宋元方志丛刊》影印元大德刊本，第 8432 页下栏。

4　汪大渊著，苏继庼校释《〈岛夷志略〉校释》"哩伽塔"条，第 349—351 页。

5　考证详见杉山正明「東西世界図が語る人類最初の大地平」藤井譲治、杉山正明、金田章裕編『大地の肖像：絵図·地図が語る世界』京都：京都大学学術出版会、2007、58 頁。

6　这部书在 19 世纪末由英国东方学家瑞德豪斯爵士（Sir James William Redhouse，1811—1892）译成英文，1906 年作为吉伯纪念丛书（*E.J.W. Gibb Memorial Series*）的第三种出版，即 *The Pearl-Strings, a History of the Resuliyy Dynasty of Yemen*, 5 vols, translation and text with annotations and index by the late Sir J.W. Redhouse, Leyden and London: E.J. Brill and Luzac, 1906-1918. 关于该书的详情，见 *The Pearl-Strings*, vol.1, Preface, p.4; Nayef Abdullah al-Shamrookh, *The Commerce and Trade of the Rasulids in the Yemen, 630–858/1231–1454*, State of Kuwait, 1996, p.27.

经济交往。

《珍珠串》关于中国的第一段记载，提到拉苏勒王朝第二位君主穆札法尔（al-Muẓaffar，1250—1295年在位）曾起兵进攻祖法尔，于1278年末攻陷该城。战争的胜利提高了穆札法尔算端（sultan，阿拉伯语"君主"）的声望和影响力，远近国家纷纷派来使节，其中就包括携带很多礼物的中国使节。书中写道，当算端征服了祖法尔之后，"由于看到了算端的高远志向和复仇的强大武力，波斯王公和印度、中国君主的心中充满了对他的畏惧。因此，阿曼的君主派人向正在祖法尔的异密赡思丁进献两匹马和一对金鹰。中国君主的礼物也送到那里。巴林（Bahreyn）的君主亲自来到宰比德（Zebid）城"。[1]

《珍珠串》并没有写出中国使节到达的具体时间。科威特学者沙姆鲁赫（Nayef Abdullah al-Shamrookh）判定为1279年。[2] 对于此次出使，元代汉文史料没有记载。

元世祖忽必烈的确在统治的中后期大量向印度洋地区派出使节，如杨庭璧、亦黑迷失等人。不过，这些使节的出使都在至元十六年（1279）年末或更晚。如果元朝的使者于1279年到达也门，考虑到路途遥远，至少需要一年时间。那么，1279年到达也门的元朝使者最晚要在1279年年初出发，更大的可能是在1278年或更早。[3]

如果以上推测无误，到达也门的元朝使者可能是至元十六年之前由福建地区的行省长官唆都派出的。据《元史·外夷传三》："世祖至元间，行中书省左丞唆都等奉玺书十通，招谕诸蕃。未几，占城、马八儿国俱奉表称藩，余俱蓝诸国未下。行省议遣使十五人往谕之。帝曰：'非唆都等所可专也，若无朕命，不得擅遣使。'十六年十二月，遣广东

1　*The Pearl-Strings*, op. cit., vol.1, p.198.

2　Nayef Abdullah al-Shamrookh, op. cit., p.256.

3　据《马可波罗行纪》，马可波罗所在的送亲船队从泉州出发，到波斯湾地区时中途耗时26个月。见前引《马可波罗行纪》，第61、600—601页。

招讨司达鲁花赤杨庭壁招俱蓝。"[1]

唆都遣使在至元十五年。据《元史·世祖纪七》，至元十五年八月，"诏行中书省唆都、蒲寿庚等曰：'诸蕃国列居东南岛屿者，皆有慕义之心，可因蕃舶诸人宣布朕意。诚能来朝，朕将宠礼之。其往来互市，各从所欲。'"[2]唆都受命，派"蕃舶诸人""奉玺书"宣布世祖招徕之意，应是在当年年末或十六年年初，因为恰可利用当时的东北季风出海。

如果使者由唆都左丞派出，其身份应是持有玺书的"蕃舶诸人"，因而在元朝官修文献中对此次出使没有留下详细记录。

《珍珠串》关于中国的第二段记载，与元朝禁止穆斯林行割礼的法令有关。

在至元十六年年末，元世祖下达了禁止穆斯林"抹杀羊、做速纳"的法令（在大段引文中，出校改字、删字用圆括号，改正字、补字用方括号）：

> 从今已后，木速鲁蛮回回每，（木）[尤]忽回回每，不拣是何人杀来的肉，交吃者。休抹杀羊者。休做速纳者。若一日合礼拜五遍的纳麻思上头，若待加倍礼拜五拜做纳（思）麻思呵，他每识者。别了这圣旨，若抹羊（胡速急）[做速纳]呵，或将见属及强将奴仆每却做速纳呵，若奴仆首告呵，从本使处取出为良，家缘财物不拣有的甚么，都与那人。若有他人首告呵，依这

---

[1] 《元史》卷二一〇《外夷传三》，第4669页。据此，如果元朝使者到达也门的时间是1280年或者更晚，那么，《珍珠串》中提到的中国使者就应是元世祖忽必烈派出的。《元史》卷一〇《世祖纪七》可以与此相印证，至元十六年五月，"辛亥，蒲寿庚请下诏招海外诸蕃，不允"。十二月，"丙申，敕枢密、翰林院官，就中书省与唆都议招收海外诸番事"。丁酉，"诏谕海内海外诸国主。……唆都所遣阇婆国使臣冶中赵玉还"。关于元朝与海外通使的概况，参见高荣盛《元代海外贸易研究》，四川人民出版社，1998年，第110—113页。

[2] 《元史》卷一〇《世祖纪七》，第198、204页。类似记载亦见《元史》卷一二九《唆都传》：至元十五年，唆都"进参知政事，行省福州。征入见，帝以江南既定，将有事于海外，升左丞，行省泉州，招谕南夷诸国"。第3152页。

体例断与。[1]

这是元朝干涉伊斯兰教礼俗的重要法令，禁令包含两项规定：一是禁止穆斯林用断喉法宰羊；二是禁止穆斯林行割礼。中国学者邵循正最早注意到《元典章》"禁宰羊做速纳"的表述，准确地将它还原为 sunnat kard。sunnat 从表面含义来看，固然有"礼仪、礼俗"的含义，但在元代，该词特指"割礼"。蒙古伊利汗国波斯文历史巨著《史集》记载安西王阿难答对蒙古男童施行割礼，用的就是该词。邵循正直接采用《元典章》中同时代的译名"做速纳"翻译《史集》，译为"辄将蒙古男童'做速纳'"。[2] 对于这一译名的处理，反映了邵循正卓越的语言和文献功力。他的这一论断被美国学者柯立夫（F. W. Cleaves）完全采纳。[3]

　　至元十六年的法令，是同时禁止穆斯林断喉法宰羊、行割礼。由于世祖忽必烈禁止穆斯林行割礼，《史集》记载，基督教徒爱薛怯里马赤等人"引诱木速蛮的奴隶们［说］：谁告发了自己的主人，我们就解放他。他们为了自己的解放，便诬陷主人，控告［他们］犯了罪。爱薛怯里马赤和他该死的下属们甚至达到了使木速蛮在一连四年中不能举行自己的儿子的割礼的地步"。[4]

　　元世祖的禁令，触及到穆斯林日常生活的核心礼俗，对穆斯林造成极大困扰。《史集》提到"事情一直到了大部分木速蛮离开汉地的地步"，直接影响元朝的关税收入和珍贵货物的获取。那些不愿离开中国的穆斯林，设法通过游说权臣的方式，劝说忽必烈取消这条禁令。《史

1　《元典章》卷五七《刑部·诸禁》"禁回回抹杀羊做速纳"条。第 1893—1894 页。同事亦见《元史》卷一〇《世祖纪七》，第 217—218 页，时间为"至元十六年十二月"。

2　邵循正：《剌失德丁〈集史·铁木耳合罕本纪〉译释残稿》，收入《邵循正历史论文集》，北京大学出版社，1985 年，第 84 页。按，据该书代序第 2 页，这篇译稿当完成于 20 世纪 40 年代。

3　Francis W. Cleaves, "The Rescript of Qubilai Prohibiting the Slaughtering of Animals by Slitting the Throat", *Journal of Turkish Studies*, No.16 (1992), pp.67-89. 特别是 p.86 柯立夫引证了更多资料，如在 Steingass 编《波英词典》（*Persian English Dictionary*）p.700a 提到，sunnat kardan 为割礼，bī-sunnat，"未行割礼的"。

4　拉施特主编《史集》第二卷，第 347 页。

集》记载："该国木速蛮的达官贵人们……和其他一些有势力的人，以
大笔钱奉献给丞相桑哥，他才［向合罕］禀告说：所有的木速蛮商人都
从这里走了，木速蛮国家的商人也不来了，关税收入不足，珍贵货物不
运来，［这全都］因为不得［以断喉法］宰羊已有七年的结果，如果得
到允许宰杀，商人就会来，同时还将获得充足的关税。有旨允许［以断
喉法宰羊］。"[1]

元代有大量穆斯林从中亚、西亚、北非来到中国，或短期经商或长
期定居，世祖的禁令在伊斯兰世界产生强烈反响。《珍珠串》对此有直
接记述：

据报告说，中国的统治者禁止本国的穆斯林行割礼。这令他
们伤心悲痛。于是算端篾力穆札法尔，愿真主保佑他，给他（中
国统治者——引者）写了一封信，劝他给予穆斯林恩准。同时，
还送上令他称心如意的华贵礼物。他接受了劝解，在［行割礼］
这件事上对穆斯林做了允准。[2]

这反映出，忽必烈禁令的影响已经远远超出了国界，直接影响到印度
洋彼岸的也门，使禁令的存废成为两国外交的一项重要议题。此外，
《珍珠串》的记载还说明，促使元世祖废除禁令的原因，不仅有元朝
国内穆斯林的活动、朝中权臣的劝说，也包括海外伊斯兰国家的外交
努力。

据《史集》，穆斯林在至元十六年十二月禁令颁布后有四年时间不

1　上引拉施特主编《史集》第二卷，第 347 页。
2　*The Pearl-Strings*, op. cit., vol.1, p.235. 英译者 Redhouse 爵士已经注意到这段记述的重要史料
价值，惜未展开讨论。见 *The Pearl-Strings*, vol.3, p.139, Annotations, No.902. 近期刊行的两部
关于也门拉苏勒王朝的专著都注意到也门君关于割礼遣使元朝的史事，均未结合汉文史料
深入讨论。详见 Nayef Abdullah al-Shamrookh, op. cit., p.256；Éric Vallet, *L'Arabie marchande:
État et commerce sous les sultans Rasūlides du Yémen (626–858/1229–1454)*, Paris: publications de
la Sorbonne, 2010, p.543, note 7.

得行割礼，若从十七年算起，则禁行割礼的法令一直持续到至元二十年（1283）年末。关于断喉宰羊的禁令则持续了七年，直到桑哥任宰相时才废除。桑哥于至元二十四年闰二月出任尚书省平章政事。[1]时间大体相当。据上可知，关于割礼的禁令应是较早解除的，这可能和也门国王等人的劝说有关。

在 20 世纪初，有一批精美的马穆鲁克王朝描金釉彩玻璃器从中国流出，现分藏在欧美的多家博物馆。在这批制作年代多为 14 世纪的精美玻璃器中，有几件玻璃器带有也门拉苏勒王朝的圆形纹章（象征意义近似于国徽）——白底红色的五瓣（少数为六瓣）玫瑰图案，偶尔也有红底白色的五瓣玫瑰纹。这些带有王朝纹章的玻璃器极为精美，且具有很强的官方色彩。研究者们推测，这些玻璃器是拉苏勒王朝的君主送给元朝的国礼。[2]甚至有学者认为，其中的一件玻璃花瓶可能是也门算端穆札法尔在请求元朝皇帝开禁割礼时赠送的礼物。[3]

根据拉苏勒王朝史料，算端篾力穆札法尔曾在中国修建大型清真寺，在寺中设置讲坛（敏白尔，minbār），人们在聚礼宣教（呼图白，ḫuṭba）的祈祷中要念诵他的名字。[4]随着元朝与也门建立直接的外交关系，拉苏勒国王以宗教为纽带，加强了对中国穆斯林的影响力。

14 世纪后期，拉苏勒王朝的君主篾力阿福匝尔·阿巴斯（al-Malek al-Afżal al-'Abbās b. 'Ali b. Dā'ud b. Yusof b. 'Omar b. 'Ali Derḡam al-Din，1363—1377 年在位）编写了一部词典，收录阿拉伯语、波斯语、亚美尼亚语、希腊语、突厥语、蒙古语六种不同语言的词汇。这些词汇都用阿拉伯字母书写。在当时的也门，统治者能编写这样一部包含蒙古语词汇的词典，与蒙古政权的长期影响密不可分。它从一个侧面反映出也门

---

1 《元史》卷二〇五《桑哥传》，第 4571 页。

2 阿卜杜拉·马文宽：《伊斯兰世界文物在中国的发现与研究》第三章"中国传世的埃及和叙利亚马穆鲁克描金釉彩玻璃"，宗教文化出版社，2006 年，特别是第 61—62、67、73、75—76 页。

3 Tim Mackintosh-Smith, *Yemen: the Unknown Arabia*, New York: Overlook Press, 2014, p.105.

4 Éric Vallet, op. cit., p.298.

统治集团的国际视野，这和该国在国际社会的地位是相符的。[1]

《珍珠串》关于中国的第三段记载，涉及一位从事印度洋和远东贸易的巨商。回历 703 年（1303—1304 年，相当于元成宗大德七年至八年）有一位名叫阿卜杜拉·阿齐兹（'Abdu'l-'Aziz b. Mansur al-Kelbite）的穆斯林商人从中国来到也门亚丁港。[2]他携带着大量贵重物品，受中国穆斯林的委托，到两座伊斯兰圣城麦加、麦地那进献礼物。这位商人在亚丁安顿下来后，拜见了也门的君主，受到隆重接待。他献上大量金钱和珍贵物品，也门国王回赐他贵重的礼服，让他乘坐备好鞍具的高贵坐骑。国王命令港口的官员们礼遇这位商人，他可以自己决定是继续他的行程还是留在也门。最终他选择了去埃及及其属地。这位从中国来的穆斯林商人携带的物品尤其值得注意，其中包括：300 包丝绸，每包重 300 巴格达磅（raṭls）；450 磅麝香，分装在白镴瓶中；大量的中国瓷器；包括大盘在内的镶嵌黄金的精美玉质器物（jade vessels）；大量各种颜色的明矾（alum）；众多男女奴隶；5 磅重的未经加工的钻石。他携带的物品在亚丁海关估算关税（按十分之一税率征收）高达 30 万银币。[3]

大商人阿卜杜拉·阿齐兹的资料还散见于马穆鲁克王朝的阿拉伯文文献。他生于叙利亚的阿勒颇，是卡列米（Kārimī）商帮的大商人，卒于回历 713 年（公元 1314 年）。[4]卡列米商帮全盛时几乎垄断了印度洋的香料贸易，在也门、埃及、叙利亚等地拥有巨大影响力。在这个商人集团中出现阿卜杜拉·阿齐兹这样的商业巨子是不足为奇的。

---

1 Peter B. Golden, "The World of the Rasûlid Hexaglot", in *The King's Dictionary: the Rasûlid Hexaglot, Fourteenth Century Vocabularies in Arabic, Persian, Turkic, Greek, Armenian, and Mongol*, translated by Tibor Halasi-Kun et al., with introductory essays by Peter B. Golden et al., Leiden and Boston: Brill, 2000, pp.21-24.

2 *The Pearl-Strings*, op. cit., vol.1, pp.274-275. 参阅 Nayef Abdullah al-Shamrookh, op. cit., p.247。

3 *The Pearl-Strings*, vol.1, pp.274-275. 相关史料和研究可参阅 Éric Vallet, op. cit., pp.280-281。

4 Éric Vallet, op. cit., pp.514, 585, 709, No.55. 表中列出了这个大商人完整的名字：'Izz al-Dīn 'Abd al-'Azīz b. Manṣūr al-Ḥalabī al-Kūlamī al-Tāğir。

阿卜杜拉·阿齐兹携带的很多物品是也门税务手册中没有的。在14世纪，一位佚名的作者编写了一部关于亚丁港征税的书册，其中列有也门进出口货物名称、原产地或运销地、征税的类别、数量。有多种中国商品列在其中，包括大黄、红色线绳、樟脑、纸张、荜澄茄（Piper cubeba），[1]但没有提及阿卜杜拉·阿齐兹所携带的高档物品。据《珍珠串》可知，当时中国与印度洋沿岸国家贸易的商品包括丝绸、麝香、瓷器、明矾、奴隶、珠宝等。中国的丝绸一直是海外贸易的王牌产品。麝香是广受欢迎的东方香料，以中国西北地区，特别是藏区的麝香最为知名。[2]在也门沿海地区曾发现大量的中国古代瓷器残片。《珍珠串》中提到的玉质器物应当是指中国生产的颜色纯净如玉的青瓷、白瓷等。该书特别提到，阿卜杜拉·阿齐兹所带精美器物包括大盘，这种体量很大的瓷盘在考古和传世器物中已得到广泛印证。[3]由于珠宝往往能以高昂的价格出售，元代很多从事远洋贸易的穆斯林商人经营珠宝贸易，能一本万利，获得丰厚利润。值得注意的是，奴隶也是一种可以买卖或作为礼物馈赠的商品。根据元代文献，常有从事海外贸易的商人贩卖人口，甚至买卖蒙古人。[4]阿卜杜拉·阿齐兹贩卖的奴隶可能是他从中途购买的，但不能排除他从中国带出的可能。《珍珠串》的记述反映出，从事远东贸易的海商掌握着巨大的财富。

除了来往于中国、也门的商人外，还有也门人选择在中国定居，最后终老于此。福建泉州海外交通史博物馆收藏着一方阿拉伯文墓志。志石为花岗岩，顶尖和底部残，现高80厘米、宽65厘米、厚13厘米，存五行阴刻阿拉伯文。陈达生的汉译文为："这是被宽恕的母亲之墓，她已抵达至高无上真主的慈恩之下。她是赛义德·布尔托玛·本·赛

1　Nayef Abdullah al-Shamrookh, op. cit., pp.315-336.

2　Nayef Abdullah al-Shamrookh, op. cit., pp.188-189.

3　陈克伦：《元青花研究中的几个问题》，前引《幽蓝神采：2012 上海元青花国际学术研讨会论文集》第一辑，第 4 页。参阅前引高荣盛《元代海外贸易研究》，第 134—143 页。

4　前引《元典章》卷五七《刑部·杂禁》"禁下番人口等物"条，大德七年三月，第 1946 页。

义德·穆罕默德·哈姆丹尼之女，她卒于……"研究者指出，"赛义德"
（Sayyid）是圣裔家族所特有的称号。死者姓哈姆丹尼（Hamdani），即
哈姆丹人。哈姆丹是也门一个著名的阿拉伯部落，分布在也门萨那省的
北部。死者可能是这个部落的后裔。[1]

四 明代中国与也门

15 世纪初期，郑和船队的远航把中国古代的航海活动推向顶峰。
尤其是从第四次远航开始，郑和船队每次出航都把西印度洋作为主要目
的地。第四次远航于永乐十一年（1413）出发，永乐十四年归国。访问
的国家包括了阿丹（即亚丁，是也门拉苏勒王朝的代称）。

郑和船队多次到达也门，这在明朝的汉文文献、也门拉苏勒王朝
的阿拉伯文文献中都有记载。法国国家图书馆藏阿拉伯文 4609 号古抄
本经日本学者家岛彦一研究、刊布，早就受到学界的重视。根据这一
抄本，回历 821 年 12 月（公元 1418 年 12 月 30 日—1419 年 1 月 27
日，相当于永乐十六年十二月四日至十七年正月初二），中国船队抵达
亚丁港。同船前来的中国使者给拉苏勒王朝国王篾力纳昔尔（al-Malik
al-Nāṣir）带来上好的礼物，包括各种奢侈品、高级金锦衣服、高级麝
香、湿香木、各种中国陶器（原文如此，日语"陶器"兼指瓷器，此处
当为"瓷器"之意——引者）等，价值二万米士卡尔（mithqāl）。也门
君主篾力纳昔尔下令给中国使者答谢的礼品，包括各种奢侈品、伊夫兰
贾港加工的珊瑚树、野牛和野驴等野生动物、驯养的狮子和豹，等等。
回历 822 年 2 月（公元 1419 年 2 月 27 日—3 月 27 日；永乐十七年二

---

1 前引福建省泉州海外交通史博物馆编《泉州伊斯兰教石刻》，第 26 页。不过，该墓志的研
 究者陈达生指出，Hamdan 也可以读作 Hamadan，后者是波斯的一个城市或行政区哈马丹的
 名称，在波斯文中书写字母与哈姆丹相同。死者也有可能是波斯人。又见 Chen Da-sheng et
 Ludvik Kalus, op. cit., p.164。著名学者萨金特（Serjeant）也研究了这方墓志，认为 Hamdan
 是也门的部落名，墓主人可能属于伊斯兰什叶派的宰德派（Zaydī），见 Robert B. Serjeant, op.
 cit., p.233。

月三日至三月二日），中国使臣和也门大臣一起回亚丁港。家岛彦一指出，也门史料中提到的动物礼品与苏州娄东刘家港天妃宫石刻《通番事迹记》、福建长乐南山寺《天妃之神灵应记》记载的阿丹国献麒麟、长角马哈兽大体相同。[1]

也门史料记录中国使者第二次来访是在回历 826 年（公元 1422—1423 年；永乐二十年至二十一年），使者从亚丁港到塔伊兹城觐见也门国王篾力纳昔尔，带给他上好的礼物，有奢侈品、麝香鹿、麝香［猫］制品、彩色珍珠、中国产香木、高级中国陶器（原文如此——引者）、衣服、坐垫、新奇的蚊帐、高级香木等。与此相对应的汉文文献是马欢《瀛涯胜览》"阿丹国"条。[2]

关于明朝使团第三次访问也门，也门史料记载，回历 835 年 6 月 25 日（1432 年 2 月 28 日；宣德七年正月二十七日），中国使臣带着送给也门君主的礼物抵达。也门国王篾力扎希尔（al-Malik al-Ẓāhir）为了视察中国船只，于回历 835 年 7 月 10 日亲自到亚丁港，在码头停留了三天。埃及马穆鲁克王朝史家马格里兹（al-Maqrīzī）《道程志》记载，这个明朝使团乘两艘大船，先到也门，后进入红海，到吉达港，经马穆鲁克算端允准，在当地进行贸易。他们卖掉了船上的货物，还去了麦加。[3]

在明朝关于也门的汉文史料中，有资料可以和也门史料相对照。宣德八年（1433）闰八月，阿丹国王抹立克那思儿遣使普巴等人到达京师，与苏门答剌、古里、柯枝、锡兰山、佐法儿、甘巴里、忽鲁谟斯、

1　家岛彦一「15 世紀におけるインド洋通商史の一齣：鄭和遠征分隊のイエメン訪問について」『アジア・アフリカ言語文化研究』第 8 期、1974、140-141、143 頁。汉译文见刘晓民译《郑和分 𦨶访问也门》，《中外关系史译丛》第二辑，上海译文出版社，1985 年，第 44—60 页。

2　前引家岛彦一「15 世紀におけるインド洋通商史の一齣：鄭和遠征分隊のイエメン訪問について」141、143 頁。

3　前引家岛彦一「15 世紀におけるインド洋通商史の一齣：鄭和遠征分隊のイエメン訪問について」141-142、147 頁。

加异勒、天方等国的使者一起，在奉天门觐见明宣宗。[1]抹立克那思儿可还原为 al-Malik al-Nāṣir，当即前文提到的拉苏勒王朝君主簺力纳昔尔。Malik 为常用的阿拉伯语词，意为"君主、国王"，那思儿才是人名。只是这位君主在 1424 年就已亡故。如果是此人的话，使者普巴等人在路上的时间过长。与宣德八年相当的君主是簺力扎希尔（al-Malik al-Ẓāhir，1428—1439 年在位）。[2]有可能也门的使者仍使用往昔君主的名义奉使。这批使者共四人。明朝政书记录了政府招待他们的饮食标准："阿丹国，宣德间使臣四人。三日下程一次，羊鹅鸡各一只，米三斗，面十斤，酒五瓶，果子四色，饼二十个，蔬菜厨料。"[3]由于此后明朝废止了大规模下西洋的航海活动，也门等国的使者直到英宗正统元年（1436）闰六月才随爪哇使臣郭信等人搭船回国。这是古代中国与也门最后的官方往来。[4]"自后，天朝不复通使，远番贡使亦不至。"[5]

　　前文提及，曾有一批珍贵的马穆鲁克描金釉彩玻璃器传到中国。分析关于郑和下西洋的汉文史料，我们并未发现也门君主把玻璃器赠送给明朝。如马欢《瀛涯胜览》记载："其国王进金厢宝带二条、金丝珍珠宝石金冠一顶，并雅姑各样宝石、蛇角二枚，修金叶表文等物进献朝廷。"[6]不过，也门编年史记载拉苏勒国王给明朝的礼物是"各种奢侈品、伊夫兰贾港加工的珊瑚树、野牛和野驴等野生动物、驯养的狮子和豹"。[7]这里提到的"各种奢侈品"中是否包含精致的玻璃器呢？受限于

1　《明宣宗实录》卷一〇五"宣德八年闰八月辛亥"条，台北：中研院历史语言研究所校印本，1962 年，2341 页。

2　Nayef Abdullah al-Shamroukh, op. cit., pp.338-339.

3　《（万历）大明会典》卷一一五《礼部七十三》"膳羞二·下程"，上海古籍出版社，《续修四库全书》影印明万历内府刻本，2002 年，第 161 页下栏。"下程"即接待行人的饮食。

4　《明英宗实录》卷一九"正统元年闰六月癸巳"条，第 385 页。

5　《明史》卷三二六《外国传七》，中华书局，1974 年，第 8450 页。

6　马欢著，万明校注《明抄本〈瀛涯胜览〉校注》，海洋出版社，2005 年，第 85、128、155 页。各抄本文字略有差异，择善而从。

7　前引家岛彦一「15 世紀におけるインド洋通商史の一齣：鄭和遠征分隊のイエメン訪問について」141 頁。

史料，情况难以查考。由于明朝永乐、宣德年间中国与也门存在着直接的、高层次的官方往来，带有拉苏勒王朝纹章的玻璃器在这一时期传入中国也并非全无可能。

郑和下西洋之后，明朝的国家航海事业迅速衰落。在明朝前期，私人海外贸易受到政府的压制，而明朝中后期虽然海禁有所松动，但主要由于两方面的原因，中国海船没有重回西印度洋。其一，民间海商没有必要承担各种较高的风险去西印度洋进行贸易；其二，欧洲殖民者的东来在很大程度上压缩了中国海商的活动空间，改变了贸易的方向。明末张燮《东西洋考》"西洋列国""西洋针路"涉及的地理范围已经大体不出马六甲海峡。[1] 同时代的福建官员何乔远对元明海外贸易的变化做了很有见地的评论："元三山吴鉴为泉守，偰玉立修《清源续志》。余于友人家仅得其一本，曰《岛夷志》。志所载凡百国，皆通闽中者。""夫是百国者，盖皆大西洋之国也。于今则大西洋货物尽转移至吕宋，而我往市，以故不复相通如元时矣。"[2]

明朝中期（约 16 世纪中叶）的航海手册《顺风相送》抄本，虽然仍旧收录了去往阿丹（即亚丁）的针路，[3] 但与其说它具有实用意义，还不如将其视为对往昔文本的一种简单沿袭。[4] 明末《东西洋航海图》干脆没有画出古里通往阿丹的道路，只在图幅的边缘用文字做了极为粗略的说明。[5] 随着远航西洋活动的废止，尤其是相关图文资料被大规模销毁，中国关于西印度洋的认知水平迅速下降。明嘉靖十五年（1536），

1　张燮：《东西洋考》，谢方点校，中华书局，1981 年，第 66—88、179—182 页。

2　何乔远：《闽书》卷一四六《岛夷志》，厦门大学古籍整理研究所、历史系古籍整理研究室《闽书》校点组校点，福建人民出版社，1994 年，第 4362 页。

3　《顺风相送》"古里往阿丹"条，见《两种海道针经》，向达校注，中华书局，1961 年，第 80 页。刘义杰：《〈顺风相送〉研究》，大连海事大学出版社，2017 年，第 268—269 页。

4　张荣、刘义杰：《〈顺风相送〉校勘及编成年代小考》，《国家航海》第三辑，2012 年，第 85—89 页；张崇根：《也谈〈两种海道针经〉的编成年代及索引补遗》，《国家航海》第四辑，2013 年，第 68—71 页。

5　钱江：《一幅新近发现的明朝中叶彩绘航海图》，《海交史研究》2011 年第 1 期，第 3—4 页；郭育生、刘义杰：《〈东西洋航海图〉成图时间初探》，《海交史研究》2011 年第 2 期，第 73 页。

朝中出现了可能与也门有关的讨论：

> 上以造方丘及朝日坛（王）[玉]爵，屡下户部购红、黄二
> 色玉，不得。乃下边臣，于天方国、土鲁番入贡诸夷（永）[求]
> 之，又不得。至是原任回回馆通事撒文秀言："二玉产在阿丹，去
> 土鲁番西南二千里，其地两山对峙，自为雌雄，有时自鸣。请依
> 宣德时下番事例，遣臣赍重货往购之，二（王）[玉]将必可得。"
> 部以遣官下番非常例，第（贵）[责]诸抚按，督令文秀仍于边地
> 访求。报可。[1]

如果上引文中的"阿丹"为也门，那么，对于明朝中叶的君臣来说，也
门已经是非常陌生的国度了。

　　清朝史官修《明史》，对所谓阿丹国更是茫然，在《明史》中居然
有这样的猜测："前世梁、隋、唐时，并有丹丹国，或言即其地。"[2] 实际
上，无论国名的对音还是具体的地理位置，丹丹与阿丹都相差甚远。[3]

　　8 至 15 世纪中国与也门的交往，是中国与西印度洋北部地区经贸、
政治、文化关系的一个缩影，也部分地反映了在内外因素的共同作用
下，古代中国对外关系的变化历程。

1　《明世宗实录》卷一九二"嘉靖十五年十月壬寅"条，第 4060 页。
2　前引《明史》卷三二六《外国传七》，第 8450—8451 页。
3　学界一般认为丹丹指的是马来西亚吉兰丹州及其附近地区。详见许云樵《马来亚史》上册，
　　新加坡：新加坡青年书局，1961 年，第 94—96 页。他的最初研究《丹丹考》发表于《南洋
　　学报》第一卷第一辑，1940 年，见上引书第 97 页，注释 26。简明的解说和相关史料，见前
　　引陈佳荣、谢方、陆峻岭《古代南海地名汇释》，第 211、1060 页。

参考文献

一　汉文史料

《（淳熙）三山志》，梁克家纂修，《宋元方志丛刊》影
　　印明崇祯十一年刻本，中华书局，1990 年。

《（大德）南海志》，陈大震、吕桂孙编，中华书局，
　　《宋元方志丛刊》影印元大德刊本，1990 年。

《（弘治）吴江志》，莫旦纂，《中国史学丛书三编》影
　　印弘治元年刻本，台北学生书局，1987 年。

《（嘉靖）徽州府志》，汪尚宁等纂，《中国史学丛书》
　　影印嘉靖四十五年刻本。

《（乾隆）甘州府志》，钟赓起纂修，台北成文出版社
　　《中国方志丛书》影印乾隆四十四年刊本，1976 年。

《（顺治）肃镇志》，高弥高等纂修，台北成文出版社
　　《中国方志丛书》影印顺治十四年抄本。

《（万历）金华府志》，王懋德等纂修，《中国史学丛书》影印万历六年刻本，台北学生书局，1965年。

《（万历）顺天府志》，中国书店，1959年影印万历二十一年刻本。

《（正德）琼台志》，唐胄纂，《天一阁藏明代方志选刊》影印正德十六年刻本。

《（至正）金陵新志》，张铉纂修，台湾成文出版社《中国方志丛书》影印元至正四年刊本。

《北史》，李延寿撰，中华书局，1974年。

蔡美彪：《元代白话碑集录》，科学出版社，1955年。

陈孚：《陈刚中诗集》，明天顺四年沈琮刻本。

陈高华：《元代维吾尔、哈剌鲁资料辑录》，新疆人民出版社，1991年。

陈旅：《安雅堂集》，《元代珍本文集汇刊》影印旧抄本。

程钜夫：《程雪楼文集》，《元代珍本文集汇刊》影印民国陶湘影刻洪武二十八年刊本。

崔世珍编《吏文辑览》，汉城：朝鲜印刷株式会社，1942年。

《大明会典》，万历本，上海古籍出版社，《续修四库全书》影印明万历内府刻本，2002年。

《大元通制》，收入黄时鉴辑《元代法律资料辑存》，浙江古籍出版社，1988年。

道宣：《续高僧传》，郭绍林点校，中华书局，2014年。

傅若金：《傅与砺文集》，《北京图书馆古籍珍本丛刊》影印洪武十七年刻本。

《庚申外史》，见《庚申外史笺证》，任崇岳笺证，中州古籍出版社，1991年。

耿慧玲、黄文楼主编《越南汉喃铭文汇编》第二集《陈朝（1226—1400）》，台北：新文丰出版公司，2002年。

何乔远：《闽书》，厦门大学古籍整理研究所、历史系古籍整理研究室《闽书》校点组校点，福建人民出版社，1994年。

洪皓:《松漠记闻》,《丛书集成初编》据《顾氏文房小说》本排印。

呼格吉勒图、萨如拉:《八思巴字蒙古语文献汇编》,内蒙古教育出版
　　社,2004 年。

黄溍:《黄溍全集》,王颋点校,天津古籍出版社,2008 年。

黄溍:《金华黄先生文集》,《四部丛刊初编》影印元刊本。

《畿辅通志》,黄彭年等纂修,同治十年修、光绪十年刊,上海商务印
　　书馆,1934 年影印本。

《金史》,脱脱等撰,中华书局,1975 年。

《经世大典》,赵世延等编,见《经世大典辑校》,周少川、魏训田、谢
　　辉辑校,中华书局,2020 年。

《旧唐书》,刘昫等撰,中华书局,1975 年。

黎崱:《安南志略》,武尚清点校,中华书局,1995 年。

李东阳:《怀麓堂集》,台湾商务印书馆影印《文渊阁四库全书》本。

李士瞻:《经济文集》,《湖北先正遗书》本。

李逸友编著《黑城出土文书(汉文文书卷)》,科学出版社,1991 年。

李志常:《长春真人西游记》,河北人民出版社,2001 年。

《两种海道针经》,向达校注,中华书局,1961 年。

《辽史》,脱脱等撰,中华书局,1974 年。

刘基:《刘伯温集》,林家骊点校,浙江古籍出版社,2011 年。

刘敏中:《中庵集》,收入《刘敏中集》,邓瑞全、谢辉校点,吉林文史
　　出版社,2008 年。

刘敏中:《中庵先生刘文简公文集》,《北京图书馆古籍珍本丛刊》影印
　　清抄本。

刘因:《静修先生文集》,《四部丛刊初编》影印宗文堂元刻本。

柳贯:《柳待制文集》,《四部丛刊初编》影印江阴缪氏艺风堂藏元刻本。

柳贯:《柳贯诗文集》,柳遵杰点校,浙江古籍出版社,2004 年。

《旅顺博物馆图录》,杉村勇造等编纂,东京:座右宝刊行会,1943 年。

马欢著,万明校注《明抄本〈瀛涯胜览〉校注》,海洋出版社,

2005 年。

马祖常:《马石田文集》,《元人文集珍本丛刊》影印明刊黑口本。

《明实录》,台北:中研院历史语言研究所校印本,1962 年。

《明史》,张廷玉等撰,中华书局,1974 年。

《南台备要》,刘孟琛等编,见《宪台通纪(外三种)》,王晓欣点校,浙江古籍出版社,2002 年。

念常:《佛祖历代通载》,《北京图书馆古籍珍本丛刊》影印元至正七年刻本。

欧阳玄:《圭斋集》,《四部丛刊初编》影印明成化刊本。

欧阳玄:《欧阳玄集》,魏崇武、刘建立点校,吉林文史出版社,2009 年。

潘清简等:《越史通鉴纲目》,1884 年越南刻本。

乔松年:《萝摩亭札记》,同治十二年刻本。

庆吉祥编《至元法宝勘同总录》,《中华大藏经》影印清藏本。

《全元文》,李修生主编,江苏古籍出版社/凤凰出版社,1997 年至2004 年。

阮元编《两浙金石志》,清光绪十六年浙江书局刻本,收入国家图书馆善本金石组编《辽金元石刻文献全编》,北京图书馆出版社,2003 年。

沈榜:《宛署杂记》,北京古籍出版社,1983 年。

《史记》,司马迁撰,中华书局,1982 年。

史金波等主编《俄藏黑水城文献》(汉文部分),上海古籍出版社,1997 年。

史树青主编《中国历史博物馆藏法书大观》第十二卷"战国秦汉唐宋元墨迹",上海教育出版社,2001 年。

《顺天府志》,缪荃孙抄自《永乐大典顺天府》,北京大学出版社,1983 年影印本。

《说郛》,陶宗仪编,收入《说郛三种》,上海古籍出版社,1990 年。

宋濂:《宋濂全集》, 黄灵庚编辑校点, 人民文学出版社, 2014 年。

《宋史》, 脱脱等撰, 中华书局, 1977 年。

苏天爵:《滋溪文稿》, 陈高华、孟繁清点校, 中华书局, 1997 年。

《隋书》, 魏徵等撰, 中华书局, 1973 年。

塔拉、杜建录、高国祥:《中国藏黑水城汉文文献》, 国家图书馆出版社, 2008 年。

陶宗仪:《南村辍耕录》, 中华书局, 1959 年。

陶宗仪:《书史会要》, 徐美洁点校, 浙江人民美术出版社, 2019 年。

《通制条格》, 见方龄贵《通制条格校注》, 中华书局, 2001 年。

汪大渊著, 苏继庼校释《〈岛夷志略〉校释》, 中华书局, 1981 年。

王昶编《湖海文传》, 道光十七年经训堂刻本。

王昶编《金石萃编未刻稿》, 1918 年上虞罗氏影印本, 收入国家图书馆善本金石组编《辽金元石刻文献全编》, 北京图书馆出版社, 2003 年。

王大方、张文芳编著《草原金石录》, 文物出版社, 2013 年。

王溥:《唐会要》, 中华书局排印本, 1960 年。

王士点、商企翁编《秘书监志》, 高荣盛点校, 浙江古籍出版社, 1992 年。

王士禛:《池北偶谈》, 江苏广陵古籍刻印社《笔记小说大观》本。

王彝:《王常宗集》, 影印《文渊阁四库全书》本。

危素:《危太仆集》,《元人文集珍本丛刊》影印民国《嘉业堂丛书》本。

吴长元:《宸垣识略》, 北京出版社, 1964 年。

吴澄:《吴文正公全集》,《元人文集珍本丛刊》影印明成化二十年刻本。

吴士连:《大越史记全书》, 孙晓等标点校勘, 西南师范大学出版社、人民出版社, 2015 年。

《西域考古图谱》, 香川默识编, 东京:国华社, 1915 年。

夏文彦:《图绘宝鉴》, 商务印书馆据涵芬楼藏明刻本排印, 1934 年。

祥迈:《辩伪录》,《大正新修大藏经》排印本。

《新唐书》，欧阳修等撰，中华书局，1975年。

《新西域记》，上原芳太郎编，东京：有光社，1937年。

熊梦祥：《析津志》，见《〈析津志〉辑佚》，北京图书馆善本组辑，北京古籍出版社，1983年。

徐明善：《天南行记》《安南行记》，《说郛三种》影印明刻宛委山堂本、上海商务印书馆据明抄本排印本（又称涵芬楼百卷本）。

徐元瑞：《吏学指南》，杨讷点校，浙江古籍出版社，1988年。

许有壬：《至正集》，《元人文集珍本丛刊》影印清宣统三年石印本。

杨维桢：《东维子文集》，《四部丛刊》影印清沈氏鸣野山房抄本。

杨瑀：《山居新语》，余大钧点校，中华书局，2006年。

耶律楚材：《西游录》，向达校注，中华书局，1981年。

耶律楚材：《湛然居士文集》，谢方点校，中华书局，2021年。

耶律铸：《双溪醉饮集》，影印《文渊阁四库全书》本。

叶盛：《水东日记》，魏中平点校，中华书局，1980年。

《永乐大典》，解缙等编，中华书局，1986年影印本。

于敏中等编《日下旧闻考》，北京古籍出版社，1983年。

虞集：《道园类稿》，《元人文集珍本丛刊》影印明初覆刊元至正五年抚州路学刊本。

虞集：《道园学古录》，《四部丛刊初编》影印明景泰翻元小字本。

《元朝秘史（校勘本）》，乌兰校勘，中华书局，2012年。

《元典章》，陈高华、张帆、刘晓、党宝海点校，中华书局、天津古籍出版社，2011年。

元好问：《遗山先生文集》，《四部丛刊初编》影印明弘治十一年刊本，收入《元好问全集》（增订本），姚奠中主编，山西古籍出版社，2004年。

《元史》，宋濂等撰，中华书局，1976年。

《元文类》，苏天爵编，张金铣校点，安徽大学出版社，2020年。

袁桷：《清容居士集》，《四部丛刊初编》影印元刻本。

袁桷著，杨亮校注《袁桷集校注》，中华书局，2012年。

臧晋叔编《元曲选》，中华书局，1958年。

张燮:《东西洋考》，谢方点校，中华书局，1981年。

张昱:《张光弼诗集》，《四部丛刊续编》影印铁琴铜剑楼旧藏明钞本。

赵珙:《蒙鞑备录》，王国维校注,《王国维遗书》本，上海古籍书店，1983年。

赵孟頫:《松雪斋文集》，收入《赵孟頫集》，钱伟强点校，浙江古籍出版社，2016年。

赵汝适著，杨博文校释《〈诸蕃志〉校释》，中华书局，2000年。

郑麟趾:《高丽史》，孙晓等标点校勘，西南师范大学出版社、人民出版社，2014。

《至正条格》校注本，李玠奭等校注，首尔：Humanist出版社，2007年。

《中华大藏经》(汉文部分)，任继愈主编，中华书局，19841997年。

周去非撰，杨武泉校注《岭外代答校注》，中华书局，1999年。

朱德润:《存复斋文集》，《四部丛刊续编》影印常熟瞿氏铁琴铜剑楼藏明刊本。

二 非汉文史料汉译本

P. S. 帕拉斯:《内陆亚洲厄鲁特历史资料》，邵建东、刘迎胜译，云南人民出版社，2002年。

阿里·阿克巴尔:《中国纪行》，张至善、张铁伟、岳家明译，三联书店，1988年。

巴图尔·乌巴什·图们:《四卫拉特史》，特克希译,《蒙古学资料与情报》1990年第3期。

道森编《出使蒙古记》，吕浦译，中国社会科学出版社，1983年。

多默·皮列士《东方志》，何高济译，江苏教育出版社，2005年。

鄂多立克:《鄂多立克东游录》，何高济译，中华书局，1981年。

噶班沙喇布:《四卫拉特史》,乌力吉图译,《蒙古学资料与情报》1987
　　年第 4 期。

克利斯多弗·维埃拉:《广州葡囚书简(1524?)——葡中首次交往的见
　　证》,何高济译,《国际汉学》第 10 辑,大象出版社,2004 年。

拉施特主编《史集》三卷本,余大钧、周建奇译,商务印书馆,1983、
　　1985、1986 年。

利玛窦、金尼阁:《利玛窦中国札记》,何高济、王遵仲、李申译,中华
　　书局,1983 年。

鲁布鲁克:《鲁布鲁克东行记》,何高济译,中华书局,1985 年。

马可·波罗:《马可波罗行纪》,沙海昂(A. J. H. Charignon)注释,冯
　　承钧译,河北人民出版社,1999 年。

马黎诺里:《马黎诺里游记》摘录,收入张星烺编著、朱杰勤校订《中
　　西交通史料汇编》第 1 册,中华书局,1977 年。

《蒙古秘史》,余大钧译,河北人民出版社,2001 年。

尼·斯·米列斯库:《中国漫记》,蒋本良、柳凤运译,中华书局,
　　1989 年。

《世界境域志》,王治来译,上海古籍出版社,2010 年。

《信第达巴茂克碑》,李谋译注,中外关系史学会编《中外关系史译丛》
　　第 1 辑,上海译文出版社,1984 年。

伊本·白图泰:《伊本·白图泰游记》,马金鹏译,宁夏人民出版社,
　　1985 年。

裕尔:《东域纪程录丛:古代中国闻见录》,张绪山译,中华书局,
　　2008 年。

曾德昭:《大中国志》,何高济译,上海古籍出版社,1998 年。

志费尼:《世界征服者史》,何高济译,内蒙古人民出版社,1980 年。

《中国印度见闻录》,穆根来等译,中华书局,1983 年。

三 外文史料

al Kašgari, Mahmud. *Compendium of the Turkic Dialects*, ed. and tr. by Robert Dankoff, Cambridge: Harvard University Press, 1982.

al-Khazrajī, 'Alī b. al-Hasan. *The Pearl-Strings, a History of the Resuliyy Dynasty of Yemen*, 5 vols, translation and text with annotations and index by the late Sir J.W. Redhouse, Leyden and London: E.J. Brill and Luzac, 1906-1918.

Andreose, Alvise and Philippe Ménard ed., *Le Voyage en Asie d'Odoric de Pordenone: Traduit par Jean le Long OSB - Itineraire de la peregrinacion et du voyaige (1351)* , Genève: Droz, 2010.

Budge, E. A. W. *The Monks of Kublâi Khân, Emperor of China*, London: Religious Tract Society, 1928.

Cerensodnom, D. and M. Taube, *Die Mongolica der Berliner Turfansammlung*, Berlin: Akademie Verlag, 1993.

Dawson, Christopher. *The Mongol Mission: Narratives and Letters of the Franciscan Missionaries in Mongolia and China in the Thirteenth and Fourteenth Centuries*, London: Sheed and Ward, 1955.

de Rachewiltz, Igor. *The Secret History of the Mongols: A Mongolian Epic Chronicle of the Thirteenth Century*, Leiden and Boston: Brill, 2004.

Derḡam al-Din, al-Afżal al-'Abbās b. 'Ali b. Dā'ud b. Yusof b. 'Omar b. 'Ali. *The King's Dictionary: the Rasûlid Hexaglot, Fourteenth Century Vocabularies in Arabic, Persian, Turkic, Greek, Armenian, and Mongol*, translated by Tibor Halasi-Kun et al., with introductory essays by Peter B. Golden et al., Leiden and Boston: Brill, 2000.

Gadrat, Christine. *Une image de l'Orient au XIVe siècle. Les "Mirabilia descripta" de Jordan Catala de Sévérac*, édition, traduction et commentaire, Paris: École des Chartes, 2005.

Ḥudūd al-'Ālam: "The Regions of the World": a Persian Geography, 372 A.H.-982 A.D, trans. and explained by V. Minorsky, London: Luzac, 1937.

Ibn Battuta, *The Travels of Ibn Battuta, A.D. 1325-1354*, trans. with annotations by H. A. R. Gibb and C. F. Beckingham, London: the Hakluyt Society, 1994.

Jordanus, Friar. *Mirabilia Descripta: the Wonders of the East*, translated by Henry Yule, London: Hakluyt Society, 1863.

Juvaini, 'Ala-ad-Din 'Ata-Malik. *The History of the World-Conqueror*, trans. by J. A. Boyle, Manchester: Manchester University Press, 1958.

Juwayni, 'Alau-'d-Din 'Ata-Malik. *The Tarikh-i-Jahan-Gusha of 'Alau-'d-Din 'Ata-Malik-i-Juwayni*, Part 1, ed. by Mirza Muhammad ibn 'Abudu'l-Wahhab-i-Qazwini, Leyden: E. J. Brill, 1912.

Latham, Ronald. *The Travels of Marco Polo*, London: Penguin Books, 1958.

Leslie, Donald D. "The Mongol Attitude to Jews in China", *Central Asiatic Journal*, vol. 39 (1995), No. 2

Mackintosh-Smith, Tim. *Two Arabic Travel Books*, New York and London: New York University Press, 2014.

Marvazī, *Sharaf al-Zamān Ṭāhir Marvazī on China, the Turks, and India: Arabic Text (circa A.D. 1120)*, trans. and commented by V. Minorsky, London, 1942.

Mostaert, Antoine et Francis W. Cleaves, "Trois Documents Mongols des Archives Secrètes Vaticanes", *Harvard Journal of Asiatic Studies*, vol. 15, No.3/4, 1952.

Mostaert, Antoine et Francis W. Cleaves, *Les lettres de 1289 et 1305 des ilkhan Aryun et Öljeitü à Philippe le Bel*, Cambridge: Harvard University Press, 1962.

Moule, A. C. & Paul Pelliot, *Marco Polo: the Description of the World*, vol.1, London: G. Routledge & Sons Limited, 1938; reprinted by New York:

AMS Press Inc., 1976.

Moule, A. C. & Paul Pelliot, *Marco Polo: the Description of the World*, vol. 2, *A Transcription of Z, the Latin Codex in the Cathedral Library at Toledo by A. C. Moule*, London: G. Routledge & Sons Limited, 1935.

Pegolotti, Francesco B. *La pratica della mercatura*, ed. Alan Evans, Cambridge (Mass.): the Mediaeval Academy of America, 1936.

Pegolotti, Francesco B. *Notices of the Land Route to Cathay* (circa 1330-1340), trans. and ed. by Henry Yule, in Henry Yule ed., *Cathay and the Way Thither*, vol. 2, London: Hakluyt Society, 1866.

Rashīd al-Dīn. *The Successors of Genghis Khan*, translated by John A. Boyle, New York: Columbia University Press, 1971.

Yule, Henry. trans. & ed. *Cathay and the Way Thither*, London: Hakluyt Society, 1866.

Yule, Henry. trans. & ed. *The Book of Ser Marco Polo the Venetian concerning the Kingdoms and Marvels of the East*, 3rd edition, London: John Murray, 1903.

四　汉文研究论著（包括外文著作的汉译本）

A. F. 斯坦茨勒:《梵文基础读本》，季羡林译，北京大学出版社，1996 年。

阿·克·穆尔:《1550 年前的中国基督教史》，郝镇华译，中华书局，1984 年。

阿卜杜拉·马文宽:《伊斯兰世界文物在中国的发现与研究》，宗教文化出版社，2006 年。

阿里·玛札海里（Aly Mazahéri）:《丝绸之路：中国—波斯文化交流史》，耿昇译，新疆人民出版社，2006 年。

艾周昌、沐涛:《中非关系史》，华东师范大学出版社，1996 年。

安部健夫:《西回鹘国史的研究》,宋肃瀛等译,新疆人民出版社,
　　1985年。

巴德利(John F. Baddeley):《俄国·蒙古·中国》,吴持哲、吴有刚译,
　　商务印书馆,1981年。

巴戈那、李国庆:《元西湖书院刻本〈文献通考〉散叶跋》,中国文物研
　　究所编《出土文献研究》第七辑,上海古籍出版社,2005年。

北村高:《关于蒙速思家族供养图》,《元史论丛》第五辑,中国社会科
　　学出版社,1993年。

毕波:《粟特人与晋唐时期陆上丝绸之路香药贸易》,《台湾东亚文明研
　　究学刊》第十卷第二期,2013年。

毕波:《粟特文古信札汉译与注译》,《文史》2004年第2辑。

伯希和:《蒙古与教廷》,冯承钧译,中华书局,1994年。

伯希和:《唐元时代中亚及东亚之基督教徒》,冯承钧译,《西域南海史
　　地考证译丛》第一卷第一编,商务印书馆,1962年重印1934年本。

蔡美彪:《试论马可波罗在中国》,《中国社会科学》1992年第2期。

常征:《京城何处高梁河》,《史苑》第一辑,1982年。

陈炳应:《西夏的丝路贸易与钱币法》,《中国钱币》1991年第3期。

陈炳应主编《中国少数民族科学技术史丛书·纺织卷》,广西科学技术
　　出版社,1996年。

陈得芝:《蒙元史研究丛稿》,人民出版社,2005年。

陈得芝:《十三世纪以前的克烈王国》,《元史论丛》第三辑,1986年。

陈得芝:《元代海外交通的发展与明初郑和下西洋》,《郑和下西洋论文
　　集》第二集,南京大学出版社,1985年。

陈得芝:《元仁宗时教皇使者来华的一条汉文资料》,《中国史论集:祝
　　贺杨志玖教授八十寿辰》,天津古籍出版社,1994年。

陈高华、史卫民:《元上都》,吉林教育出版社,1988年。

陈高华、吴泰:《宋元时期的海外贸易》,天津人民出版社,1981年。

陈高华:《陈高华文集》,上海辞书出版社,2005年。

陈高华:《黑城元代站赤登记簿初探》,《中国社会科学院研究生院学报》
　　2002 年第 5 期。

陈高华:《印度马八儿王子孛哈里来华新考》,《南开大学学报》1980 年
　　第 4 期。

陈高华:《元朝中书左丞相别不花事迹考》,《隋唐辽宋金元史论丛》第
　　九辑,上海古籍出版社,2019 年。

陈高华:《元大都》,北京人民出版社,1982 年。

陈高华:《元代泉州舶商》,《中国史研究》1985 年第 1 期。

陈高华:《元代新疆史事杂考》,新疆人民出版社编《新疆历史论文续
　　集》,新疆人民出版社,1982 年。

陈国灿:《吐鲁番出土元代杭州"裹贴纸"浅析》,《武汉大学学报》1995
　　年第 5 期。

陈怀宇:《高昌回鹘景教研究》,《敦煌吐鲁番研究》第四卷,1999 年。

陈佳荣、谢方、陆峻岭:《古代南海地名汇释》,中华书局,1986 年。

陈克伦:《元青花研究中的几个问题》,收入《幽蓝神采:2012 上海元青
　　花国际学术研讨会论文集》第一辑,上海古籍出版社,2015 年。

陈学霖:《宋遗民流寓安南占城考实》,最初发表于《香港大学史学年
　　刊》1961 年刊,后收入陈学霖《宋史论集》,台北:东大图书公司,
　　1993 年。

陈垣:《开封一赐乐业教考》,《东方杂志》第十七卷第 5—7 号,1920 年,
　　后收入陈乐素、陈智超编校《陈垣史学论著选》,上海人民出版社,
　　1981 年。

陈垣:《马定先生在内蒙发见之残碑》,收入《陈垣学术论文集》第一
　　集,中华书局,1980 年。

陈允吉:《关于王梵志传说的探源与分析》,《复旦学报》1994 年第 6 期。

陈重金:《越南通史》,戴可来译,商务印书馆,1992 年。

程溯洛:《高昌回鹘亦都护谱系考》,《西北史地》1983 年第 4 期。

程溯洛:《释汉文〈九姓回鹘毗伽可汗碑〉中有关回鹘和唐朝的关系》,

原载《中央民族学院学报》1978 年第 2 期，后收入同作者《唐宋回鹘史论集》，人民出版社，1993 年。

党宝海、杨玲:《腰线袍与辫线袄——关于古代蒙古文化史的个案研究》,《西域历史语言研究集刊》第二辑，科学出版社，2009 年。

党宝海:《〈马可·波罗行记〉畏兀儿君主树生传说补证》,《国际汉学研究通讯》第六期，2013 年。

党宝海:《11—13 世纪中国的两个景教家族》，朱玉麒、周珊主编《明月天山:"李白与丝绸之路国际学术研讨会"论文集》，国家图书馆出版社，2018 年。

党宝海:《13、14 世纪畏兀儿亦都护世系考》,《西北民族研究》1998 年第 1 期。

党宝海:《8—15 世纪的中国与也门》,《北京大学学报》2021 年第 2 期。

党宝海:《敦煌元代汉文官文书续考》,《西域文史》第十二辑，科学出版社，2018。

党宝海:《关于元朝犹太人的汉文史料》,《中国史研究》2005 年第 3 期。

党宝海:《黄文弼先生所获元代汉文文书浅识》，荣新江、朱玉琪主编《西域考古·史地·语言研究新视野——黄文弼与中瑞西北科学考查团国际学术研讨会论文集》，科学出版社，2014 年。

党宝海:《甲申元越战争中的安南汉人与张显汉军》,《田余庆先生九十华诞颂寿论文集》，中华书局，2014 年。

党宝海:《略论古代丝绸之路上的杭州产品》,《丝绸之路考古》第四辑，科学出版社，2020 年。

党宝海:《蒙元驿站交通研究》，昆仑出版社，2006 年。

党宝海:《十三世纪畏兀儿蒙速速家族供养图考》,《欧亚学刊》第二辑，中华书局，2000 年。

党宝海:《丝绸之路上的河西商品》,《国际汉学研究通讯》第十期，2015 年。

党宝海:《吐鲁番出土金藏考——兼论一组吐鲁番出土佛经残片的年

代》,《敦煌吐鲁番研究》第四卷,1999 年。

党宝海:《魏公村考——元大都一个畏兀儿聚落的历程》,《北京大学研究
　　生学刊》1998 年第 2 期。

党宝海:《魏公村考——元大都一个畏兀儿聚落的历程》,《北京文博》
　　2000 年第 4 期。

党宝海:《昔里吉大王与元越战争》,《西部蒙古论坛》2013 年第 4 期。

党宝海:《元朝与伊利汗国的海路联系》,荣新江、党宝海主编《马
　　可·波罗与 10—14 世纪的丝绸之路》,北京大学出版社,2019 年。

党宝海:《元代火州之战年代辨正》,《欧亚学刊》第三辑,中华书局,
　　2002 年。

丁福保编著《历代古钱图说》,马定祥批注,上海人民出版社,
　　1992 年。

杜建录:《西夏经济史》,中国社会科学出版社,2002 年。

杜立晖:《俄藏黑水城肃州路官员名录文书考释》,《西夏学》第五辑,
　　2010 年。

段玉泉:《管主八施印〈河西字大藏经〉新探》,《西夏学》第一辑,
　　2006 年。

多田贞一:《北京地名志》,张紫晨译,书目文献出版社,1986 年。

方广锠:《吐鲁番出土汉文佛典述略》,《西域研究》1992 年第 1 期。

冯家昇:《刻本回鹘文〈佛说天地八阳神咒经〉研究——兼论回鹘人对
　　于大藏经的贡献》,《考古学报》第九册,1955 年。

冯培红、马娟:《从杭州到吐鲁番:柏孜克里克石窟所出元代商业广告
　　的南北流传》,《杭州文史》第四辑,2015 年。

福建省泉州海外交通史博物馆编《泉州伊斯兰教石刻》,陈达生主撰,
　　陈恩明英文翻译,宁夏人民出版社、福建人民出版社,1984 年。

盖山林:《阴山汪古》,内蒙古人民出版社,1991 年。

盖山林:《元"耶律公神道之碑"考》,《内蒙古社会科学》1981 年第 1 期。

高荣盛:《元代海外贸易研究》,四川人民出版社,1998 年。

高晓山、陈馥馨:《大黄》,中国医药科技出版社,1988 年。

耿鉴庭:《扬州城根里的元代拉丁文墓碑》,《考古》1963 年第 8 期。

耿世民:《回鹘文〈阿毗达磨俱舍论〉残卷研究》,《中央民族学院学报》1987 年第 4 期。

耿世民:《回鹘文〈大元肃州路也可达鲁花赤世袭之碑〉译释》,阎文儒等编《向达先生纪念论文集》,新疆人民出版社,1986 年。

耿世民:《回鹘文亦都护高昌王世勋碑研究》,《考古学报》1980 年第 4 期。

郭向东:《蒙元时期畏蒙关系述论》,西北大学西北历史研究室编《西北历史研究》,西北大学出版社,1991 年。

郭育生、刘义杰:《〈东西洋航海图〉成图时间初探》,《海交史研究》2011 年第 2 期。

海淀区地名志编辑委员会:《北京市海淀区地名志》,北京出版社,1992 年。

韩儒林主编《元朝史》,人民出版社,1986 年。

何启龙:《佛经回鹘文跋文的 čungdu“中都”所指的时间与地点》,《元史及民族与边疆研究集刊》第二十一辑,2009 年。

河南省博物馆、焦作市博物馆:《河南焦作金墓发掘简报》,《文物》1979 年第 8 期。

洪业:《明吕乾斋、吕宇衡祖孙二墓志铭考》,《燕京学报》第三期,1928 年;此文后收入《洪业论学集》,中华书局,1981 年。

侯仁之主编《北京历史地图集》,北京出版社,1988 年。

胡继勤:《我国现存唯一完整的一件元代铜壶滴漏》,《文物参考资料》1957 年第 10 期。

胡小鹏、李翀:《试析元代的流刑》,《西北师大学报》2008 年第 6 期。

胡小鹏:《元甘肃行省诸驿道考》,《西北史地》1997 年第 4 期。

华涛:《贾玛尔·喀尔施和他的〈苏拉赫词典补编〉(下)》,《元史及北方民族史研究集刊》第十一期,南京大学历史系,1987 年。

黄能馥、陈娟娟:《中华历代服饰艺术》,中国旅游出版社,1999 年。

黄薇、黄清华:《元青花瓷器早期类型的新发现——从实证角度论元青
　　花瓷器的起源》,《文物》2012 年第 11 期。

黄文弼:《黄文弼蒙新考察日记（1927—1930）》,黄烈整理,文物出版
　　社, 1990 年。

黄文弼:《塔里木盆地考古记》,科学出版社, 1958 年。

黄文弼:《吐鲁番考古记》,科学出版社, 1954 年。

黄文弼:《亦都护高昌王世勋碑复原并校记》,《文物》1964 年第 2 期。

黄夏年:《景教与佛教关系之初探》,《世界宗教研究》1996 年第 1 期。

家岛彦一:《郑和分艅访问也门》, 刘晓民译,《中外关系史译丛》第二
　　辑, 上海译文出版社, 1985 年。

贾丛江:《关于元朝经营西域的几个问题》,《西域研究》1998 年第 4 期。

贾敬颜:《畏兀儿村考》, 收入贾敬颜《民族历史文化萃要》, 吉林教育
　　出版社, 1990 年。

榎一雄:《明末的肃州》, 辛德勇译, 刘俊文主编《日本学者研究中国史
　　论著选译》第九卷《民族交通》, 中华书局, 1993 年。

箭内亘:《蒙古史研究》, 陈捷等译, 商务印书馆, 1932 年。

蒋唯心:《金藏雕印始末考》,《国风》第五卷 12 号, 1934 年, 后收入张
　　曼涛主编《大藏经研究汇编》上册, 台北大乘文化出版社, 1977 年。

金浩东:《蒙元帝国时期的一位色目官吏爱薛怯里马赤（Isa Kelemechi,
　　1227—1308）的生涯与活动》,李花子译,《欧亚译丛》第一辑,
　　2015 年。

卡哈尔·巴拉提、刘迎胜:《亦都护高昌王世勋碑回鹘碑文之校勘与
　　研究》,《元史及北方民族史研究集刊》第八期, 南京大学历史系,
　　1984 年。

康蕊君（Regina Krahl）:《西亚与南亚发现的元青花瓷器:以红海沉船
　　为中心》, 收入《幽蓝神采: 2012 上海元青花国际学术研讨会论文
　　集》第一辑, 上海古籍出版社, 2015 年。此文的英文本亦收入该论
　　文集。

柯劭忞:《新元史》,收入《元史二种》,上海古籍出版社,2012 年,影印民国天津徐氏退耕堂刻本。

劳费尔:《中国伊朗编》,林筠因译,商务印书馆,1964 年。

李范文:《西夏国名辨》,收入李范文《西夏研究论集》,宁夏人民出版社,1983 年。

李富华:《〈赵城金藏〉研究》,《世界宗教研究》1991 年第 4 期。

李惠生、马遠:《元中都的湮没与再现》,《中国文物报》1997 年 9 月 21 日第 4 版。

李经纬:《吐鲁番回鹘文社会经济文书研究》,新疆人民出版社,1996 年。

李鸣飞:《〈庚申外史〉作者再考》,《中国典籍与文化》2012 年第 2 期。

李伟、郭恩主编《法藏敦煌西夏文文献》,上海古籍出版社,2007 年。

李新魁:《宋代汉语韵母系统研究》,《语言研究》1988 年第 1 期。

李治安:《忽必烈传》,人民出版社,2004 年。

李治安:《元代汉人受蒙古文化影响考述》,《历史研究》2009 年第 1 期。

李治安:《元中叶西北"过川"及"过川军"新探》,《历史研究》2013 年第 2 期。

笠井幸代:《卜古可汗(Bokug Kagan)传说题记》,陆烨译,《元史及民族与边疆研究集刊》第十八辑,2006 年。

林梅村:《〈元经世大典图〉考》,收入林梅村《松漠之间:考古新发现所见中外文化交流》,生活·读书·新知三联书店,2007 年。

刘博:《浅谈犹太教的饮食禁忌》,《世界宗教文化》2009 年第 3 期。

刘浦江:《辽朝亡国之后的契丹遗民》,《燕京学报》新十期,2001 年。

刘如臻:《元代江浙行省研究》,《元史论丛》第六辑,中国社会科学出版社,1996 年。

刘晓:《耶律楚材评传》,南京大学出版社,2001 年。

刘晓:《元代大宗正府考述》,《内蒙古大学学报》1996 年第 2 期。

刘义杰:《〈顺风相送〉研究》,大连海事大学出版社,2017 年。

刘易斯·芒福德：《城市发展史》，倪文彦、宋俊岭译，中国建筑工业出版社，1985 年。

刘迎胜：《〈史集〉窝阔台汗国末年记事补正——蒙古诸汗国间的约和与窝阔台汗国灭亡之再研究》，《元史及北方民族史研究集刊》第十期，南京大学历史系，1986 年。

刘迎胜：《察合台汗国史研究》，上海古籍出版社，2006 年。

刘迎胜：《从〈不阿里神道碑铭〉看南印度与元朝及波斯湾的交通》，《历史地理》第七辑，1990 年。

刘迎胜：《关于元代中国的犹太人》，《元史论丛》第六辑，中国社会科学出版社，1996 年。

刘迎胜：《海路与陆路：中古时代东西交流研究》，北京大学出版社，2011 年。

刘迎胜：《蒙元时代中亚聂思脱里教的分布》，《元史及北方民族史研究集刊》第七期，南京大学历史系，1983 年。

刘迎胜：《蒙元时代中亚社会经济研究》，《中亚学刊》第四辑，1995 年。

刘迎胜：《西北民族史与察合台汗国史研究》，南京大学出版社，1994 年。

刘迎胜：《元朝与察合台汗国的关系（一二六〇年至一三〇三年）》，《元史论丛》第三辑，中华书局，1986 年。

刘迎胜主编《〈大明混一图〉与〈混一疆理图〉研究——中古时代后期东亚的寰宇图与世界地理知识》，凤凰出版社，2010 年。

罗常培、蔡美彪编著《八思巴字与元代汉语》（增订本），中国社会科学出版社，2004 年。

罗贤佑：《元代畏兀儿亦都护谱系及其地位变迁》，《民族研究》1997 年第 2 期。

马建春：《元代东传回回地理学考述》，《回族研究》2002 年第 1 期。

马芷庠：《旧北京旅行指南》，北京燕山出版社，1997 年。

麦超美：《粟特文古信札的断代》，《魏晋南北朝隋唐史朝资料》第二十四辑，2008 年。

毛海明：《元初诸王昔里吉的最终结局》，《元史及民族与边疆研究集刊》
第三十四辑，上海古籍出版社，2017 年。

蒙思明：《元代阶级制度研究》，中华书局，1980 年。

孟森：《清太祖所聘叶赫老女详考》，见孟森《明清史论著集刊》，中华
书局，1959 年。

明甘那：《基督教在中亚和远东的早期传播》，牛汝极、王红梅、王菲
译，最初发表于《国际汉学》第十辑，2006 年，后收入牛汝极《十
字莲花：中国元代叙利亚文景教碑铭文献研究》，上海古籍出版社，
2008 年。

明峥：《越南史略（初稿）》，范宏科、吕谷译，生活·读书·新知三联
书店，1958 年。

莫尔顿（A. H. Morton）：《杭州凤凰寺藏阿拉伯文、波斯文碑铭释读译
注》，周思成注译，中华书局，2015 年。

穆罕默德·博格尔·乌苏吉：《忽鲁模思古代港口探源——马可·波罗
与忽鲁模思》，收入荣新江等编《马可·波罗与 10—14 世纪的丝绸
之路》，北京大学出版社，2019 年。

那木吉拉：《中国阿尔泰语系诸民族神话比较研究》，学习出版社，
2010 年。

牛汝极：《十字莲花：中国元代叙利亚文景教碑铭文献研究》，上海古籍
出版社，2008 年。

潘光旦：《中国境内犹太人的若干历史问题——开封的中国犹太人》，北
京大学出版社，1983 年。

潘辉黎等：《越南民族历史上的几次战略决战》，戴可来译，世界知识出
版社，1980 年。

潘鼐：《中国古天文图录》，上海科技教育出版社，2009 年。

潘志平：《从大黄、茶叶贸易看十五世纪后的中亚交通》，《新疆社会科
学》1986 年第 2 期。

培忒克（L. Petech）：《扬州拉丁文墓碑考证》，夏鼐译，《考古》1983 年第 7 期。

彭金章、王建军等编《敦煌莫高窟北区石窟》，文物出版社，2000 年。

钱大昕：《廿二史考异》，陈文和等点校，凤凰出版社，2008 年。

钱江：《一幅新近发现的明朝中叶彩绘航海图》，《海交史研究》2011 年第 1 期。

邱轶皓：《大德二年（1298）伊利汗国遣使元朝考：法合鲁丁·阿合马·惕必的出使及其背景》，《中央研究院历史语言研究所集刊》第 87 本第 1 分册，2016 年。

邱轶皓：《蒙古帝国视野下的元史与东西文化交流》，上海古籍出版社，2019 年。

邱轶皓：《艍（Jūng）船考：13 至 15 世纪西方文献中所见之"Jūng"》，《国际汉学研究通讯》第五期，2012 年。

仁庆扎西：《西平王与吐蕃的关系》，《中央民族学院学报》1988 年第 1 期。

任崇岳：《权衡与〈庚申外史〉》，《史学月刊》1984 年第 1 期。

荣新江：《海外敦煌吐鲁番文书知见录》，江西人民出版社，1996 年。

荣新江：《唐朝与黑衣大食关系史新证——记贞元初年杨良瑶的聘使大食》，《文史》2012 年第 3 辑。

荣新江：《王延德所见高昌回鹘大藏经及其他》，《庆祝邓广铭教授九十华诞论文集》，河北教育出版社，1997 年。

三上次男：《陶瓷之路》，李锡经、高喜美译，文物出版社，1984 年。

森安孝夫：《敦煌出土元代回鹘文书中的行在缎子》，冯家兴、白玉冬译，《中山大学学报》2021 年第 4 期。

森达也：《伊朗波斯湾北岸几个海港遗址发现的中国瓷器》，收入中国古陶瓷学会编《中国古陶瓷研究》第十四辑，2008 年。

山本达郎：《安南史研究Ⅰ：元明两朝的安南征略》，毕世鸿等译，商务印书馆，2020 年。

上海市戏曲学校中国戏装史研究组：《中国服饰五千年》，商务印书馆香港分馆，1984 年。

邵循正：《剌失德丁〈集史·铁木耳合罕本纪〉译释残稿》，收入《邵循正历史论文集》，北京大学出版社，1985 年。

沈从文：《中国古代服饰研究（增订本）》，上海书店出版社，1997 年。

沈福伟：《中国与非洲——中非关系二千年》，中华书局，1990 年。

石岩、文英：《魏公村——元代维吾尔族人在京郊的聚居点》，《北京日报》1963 年 8 月 16 日第 3 版。

石云里：《中国古代科学技术史纲·天文卷》，辽宁教育出版社，1996 年。

史存直：《汉语语音史纲要》，商务印书馆，1981 年。

史金波：《敦煌莫高窟北区出土西夏文文献初探》，《敦煌研究》2000 年第 3 期。

史金波：《西夏社会》，上海人民出版社，2007 年。

四日市康博：《从〈奉使波斯碑〉看元朝同伊利汗国使臣往来》，赵莹波译，《元史及民族与边疆研究集刊》第三十辑，2015 年。

苏尔梦（Claudine Salmon）：《试探元初流寓东南亚的宋朝遗民》，《海洋史研究》第二辑，2011 年。

苏品红主编《北京古地图集》，测绘出版社，2010 年。

宿白：《赵城金藏与弘法藏》，《现代佛学》1964 年第 2 期，后以《赵城金藏、弘法藏和萨迦寺发现的汉文大藏残本》为题，收入宿白《藏传佛教寺院考古》，文物出版社，1997 年。

孙传贤：《焦作市西冯封村雕砖墓几个有关问题的探讨》，《中原文物》1983 年第 1 期。

陶富海：《山西襄汾县南董金墓清理简报》，《文物》1979 年第 8 期。

田卫疆：《高昌回鹘史稿》，新疆人民出版社，2006 年。

童玮：《北宋〈开宝大藏经〉雕印考释及目录还原》，书目文献出版社，1991 年。

屠寄：《蒙兀儿史记》，收入《元史二种》，影印 1934 年结一宧刻本，上海古籍出版社，2012 年。

吐鲁番地区文管所：《柏孜克里克千佛洞遗址清理简记》，《文物》1985
年第 8 期。

汪辉祖：《元史本证》，姚景安点校，中华书局，1984 年。

王北辰：《元大都兴建前当地的河湖水系》，《环境变迁研究》第一辑，
1984 年。

王德毅等编《元人传记资料索引》，中华书局，1987 年。

王国维：《元刊本西夏文华严经残卷跋》，收入《观堂集林》卷二一"史
林十三"，河北教育出版社，2003 年。

王剑英：《明中都》，中华书局，1992 年。

王颋：《马可波罗所记大汗乘象史实补释》，《元史论丛》第八辑，江西
教育出版社，2001 年。

王颋：《桐繁异乡——元净州马氏九世谱系考辨》，收入王颋《西域南海
史地考论》，上海人民出版社，2008 年。

王颋：《义充市井——〈泉南两义士〉卷内涵探微》，收入王颋《西域南
海史地探索》，中国人民大学出版社，2010 年。

王献军：《元代入琼蒙古、色目人考》，《贵州民族研究》2006 年第 2 期。

王一丹：《孛罗丞相伊利汗国事迹探赜——基于波斯语文献的再考察》，
《民族研究》2015 年第 4 期。

王一丹：《波斯、和田和中国的麝香》，《北京大学学报》1993 年第 2 期。

王育龙、高文杰：《海南古代墓葬》，南方出版社、海南出版社，
2008 年。

王媛媛：《唐后景教灭绝说质疑》，《文史》2010 年第 1 期。

王宗维：《高昌回鹘亦都护家族及其迁居高昌始末》，《新疆社会科学》
1989 年第 2 期。

魏特夫（Karl A. Wittfogel）：《中国社会史——辽（907—1125）：总论》，
唐统天等译，收入王承礼主编《辽金契丹女真史译文集》，吉林文史
出版社，1990 年。

温海清:《臣服或毁灭：使臣见杀、遭囚视阈下的蒙元对外政策再检讨》,《文史》2021年第3辑。

温岭:《〈庚申外史〉作者权衡小考》,《元史论丛》第四辑,中华书局,1992年。

乌云高娃:《13世纪元朝与高丽的外交文书》,《隋唐辽宋金元史论丛》第十辑,上海古籍出版社,2020年。

吴承洛:《中国度量衡史》,商务印书馆,1937年。

吴山主编《中国工艺美术大辞典》,江苏美术出版社,2011年。

吴文良原著,吴幼雄增订《泉州宗教石刻》,科学出版社,2005年。

武沐、赵洁:《高昌回鹘与河州》,《民族研究》2008年第3期。

向正树:《元代中国沿海地区伊斯兰教网络的研究——根据伊斯兰教石刻年代、地理的分析》,《元史及民族与边疆研究集刊》第三十辑,2015年。

项楚:《王梵志诗校注》,上海古籍出版社,1991年。

项春松:《内蒙古赤峰市元宝山元代壁画墓》,《文物》1983年第4期。

萧启庆:《元代几个汉军世家的仕宦与婚姻》,见萧启庆《蒙元史新研》,台北：允晨出版公司,1994年。

萧启庆:《元明之际的蒙古色目遗民》,《庆祝邓广铭教授九十华诞论文集》,河北教育出版社,1997年。

谢弗:《唐代的外来文明》,吴玉贵译,中国社会科学出版社,1995年。

谢和耐:《蒙元入侵前夜的中国日常生活》,刘东译,江苏人民出版社,1995年。

许云樵:《丹丹考》,《南洋学报》第一卷第一辑,1940年。

许云樵:《马来亚史》,新加坡：新加坡青年书局,1961年。

晏选军:《南村文儒：陶宗仪传》,浙江人民出版社,2007年。

杨富学、邓浩:《吐鲁番出土回鹘文七星经回向文研究——兼论回鹘佛教之功德思想》,《敦煌研究》1997年第1期。

杨富学:《西域、敦煌文献所见回鹘之佛经翻译》,《敦煌研究》1995年第 4 期。

杨钦章:《元代奉使波斯碑初考》,《文史》第三十辑,1988 年。

杨晓春:《二十年来中国大陆景教研究综述（1982—2002）》,《中国史研究动态》2004 年第 6 期。

杨印民:《帝国尚饮:元代酒业与社会》,天津古籍出版社,2009 年。

杨志玖:《关于马可波罗离华的一段汉文记载》,最初发表于《文史杂志》第一卷第十二期,1941 年,重刊于《南开大学学报》1979 年第 3 期。

杨志玖:《回回一词的起源和演变》,收入杨志玖《元史三论》,人民出版社,1985 年。

姚大力:《从"大断事官"制到中书省——论元初中枢机构的体制演变》,《历史研究》1993 年第 1 期。

殷小平:《元代也里可温考述》,兰州大学出版社,2012 年。

尹钧科:《北京郊区村落的分布特点及其成因的初步研究》,《历史地理》第十一辑,1993 年。

尹伟先:《青藏高原的麝香和麝香贸易》,《西藏研究》1995 年 1 期。

于光度:《辽宋高梁河战役及其战场》,《北京文物与考古》第一辑,1983 年。

余大钧:《蒙古朵儿边氏字罗事辑》,《元史论丛》第一辑,1982 年。

约翰·拉纳:《马可·波罗与世界的发现》,姬庆红译,上海三联书店,2015 年。

张崇根:《也谈〈两种海道针经〉的编成年代及索引补遗》,《国家航海》第四辑,2013 年。

张帆:《关于元代宰相衔号的两个问题》,《国学研究》第二卷,北京大学出版社,1995 年。

张佳佳:《元济宁路景教世家考论:以按檀不花家族碑刻材料为中心》,《历史研究》2010 年第 5 期。

张沛之:《元代色目人家族及其文化倾向研究》,天津古籍出版社,

2009 年。

张荣、刘义杰:《〈顺风相送〉校勘及编成年代小考》,《国家航海》第三
　　辑, 2012 年。

张铁山:《回鹘文佛教文献中夹写汉字的分类和读法》,《西域研究》1997
　　年第 1 期。

张笑峰:《黑水城所出〈肃州路官员名录〉新考》,《元史及民族与边疆
　　研究集刊》第二十九辑, 2015 年。

张新鹰:《陈宁其人及回鹘文〈八阳经〉版刻地——读冯家昇先生一篇
　　旧作赘言》,《世界宗教研究》1988 年第 1 期。

张羽新:《肃州贸易考略(上、中、下)》,《新疆大学学报》1986 年第 3、
　　4 期, 1987 年第 1 期。

张重艳、杨淑红:《中国藏黑水城所出元代律令与词讼文书整理与研
　　究》, 知识产权出版社, 2015 年。

赵冰:《中世纪时期贸易中转港——也门舍尔迈遗址出土的中国瓷片》,
　　《法国汉学》第十一辑“考古发掘与历史复原”, 中华书局, 2006 年。

照那斯图、薛磊:《元国书官印汇释》, 辽宁民族出版社, 2011 年。

照那斯图、杨耐思编著《〈蒙古字韵〉校本》, 民族出版社, 1987 年。

照那斯图:《论八思巴字》,《民族语文》1980 年第 1 期。

周良霄、顾菊英:《元代史》, 上海人民出版社, 1993 年。

周良霄:《金元时期中国的景教》, 收入 Roman Malek 编 *Jingjiao: the
　　Church of the East in China and Central Asia*, Sankt Augustin: Institut
　　Monumenta Serica, 2006。

周良霄:《元和元以前中国的基督教》,《元史论丛》第一辑, 中华书局,
　　1982 年。

周清澍:《关于别失八里局》,《元史论丛》第六辑, 中国社会科学出版
　　社, 1997 年。

周清澍:《汪古部统治家族——汪古部事辑之一》,《文史》第九辑, 中华
　　书局, 1980 年。

周清澍:《汪古部与成吉思汗家族世代通婚关系——汪古部事辑之四》,
　　《文史》第十二辑, 中华书局, 1981 年。

周清澍:《汪古的族源——汪古部事辑之二》,《文史》第十辑, 中华书
　　局, 1980 年。

周清澍:《元蒙史札》, 内蒙古大学出版社, 2001 年。

周汛、高春明:《中国历代服饰》, 学林出版社, 1984 年。

周膺、吴晶:《杭州经济史》, 中国社会科学出版社, 2015 年。

朱谦之:《中国景教》, 东方出版社, 1993 年。

五　日文研究论著

（为方便中国读者, 按作者姓氏汉字发音的英文字母顺序排列, 但作者
　　姓名后面括注了日语发音）

安部健夫（Abe Takeo）「西ウイグル国史の研究」京都: 彙文堂、1955。

百済康義（Kudara Kogi）「イスタンブール大学所蔵の東トルキスタン出土
　　文献」『東方学』第 84 輯、1992。

北村高（Kitamura Takashi）「『蒙速思一族供養図』について」『神女大
　　史学』第五号、1987。

吉田順一（Yoshida Jun'ichi）、チメドドルジ（齊木徳道爾吉）編著「ハラ
　　ホト出土モンゴル文書の研究」東京: 雄山閣、2008。

加藤和秀（Kato Kazuhide）「察合台汗国の成立」日本東方学会編『足
　　立惇氏博士喜壽記念オリエント学、インド学論集』東京: 国書刊行会、
　　1978。

家島彦一（Yajima Hikoichi）「南アラビアの東洋貿易港について——賈耽
　　の道里記にみるインド洋の西岸航路」日本東方学会編『東方学』第
　　31 期、1965。

家島彦一「15 世紀におけるインド洋通商史の一齣: 鄭和遠征分隊のイエ
　　メン訪問について」『アジア・アフリカ言語文化研究』第 8 期、1974。

江上波夫（Egami Namio）「元代オングト部の王府址『オロン・スム』の調査」『アジア文化史研究・論考篇』東京：山川出版社、1967。

三上次男（Mikami Tsugio）「陶磁の道：東西文明の接點をたずねて」東京：岩波書店、1969。

森安孝夫（Moriyasu Takao）「敦煌出土元代ウイグル文書中のキンサイ緞子」『榎博士頌壽記念東洋史論叢』東京：汲古書院、1988。

森安孝夫「ウイグル語文献」山口瑞鳳編『講座敦煌 6 敦煌胡語文献』東京：大東出版社、1985。

森安孝夫「東西ウイグルと中央ユーラシア」名古屋大学出版会、2015。

山田信夫（Yamada Nobuo）「『ウイグル族の始祖説話』について」『遊牧民族の研究（ユーラシア学会研究報告 2)』京都、1955。

山田信夫「北アジア遊牧民族史研究」東京：東京大学出版会、1989。

杉山正明（Sugiyama Masaaki）「東西世界図が語る人類最初の大地平」藤井讓治、杉山正明、金田章裕編『大地の肖像：絵図・地図が語る世界』京都：京都大学学術出版会、2007。

四日市康博（Yokkaichi Yasuhiro）「元朝とイルーハン朝の外交・通商関係における国際貿易商人」森川哲雄、佐伯弘次編『内陸圏・海域圏交流ネットワークとイスラム』福岡：櫂歌書房、2006。

四日市康博「元朝斡脱政策にみる交易活動と宗教活動の諸相―附『元典章』斡脱関連条文訳注―」『東アジアと日本―交流と変容』第3号、2006。

藤田豊八（Fujita Toyohachi）「ユール氏注マルコ・ポーロ紀行補正二則」『東洋学報』第 3 巻第 3 期、1913。

小川貫弌（Ogawa Kan'ichi）「吐魯番出土の印刷仏典」『印度学仏教学研究』第 4 巻第 1 号、1956。

小田壽典（Oda Juten）「ウィグルの稱號トウトウングとその周邊」『東洋史研究』第 46 巻第 1 号、1987。

小野裕子（Ono Yuko）「『元典章』市舶則法前文訳注」『東アジアと日

本—交流と変容』第 3 号、2006。

張東翼（Chang Tong-ik）「一二六九年『大蒙古国』中書省の牒と日本側の対応」『史学雑誌』第 114 巻第 8 号、2005。

植松正（Uematsu Tadashi）「元代江南行省宰相考」『香川大学教育学部研究報告』第一部第八三号、1991。

植松正「モンゴル国国書の周辺」『史窓』第 64 号、2007。

植松正「第二次日本遠征後の元・麗・日関係外交文書について」京都大学人文科学研究所『東方学報』第 90 冊、2015。

植松正「元代江南政治社会史研究」東京：汲古書院、1997。

中村菊之進（Nakamura Kikunoshin）「トルファン出土の大蔵経」『密教文化』第 172 期、1990。

Zieme, Peter、百済康義「ウイグル語の観无量壽経」京都：永田文昌堂、1985。

六　西文研究论著

Allsen, T. S. "The Yuan Dynasty and the Uighurs of Turfan in 13th Century", in *China among Equals*, ed. by Morris Rossabi, Berkeley: University of California Press, 1985.

al-Shamrookh, Nayef Abdullah. *The Commerce and Trade of the Rasulids in the Yemen, 630-858/1231-1454*, State of Kuwait, 1996.

Bang, W. und A. von Gabain "Türkische Turfan-Texte II ", *Sitzungsberichte der Preussischen Akademie der Wissenschaften, Philosophisch-Historische Klasse,* 1929.

Baum, Wilhelm and Dietmar W. Winkler, *The Church of the East: a Concise History*, London and New York: Routledge Curzon, 2003.

Bautier, Robert-Henry. "Les relations économiques des Occidentaux avec les pays d'Orient au Moyen Âge: Points de vue et documents," in *Sociétés et compagnies de commerce en Orient et dans l'Océan indien*, ed. M. Mollat, Paris, 1970, reprinted in Robert-Henry Bautier, *Commerce méditerranéen et banquiers italiens au Moyen Âge*, Aldershot,1992, No. Ⅳ.

Biran, Michal. *Qaidu and the Rise of the Independent Mongol State in Central Asia*, Surrey: Curzon, 1997.

Bretschneider, Emil. *Mediaeval Researches from Eastern Asiatic Sources*, London: K. Paul, 1888.

Buttrick, George A. ed., *The Interpreter's Dictionary of the Bible*, vol. 2, Nashville: Abingdon Press, 1991.

Chen Da-sheng et Ludvik Kalus, *Corpus d'inscriptions arabes et persanes en Chine*, vol. 1, Province de Fu-Jian, Paris: Libr. orientaliste P. Geuthner, 1991.

Clauson, Gerard. *An Etymological Dictionary of Pre-Thirteenth-Century Turkish*, Oxford: Oxford University Press, 1972.

Cleaves, Francis W. "The Rescript of Qubilai Prohibiting the Slaughtering of Animals by Slitting the Throut", *Journal of Turkish Studies*, No.16 (1992).

Cleaves, Francis W. "The Sino-Mongolian Inscription of 1362 in Memory of Prince of Hindu", *Harvard Journal of Asiatic Studies*, vol.12 (1949).

Dang, Baohai. "The Plait-line Robe, a Costume of Ancient Mongolia", *Central Asiatic Journal*, vol.47: 2 (2003).

de la Vaissière, Étienne. *Sogdian Traders: a History*, Leiden: Brill, 2005.

Franke, Herbert. "A Sino-Uighur Family Portrait: Notes on a Woodcut from Turfan", *The Canada-Mongolia Review*, No.4, 1978.

Geng, Shimin and J. Hamilton, "L'inscription ouigoure de la stele commemorative des Iduq qut de Qočo", *Turcica*，ⅩⅢ (1981).

Gharib, B. *Sogdian Dictionary*, Tehran: Farhangan Publications, 1995.

Hamilton, James R. "Les titres Šäli et Tutung en Ouïgour", *Journal Asiatique*, 272 (1984).

Hourani, G. F. *Arab Seafaring in the Indian Ocean in Ancient and Early Medieval Times*, with new introduction and notes, Princeton: Princeton University Press, 1995.

Hunter, E. C. D. "The Conversion of the Kerait to Christianity in AD 1007", *Zentralasiastische Studien*, 22 (1989/1990).

Jackson, Peter. *The Mongols and the West, 1221-1410*, New York: Pearson Longman, 2005.

Kasai, Y. *Die uigurischen buddhistischen Kolophone*, Turnhout: Brepols, 2008.

Kasai, Yukiyo. "Ein Kolophon um die Legende von Bokug Kagan", 『內陸アジア言語の研究』19, 2004.

Klein, Wassilios. *Das nestorianische Christentum an den Handelswegen durch Kyrgyzstan bis zum 14. Jh.*, Turnhout: Brepols, 2000.

Larner, John. *Marco Polo and the Discovery of the World*, New Haven: Yale University Press, 1999.

Laufer, Berthold. "A Chinese-Hebrew Manuscript: A New Source for the History of the Chinese Jews", *The American Journal of Semitic Languages and Literature*, vol.46, No.3 (1930).

Lo, Jung-pang, *China as a Sea Power, 1127-1368 : a Preliminary Survey of the Maritime Expansion and Naval Exploits of the Chinese People during the Southern Song and Yuan Periods*, edited, and with commentary by Bruce A. Elleman, Singapore and Hong Kong: NUS Press and Hong Kong University Press, 2012.

Lopez, Robert S. "European Merchants in the Medieval Indies: the Evidence of Commercial Documents", *The Journal of Economic History*, vol.3, No.2, 1943.

Lopez, Robert S. "Nouveaux documents sur les marchands italiens en Chine à l'époque mongole", *Comptes-rendus des séances de l'Académie des inscriptions et belles-lettres*, année 1977, vol.121, No.2.

Lopez, Robert S. and Irving W. Raymond, *Medieval Trade in the Mediterranean World: Illustrative Documents*, New York: Columbia University Press, 1955.

Mackintosh-Smith, Tim. *Yemen: the Unknown Arabia*, New York: Overlook Press, 2014.

Marquart, J. "Ğuwayni's Bericht über die Bekehrung der Uighuren", *Sitzungsberichte der königlich preussischen Akademie der Wissenschaften, Philosophisch-Historische Klasse*, 1912.

Matsui, Dai. "Dumdadu Mongγol Ulus, 'the Middle Mongolian Empire'", in *The Early Mongols：Language, Culture and History. Studies in Honor of Igor de Rachewiltz on the Occasion of His 80th Birthday*, Bloomington: Indiana University Press, 2009.

Mingana, A. "The Early Spread of Christianity in Central Asia and the Far East: A New Document", *The Bulletin of the John Rylands Library Manchester*, vol.9 (1925), No.2.

Moule, Arthur C. *Christians in China before the Year 1550*, London: Society for Promoting Christian Knowledge, 1930.

Moule, Arthur C. *Quinsai with Other Notes on Marco Polo*, Cambridge University Press, 1957.

Park, Hyunhee. *Mapping the Chinese and Islamic Worlds: Cross-Cultural Exchange in Pre-Modern Asia*, Cambridge and New York: Cambridge University Press, 2012.

Pelliot, Paul. "Chrétiens d'Asie Centrale et d'extrême-Orient", *T'oung Pao*, vol.15 (1914), No.5.

Pelliot, Paul. *Notes on Marco Polo*, 3 vols. Paris: Imprimerie Nationale, 1959, 1963, 1973.

Petech, Luciano. "Les marchands italiens dans l'empire mongol", in his

Selected Papers on Asian History, Rome: Istituto Italiano per il Medio ed Estremo Oriente, 1988; first published in *Journal Asiatique*, 250 (1962).

Ptak, Roderich and Ralph Kauz, "Hormuz in Yuan and Ming sources", *Bulletin de l'École Française d'Extrême-Orient*, vol.88, 2001.

Reichert, Folker. *Begegnungen mit China: die Entdeckung Ostasiens im Mittelalter*, Sigmaringen: Jan Thorbecke, 1992.

Richard, Jean. "European Voyages in the Indian Ocean and Caspian Sea (12th-15th Centuries)", *Iran*, vol.6 (1968).

Rybatzki, Volker. *Die Personennamen und Titel der mittelmongolischen Dokumente: Eine lexikalische Untersuchung*, Helsinki: Universität Helsinki, 2006.

Schmitt, Gerhard and Thomas Thilo, *Katalog chinesischer buddhistischer Textfragmente*, Band 1, Berlin: Akademie Verlag, 1975.

Serjeant, Robert B. "Yemenis in Mediaeval Quanzhou (Canton)", *New Arabian Studies*, I, 1993.

Serruys, Henry. "Remains of Mongol Customs during the Early Ming Period", *Monumenta Serica*, 16 (1957).

Sims-Williams, Nicholas."The Sogdian Ancient Letter Ⅱ ", in M. G. Schmidt & W. Bisang ed., *Philologica et Linguistica. Historia, Pluralitas, Universitas. Festschrift für Helmut Humbach zum 80. Geburtstag am 4. Dezember 2001.* Trier: Wissenschaftlicher Verlag, 2001.

Smith, G. R. "Rasūlid" in *The Encyclopaedia of Islam*, new edition, vol.8, ed. by C. E. Bosworth et al., Leiden: Brill, 1995.

Tang, Li. *East Syriac Christianity in Mongol-Yuan China*, Wiesbaden: Otto Harrassowitz, 2011.

Thilo, Thomas. *Katalog chinesischer buddhistischer Textfragmente,* Band 2, Berlin: Akademie Verlag, 1985.

Tuguševa, L. Ju. "Ein Fragment eines frühmittelalterlichen uigurischen

Textes", in R. E. Emmerick et al. ed., *Turfan, Khotan und Dunhuang*, Berlin, 1996.

Vallet, Éric. *L'Arabie marchande: État et commerce sous les sultans Rasūlides du Yémen (626-858/1229-1454)*, Paris: publications de la Sorbonne, 2010.

Volker, Homes. *On the Scent: Conserving Musk Deer, the Uses of Musk and Europe's Role in its Trade*, Brussels: Traffic Europe, 1999.

von Gabain, Annemarie. "Ein chinesisch-uigurischer Blockdruck", *Tractata Altaica*, Wiesbaden, 1976.

Zieme, Peter. *Buddhistische Stabreimdichtungen der Uiguren*, Berlin: Akademie Verlag, 1985.

Zieme, Peter. "Donor and Colophon of an Uighur Blockprint", *Silk Road Art and Archaeology,* Ⅳ, 1995/1996.

Zieme, Peter. *Religion und Gesellschaft im uigurischen Königreich von Qočo: Kolophone und Stifter des alttürkischen buddhistischen Schrifttums aus Zentralasien*, Opladen: Westdeutscher Verlag, 1992.

图书在版编目(CIP)数据

元代丝绸之路史论稿 / 党宝海著. -- 北京：社会
科学文献出版社，2024.2
　　（北京大学海上丝路与区域历史研究丛书）
　　ISBN 978-7-5228-3384-2

　　Ⅰ.①元…　Ⅱ.①党…　Ⅲ.①丝绸之路-史料-元代
Ⅳ.①K928.6

　　中国国家版本馆CIP数据核字（2024）第054477号

·北京大学海上丝路与区域历史研究丛书·
元代丝绸之路史论稿

著　　者 / 党宝海

出 版 人 / 冀祥德
组稿编辑 / 郑庆寰
责任编辑 / 赵　晨　窦知远
责任印制 / 王京美

出　　版 / 社会科学文献出版社·历史学分社（010）59367256
　　　　　　地址：北京市北三环中路甲29号院华龙大厦　邮编：100029
　　　　　　网址：www.ssap.com.cn
发　　行 / 社会科学文献出版社（010）59367028
印　　装 / 北京联兴盛业印刷股份有限公司

规　　格 / 开　本：787mm×1092mm　1/16
　　　　　　印　张：23　字　数：327千字
版　　次 / 2024年2月第1版　2024年2月第1次印刷
书　　号 / ISBN 978-7-5228-3384-2
定　　价 / 128.00元

读者服务电话：4008918866